# 卓越工程师培养

## ——工程教育系统性改革研究

林 健 著

清华大学出版社

北 京

## 内 容 简 介

本书是作者近年来在工程教育改革与发展方面,尤其是在"卓越工程师教育培养计划"的研究、设计和实施过程中的系统性研究成果。内容主要包括工程教育改革的时代背景和主体框架、卓越人才培养定位、培养标准体系及国家标准、高校配套政策及工作方案、专业培养方案、课程体系与教学内容改革、研究性学习方法、教师队伍建设、实践教育体系构建、与用人单位合作、工程教育国际化、创新能力培养、领导力培养、人才培养特色形成、培养质量保障等 17 个方面。

本书分为基础篇、核心篇和拓展篇三部分。其中基础篇是卓越工程师培养的基础部分,是开展卓越工程师培养必须了解和做到的。核心篇的内容是成功培养卓越工程师所必须做好的最核心的工作,这些工作不仅是"卓越计划"对参与高校的重点要求,而且是教育部对参与高校卓越工程师培养工作检查的重点。拓展篇的内容是在核心篇的基础上,对卓越工程师培养提出的进一步要求,是培养名副其实的卓越工程师所不可或缺的工作。

**图书在版编目(CIP)数据**

卓越工程师培养——工程教育系统性改革研究 / 林健著 . —北京: 清华大学出版社,2013.6
(2024.4重印)

ISBN 978-7-302-32295-5

Ⅰ. ①卓… Ⅱ. ①林… Ⅲ. ①高等教育 – 工科(教育) – 教学研究 Ⅳ. ①G642.0

中国版本图书馆 CIP 数据核字(2013)第 091756 号

责任编辑:张 民 薛 阳
封面设计:傅瑞学
责任校对:梁 毅
责任印制:宋 林

出版发行:清华大学出版社
网　　　　址:https://www.tup.com.cn,https://www.wqxuetang.com
地　　　　址:北京清华大学学研大厦 A 座　　　邮　　编:100084
社　总　机:010-83470000　　　　　　　　　邮　　购:010-62786544
投稿与读者服务:010-62776969,c-service@ tup. tsinghua. edu. cn
质 量 反 馈:010-62772015,zhiliang@ tup. tsinghua. edu. cn
课 件 下 载:https://www.tup.com.cn,010-62795954
印 装 者:三河市春园印刷有限公司
经　　销:全国新华书店
开　　本:185mm×260mm　　　印　张:32.75　　　字　数:610 千字
版　　次:2013 年 6 月第 1 版　　　印　次:2024 年 4 月第 5 次印刷
定　　价:89.00 元

产品编号:048884-03

国家的创新能力最终是由人才的创新能力决定的。对于中国这样一个处于工业化中后期和转型期的大国来说,走新型工业化道路,建设创新型国家,需要一大批优秀的工程技术人才,需主要依靠自己来培养。目前,中国拥有世界最大的工程教育体系,其中工科大学生和研究生的数量占高等学校在校生总数的三分之一,他们中的大多数将在毕业后加入工程师群体,是中国工程科技进步的重要人力资源储备。能不能把他们培养成合格的乃至优秀的工程师后备人才,是中国工程教育所面临的重大挑战。

虽然经过多年坚持不懈的努力,我国工程教育的改革取得很大进展,但是还有许多棘手的问题亟待解决。例如,基本办学资源投入不足,课程体系僵化、教学内容陈旧、实践环节弱化,按照培养科学人才的模式培养工程技术人才,工科教师普遍缺乏工程技术经验,学生创新精神和实践动手能力不强,高校人才培养与社会需求不匹配,工程师职业社会地位不高,工科专业对优秀生源的吸引力不够,校企联合培养人才的机制不健全等问题还比较突出。这些问题解决得好,中国未来的产业振兴和科技进步就大有希望;解决得不好,将来就会面临优秀工程师匮乏,工程原始创新能力不足的困境。

我国工程教育改革所面临的问题具有系统性和复杂性。这些问题既与全球工程教育共同面对的挑战有关,也与中国工程教育的发展历史和自身特点有关;既有教育系统内的问题,也有教育系统外的问题,其中一些问题来源于中国经济社会发展的阶段性问题和结构性矛盾。现在,大家越来越感到,解决这些问题的出路,要对工程教育进行系统性改革,并形成一些有效机制,使教育界、工业界、政府和其他各方能真正参与未来工程师的培养。2010年6月由教育部启动的"卓越工程师教育培养计划"(以下简称"卓越计划"),是中国工程教育的一项重大系统性改革,对中国高等教育改革将起到重要的引领和示范作用。目前教育部批准试点的高校有194所,国务院相关部委、行业组织和大批企业积极参与"卓越计划"的实施,大多数省级政府也启动了省级"卓越计划"。现在,面向工业界、面向世界、面向未来培养卓越工程师后备人才的目标正得到社会各界越来越多的关注和重视,让各方充满期待,同时也得到国外一些政府和大学的高度关注。

　　清华大学工程教育研究中心林健教授的专著《卓越工程师培养——工程教育系统性改革研究》即将付梓，这是密切结合"卓越计划"的实施进程，全面研究新时期中国卓越工程师后备人才培养和工程教育系统性改革的一部专著。林健教授近几年的学术兴趣主要集中在工程教育发展战略与教育教学改革研究上。作为专家组主要成员，他负责起草"卓越计划"通用标准、参与了"卓越计划"总体方案的研究和设计、开展大量的调研并积极地推动"卓越计划"的实施。近三年，结合"卓越计划"实施进展的需要，以专题的方式系统地发表了20余篇与"卓越计划"相关的学术研究论文。目前呈现给读者的，就是在这些论文基础上进一步充实和丰富的系统性研究成果。作为工程教育研究中心的同事和长期从事工程教育研究和管理的同仁，我由衷地为他感到高兴。

　　作者的工科背景及其长期在大学的教育教学工作，使其具备研究工程教育的良好基础；海外求学经历以及长期的国际交流与合作，使他在学术研究中能够有着宽广的国际视野；担任大学校长的经历以及对大学管理的研究，让他能较为深刻地掌握我国高等教育规律和了解工程教育中的重大问题。我个人认为，这本书从宏观、中观和微观三个层面上，比较全面地研究了上述中国工程教育的关键问题，篇章设计有系统性，研究内容有深度，政策建议有针对性。对"卓越计划"参与高校开展试点工作具有很好的参考和借鉴价值，对其他"卓越计划"项目的实施也具有借鉴意义；对教育行政管理部门制定相关政策也具有参考价值。因此，适合工程教育改革的实践者、研究者、管理者和政策制定者阅读。

　　工程技术直接推动创新，改变世界面貌，其教育质量影响中国乃至世界的未来。在教育界、工业界、政府部门和社会各界的共同努力下，中国有能力培养出一大批卓越的工程师。同时也希望工程教育研究领域能够吸引和积聚一批优秀的研究者，推出更多优秀的研究成果，为推动中国工程教育改革与发展贡献力量，为建设创新型国家奠定基础，为实现中国梦推波助澜。

*吴启迪*

---

　　吴启迪，国务院学位委员会委员，中国工程教育认证协会理事长，清华大学工程教育研究中心主任，教育部原副部长、同济大学原校长。

近年来,伴随着中国工业现代化的进程,中国工程教育取得了快速发展。首先,教育规模快速扩张。我国工科在校生无论是比重还是绝对数都位于世界第一位,这为国家的工业化和工业现代化的实现准备了丰富的人力资源。其次,教育结构发生积极的变化。一方面,职业教育得到重视,高职院校招生数接近本专科招生数的一半,工科类学生约占高职院校所招学生数的42%;另一方面,面向工业实践应用的工程硕士专业学位教育取得很大发展,每年招收的工程硕士已经超过10万人,工程博士专业学位教育试点正在开展。此外,教育投入大幅提高,教育质量有所提高,教学改革在积极开展,国际合作在不断推进。

在中国工程教育迅速发展取得成绩的同时存在着令人担忧的问题,主要是供需矛盾突出,即一方面相当比例的高校毕业生(包括工科毕业生)面临就业困难,另一方面很多用人单位,包括工业企业却招不到需要的人。造成这种矛盾的原因有以下几个方面:首先,学校发展目标与模式趋同化。由于对院校实行行政化分档次管理,导致大家都想办成一流大学、研究型大学,从而学校发展目标和模式趋同,不少学校的主要精力放在科研上,教学工作被削弱,而培养目标缩减为单一的科学研究人才,将工程人才按照科研人才培养。其次,教育界与工业界隔离,企业缺乏参与高校人才培养的积极性。一方面人才资源的市场化淡化了原有的工业界与教育界在人才培养上的紧密联系,另一方面市场竞争的压力和对安全的顾虑使得企业缺乏接受学生实习的动力。这样,高校在工程人才培养上不仅在实践条件上得不到企业的支持,而且在人才培养规格和要求上也得不到工业界的指导。第三,教学中缺乏实践环节,学生的实践动手能力得不到充分的培养。由于学生数量规模大,对实践的要求与实践条件之间存在很大反差,学生在校内外接触到真实的工业环境的机会非常有限,学生自己动手的机会越来越少,甚至有的实验只是教师演示、学生观摩,这样实践动手能力的培养就难以保障。此外,过去工科学生必需的设计环节大多被取消,课程设计没有了,毕业设计被毕业论文所取代。第四,工科教师实践经历缺失。高校工科教师的补充来源,很多是刚毕业的博士和硕士,他们虽然在专业知识上受到了一定的系统训练,但是普遍缺乏工程经验,学校中大多数教师本身都没有在企业工作过,没有实践经验,而企业里的有经验的工程师又很难走进大学课堂,这使得教师对学生工程实践能力和创新能力的培养很难真正起到作用。第五,课程体系不适应工程特点。课程体系长期按基础课、专业基础课、专业课的老三段来划分和安排,缺乏适应现代工程特点的变化。基础课甚至相当部分专业基础课是按照科学教育的理念组织的,主要考虑学科体系的完整性,并不按照工程的需要加以重组。专业课也主要是讲技术、讲分析,以还原论为基础,缺乏工程的系统思维、综合思维。课程体系难以反映工程认知规律和现代工程学科交叉综合的趋势。第六,学生能力薄弱,伦理缺失,用人单位普遍反映大学生这些方面弱。除了实践能力差以外,由于应试教育的长期影响,学生缺乏独立自主提出问题的能力,而无论中学或大学都普遍不开设逻辑课和沟通课,学生缺乏正确思维能力和人际沟通能力。对于伦理、品德的养成缺乏全面规划,简单地依托于思政课,而后者又普遍存在脱离实际的问题。

解决上述问题需要开展多方面的改革。要让工程教育回归工程导向,使工程教育的各个环节都聚焦于学生的工程实践能力和创新能力的培养;要加强高校与行业企业的合作,使培养出的工程人才能满足工业界的需要;要树立大工程的理念,面向未来培养高素质复合型工程人才;要着眼国际市场竞争的需要,培养得到国际认可的工程人才。

在近年各项工程教育改革中,最引人关注的改革之一就是2010年6月教育部启动的"卓越工程师教育培养计划"(以下简称"卓越计划")。"卓越计划"明确提出面向工业界、面向世界、面向未来培养卓越工程师后备人才,从该计划的指导思想、主要目标、总体思路、重点任务、保障措施实施方案看,"卓越计划"是解决上述问题的一项综合性的重大工程教育改革项目,对推动中国高校工程教育的全面改革将发挥引领和示范作用。

一项系统性的工程教育改革项目的设计、出台、实施和推动,不仅要有教育教学理念的创新,要有国际视野和战略视角,而且需要对工程问题深刻把握、需要深入的调研和潜心的研究。作为"卓越计划"专家组的核心成员之一,清华大学工程教育研究中心的林健教授全程参与了"卓越计划"制定和实施的过程,到过很多试点院校去调研,了解高校进行工程教育教学改革的进程、成绩和问题。近年来,林健教授发挥其多学科的背景、丰富的教育教学积累和高校管理经历,针对卓越工程师培养撰写了一系列的专题论文,集中讨论了"卓越计划"的实施背景、目标内容、标准体系、培养方案、课程体系改革、教学方法创新、工科教师队伍建设、工程实践教育体系建设、校企合作培养机制建设、国际化培养、领导力培养、创新能力培养以及质量保障等专题,覆盖了当前工程教育改革的主要问题。以这些文章为基础,林健教授出版的《卓越工程师培养——工程教育系统性改革研究》这本专著,系统地论述了培养优秀工程人才将面临和需要解决中的一系列重要的理论和实践问题。

《卓越工程师培养——工程教育系统性改革研究》是一本难得的系统研究工程教育改革的专著,除了系统性外,本书的主要特点还在于针对性、有深度和可行性。"针对性"表现在书中的每一章都是针对卓越工程师培养过程中已出现的和将要面对的主要问题而展开的研究;"有深度"体现在书中对每一个专题的研究都深入细致,不仅能够从源头上提出问题,而且能够深入分析问题,并努力从根本上提出解决问题的思路、对策和措施;"可行性"则体现在书中每一章都从不同角度为高校培养卓越工程师提出了建议和意见,既有对成功经验的归纳和总结,更有基于当前客观条件所提出的对今后工作具有借鉴意义的建议和意见。

当然,在教育领域,一项重大改革的成功需要较长时间的实践积累和检验,正因为如此,改革初期的正确理论指导和不断及时总结经验尤显重要。我相信,本书不仅能够对"卓越计划"的顺利实施起到积极的推动作用,还能对推动不同类型的试点院校以"卓越计划"为契机,深入开展工程教育的系统性改革发挥较大的借鉴和参考作用。希望林健教授持续关注卓越计划的进程,在更大规模推进的实践海洋中,总结更多的经验,和其他工程教育研究者一起发表更多更好的研究成果,为中国工程教育的发展做出更大的贡献!

朱高峰

---

朱高峰,中国工程院院士,清华大学工程教育研究中心顾问,中国工程院原常务副院长,原国家邮电部副部长。

实施"卓越工程师教育培养计划",是我国走中国特色新型工业化道路、建设创新型国家、建设人才强国的内在要求。教育界与工业界结合,深度开发人力资源、实现创新驱动发展,是我国提升创新能力和增强综合国力的必然选择。这一培养计划,体现教育与生产劳动和社会实践相结合,培养德智体美全面发展的社会主义建设者和接班人的方针。

清华大学工程教育研究中心林健教授写了一本新书,名曰《卓越工程师培养——工程教育系统性改革研究》。汇集了作者近年来在这一论题下的研究成果,这是一项对我国工程教育系统性改革有重要意义的研究。恰逢其时,汇集成书,以适应"卓越工程师教育培养计划"开展的需要。

2011年初,笔者在《高等工程教育研究》上的文章"大学者,育才之谓也——中国特色高等工程教育十议"中有一段:"'行胜于言'——为'卓越工程师培养计划'鼓与呼"写道:

我国工程教育界在近20年的研究中,观察、收集、调查了中国工程教育的现状,努力寻找改革的路径,认为其中需要改革的方面很多,曾经提出种种建议,兹举其大者:

1. 根据工业界用户的需求,调整工程专业的结构,为未来培养不同层次不同类型的工程师;

2. 根据社会主义市场经济的需求,学校的专业教育要面向工业界,动态地根据中长期人力资源的需求来培养学生,让工业界用户参与到工程专业的培养目标确定、培养计划制定、产出人才的质量评定与认证、基本标准和专业标准的联合制定等一系列重要环节;

3. 必须提出刚性的规定,限定工程专业学生的实践训练时间,建立与企业合作的工程实践培养中心;

4. 改革教师队伍的结构,一是要求教师必须有一定的工业实践经验,二是制定规定,开辟渠道,让有经验的工程技术专家与相应人员参与教学过程,成为兼职教师;

5. 改革教师的评聘规则,重视工程创新、发明专利和工程经验,鼓励工程科学创新;

6. 开展工程教育改革研究,加强适应全球化的工程师培养过程试验,促进工程教育专业认证的国际互认及与执业工程师资格认证之间的衔接;

7. 加强校企合作,加大政府对工程教育的投入,为企业在工程教育投入与捐助方面设置和国际上成功经验类似的税收优惠规则。

凡此种种,其重点均在于明确工程专业应以培养各种类型的工程师的后备力量为目标,不同的类型都应努力做到卓越,目标在于加强工程教育与工业界的联系,使我们培养的工程人才满足工业界的需要,并在实践中探索在政府的领导下教育界与工业界相结合的未来工程师培养的新模式。

值得中国高等工程教育界庆贺的是,2010 年 6 月,教育部正式启动了"卓越工程师教育培养计划"。有六十多个院校的一百多个专业参与了第一批计划,标志着我们对于工程教育系统改革的研究,已从点到一定的面,从讨论走向实施。恰如古训所云:"行胜于言"。这个以"面向工业界,面向世界,面向未来"为指导思想的计划的落实,必将推动我国工程教育的系统的改革与发展。计划的实施过程当然会遇到各种料想不到的困难,但我们确信,方向是正确的,道路是曲折的,只要我们加强领导,加大投入,那么,前途就肯定是光明的。

面向全球经济的我国工程科技发展及其对人力资源的需求决定了工程教育的走向。工程教育要满足新需求,它必须实现变革。中国处在新型工业化的转型阶段,决定了国家人力资源需求的特点。在近年来工程教育的活动中,贯穿着"面向工业界,面向世界,面向未来"的工程教育红线,反映在质量工程、"卓越工程师教育培养计划"、工程教育专业认证、以构思—设计—实施—运行为主线的 CDIO 的工程教育、工程硕士的发展等一系列重要的工程教育的系统改革的举措及其进步上。2008 年,中国工程院有一个重要的咨询报告名曰"走向创新",主要观点已经发表,对于工程教育提出几个很重要的基于调研基础上的论点,诸如:工程教育具有综合性,它是自然科学知识、社会科学知识、专业知识及各种技能的融合;工程教育具有实践性;工程教育具有创新性;提出了"人人都可成才"这一创新具有广谱性的论断;提出建设创新型国家,提升我国科技队伍的创新能力,迫切需要培养一大批创新型工程人才。提出中国应该走世界科技发展与本国产业发展双结合的"两轮驱动"的多样化的工程人才的培养道路。事实证明,我们应该培养出能研发设计制造诸如航天飞船、深潜设备、超高速计算机、高速铁路等的高科技的人才,也应培养诸如从事现代制造、信息服务、大型建筑结构的建造、满足广大人民衣食住行、医疗保健与教育要求的各种类型工程科技的创新人才。高等工程教育的主要目标是培养各类高等工程科技人才,而且希望做到各类工程人才都要卓越。中国处于工业化转型的时期,人力资源中,工程科技人才占相当大的部分,多年来,其学生总量占大学生总量约三分之一。我们常说各项工作要"以人为本",各学校的工科类专业主要任务是为国家为社会提供各种合格的工程科技人才。工科的各个"专业"是学校培养人才的基本构元,评鉴专业办得如何,其主要目标取向是什么,这是至关重要的理论与实践问题,在某种意义上它是办学的"指挥棒"。同时,它也是反映学校与专业的工程教育思想的"镜子"。国际上对于工程教育开展认证与评估,在美国已经有 80 年的历史了,近年来,特别是 2000 年以来,以美国工程技术认证局推出认证标准 EC 2000,其主要的评鉴准则(CRTERIA)是"结果导向"(OUTCOME)型的准则。它以专业的产出结果为主要的认证目标,其各项指标,均针对评鉴"全体学生"的"结果"产出。开宗明义首先评鉴关于学生的毕业生素质要求,也关注各项投入,包括课程体系、师资队伍、支持条件、质量的持续改进等项。但各项标准达到的考核,必须是面对学生而且是面对全体学生的。当前,国际上对评鉴与认证的标准的提法,已从"专业结果"(PROGRAM OUTCOME)向着"学生学习结果"(Students Learning outcome)过渡。我国施行的"工程教育认证标准"也是以基于"结果导向"的。而这个结果导向是以"毕业生素质"(Graduate Attributes)的展开为主要的检测对象的。它要求工程专业根据自身办学的定位,制定出本专业可度量、可测评的具体的毕业生素质的描述。这些描述的规定的结果(知识、能力、品德)的各分项矩阵式地分解到各门课程与各个培养环节中,而最终以多年的全体毕业生素质的产出结果来证明是否达到原来预设的培养目标。这样的评鉴标准,聚焦于毕业生的培养结果,专业的一切教学活动,都服务与指向毕业生的产出,应该说这是教育教学评估鉴定,以及专业认证的思想上的一个重要的转变。即从重视投入向着重视结果产出的转变;从名师与拔尖学生的教学与研究成果向着全体毕业生结果产出的转变;从只从学校的教学向着强调理论与实践相结合,学校中学习和向工业界向社会学习结合的转变;从完全由学校和专业的教师从事人才培养向着学校与社会和工业界相结合,来加强对学生的培养的模式转变。这也自然牵动着对教师的职务聘任和职称评定,从着重研究成果与研究论文发表向着教学与研究相结合重在育人的评价标准转变。这样的转变方向是正确的,虽然得到鼓励与加强的时间不长,并且需要政府与社会加大对教育的投入,但我们可以期待今后将会结出丰硕的果实。上述的研究与实践,为"卓越工程师教育培养计划"提供了前期的理论与实践的准备,因为它们之间的"道"是相通的。

　　本书覆盖了"卓越工程师教育培养计划"中几乎所有的问题。全文十七章既有对所论问题的理论性部分诸如框架—定位—标准方面的研究与论述,又有"计划"中的课程体系—教师队伍—实践环节—学校与企业的合作的核心实施内容的详细地叙述与讨论,还对内容的拓展作了前瞻性的估计与应对。这一计划的实施时间至今方才两年多,因为作为一个新的工程教育模式的一种系统性改革,它的理论和操作方面的问题甚为广泛,因此,本书对于实施"卓越工程师教育培养计划"的学校和相关的专业和学科,可提供广泛问题研究的参考;同时在实施过程中,学校与专业将会创造出新的经验,提出新的理论问题,这也将推动工程教育的研究者和管理者以及从事工程教育的教师们,在今后的实践中,通过进一步总结提高以丰富本书的内容,共同编写这一工程教育系统改革的新的篇章。我们应该满怀信心地投入这一新的行动,诚如本序言所引述的格言——"行胜于言"。而本书的"言"将推动这一系统改革的"行";大量教育改革的"行",将续写新论的"言"。大家在期待着工程教育改革百花园中的春华与秋实。

　　余寿文,中国高等教育学会工程教育委员会副理事长,中国工程教育认证协会副理事长,清华大学工程教育研究中心学术委员会主任,国际工程教育学会联盟(IFEES)原副主席,清华大学原副校长。

实现中国梦,需要培养一大批高素质的卓越工程师!

中国工程院在 2009 年发布的《走向创新——创新型工程科技人才培养研究综合报告》中指出,我国工程教育存在的主要问题是:(1)人才培养模式单一,欠缺多样性和适应性;(2)工程教育中工程性缺失和实践薄弱问题长期未解决;(3)评价体系导向重论文,轻设计,缺实践;(4)对学生的创新教育和创业训练重视和投入不足;(5)产学政合作不到位,企业不重视人才培养过程的参与。解决中国工程教育存在的这些问题以培养出满足国家未来发展需要的卓越工程师,就需要有切实可行的工程教育改革计划。作为《国家中长期教育发展与改革规划纲要(2010—2020)》(简称《纲要》)的重大项目,"卓越工程师教育培养计划"(简称"卓越计划")是从国家战略高度提出的、在从高等教育大国走向高等教育强国之路中的一项具有引领性、突破性、创新性和示范性的全国性重大教育教学改革计划。

"卓越计划"的引领性表现在其对整个高等教育改革和发展的影响上。我国开设工科专业的本科院校占所有本科院校的 90%,包括研究生在内的工科本科在校生占全国高校本科在校生的 1/3 左右,因此,在工程教育领域进行改革的"卓越计划"不仅会对"卓越计划"参与专业的人才培养产生直接的影响,而且也会对其他工科学生的培养产生影响;不仅会对"卓越计划"参与高校的教育教学改革产生直接的影响,而且也会对具有包括工科专业在内的应用型专业的高校的教育教学改革产生间接的影响和促进作用。事实上,从"卓越计划"启动至今,除了"卓越计划"参与高校外,非"卓越计划"参与高校、不是以工科为主的高校、其他应用型人才培养高校等不同类型和层次的高校对"卓越计划"的关注和重视,以及由此引发的教育教学改革已经充分说明了"卓越计划"的引领性。

"卓越计划"的突破性和创新性表现在其针对工程人才培养上存在的体制、机制、历史和现实问题所提出的主要任务和政策措施上。在主要任务上,"卓越计划"提出创立高校与行业企业联合培养人才的新机制、创新工程人才培养模式、建设高水平工程教育教师队伍、扩大工程教育的对外开放、制定"卓越计划"人才培养标准等 5 项任务。在政策措施上,"卓越计划"提出建立多部门联合实施的组织领导体系、设立国家级工程实践教育中心、改革工程教育教师职务聘任、考核与培训制度、制定鼓励高校和企业参与"卓越计划"的若干政策等保障措施。事实上,用一位在国际工程教育界具有影响的长期从事工程教育的"985工程"大学的校领导的话说,"卓越计划"将工程教育几十年来不断研讨、纸上谈兵而未付诸行动的先进的思想、idea 和措施付诸了行动,是中国高等教育上一件功德无量的大事。

"卓越计划"的示范性既表现在对非"卓越计划"参与专业的示范作用上,也表现在对非工程教育的示范作用上。表现在"卓越计划"参与专业的各项教育教学改革不仅将无疑地为"卓越计划"参与高校本校其他专业的教育教学改革提供极具价值的参考、借鉴和示范,而且也将为非"卓越计划"参与高校工程专业的教育教学改革提供参考、借鉴和学习的范例。"卓越计划"对非工程教育的示范作用可以简洁地通过教育部在"卓越计划"启动之后相继推出的其他"卓越计划"的行动予以说明。继 2010 年 6 月启动"卓越工程师教育培养计划"后,教育部于 2011 年和 2012 年先后启动了"卓越医生教育培养计划"、"卓越法律人才教育培养计划"、"卓越农林人才教育培养计划"、"卓越教师教育培养计划"和"卓越新闻传播人才教育培养计划"等其他 5 个"卓越计划",在这些"卓越计划"中,"卓越工程师教育培养计划"具有显要的示范性。

卓越工程师培养的重要性和长期性应该从战略的高度予以充分认识。首先,卓越工程师培养是服务国家战略的需要。卓越工程师培养关系到我国"走中国特色新型工业化道路"、"建设创新型国家"和"建设人力资源强国"三大战略的实施,将为这三大战略提供所需的人力资源。其次,卓越工程师培养是长期的社会需求。虽然,在《纲要》中"卓越计划"实施年限只能与《纲要》同期,但是,中国经济的持续健康发展以及中国参与国际竞争的需要对卓越工程师的需求只能是不断增加,并且将提出越来越高的要求。第三,卓越工程师培养需要长期不懈的努力。优秀工程人才的培养不同于企业产品的生产,涉及众多因素,不可能一蹴而就,需要遵循教育规律,需要长期的积累和不懈的努力。

本书分为基础篇、核心篇和拓展篇三部分。其中基础篇作为卓越工程师培养的基础部分。该部分内容是开展卓越工程师培养必须了解和做到的,包括"卓越计划"提出的国内外背景、"卓越计划"的主要内容和要求、卓越工程师培养的首要问题即定位、从工程师分类的角度分析工程人才培养、"卓越计划"针对卓越工程师培养提出的标准体系与国家层面对卓越工程师培养的基本要求即通用标准、高校参与"卓越计划"需要制定的学校工作方案,以及"卓越计划"

参与高校必须制定的参与专业的培养方案等。

核心篇的内容是成功培养卓越工程师所必须做好的最核心的工作。这些工作不仅是"卓越计划"对参与高校的重点要求,而且是教育部对参与高校卓越工程师培养工作检查的重点,包括课程体系与教学内容改革、教学组织形式和教学方法改革、工科教师队伍建设、工程实践教育体系的构建、高校与行业企业在人才培养全过程的合作,以及面向世界培养卓越工程师等内容。

拓展篇的内容是在核心篇的基础上,对卓越工程师培养提出的进一步要求。这些要求不是额外的,而是培养名符其实的卓越工程师所不可或缺的工作,包括成为工程人才领军人物所必须具备的领导力的培养、成为工程人才领军人物所必须具备的在行业企业的专业优势即创新能力、"卓越计划"参与高校如何使本校培养的卓越工程师具有与众不同的竞争优势即培养特色,以及涉及卓越工程师培养各方面工作的质量保障等。

本书的主要内容基本上是以专题系列的方式在《高等工程教育研究》和《中国高等教育》等刊物上发表,其中一部分内容在多次全国性的会议上以大会主报告的方式报告过。为了使本书更具有参考性和完整性,作者根据"卓越计划"参与高校开展卓越工程师培养的进展情况、遇到和关注的各种问题,对发表的论文进行了充实、细化、完善甚至改写,如改写了第5章:"卓越工程师教育培养计划"标准体系与通用标准,并增加了第1章:"卓越工程师教育培养计划"提出的时代背景和第2章:"卓越工程师教育培养计划"的主体框架,以期为读者提供更具有价值的研究成果。

本书的特点主要体现在以下五个方面:

系统性。本书研究的内容涵盖了卓越工程师培养的各个重要方面,涉及卓越工程师培养全过程的各个重要环节,由此构成了对工程教育改革与发展的完整而系统性的研究。

专题性。本书的每一章为一个专题,书中的主要专题是我国工程人才培养当前面临的关键问题,它们不仅是中国工程教育当前和未来必须解决的问题,而且是国际工程教育界普遍关注和着力解决的问题。专题性的特点保证了研究内容的针对性和系统深入。

综合性。虽然本书的主题是工程教育,但研究内容不是就事论事,而是从高等学校以及整个高等教育系统的角度研究和讨论卓越工程师培养的各个核心问题,涉及到工程教育、高校管理、政策研究等三大方面。事实上,教育问题不仅仅是教育教学本身的问题,也不应该仅仅是高校管理者的问题,更不应该仅仅是教师的问题。教育问题需要师生员工的通力合作、需要全校上下的共同努力;它必须通过管理实现教育教学资源的整合重组和优化配置、实现效率和效益的提高;它需要各级政府的大力支持、需要政策的导向和鼓励、需要制度环境的保障;它需要社会各界的鼎力相助,需要利益相关者的关注、参与和监督。

操作性。本书不仅具有宏观层面的分析和理论研究,而且具有结合微观层面具体问题的分析和讨论,并尽可能地给出行动方案、实施细则或具体措施,因此,具有很强的操作性。

借鉴性。虽然工程教育改革与发展是本书讨论的主题,但是,本书对于与面向行业企业培养卓越工程师相类似的面向用人单位的其他卓越人才培养同样具有很好的参考借鉴价值。面向用人单位的其他卓越人才培养一样存在着培养定位、培养标准制定、培养模式创新、课程体系改革、教学方法更新、教师队伍建设、实践教育体系构建、与用人单位合作、国际化、创新能力培养、领导力培养、培养质量保障等方面的问题,从本质上看,卓越工程师培养与其他卓越人才培养是相通的。因此,从广义的角度,本书对于各种面向用人单位的应用型人才培养均具有参考借鉴价值。

通过上述特点,作者期待本书不仅能够为参与包括卓越工程师培养在内的各种应用型人才培养的高等学校的领导、学校教育教学管理人员、广大教师和学生,以及工程教育的研究者提供有价值的参考和借鉴,而且能够为政府教育行政管理部门、行业机构、企业组织及其他利益相关者提供有价值的建议和参考。然而,限于作者的水平以及工程教育改革的复杂性、艰巨性和长期性,本书也一定存在不少的缺点和不足,期待能够得到兄弟院校的同仁和社会各界专家的批评指正。希望本书的出版不仅能够聚焦和引导人们在高等工程教育研究和实践的关注点,而且能够切实可行地为卓越工程师等优秀人才培养的改革和发展起到抛砖引玉的作用,为推动"卓越计划"的顺利实施尽绵薄之力。

林　健

清华大学教育研究院教授、公共管理学博士生导师

清华大学工程教育研究中心副主任

# 基　础　篇

# 核　心　篇

第8章　面向卓越工程师培养的课程体系和教学内容改革 ·········· 157

# 拓　展　篇

基础篇

# 第 **1** 章 "卓越工程师教育培养计划"提出的时代背景

【本章摘要】 "卓越工程师教育培养计划"的提出有着十分深刻和厚重的时代背景，不仅要着眼于工程教育的国家责任，而且要面对工程教育的国际挑战，不仅要针对我国工程教育当前存在的问题，而且要考虑工程教育的现状和未来需要。首先，本章讨论了我国工程教育要面对的来自美国、欧洲、日本和印度等发达国家和发展中国家的国际挑战；其次，具体阐述了我国工程教育必须主动担负的服务"走中国特色新型工业化道路"、"建设创新型国家"和"建设人力资源强国"等国家战略的重要责任；第三，扼要概括了我国工程教育所取得的巨大成就和国家经济社会发展对工程教育的未来需求；最后，逐一分析了我国工程教育在院校层面、高校内部和外部以及工科毕业生等方面存在的问题。本章的目的在于阐明实施"卓越计划"的重要性和紧迫性。

"卓越工程师教育培养计划"（以下简称"卓越计划"）是为了贯彻落实党的十七大提出的走中国特色新型工业化道路、建设创新型国家、建设人力资源强国等战略部署，贯彻落实《国家中长期教育改革和发展规划纲要（2010—2020 年）》（以下简称《2020 规划纲要》）而提出的高等教育重大改革计划。"卓越计划"的提出具有十分浓厚的时代背景，不仅要着眼于工程教育的国家责任，而且要面对工程教育的国际挑战，不仅要针对我国工程教育当前存在的问题，而且要考虑工程教育的现状和未来需要。

## 1.1　工程教育的国际挑战

20 世纪后期，尤其是 21 世纪以来，经济全球化的步伐不断加快，世界工业化基本格局发生巨大变化。一方面，经济全球化加速了全球资源和人才的流动，各国之间的竞争日趋激烈；另一方面，世界财富和经济权力向东方转移，中国的加速工业化和迅速崛起，成为全球经济重心东移的巨大引擎。然而，近年来出现的严重的世界金融和经济衰退与危机问题，一方面，美国等发达国家将"再工业化"作为重塑竞争优势的重要战略，通过大力发展先进制造业，重新回归实体经济，创造新的经济增长点，带来新的就业岗位，摆脱当前危机；另一方面，发达国家实施"再工业化"战略将对我国的工业化产生巨大的影响，使得中国制造业由于其相当高的对外依存度而受到首当其冲的巨大压力，使得我国与发达国家之间的竞争将更加激烈。

国家间的竞争其根本是人才的竞争，是创造力和创新力的竞争。美国工程院院长查尔斯·韦斯特（Charles M. Vest）指出，"拥有最好工程人才的国家占据着经济竞争和产业优势的核心地位"。事实上，很多国家都将优秀工程科技人才的培养提升到国家战略的高度。

### 1.1.1　美国的工程教育

20 世纪 90 年代以来，美国自然科学基金会（NSF）、美国国家研究委员会（NRC）、美国工程院（NAE）、美国工程教育协会（ASEE）和美国科学院（NAS）等权威机构相继发表一系列政策规划和研究报告，呼吁人们对工程人才短缺和工程教育质量这些全球共同面临的问题的足够重视，重振工程教育的雄风，以保持美国在世界科学和工程技术领域的领先地位，增强美国的国际竞争力。其中包括：

①《面对一个变化世界的工程教育》(ASEE,1994)；

②《重建工程教育：聚焦变革》(NSF,1995)；

③《工程教育：设计一个适配的系统》(NRC,1995)；

④《塑造未来：透视科学、数学、工程和技术的本科教育》(NSF,1996)；

⑤《科学与工程人力：挖掘美国的潜力》(NSF,2003)；

⑥《维护国家创新生态系统：保持美国强势的科学与工程能力报告》(美国总统科技顾问委员会,2004)；

⑦《2020的工程师：新世纪工程的愿景》(NAE和NSF,2004)；

⑧《培养2020的工程师：适应新世纪的工程教育》(NAE和NSF,2005)；

⑨《驾驭风暴：美国动员起来为着更加辉煌的未来》(NAS和NAE等,2005)；

⑩《国家行动计划：应对美国科学、技术、工程和数学教育系统的紧急需要》(美国国家科学理事会,2007)；

⑪《大力推进工程教育改革》(美国国家科学理事会,2007)。

美国工程院2004年底发表的《2020的工程师：新世纪工程的愿景》(简称《愿景报告》)[1]对未来工程师的知识结构提出新的要求：工程师在继续保持数学和科学坚实基础的同时,扩大人文、社会科学和经济学的基础,以拓展设计视野；工程专业应能够迅速融合由创造、发明和交叉学科所带来的一切潜力,来开辟并适应新的领域,包括需要与非工程学科(如人文科学、社会科学、商务)进行跨学科合作的领域。《愿景报告》还提出未来工程师的领导地位：工程师应当能够占据领导者的地位,对公共政策的制定以及政府、产业的治理产生积极的影响；工程师能够继续成为智慧、知识、经济发展的领导力量,能够充分适应全球力量和趋势的变化,并能从伦理上帮助世界达到发展中国家和发达国家生活水平之间的平衡。

美国工程院2005年夏发表的《培养2020的工程师：适应新世纪的工程教育》[2]对工程教育改革方向和原则提出建议：工程教育必须体现其训练工程师的本质,同时,工程教育过程是在日益重视工程实践与工程教育研究的背景下进行的；工程教育需要多方合作,尤其是工科教师与工程专业界的参与。

美国卡内基教学促进基金会于2007年发布的《培养工程师：谋划工程领域的未来》[3]的一个重要研究结论是：如果工程专业的学生要准备迎接今天和明天的挑战,其培养重心就应该是专业实践,通过对专业工程师(特定的)角色认知和所承担义务的持续强化来整合技术知识和实践技能。专业实践教学应该成为在未来本科工程教育中对课程内容和教学策略进行选择时的标准。该报告最后指出,美国国家领导人应将工程教育的改革视为国家的优先事项。

美国工程院 2008 年发布的《21 世纪工程大挑战》报告[4]梳理了 21 世纪人类所面临的 14 项工程大挑战(Grand Challenges),分别阐明了每一项大挑战的重要性、对工程的冲击与焦点,以及回应的策略思考。在该报告的推动下,美国杜克大学工学院、欧林工学院、南加州大学工学院等工程院校于 2009 年 3 月联合发起成立协作组,以讨论如何应对 14 项大挑战。与此同时,美国工程院迅速回应并予以大力支持,设立一项"大挑战学者计划"(Grand Challenge Scholars Program),提出了培养能够迎接大挑战主题的新型工程师的课程架构,包含五个部分:

① 涉及大挑战主题的设计或研究活动;

② 称为"工程+"的跨学科课程;

③ 创业;

④ 全球视野;

⑤ 服务的学问。

美国密歇根大学 2008 年发表了《变革世界的工程:工程实践、研究和教育的未来之路》[5],该报告在对变革的工程环境进行扫描,对当前工程实践、研究和教育的特性和挑战进行评估的基础上,指出工程未来的愿景,提出了一系列旨在变革工程实践、研究和教育的建议和行动,以维持和增强对美国经济繁荣、国家安全和社会福利起着关键作用的国家技术创新能力。该报告还指出,美国所面临的复杂挑战,需要美国工程师具备更高的教育水平,特别是创新、创业和全球工程实践。

进入新世纪以来,美国学者研究指出:中国、印度等新兴经济强国的崛起,以及全球工程领域人才库的建立和跨国公司研发中心的外迁都对美国的持续竞争力造成了严重的影响。美国学者认为,虽然美国工程师的培养数量无法与中国进行竞争,但作为世界一流工程教育和研究的枢纽,美国通过关注教育质量,依然可保持其优势。美国不仅要在如何培养工程和科学人才方面继续扮演引领者的角色,而且还要设计出高效利用这些人才的策略以不断开发出科技创新的前沿[6]。

近年来,美国政府将"加强科学、工程和技术教育,引领世界创新"的理念提升到国家战略的高度,致力于培养具有创新能力和领袖素质的高水平工程技术人才。美国总统布什 2006 年正式签署《美国竞争力计划：在创新中领导世界》，将维持美国在科技和工程领域的领袖地位写入其中，并投入大量经费支持工程教育的发展。奥巴马总统也提出"让有数学才能的大学毕业生进入工程领域，另一些人进入计算机设计领域"。

## 1.1.2　欧洲的工程教育

欧洲一体化以后，欧洲高校进一步加强了与工业界的紧密结合，通过加强校际协作、学生交流等促进工程人才培养的国际化。欧盟委员会在世纪之初提出了建设世界最具创新活力地区的目标，在"苏格拉底计划"(Socrates Programme)下先后推出三项大型工程教育改革计划，即"欧洲高等工程教育"(Higher Engineering Education in Europe,H3E)，"加强欧洲工程教育"(Enhancing Engineering Education in Europe,E4)，"欧洲工程教育的教学与研究"(Teaching and Research in Engineering in Europe,TREE)，以构建欧洲工程教育体系，增强欧盟国家的竞争力。

H3E 于 1998 年 1 月开始实施，到 1999 年 9 月完成。H3E 的主要目的是通过一系列的行动来开发欧洲高等工程教育的"欧洲维度"(European Dimension)。欧洲工科学生委员会(BEST)、欧洲高等工程教育和研究院校大会(CESAEER)和欧洲工程教育学会(SEFI)三个机构联合成立的小组来管理H3E，以使其实现改革目标。H3E 以四工作组(Work Group)的形式采取行动，分别进行"鼓励学习高等工程教育"，"质量认证和互相认可"，"国际化"和"终身学习"。

E4 是 H3E 的延续，始于 2001 年，止于 2004 年。除了 BEST、CESAEER 和 SEFI 的继续支持，欧洲大学联合会(EUA)、欧洲工程师联盟(FEANI)，以及欧洲企业家圆桌会(ERT)等团体也参与该计划。E4 主要开展了五项行动，一是开设创新课程，提高就业能力；二是加强质量评估和透明性以增强毕业生流动和在全欧的认可；三是促进欧洲工程师的职业发展；四是加强欧洲维度；五是创新教学方法。

TREE 是 E4 的延续，始于 2004 年，止于 2008 年。该计划是对高等教育机构创新战略的实施和政策的执行，也是对欧洲工程教育国际化战略的实际推动。TREE 主要沿着四条主线展开行动，即调整欧洲的教育结构、教育和研究，加强工程教育的吸引力，使其可持续发展。TREE 的阵容强大，110 多个工科学校参与其中,为欧洲高等教育区和国际化背景下欧洲工程教育的改革带来了积极影响。在个人层面,TREE为工程教育领域的教师、学生、合作代表、专业人员等提供了合作与交流的机会;在高等教育机构层面,TREE为那些早已参加或刚参加"苏格拉底计划"和"博洛尼亚进程"的学校提供了丰富的研究成果和最佳的实践参考;在联盟层面,TREE导致了"双重网络效益",即将原有联盟和组织再次结成更大的联盟,把 CESAEERS、SEFI、IGIP、BEST、FEANI 和 ENAEE 等机构与团体进一步联合起来,以推动欧洲工程教育的进展[7]。

### 1.1.3　日本的工程教育

日本政府很早就确立了教育兴国、科技立国的基本国策。二战后日本以工业发展为主体、经济发展为中心确定了"拿来主义"和"赶超型"的各项经济发展战略及培养技术开发型、应用型人才的教育发展战略[8],大量引进和开发实用技术,使日本在资源极度匮乏的情况下能够迅速发展成为世界第二号经济强国,其中重要的原因是将高等教育发展的重点集中在与国家经济发展有着密切关系的理工科教育上。

日本政府在重振经济的同时进行高等教育改革。第二次世界大战后日本"重实用技术,轻科学研究;重模仿,轻创新"的战略在为日本带来经济繁荣的同时也为其带来了致命的隐患:一是高等学校培养的人才缺乏创新能力;二是日本产业界无法适应以高新技术为中心的产业结构的调整。这就使得在泡沫经济崩溃后的 20 世纪 90 年代初,日本产业结构不能及时做出相应的调整,经济低迷不振,财政危机不断加深,国家面临破产危险。为此,1996 年,日本政府制定了《科学技术基本计划》,为 1996 年到 2000 年的 5 年间日本科技发展制定了具体政策,明确提出了"科学技术创造立国"战略,并同期逐步推行对高等教育科研体系的改革,试图通过教育改革培养出与产业结构调整相适应的人才。

日本在经济发展计划中把发展工程教育作为实现经济持续增长的重要措施,以确保日本的竞争优势。1991 年,日本大学审议会在《关于改善大学教育》的咨询报告中要求对工程类学生的知识结构和能力结构作出大的调整。1999年,基于产业调整、市场竞争、讲究效率、鼓励创新、团队合作的需要,日本提出了重视培养学生"具现力"的口号,就是要将学生所学知识以一定的形式具体表现出来的能力,其内容有创造力、实践能力、沟通力和体力。此外,20 世纪末新一轮工业革命带来的与工程技术人员伦理(ethic)造诣休戚相关的问题,也促使日本增加以伦理为核心的人文类的课程,以期培养出具有健全人格的工程技术人员。由此,高等工科院校中工程类学生的知识结构和能力结构随之作出重大调整。其中"工学伦理"这一源于美国挑战者号发射失败事故的教育理念被广泛采用。因为据说挑战者号的发射失败是由于工程技术者没能坚持作为工程师的立场,迫于政治、权利、媒体的压力,在不能确保发射安全的情况下同意发射所致,之后该事件便在高等工程教育中被当作增设工学伦理学必要性的举证。另外,哲学、文学、法学等领域对工程技术人员的作用和影响也日益受到重视[9]。

除此之外,日本重视学习借鉴欧美先进教育理念和工程教育国际化。首先,日本的工程教育吸纳了德国的工程教育模式,注重工程实践训练。日本高校重视与企业的合作,通过引入市场机制、与企业签订培养合同、建立横向联合机制,建立教学、研究、开发与生产实践一元化体系,形成产学合作的以企业为本位的工程人才培养模式。其次,日本自20世纪90年代起在评估、资源分配上积极参考英国的模式进行了一系列的改革,采用了以校外第三者评估为主的评价方式,以提高透明度和鼓励学校办出特色。再次,日本借鉴吸收了美国的工程教育模式,即高校注重学生基础理论和专业领域全面知识的学习,在企业设有完善的职业培训系统。最后,日本参照美国工程与技术认证委员会(ABET)的评估标准成立了日本技术者教育认定机构(JABEE),对理工、工程、农业、情报技术等高等学校学科的教育课程进行认定,以确保其在国际上具有认同的水准。

## 1.1.4　印度的工程教育

印度在国家经济崛起的过程中,非常重视工程技术人才培养。早在1951年,在美国麻省理工学院专家的指导下,第一所印度理工学院卡哈拉格普尔(Kharagpur)宣告成立,随后在印度政府的努力下,又相继在德里(Delhi)、坎普尔(Kanpur)、马德拉斯(Madras)、孟买(Bombay)、瓜哈提(Guwahati)和卢克里(Roorkee)成立了六所印度理工学院。目前,印度已有400多所工程技术学院,每年有高达250万的信息技术、工程等领域的毕业生,其中有65万名研究生。

印度理工学院的发展始终得到政府的大力支持。首先,印度国会先后于1956年、1961年和2002年通过多次立法,保证印度理工学院的自主运作,其中1961年通过的著名的印度理工学院法案,把当时的四所印度理工学院定为全国重点,赋予它们独立的学术政策、独立的招生权及学位授予权;其次,印度理工学院始终都把满足国家当前和未来的需要作为学校的宗旨,使其在承担了国家复兴的历史使命的同时,获得了政府的大力支持,可以有充裕的经费和灵活的政策,使得印度理工学院有优于其他院校的办学条件;最后,印度的科学和技术,尤其是在实施以信息技术为重点的国家战略上需要印度理工学院的全力支持,这极大地促进了印度理工学院的科学研究和技术创新。2000 年《亚洲周刊》评选亚洲最佳理工学院,印度理工学院有五所学校进入前十强,它们分别是印度理工学院孟买(排名第 3)、印度理工学院德里(排名第 4)、印度理工学院马德拉斯(排名第 5)、印度理工学院坎普尔(排名第 7)和印度理工学院卡哈拉格普尔(排名第 8)。

印度理工学院在印度迈向现代化的进程中做出了巨大的贡献。印度理工学院源源不断地为国内外培养出一大批一流的工程师,人才培养质量深受全球各国企业界的赞赏,被视为全球要求最严格的工程师摇篮之一,众多校友分布在全球各个行业的最高管理层。目前印度拥有世界第三大工程与科技人才队伍,不仅软件业产品的出口值位居发展中国家的首位,成为全球仅次于美国的第二大软件出口国,而且在高科技和国防科技领域成就卓越,能制造飞机、导弹、人造卫星、原子能发电设备及核武器。

由以上分析可知,无论是欧美日发达国家,还是新兴发展中国家印度,在国家战略上都非常突出人才问题,把培养未来工程师作为重要战略目标。我国要充分发挥人力资源优势,大力培养具有国际视野、通晓国际规则、适应对外开放、拥有国际竞争优势的工程科技人才,这是应对经济全球化挑战,增加综合国力的现实要求。

在经济和科技快速发展的背景下,各国都在研究需要什么样的工程人才。虽然各国都有各自的特色和特殊情况,但在工程技术人才培养上有很多共识,呈现出四个方面的趋势:

一是强调工程师强烈的社会责任感,为解决全球所共同面临的环境恶化、能源与资源危机、人类生活和健康问题做出贡献。

二是加强工程师的综合素质培养,以真实的工程生产流程培养工程师的创新能力和实践能力。

三是实施领导力培训计划,培养工科学生引领本国和世界工程科技发展的能力。

四是通过学校之间的国际交流与合作,开展具有国际等效性的工程教育专业认证、提供更多的留学机会等多种途径,培养工程师的国际视野和跨文化交流能力。

## 1.2　工程教育的国家责任

我国在相当长一段时间内处于发展的战略机遇期,在民族复兴和国家强盛的发展过程中,工程教育承担着十分重要的国家责任,这些责任具体体现在工程教育必须服务于国家的走中国特色新型工业化道路、建设创新型国家和建设人力资源强国这三大战略上。

### 1.2.1　走中国特色新型工业化道路

改革开放三十多年来,我国经济社会快速发展,取得了举世瞩目的成就。2010 年,我国超过美国成为全球制造业第一大国,制造业产出占世界的比重接近 20%。但是,我国工业化水平与发达国家相比,仍然存在着十分显著的差距,主要表现在以下几个方面[10]:

一是工业大而不强,核心技术和关键技术受制于人。2007 年,我国高新技术产业产值只占工业产值的 8%,发达国家为 40% 左右;研发投入占国内生产总值的 1.44%,发达国家平均为 2.5%,美国为 3.2%;服装类产品占世界服装贸易的 25%,但拥有自主知识产权的产品只占 1%。

二是人口、资源和环境约束日益突出,工业发展方式迫切需要转型。目前,我国人口约占全球的 20%,人均耕地、人均水资源占有量分别仅为世界人均值的 2/5 和 1/4;2007 年,我国万元国内生产总值能耗降至 1.16 吨标准煤,但仍是发达国家的 3~4 倍;国内生产总值占世界的比重不到 7%,但消耗的煤炭、钢铁和水泥却占世界的 30%、26% 和 50%;化学耗氧量、二氧化硫、二氧化碳排量位居世界前列;2010 年我国一次性能源消费量达到 24.3 亿吨油当量(35.37 亿吨标准煤),占全球的 20.3%,超过美国的 19%,成为世界能源消费第一大国。

三是劳动力、土地等生产要素成本快速上升,传统产业急需改造升级。工业生产技术整体水平不高,生产成本高、生产效率和产品附加值较低,众多传统产业急需利用包括信息技术在内的高新技术进行改造提升,大量落后产能亟待淘汰。

四是中国企业整体的竞争能力有待提升。经济全球化持续深入发展,要求中国企业不断提升国际竞争优势,包括提高自主创新能力、劳动者素质和管理水平,以更好地利用全球要素资源,拓展外部发展空间,应对复杂外部环境下的各种挑战。

以上分析说明,我国工业化既不能再走发达国家先工业化后信息化的老路,也不可能像发达国家那样把传统产业转移出去,更不能继续走高投入、高能耗、高污染、低技术、低效益的传统工业化道路,而必须根据中国的实际,走中国特色新型工业化道路。

走中国特色新型工业化道路是提升我国总体实力和国际竞争力的战略要求,是实现经济大国向经济强国迈进的重要途径。要坚持以信息化带动工业化,以工业化促进信息化,走出一条科技含量高、经济效益好、资源消耗低、环境污染少、人力资源优势得到充分发挥的新型工业化路子。走新型工业化道路的关键在于加快经济发展方式的转变和产业结构的优化升级。

(1)加快经济发展方式的转变:我国经济发展方式的转变不仅包括经济增长方式的转变,即从粗放型增长方式向集约型增长方式的转变,从劳动密集型增长方式向技术密集型增长方式的转变,而且包括产业结构、社会结构、生态平衡、环境保护等方面的转变。我国经济增长方式的转变是由主要依靠增加资源和能源消耗的经济增长方式向主要依靠科技进步、劳动者素质提高和管理创新的经济增长方式转变。2009年中央经济工作会议深刻阐述了加快经济发展方式转变的重要性和紧迫性,明确提出从制度安排入手,以优化经济结构、提高自主创新能力为重点,在经济发展方式转变上取得实质性进展。

(2)产业结构优化升级是转变经济发展方式的主要途径。首先要大力优化三次产业结构,特别要改造提升制造业、大力培育发展战略性新兴产业、大力发展生产性服务业,促进三次产业在更高水平上协调发展。其次,在工业内部,要促进全产业链整体升级,建立新的产业竞争优势。必须加强技术创新、技术改造,提高工业制造基础能力、新产品开发能力、品牌创建能力、产业集中度,打通产业链各关键环节。特别是要大力培育发展战略性新兴产业,推动重大技术突破,加快形成先导性、支柱性产业,切实提高产业核心竞争力和经济效益[11]。

2010年3月21日在"中国发展高层论坛"上,李克强指出,产业结构调整是发展方式转变的重要内容。国家将面向国内外市场需求,紧紧依靠科技管理创新和人力资源开发利用,加快改造提升传统产业,不失时机发展战略性新兴产业,提高服务业产值和就业比重,培育壮大现代产业体系。尤其是以节能增效和生态环保为抓手,强化技术改造,淘汰落后产能,加快发展绿色经济、循环经济和节能环保产业,推广应用低碳技术,积极应对气候变化,实现产业升级和结构优化。

由此可见,走中国特色新型工业化道路,加快经济发展方式转变,推动产业结构优化升级,就迫切需要培养一大批能够适应和支撑产业发展的工程技术人才。

## 1.2.2　提高自主创新能力　建设创新型国家

胡锦涛在党的十七大报告中强调指出:提高自主创新能力、建设创新型国家是国家发展战略的核心,是提高综合国力的关键。在全面建设小康社会步入关键阶段之际,根据特定的国情和需求,我国提出要把科技进步和创新作为经济社会发展的首要推动力量,把提高自主创新能力作为调整经济结构、转变增长方式、提高国家竞争力的中心环节,把建设创新型国家作为面向未来的重大战略。

国际学术界将那些把科技创新作为基本战略,大幅度提高科技创新能力,形成日益强大的竞争优势的国家称为创新型国家。目前世界上公认的创新型国家有 20 个左右,包括美国、日本、芬兰、韩国等。这些国家的共同特征是:创新综合指数明显高于其他国家,科技进步贡献率在 70% 以上,研发投入占 GDP 的比例一般在 2% 以上,对外技术依存度指标一般在 30% 以下。此外,这些国家所获得的三方专利(美国、欧洲和日本授权的专利)数占世界数量的绝大多数①。

进入 21 世纪以来,我国科技创新能力虽然有大幅度提升,但仍然较弱。根据有关研究报告,我国科技创新能力在 49 个主要国家(占世界 GDP 的 92%)中的排位已从 2000 年的第 30 位大幅度提升到 2004 年的第 24 位,处于中等水平,随后继续提升到 2010 年的第 21 位,处于中等偏上水平。为此,《国家"十二五"科学和技术发展规划》提出,未来五年,要基本建成国家创新体系,国家科技创新能力世界排名由目前第 21 位上升至前 18 位,科技进步贡献率力争达到 55%,创新型国家建设取得实质性进展。

就我国目前的自主创新能力而言,胡锦涛指出:我国"自主创新能力还不强,总体上经济发展技术含量不高,很多关键技术和核心技术受制于人,先导性战略高技术领域科技力量薄弱,重要产业对外技术依赖程度仍然较高"。自主创新能力不强造成的关键技术和核心技术受制于人是我国工业大而不强的症

---

① 　参见 http://www.cctv.com/news/science/20060109/101937.shtml(央视国际)。

结所在,而自主创新能力薄弱的根源在于科技研发(R&D)投入不足和创新机制缺乏活力。因此,一方面国家要加大研发经费的投入,完善和落实财税和金融政策,深化科技体制改革;另一方面要加快建立以企业为主体的技术创新体系,发挥企业在科技创新中的主体作用、增强企业创新动力,同时要加快建立以企业为主导的产业技术研发的体制机制,推动形成一批由企业、科研院所和高校共同参与的产业创新战略联盟。

不论是自主创新能力的提升,还是创新型国家建设,人的因素是第一位的。因此,除了研发投入和创新机制外,造成自主创新能力不强、制约创新型国家建设的关键因素归根到底还是创新型工程科技人才匮乏。要由"中国制造"转向"中国创造"或"中国智造",我国迫切需要培养一大批创新型工程科技人才。

## 1.2.3 建设人力资源强国 提升国家的核心竞争力

人力资源强国显示着一个国家在劳动力资源数量和质量上体现出的竞争能力。党的十七大和《国家中长期教育改革和发展规划纲要(2010—2020 年)》先后提出要"建立人力资源强国"的战略目标,旨在将我国人口世界之最这一包袱转变为动力,变人口大国为人力强国,进而提升国家的核心竞争力。

影响一个国家核心竞争力的关键因素是科技水平,而科技的进步是由人力资源来推动的,也就是说,人力资源素质越高,其所带来的创造力也越高,科技进步也就越明显。然而,根据世界银行 2002 年《世界发展指标》,我国每百万人拥有科学家和工程师人数只相当于日本的 9.3%、美国的 11.2%、法国的 17.1%、德国的 16%、英国的 17.1%,甚至只有韩国的 21%;从"拥有科学家和工程师"的绝对人数看,中国为 57.9 万,只有美国的一半(115.7 万),少于日本(63.0 万)。显然,我国在人力资源方面与发达国家存在着很大的差距。

提高人力资源素质与能力要依赖教育,只有教育事业的发展才能从根本上提高人力资源的素质。因此,要建设人力资源强国、提升国家的核心竞争力,就要优先发展教育,尤其是高等教育。从我国经济社会发展需要的角度分析,加速发展实体经济是应对国际金融危机、保持中国经济持续稳定发展、提升国家整体实力的战略任务。就实体经济中的工业发展而言,我国处于工业化中后期,正在由制造业大国向制造业强国转变,工程人才需求巨大,培养大批既懂技术、又懂管理,既能够动手、又能够创新,既具有人文素养、又通晓国际规则,能够胜任国际竞争的高素质复合型优秀工程师,对我国的工业化和现代化将发挥有力的人才支撑。没有大批的优秀工程师支持,我国的工业化和现代化进程将被大大延迟。由此可见,建设人力资源强国,提升国家核心竞争力的重点在于大力改革工程教育、提高工程人才培养质量。

提高工程人才培养质量需要方方面面的努力,其中最重要的是三点:一是满足行业企业的需要,即工程人才培养的标准和质量必须满足行业企业的要求;二是重视人才培养模式改革,以确保工程人才培养质量达到行业企业的要求;三是创新产学合作机制,使得企业从原来单纯的用人单位转换为共同的培养单位。

## 1.3 工程教育的现状与未来需要

### 1.3.1 我国工程教育的发展现状

#### 1. 工程教育 60 年发展成就巨大

我国工程教育在过去的 60 年中取得了巨大的成就,累计培养了本专科生 1500 多万人,培养研究生 58 万人,为建立我国完整的工业体系和国民经济体系发挥了巨大作用。改革开放 30 多年来,我国的工程教育取得了巨大的成就,培养了大批工程技术人才,有力地支撑了我国工业体系的形成与发展,支撑了连续 20 多年的经济高速增长,为我国的社会主义现代化建设做出了重要贡献。从建国以来的两弹一星到大庆油田开发,从改革开放以来的载人航天、高性能计算机、三峡工程、青藏铁路、嫦娥工程等一大批举世瞩目的国家重大工程项目建设成果,无不凝结着我国自主培养的工程技术人才的智慧和汗水。

#### 2. 工程教育规模位居世界第一

目前,我国开设工科专业的本科高校有 1003 所,占本科高校总数的 90%;可以授予工学硕士学位的大学达到 572 所,可以授予工学博士学位的大学达到 269 所。2010 年全国高等工程教育在校本科生近 400 万人,在校研究生 45 万人,占高校本科以上在校生规模的 1/3。我国工程学科本科以上毕业生总量位居世界前列,成为名副其实的工程教育大国。

2010 年全国工科各层次在校学生、毕业生和招生数如表 1.1 所示。

**表 1.1　2010 年全国工科各层次在校学生、毕业生和招生数**

| 层次＼类型 | 本科/万人 | 硕士/万人 | 博士/万人 | 合计/万人 |
|---|---|---|---|---|
| 招生数 | 110.9 | 13.1 | 2.1 | 126.3 |
| 毕业生 | 81.3 | 10.9 | 1.6 | 93.8 |
| 在校生 | 399.5 | 35.6 | 9.4 | 444.5 |

3. 工程教育结构和体系比较合理

经过长期的努力,我国逐渐形成了具有高职、本科、硕士和博士的合理的工程教育层次结构、多元化的人才培养模式和类型,工程技术人才培养体系逐步完善。同时,我国加快了学科专业结构调整,加大了软件、集成电路、生物技术、水利、地质、煤矿、核工业、信息安全、动漫产业等重点领域的人才培养力度,对战略性新兴产业相关专业的工程技术人才培养予以倾斜支持。工程教育经过多年发展已经具备良好基础,基本满足了社会对多种层次、多种类型工程技术人才的大量需求,为国家经济建设和社会发展提供充足的人力资源保障。

为了适应创新型国家建设需要,完善我国工程技术人才培养体系,国务院学位委员会继 1996 年批准设立工程硕士之后,经历了 10 年反复论证,于 2011 年 3 月正式批准设立工程博士专业学位。清华大学、北京大学等 24 所 985 工程高校以及中国科学院被授予开展工程博士专业学位培养资格,从 2013 年 9 月开始试点招生。工程博士专业学位的设立将有力地促进"卓越计划"的实施。

## 1.3.2　我国工程教育的未来需要

从现在起到 2020 年,是我国经济社会发展的重要战略机遇期和转型期,也是科学技术发展的重要战略机遇期。在这期间,把握我国工业界对工程科技人才的需求与发展态势十分关键。

《国家中长期人才发展规划纲要(2010—2020 年)》指出:要突出培养造就创新型科技人才,大力开发经济社会发展重点领域急需紧缺专门人才,进一步扩大专业技术人才队伍的规模。到 2020 年,高层次创新型科技人才总量要达到 4 万人左右;重点领域要培养开发急需紧缺专门人才 500 多万人;中高级专业技术人才要占从业人员的 5% 左右。

工程院在《走向创新——创新型工程科技人才培养研究综合报告》中指出,

工业界既需要学术型工程科技人才,更需要应用型工程科技人才,当前尤其需要技术交叉、科技集成创新的创新型工程科技人才,进行产品创意设计、开发新产品的人才,进行工程管理与经营的人才。国有大中型企业需要大批优秀工科毕业生充实到工程一线,锻炼成长为高素质的工程管理领导人才。

胡锦涛同志 2010 年 6 月 7 日在中国科学院第十五次院士大会和中国工程院第十次院士大会上指出要在八个科技领域重点推动,争取尽快取得突破性进展。第一,大力发展能源资源开发利用科学技术;第二,大力发展新材料和先进制造科学技术;第三,大力发展信息网络科学技术;第四,大力发展现代农业科学技术;第五,大力发展健康科学技术;第六,大力加强生态环境保护科学技术;第七,大力发展空间和海洋科学技术;第八,大力发展国家安全和公共安全科学技术。这对高等工程教育和工程科技人才培养提出了新的要求。

党的十七大以来,党中央、国务院作出了走中国特色新型工业化道路、建设创新型国家、建设人才强国等一系列战略部署。为了实现这些战略目标、贯彻胡锦涛同志在两院院士大会上的重要讲话精神、落实《国家中长期人才发展规划纲要(2010—2020 年)》的要求、满足工业界对工程科技人才的需求,我们必须围绕区域产业分布状况,调整高等工程教育布局,优化工程学科专业结构,建立培养多样化的工程科技人才机制,加快发展工程教育,培养和造就一大批卓越工程师后备人才。

## 1.4　工程教育存在的问题

虽然我国工程教育已经取得了举世瞩目的巨大成就,但是,站在应对全球高等教育日益激烈的市场竞争的高度,从更好地服务于国家战略的角度,也为了工程教育自身更好地改革和发展,有必要对我国工程教育存在的各种问题进行梳理和分析,为工程教育改革方案的制定和政策措施的出台提供有的放矢的借鉴。

麦肯锡全球研究所于 2005 年对人力资源经理的一项调查表明:中国工程师的总量供大于求,但真正具有全球竞争力的工程师的供给却不能满足需求;有 80.7% 的美国工程师可在全球受雇,而只有 10% 的中国工程师满足同样的要求;中国高层次的工程师十分抢手,而低层次高校毕业的工程师却面临着严峻的就业前景,随着扩招,这一问题日渐严峻;造成这一问题的主要原因是中国学生的学习体系重理论,轻实践。

工程教育存在的问题可以大致分为四个方面：工科院校学校层面的问题、高校在工程人才培养方面存在的内部问题、高校在工程人才培养方面面临的外部问题和工科毕业生的问题。其中工科院校学校层面的问题是整个工程教育问题的核心，高校在工程人才培养方面的内部与外部问题互为关联，而工科毕业生的问题是前面三个问题的结果。

## 1.4.1 工科院校学校层面的问题

工科院校学校层面在工程教育上存在的主要问题是人才培养定位，这是一个在相当长一段时间内存在于大量高校，尤其是地方高校的普遍问题。高校在人才培养定位上的问题主要表现在三个方面：

第一，人才培养追求高层次。中职要升高职，大专要办本科，刚有本科就准备申请硕士点，有了硕士点又要有博士点，学院都要改为大学，等等。这一方面使这些学校放弃了经过长期积累形成的宝贵的人才培养特色和优势，原有办学层次的教育教学资源的作用得不到继续发挥，另一方面使这些学校贸然进入自身不具备任何优势的更高层次的陌生领域而不得不与其他高校展开不具胜算的竞争。

第二，学科专业追求齐全。大量工科院校为了追求学科专业齐全，盲目上新专业，创办新学科，希望转变成综合性大学。这一方面使这些学校弱化了对原有优势学科专业的支持和投入，逐渐淡化和脱离了经过长期建立起来的与行业和企业的关系，将原先占据优势的人才培养市场份额让给他人，另一方面使这些学校不得不扩大办学规模，举债征地，四面出击，不仅原有的学科专业优势遗失殆尽，而且培养出来的工程人才缺乏市场竞争力。

第三，专业设置追求热门。大量工科院校不顾本校的基础和特长，更没有考虑未来学生就业市场的实际需求，盲目地上一批当时就业市场视乎十分热门的管理、金融等人文社科类专业。这就使得这些学校不得不花费大量教育教学资源于自身不具优势的"热门"专业领域，而使得原有优势工科专业的建设和发展得不到加强，结果是舍本逐末，"种了他人的地，荒了自己的田"。

造成工科院校在人才培养上存在上述问题的原因有三：一是对自身在人才培养方面所具有的条件、优势、劣势缺乏清楚的认识；二是对经济社会对工程人才在层次类型、学科专业、知识结构和能力素质等方面的需求缺乏准确的把握；三是没有从全局、战略和长远的角度明晰本校在高等教育系统中的地位以及在工程人才培养上应发挥的作用。工程人才培养定位不明、目标趋同、工程学科淡化所造成的结果是：层次类型过于集中、工科学生缺乏特色、热门专业"扎堆"。一方面高素质的工科毕业生严重匮乏，另一方面大批缺乏特色的工科毕业生就业困难。目前，所谓的"综合性大学"数量较过去有大幅度增加，而不论是从主观还是客观上带来的结果都是：原有的工科院校与行业企业的联系减少了。

## 1.4.2 高校在工程人才培养方面存在的内部问题

高等学校在工程人才培养方面存在的内部问题如下所述。

**1. 面向工程实践不足**

这方面问题突出表现在：整个人才培养方案重理论、轻实践；工程训练受到不同程度的削弱；实践教学、课程设计、毕业实践严重不足甚至被部分取消；毕业设计被毕业论文所取代。结果是：学生的工程实践能力差。

造成这方面问题的原因主要有三方面：一是学生规模迅速扩大，使得实践教学资源严重不足，教师负担加大；二是实践教学经费投入不足，使得生均实践教学经费不能满足实践教学的需要；三是高校与行业企业联系不密切，学生到企业实践的机会大大减少。

**2. 人才培养模式单一**

这方面问题突出表现在：培养模式长期基本不变、滞后于社会和企业发展的需求；工程人才层次和类型单一、欠缺多样性；学生知识面狭窄、能力素质脱离企业实际需要、环境和社会适应性不强。结果是：毕业生就业困难。

造成这方面问题的原因主要有三方面：一是高校过于注重外延式发展，忽略对人才培养质量的重视，没有开展对人才培养模式的改革；二是高校对教育教学工作的重视不够，教师的主要精力在科学研究；三是高校与行业企业缺乏沟通，不清楚用人单位对工程人才的实际要求。

**3. 按照科学教育模式培养工程师**

这方面问题突出表现在：工科学生擅长发表论文，缺乏工程实践动手能力；工科研究生教育是以培养学科型人才为基本模式；工程硕士等同于工学硕士，职业技术教育等同于大学专科教育。结果是：毕业生无法胜任工程岗位的工作。

造成这方面问题的原因主要有三方面：一是高校领导和教师在主观上存在

着科学教育水平高于工程教育的错误认识,以及受工程师职业在社会一些行业地位不高的影响;二是过度宽口径教育,对工程师基本素质的养成重视不够;三是工科教师自身不具备严格意义上的工程师教育的学历或没有工程师的经历。

**4. 创新能力培养不足**

这方面问题突出表现在:工科学生的创新意识淡化、创新精神不突出、创新技能有限、创新素质不高,从而形成创新能力不足。结果是:人才培养质量受到置疑。

造成这方面问题的原因主要有三方面:一是对创新能力培养重视不够,没有自觉地把创新能力培养和提高贯穿于工程人才培养的全过程;二是对创新能力培养的有效方式缺乏深刻了解,往往认为通过简单的课堂教学就能够培养学生的创新能力;三是将创新能力与实践能力截然分开,殊不知实践能力是创新能力培养的前提和基础。

**5. 工科教师普遍缺乏工程实践经历**

这方面问题突出表现在:课堂教学理论脱离实际、只能"纸上谈兵";教师不能胜任指导学生的工程实践活动,实践教学受到弱化或被其他教学活动所替代;毕业设计选题偏理论或虚拟化、与工程实际严重脱节。结果是:工程人才培养目标难以实现。

造成这方面问题的首要原因是高校按科学教育要求聘任、考核和评价工科教师,没有体现工程技术背景。其他原因有:一是高校没有建立起鼓励和激励教师丰富工程实践经历的政策措施和激励机制;二是片面强调教师的学历和学术水平,而轻视了支持教师参与工程实践活动。

## 1.4.3 高校在工程人才培养方面面临的外部问题

高等学校在工程人才培养上学校外部面临的主要问题如下所述。

**1. 大多数行业没有建立工程师执业资格制度**

我国正在开展工程师执业资格制度建设,工程师执业资格制度为高校在工程师培养上提供了培养目标和培养标准。但是,目前除了少数行业外,我国多数行业还没有建立起工程师执业资格制度,这就需要联合行业部门共同制定各个行业工程师的培养目标和培养标准,并在工程师培养过程中加强监督和指导,以促使工程师的培养质量满足各个行业提出的培养标准要求。

**2. 工程教育缺乏行业引导和支持**

经济体制的改革使得人才培养与人才需求的关系由原来计划经济下的有

计划的合作关系转变为市场经济下的无约束的供需关系,这就使得行业部门在工程人才培养上不需要继续承担引导和支持作用,同时也使得高校不必局限于仅为某一个行业培养工程人才。竞争性的高等教育市场为高校提供了更为广阔的发展空间,但行业部门对工程教育的引导和支持也随之弱化。

**3. 校企合作缺乏制度和法律保障**

国家大部制的实施使得原有的行业部委院校与行业部门的隶属关系不复存在,这就使得行业企业与高校的合作关系变为松散而非义务、主要维系在校友等人际关系的基础上。与此同时,国家并没有在制度和法律上建立起新的机制,为校企合作提高保障。这就给需要与行业企业合作以培养出满足社会需要的工程人才的高校提出了新的问题和困难。

**4. 企业缺乏参与高校人才培养过程的积极性**

目前,工程人才的市场化使得企业不必像在计划经济下那样,主要依靠行业部委院校输送毕业生,而可以在人才市场招聘到企业需要的工程人才。与此同时,市场经济下的企业面临着日益激烈的竞争,企业的全部精力放在获得利益最大化和保持自身在市场上的竞争地位。这样,企业既没有必要也没有义务像在计划经济时代那样参与高校人才培养过程,这也是为什么企业在接受学生实习、为学生提供实践条件上缺乏积极性的原因所在。

**5. 工程师的社会认可度不高**

一段时间以来,高校中的金融、经济和管理类等热门专业深受考生的青睐,其主要原因是这些专业的毕业生收入高、就业主要在一线城市。而工程类专业,尤其是那些传统的工科专业的毕业生,往往需要先到企业的基层单位历练,到工程实践场所去锻炼,这种远离大城市的工作与生活,加上不高的待遇,使得学生去企业工作的愿望不强,工程师的社会认可度不高,从而在一定程度上影响优质生源报考工程类专业。

## 1.4.4 工科毕业生的主要问题

上述三个方面的问题使得不同类型工科院校的工程专业毕业生存在着这样或那样的问题,概括起来有:工程实践能力不足、工程创新意识不强、专业面狭窄、所学知识陈旧、动手能力差、综合素质低下、适应性不强等。有研究表明,尽管中国社会对工程人才有很大的需求,但大量工程专业毕业生,尤其是地方高校的毕业生,仍然面临着失业,这也暴露出我国工科毕业生竞争力不足。

目前,高水平大学的毕业生往往不愿意去国家的基础性、骨干性企业,而这些企业都在走向世界,对人才的要求将越来越高,这种供需差距,对国家的发展和"走出去"战略的实现十分不利。而地方高校的毕业生存在不少改行和学非所用的现象,这对急需各类型工程人才的地方中小企业而言,对于地方和区域经济的发展也是十分不利的。

鉴于工程教育要面对着来自美欧日等发达国家和发展中国家的严峻的国际挑战、工程教育必须担负起服务国家战略的重要责任,结合工程教育的现状和未来需要以及工程教育当前存在的各种各样问题和困难,实施"卓越计划"的重要性和紧迫性就显得异常突出。

# 参 考 文 献

[1] The Engineer of 2020:Visions of Engineering in the New Century. Washington DC:The National Academics Press,2004. http://www. nap. edu/catalog. php? record_id = 10999.

[2] Educating the Engineer of 2020:Adapting Engineering Education to the New Century. Washington DC:The National Academics Press, 2005. http://www. nap. edu/catalog. php? record_id = 11338.

[3] Sheppard,Sheri D,Kelly Macatangay,e. t. c. Educating Engineers:Designing for the Future of the Field. The Carnegie Foundation for the Advancement of Teaching,2008.

[4] Grand Challenges for Engineering. National Academy of Engineering,2008.

[5] James J. Duderstadt. Engineering for a Changing World:A Roadmap to the Future of Engineering Practice, Research, and Education. The Millennium Project, The University of Michigan,2008.

[6] [美] Gary Gereffi,Vivek Wadhwa,Ben Rissing and Ryan Ong. 美、中、印工程教育质量与数量的实证分析. 高等工程教育研究,2009 年第 4 期.

[7] 孔寒冰. 欧美工程教育改革的几个动向. 清华大学教育研究,2009 年第 2 期.

[8] 吴忠魁. 论日本 21 世纪国家发展战略与教改对策. 比较教育研究,2001 年第 1 期.

[9] 黄晓洁,胥传孝. 日本高等工程教育改革研究. 同济大学学报(社会科学版),2008 年第 1 期.

[10] 李毅中. 坚定不移地走中国特色新型工业化道路. 求实杂志,2008 年第 20 期.

[11] 苗圩. 坚定不移走中国特色新型工业化道路,努力实现从工业大国向工业强国转变. 中国经济与信息化,2012 年 6 月.

# 第 **2** 章　"卓越工程师教育培养计划" 的主体框架

【本章摘要】 "卓越工程师教育培养计划"不仅是我国工程教育改革上的重大创新行动,而且将形成我国高等教育改革的突破口。本章围绕该计划的主体内涵和框架结构进行介绍和分析,首先详尽地介绍该计划的总体设计思路,随后分别从培养标准体系、人才培养模式、教师队伍建设、企业联合培养以及国际化培养等5个方面依次讨论和分析了"卓越工程师教育培养计划"的5项重点任务,即制定"卓越计划"人才培养标准、创新工程教育的人才培养模式、建设高水平工程教育教师队伍、创立高校与行业企业联合培养人才的新机制,以及扩大工程教育的对外开放,以期为"卓越计划"勾画出明确的思路、完整的框架和清晰的内涵。

## 2.1 "卓越计划"的总体设计思路

工程教育的质量影响着整个高等教育的质量,工程教育改革对整个高等教育改革具有重大的引导作用。我国工程教育在国际上具有明显的优势,主要表现在基础好、体系全、规模大,尤其是生源十分充足、质量高,是名副其实的工程教育大国。在国际金融危机和欧洲债务危机的影响下,发展实体经济是各国经济发展的主要途径,需要大批高素质工程技术人才。因此,我国工程教育应率先改革,面向行业企业、面向未来需求、面向世界培养工程师,提升我国工程教育的国际竞争力,提升我国工业的国际竞争力。与此同时,工程教育的改革形成我国高等教育改革的突破口,引领和促进整个高等教育的改革和发展,从而提升我国的综合国力和国际竞争力。由此可见,我国工程教育改革,对促进经济发展、实现国家战略,对整个高等教育改革都具有十分重要的意义。

### 2.1.1 "卓越计划"的概念释义

在正式讨论"卓越计划"之前,需要对"卓越工程师教育培养计划"的几个概念进行充分的解释以清晰各自的含义。

首先是"卓越",指的是非常杰出或十分优秀的意思,英文应为 outstanding 而不是 excellent。在"卓越工程师教育培养计划"中的"卓越"是一个目标概念,意思是在实施"卓越计划"的工科专业中,将培养出类拔萃的杰出和优秀的工程人才作为一种目标追求,作为"卓越计划"参与专业的人才培养定位。

其次是"工程师",严格意义上的工程师是指那些具备工程师执业资质的或者获得工程师职称的人才,但"卓越工程师教育培养计划"中的工程师是泛指普通高等学校培养的达到"卓越计划"通用标准规定的知识、能力和素质要求的工程师后备人才。

除了作为一种目标追求外,"卓越计划"中的"工程师"冠以"卓越"的另一作用在于引起政府的高度重视、社会的高度关注和行业企业的积极参与。中国传统文化赋予事物的名称十分深刻的内涵和显赫的地位,不论是人名、地名,还是项目名称等,都为名称所指者的产生和发展带来不可低估的影响。所以,从这个角度说,"卓越"将给予"卓越计划"在工程人才培养上前所未有的地位。这种地位来自各级政府的政策和财政支持,来自考生的踊跃报考及其家长的积极支持,来自行业部门的高度重视和企业的积极参与,来自用人单位的青睐和充分肯定。然而,冠以"卓越"的"卓越计划"自身首先必须在计划内涵、实施方案、组织保障和政府支持等方面具有实现"卓越"的条件。

最后是"教育"和"培养"的关系。从广义上来说,"教育"和"培养"的内涵基本相同,都是为了一定的目的,采取一定的教学或训练方式,对实施对象施加影响,以提高其知识、能力和素质水平。但就差异而言,"教育"针对的是更广义的人才,而"培养"针对的是更专门的人才。"卓越计划"中的"教育"可以理解为学生在高等学校阶段的教育过程,而"培养"应看作是学生在企业和社会阶段的培养过程。事实上,一个专业人才的成长仅靠学校阶段的教育是不够的,还需要专业实践和社会经历,因此,将"教育"和"培养"并列,旨在强调工程师的培养需要高校和企业社会的共同努力。

值得一提的是,在"卓越计划"提出之初,曾经考虑采用"卓越工程师培养计划",但在与国务院相关部委沟通后,教育部决定采用"卓越工程师教育培养计划",其用意应该还包含强调政府教育部门与政府其他职能部门在卓越工程师培养上的通力合作。

作为国家的一项重大教育行动,为了规范日后的国际交流,作者在与英国著名学者商讨后认为,"卓越工程师教育培养计划"的英文全称应为"A plan for educating and training outstanding engineers",可以简写为 PETOE。

## 2.1.2　"卓越计划"的指导思想

"卓越计划"的指导思想是:"以邓小平理论和'三个代表'重要思想为指导,深入贯彻落实科学发展观,全面贯彻党的教育方针。全面落实党的十七大关于走中国特色新型工业化道路、建设创新型国家、建设人力资源强国等战略部署。全面落实加快转变经济发展方式,推动产业结构优化升级和优化教育结构,提高高等教育质量等战略举措"。

贯彻落实《国家中长期教育改革和发展规划纲要》的精神,树立全面发展和多样化的人才观念,树立主动服务国家的战略要求,主动服务行业企业需求的服务观念。改革和创新工程教育人才培养模式,创立高校与行业企业联合培养人才的新机制,着力提高学生服务国家和人民的社会责任感、勇于探索的创新精神和善于解决问题的实践能力[1]。

在"卓越计划"指导思想中树立了高等教育主动服务国家战略需求的观念。

教育是民族振兴、社会进步的基石。作为教育的重要组成部分,高等教育承担着培养高级专门人才、发展科学技术文化、促进现代化建设的重大任务,因此,应当树立起主动服务于国家战略需求的观念。"卓越计划"的指导思想是全面落实国家三大战略:走中国特色新型工业化道路、建设创新型国家、建设人力资源强国。这正是树立高等教育主动服务国家战略需求观念的具体体现[3]。

走中国特色新型工业化道路的国家战略,不仅要加快经济增长由主要依靠物质资源消耗向主要依靠科技进步、劳动者素质提高和管理创新的方式转变,推动产业结构优化升级,而且要大力发展战略性新兴产业,培育壮大现代产业体系。因此,迫切需要培养大批能够适应和支撑产业发展的各种类型的工程师。

建设创新型国家的国家战略,就是要提高自主创新能力,降低重要产业关键技术和核心技术的对外依赖程度,由"中国制造"转向"中国创造"。因此,培养大批创新型工程人才,提升我国工程科技队伍的整体创新能力,是引领科技、经济和产业发展的关键,是建设创新型国家的必然要求[3]。

建设人力资源强国的国家战略,就是要按照面向现代化、面向世界、面向未来的要求,适应经济社会又好又快发展和提升国家核心竞争力的需要,加快从人力资源大国向人力资源强国迈进。在人才问题上,世界各国都把培养未来工程师作为重要战略目标。因此,大力培养具有国际视野、通晓国际规则、拥有国际竞争优势的工程科技人才,是应对经济全球化挑战,增加综合国力的现实要求[3]。

## 2.1.3 "卓越计划"的主要目标

"卓越计划"的主要目标是:"面向工业界、面向未来、面向世界培养造就一大批创新能力强、适合经济社会发展需要的高质量各类型后备工程技术人才,为建设创新型国家,实现工业化和现代化奠定坚实的人力资源优势,增强我国的核心竞争力和综合国力。"

以实施"卓越计划"为突破口,促进工程教育改革和创新,全面提高我国工程教育人才培养质量,努力建设具有世界先进水平和中国特色社会主义现代高等工程教育体系,促进我国从工程教育大国走向工程教育强国[1]。

"卓越计划"主要目标中的三个"面向"可以解释如下:面向工业界,就是要主动适应工业界的需求,为中国特色新型工业化发展服务,为国家经济社会可持续发展服务;面向世界,就是要为"走出去"战略服务,为工业界开拓国际市场提供源源不断的具有国际竞争能力的工程技术人才;面向未来,就是要为未来发展服务,培养能够适应和引领未来工程技术发展方向的工程师。

"卓越计划"是工程教育整体改革的一部分,是工程教育改革的切入点和突破口,它将推动工程教育回归工程,促进工程教育改革和创新。我国相当一部分高等学校,在科学教育方面具有很强的优势,但不等于工程教育很强。因此,实施"卓越计划",可以促进这些高等学校的工程教育改革,并通过不断的探索、总结、完善和推广,逐步探索出工程教育整体改革的途径。总体而言,"卓越计划"对高等教育面向社会需求培养人才,调整人才培养结构,提高人才培养质量,推动教育教学改革,增强毕业生就业能力都具有十分重要的示范和引导作用。

在"卓越计划"的主要目标中树立了工程教育服务行业企业人才需求的观念。服务于经济社会发展的需要不仅是发展高等教育的根本目标,也是高等教育得以发展的基础,更是促使高等教育发展由"大"到"强"的保证。因此,"卓越计划"树立了工程教育服务行业企业人才需求的观念,将面向工业界培养需要的高素质工程人才作为其首要目标[3]。

树立工程教育服务行业企业人才需求的观念,工程教育要充分考虑行业的多样性和工程人才需求的多样性,做好四方面的工作。首先,工程教育要准确把握行业企业的实际需求,注重提升学生的工程实践能力和创新能力,培养行业企业当前急需的工程人才;其次,工程教育要了解预见行业企业的需求变化,满足经济增长方式转变、产业结构优化升级的需要,培养行业发展未来需要的工程人才;再次,工程教育要针对发展战略性新兴产业的需要,积极培养新能源、新材料、节能环保、生物医药、信息网络和高端制造业等方面的工程人才;最后,工程教育要培养跨专业、跨学科的复合型工程人才[3]。

## 2.1.4 "卓越计划"的基本原则

"卓越计划"的基本原则是:"遵循'行业指导、校企合作、分类实施、形式多样、追求卓越'的原则。联合有关部门和单位制定相关的配套支持政策,提出行业领域人才培养需求,指导高校和企业在本行业领域实施"卓越计划"。支持不同类型的高校参与"卓越计划",高校在工程型人才培养类型上要各有侧重。参与"卓越计划"的高校和企业通过校企合作途径联合培养人才,要充分考虑行业的多样性和对工程型人才需求的多样性,采取多种方式培养卓越工程师后备人才[1]。"

在"卓越计划"的基本原则中强调在不同类型工程人才的培养上追求卓越。人才的多样性决定着不同类型的人才质量不能用同一标准去衡量,也就是说,不同类型的人才都有卓越。不同类型和层次的高等学校在人才培养上有着各自不同的使命和责任,都应该能够在各自的层次和领域培养出一流的人才。这就要对高等学校实行分类管理、引导合理定位、克服同质化倾向、鼓励办出特色。参与"卓越计划"的高校大致可分为 985 大学、行业背景的大学、211 大学和地方一般院校四类。对于不同类型的高校,"卓越计划"提出"分类实施、形式多样、追求卓越"的理念,强调各种类型的高校,在具有优势特色的专业领域,采取多种教育教学方式,在不同类型工程人才的教育培养上追求卓越[3]。

"卓越计划"要培养各种类型的高素质、高质量的工程技术人才。既要有能够满足未来发展需要、能够适应和引领未来工程技术发展方向的工程师,也要有能够在多语言环境下工作、具备国际竞争能力的工程技术人才,更要有能够满足国家经济社会可持续发展需要的各种层次和类型的工程技术人才。不论他们是何种类型,还是本科、硕士或博士层次,都应具有较强的工程实践能力和创新精神,胜任各自岗位的工作,高校在这些工程技术人才的培养上都要追求卓越[3]。

## 2.1.5 "卓越计划"的主要特点

"卓越计划"具有行业企业参与、强化实践能力、注重标准引导三个主要特点。

### 1. 行业企业参与是前提

"卓越计划"强调行业企业参与,是要通过该计划的实施,密切教育部门与行业部门的制度化联系,发挥行业部门在人才培养方面的指导作用,因为行业部门对本行业技术前沿最了解,对行业发展趋势最了解,对行业用人需求最了解。通过该计划的实施,密切高校与企业的合作,使企业由单纯的用人单位变成共同培养单位,发挥企业在工程实践条件先进性和真实工程环境的优势,增强毕业生的适应能力。

### 2. 强化实践能力是核心

实践是工程的灵魂与根本,也是工程教育的本质要求。针对企业反映学生实践动手能力不足的问题,"卓越计划"要求各个培养层次参与专业的学生有在企业累计一年左右的学习时间。本科生要"真刀真枪"做毕业设计,有六门主要课程是由五年以上工程经历的老师授课。对任课教师也提出了企业工作经历和工程实践的要求。

### 3. 注重标准引导是关键

"卓越计划"的培养过程是由标准引导的。通用标准是从国家层面上规定各类工程型人才培养都应达到的基本要求,由工程院与教育部联合制定并发布。行业标准是依据通用标准的要求制定的本行业主体专业领域的工程型人才培养应该达到的基本要求,由有关行业部门和教育部联合制定并发布。参与"卓越计划"的高校需在通用标准和行业标准的基础上形成具有本校特色的培养标准,并把标准中的知识能力要求落实到具体的课程和教学活动中去实现。

## 2.1.6 "卓越计划"的实施领域

从主动服务经济社会发展和国家战略的角度出发,"卓越计划"实施的专业领域涵盖传统产业和战略性新兴产业的相关专业。参与高校一方面要特别重视配合国家产业结构调整与振兴规划对人才的需要,为传统产业的改造升级和产业结构的调整培养大批掌握新技术、新技能的优秀工程技术人才;另一方面要紧密结合国家发展战略性新兴产业的需求,在国家确定的战略性新兴产业的领域内,适度超前培养急需的相关工程技术人才。教育部会优先支持参与高校申请新设战略性新兴产业相关专业。

结合我国经济社会发展对工程人才层次的需要,同时参考发达国家工程人才培养的国家战略,"卓越计划"实施的层次包括工科的本科生、硕士研究生、博士研究生三个层次。与国家"十一五"期间实施的"质量工程"和"十二五"期间实施的"本科教学工程"中仅考虑本科层次人才培养所不同的是:"卓越计划"是一个为国家全方位、立体式培养复合型优秀专门人才的计划,因此,必须涵盖本科、硕士和博士三个层次的多种类型的工程人才培养。

为了吸引优秀生源参与"卓越计划",教育部制定了如下支持政策:

(1)对具有开展推免生工作资格的高校,在推荐生名额安排上重点支持专业学位的发展。要求"卓越计划"参与高校向工程硕士专业倾斜,优先保证实施"卓越计划"所需的优秀生源。"卓越计划"高校可实行灵活的学籍管理,获得免试推荐研究生资格的学生可以保留入学资格 1～2 年,到企业实习或就业,再继续研究生阶段学习。

（2）优先支持"卓越计划"参与专业学生的国际合作交流,包括公派出国留学、进修、实习、交换学生等;中国政府奖学金项目优先资助外国学生来华接受参与高校的工程教育;按照有关规定适度增加卓越计划高校自主招收中国政府奖学金学生名额;对具备条件的参与高校申请中外合作工程教育项目予以优先支持。

事实上,"卓越计划"硕士阶段的生源既可以是参与"卓越计划"的本科层次的毕业生,也可以是其他非"卓越计划"参与专业的优秀本科毕业生。同理,"卓越计划"硕士阶段的生源既可以是参与"卓越计划"的硕士层次的毕业生,也可以是其他非"卓越计划"参与专业的优秀硕士毕业生。

为适应创新型国家建设需要,完善我国工程技术人才培养体系,国务院学位委员会第二十八次会议审议通过了《工程博士专业学位设置方案》,此举对于进一步推动"卓越计划"的实施具有十分积极的意义,意味着参与"卓越计划"的博士研究生可以获得工程博士专业学位（Doctor of Engineering,英文缩写为 D. Eng）。

"卓越计划"从 2010 年起预期实施 10 年。目前参与"卓越计划"的各种层次和类型的高校达到 194 所,达到开设有工科专业的普通本科院校的 20% 左右。到 2015 年,预计参与学生占工科专业本科生的约 10%（约 10 万人/年）、占全日制工科硕士生的约 50%（约 7 万人/年）。到 2020 年,通过"卓越计划"培养的各种层次和类型的卓越工程师后备人才要满足我国工业化和现代化建设的需求。这就要求参与高校在"卓越工程师"培养层次上既有合作更有分工,在满足市场对各层次工程人才需求的情况下,重点培养本校最具特色的专业和最具优势的层次的人才,而不是面面俱到。

## 2.1.7　"卓越计划"的组织管理

为了加强"卓越计划"的领导、组织、指导和评价等工作,教育部联合有关部门成立了两个领导协调组织和三个专家指导组织。其中领导协调组织是:

（1）教育部联合有关部门成立"卓越计划"委员会,主要负责"卓越计划"重要政策措施的协调、制定和决策,重要问题的协商解决,领导卓越计划的组织实施工作。

（2）设立"卓越计划"委员会办公室。办公室设在教育部高等教育司,承担委员会的日常工作,负责"卓越计划"工作方案的拟订,协调行业企业和相关专家组织参与"卓越计划",具体组织"卓越计划"实施工作。

专家指导组织是:

（1）教育部联合中国工程院成立"卓越计划"院士专家委员会。院士专家委员会由21位中国工程院院士组成,总体指导"卓越计划"的规划和实施工作,负责"卓越计划"方案的论证。

（2）教育部成立教育部"卓越计划"专家工作组。教育部专家工作组由21位高校的工程教育专家组成,负责卓越计划实施工作的研究、规划、指导、评价,负责参与高校工作方案和专业培养方案的论证,并为教育部提出政策建议。

（3）教育部联合行业部门成立"卓越计划"行业工作组和"卓越计划"行业专家组。负责行业内"卓越计划"实施工作的研究、规划、指导、评价,制定本行业内具体专业的行业专业标准,负责参与高校专业培养方案的论证。

上述组织机构间的关系如图2.1所示。

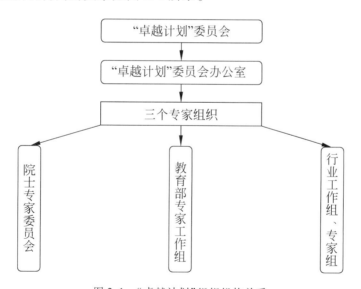

图2.1 "卓越计划"组织机构关系

## 2.1.8 "卓越计划"的重点任务

依据国家及社会发展的要求,"卓越计划"提出了以下五项重点任务[2]。

1．创立高校与行业企业联合培养人才的新机制

建立多部门实施卓越工程师教育培养计划的协调机制。建立行业指导、校企联合的卓越工程师教育培养计划实施机制。建立卓越工程师教育培养计划校企合作人才培养机制。研究制定相关政策，探索建立中国特色社会主义市场经济条件下的高校学生实习制度。

这项任务的目的在于将高校与行业企业的供需关系转变为合作关系，强调工程人才培养的针对性和适应性，建立高校和行业企业间的制度化联系。

2．创新工程教育的人才培养模式

遵循工程的集成与创新特征，大力推进工程教育的人才培养模式改革。学生的学习包括在校内学习和在企业学习两个阶段。在校内学习阶段，高校要以强化工程实践能力、工程设计能力与工程创新能力为核心，重构课程体系和教学内容，加强跨专业、跨学科的复合型人才培养，着力推动基于问题的学习、基于项目的学习、基于案例的学习等多种研究性学习方法，加强学生创新能力的训练。在企业学习阶段主要是学习企业的先进技术和先进企业文化，深入开展工程实践活动，结合生产实际做毕业设计，参与企业技术创新和工程开发，培养学生的职业精神和职业道德。

这项任务的目的在于改变目前高校人才培养过程中学生的学习状况，推行研究性学习，变被动学习为主动学习；强化实践教育环节，要求学生到企业学习一年左右的时间；面向工程实践完成本科毕业设计或研究生学位论文，提高学生的实践能力和创新能力。

3．建设高水平工程教育教师队伍

"卓越计划"参与高校要建设一支具有一定工程经历的高水平专、兼职教师队伍。专职教师要具备工程实践经历，有计划地参与企业实际工程项目或研发项目，其中部分教师要具备一定年限的企业工作经历。兼职教师要由企业聘请具有丰富工程实践经验的工程技术人员和管理者担任。

这项任务的目的在于改变高校教师队伍工程实践经验不足的状况，通过提高专职教师的工程经验，建设由企业高级工程技术人员组成的兼职教师队伍，提高工程教育教师队伍的整体素质。

4．扩大工程教育的对外开放（或提升工程教育的国际化水平）

加强与国际工程教育界的交流合作。拓展学生的国际视野，提升学生跨文化交流、合作的能力和参与国际竞争的能力。培养能够适应企业"走出去"战略需要的工程型人才。扩大来华接受工程教育的留学生规模。

这项任务的目的在于学习和借鉴国外在人才培养上的成功经验,为适应企业"走出去"的战略需要,培养一批具有跨文化交流、合作和参与国际竞争能力的工程技术人才。

5. 制定"卓越计划"人才培养标准

为满足国际化、工业界和未来经济社会对工程技术人员职业资格要求,遵循工程技术人才培养规律,制定"卓越计划"的人才培养标准。国家层面的标准为通用标准,行业层面的标准为行业专业标准。

这项任务的目的在于从面向工业界、面向世界和面向未来的角度,建立衡量卓越工程师培养质量的依据和准则。

对照"卓越计划"的总体目标,以上五项任务之间具有有机的联系。高校和行业企业联合培养人才的新机制是前提;制定培养标准则是基础;创新工程教育人才培养模式是核心;建设高水平工程教育教师队伍是关键;扩大工程教育的对外开放是支撑。

综上所述,"卓越计划"的总体思路是:"在总结我国工程教育历史成就和借鉴先进国家成功经验的基础上,以走中国特色新型工业化道路为契机,以行业企业需求为导向,以工程实际为背景,以工程技术为主线,通过高校和行业企业的密切合作、制定人才培养标准、改革人才培养模式、建设高水平工程教育师资队伍、扩大对外开放,着力提升学生的工程素养,着力培养学生的工程实践能力、工程设计能力和工程创新能力,构建具有中国特色工程教育模式。"

以下各节分别分析和讨论"卓越计划"的五项重点任务。

## 2.2　"卓越计划"的培养标准体系

### 2.2.1　卓越工程师培养层次

卓越工程师培养层次主要分为本科层次、硕士层次和博士层次三种。

本科层次主要是培养学生将来在现场从事产品的生产、营销和服务或工程项目的施工、运行和维护。

硕士层次主要培养学生将来从事产品或工程项目的设计与开发或生产过程的设计、运行和维护,具备设计开发出拥有自主知识产权的新产品或新工程项目的能力。设计开发的产品或工程项目应在国内市场具有竞争力。

博士层次主要培养学生将来从事复杂产品或大型工程项目的研究、开发以及工程科学的研究,具备创造出具有国际竞争力的专利技术、专有技术、尖端产品或高技术含量的工程项目的能力。研究开发的技术、产品或项目应具有国际竞争力。

虽然注重工程能力的培养是对各个层次卓越工程师培养的共同要求,但是不同层次卓越工程师在工程能力的培养上有所侧重,具体地说,本科层次应该侧重工程实践能力,硕士层次在本科层次的基础上应该侧重工程设计能力,博士层次在硕士层次的基础上应该侧重工程创新能力。这些侧重应该通过相应的培养标准体现出来。

### 2.2.2 "卓越计划"培养标准体系的构成

"卓越计划"的培养过程是由以通用标准、行业标准和学校标准三部分构成的标准体系所引导的。

通用标准由本科层次工程师培养通用标准、硕士层次工程师培养通用标准和博士层次工程师培养通用标准组成,每个层次的标准水平均是通过相应的知识、能力和素质来体现的。作为卓越工程师培养的国家标准,通用标准是国家对各行各业各种类型卓越工程师培养宏观上提出的基本质量要求,是行业制定各个专业卓越工程师培养标准的根据和基础,是制定行业标准和学校标准的宏观指导性标准。

行业标准是依据通用标准的要求制定的各行业主体专业领域的卓越工程师培养必须达到的中观要求,包含本行业内若干专业的专业标准,它不仅是对通用标准的具体化,还体现了专业特点和行业要求。应由各专业委员会与"卓越计划"行业专家组一道根据通用标准制定。

学校标准是各个学校在通用标准的指导下,以行业标准为基础制定的本校"卓越计划"各个工程专业卓越工程师培养的具体的、可落实、可评估检查的标准。在学校标准中,应包含体现各校办学优势的特色标准,特色标准应反映出各校特有的、优于其他院校的、得到社会公认的办学优势,由各校根据自己的办学优势,并结合办学定位、办学目标、服务面向和行业特点制定。

按照通用标准、行业标准和学校标准的性质,行业标准对卓越工程师培养的要求应不低于通用标准,学校标准的要求应不低于行业标准。换句话说,行业标准应该包容通用标准,学校标准应该包容行业标准。为了能够按照通用标准和行业标准的要求培养卓越工程师,参与高校要着重做好以下几方面工作。

首先,制定好参与专业的学校标准。具体包括三方面要求:一是要满足通用标准和行业标准的要求。就是要以通用标准为指导,以行业标准为基础,在满足通用标准和行业标准的前提下制定出本校参与"卓越计划"的各个工程专业卓越工程师培养的学校标准。二是学校标准要充分体现参与高校的人才培养优势和特色。就是要结合学校的办学目标、服务面向、办学优势和人才培养目标,制定出体现学校人才培养优势、特色和专业特点,与众不同的学校标准。三是学校标准必须是具体的、可落实、可评估检查的标准。学校标准是参与高校在实施"卓越计划"时要具体实现的,因此,不仅要能够落实到每一个教学环节,而且要能够在日后的人才培养质量评估中用于对照检查。

专题针对"卓越计划"培养标准体系的系统深入研究,详见本书"第 5 章'卓越工程师教育培养计划'标准体系与通用标准"。

## 2.3　"卓越计划"的人才培养模式

### 2.3.1　"卓越计划"培养模式的基本要求

"卓越计划"在工程人才培养模式上有以下三点明确要求:

(1) 要求按现有学制培养工程人才,一般不搞长学制、跨层次的连续培养,即本科 4 年、硕士 2 年、博士 3～5 年。由于改变学制涉及面广,受制于社会各方面因素,"卓越计划"按现有学制培养工程人才的要求主要考虑的是如何使该计划能够平稳地开展而不打破高校现行的教育计划和教育资源配置。

(2) 总体上采用分段衔接培养模式,整个培养途径实行三段制,即本科阶段、硕士阶段、博士阶段。每一阶段都有明确的培养目标,阶段之间有分流机制和衔接机制,学生必须完成相应阶段的培养环节并毕业后才能进入下一阶段的学习。三段制的要求是为了确保学生有足够的时间进行工程实践,以避免跨层次连续培养而弱化或压缩基本的工程实践时间。

(3) 采取高校和企业联合培养模式,学生在校期间的学习分为校内学习和企业学习两部分,每个培养阶段均要有累计一年左右的在企业学习的时间。每个培养阶段累计一年左右在企业学习的要求是确保卓越工程师培养质量的关键,也是克服目前工程人才培养普遍存在的工程实践能力和创新能力不足的重要措施。

将以上三点要求整合起来,"卓越计划"对各个层次卓越工程师培养模式的要求如下：

（1）本科是四年制，推荐"3＋1"模式，三年在校学习，累计一年在企业学习和做毕业设计。简称"本科3＋1"模式。

（2）硕士主要是四年本科加上两年全日制工程硕士。推荐"4＋1＋1"模式，本科毕业后，多数学生通过保送升入全日制工程硕士，累计一年在校学习，一年在企业学习工作。简称"硕士1＋1"模式。

（3）博士主要是四年本科加上两年全日制工程硕士，再加上3~5年的工程博士，除了学位课程学习外，工程博士生主要参与实际产品或工程项目的研究与开发。简称"博士（2~4）＋1"模式。

### 2.3.2 改革课程体系和更新教学内容

课程体系和教学内容是大学人才培养的主要载体，是"卓越计划"的指导思想和先进工程教育理念付诸于实践的桥梁。如果说参与高校"卓越计划"的专业培养目标是对学生在知识、能力和素质方面提出的理想预期，反映出工程教育的必然要求，那么相应的课程体系和教学内容则在很大程度上决定了学生所能呈现的知识、能力和素质结构，决定了参与专业的培养目标能否成为客观现实。

以往的课程体系、教学内容和教学环节已经不能适应"卓越计划"对工程人才培养的要求，必须通过重新设计课程体系、更新教学内容和重新组织教学活动来实现卓越工程师培养的学校标准。"卓越计划"要求参与高校按照本校卓越工程师培养目标，遵循工程的实践、集成与创新的特征，以强化学生的工程实践能力、工程设计能力与工程创新能力为核心，改革课程体系和更新教学内容。

在总体思路上，参与高校要以社会需求为导向，以实际工程为背景，以工程技术为主线，坚持人文精神与科学精神融合、通识教育与专业教育整合、个性培养与社会责任并重，强化学生工程能力的培养和综合素质的养成，培养复合型、高素质、满足未来需要的优秀工程型人才[5]。

在操作层面上，参与高校要以卓越工程师培养为目标，先将本校"卓越计划"学校标准进一步细化为知识能力大纲；再针对知识能力大纲中的各要素设计获得相应的知识、能力、素质所需要开设的相关课程和教学环节；然后制定出每一门课程的教学大纲和教学内容；最后形成学校参与专业卓越工程师培养的课程体系、教学环节、每门课程的教学大纲和教学内容。

专题针对"卓越计划"课程体系改革和教学内容更新的系统深入研究,详见本书"第 8 章 面向卓越工程师培养的课程体系和教学内容改革"。

### 2.3.3 大力推行研究性学习方法

工程师肩负着改造世界、创造未来的使命,他们不仅要能够分析问题、解决问题,而且要能够将前所未有的设想和概念转化为实实在在的现实,因此,他们必须具备胜任各自岗位的工程能力和综合素质。为了使参与"卓越计划"的学生日后具备这样的能力和素质,"卓越计划"要求参与高校在重构课程体系和教学内容的基础上,在面向实际的教学过程中,大力开展教学方法的改革,着力推行符合工程能力培养规律的研究性学习方法,确保学生的工程能力得以培养、训练、形成和提高。

研究性学习是以教师为主导、以学生为主体的学习方法,整个学习过程都是以学生为中心,学生由传统学习过程中的被动接受者转变为积极主动的参与者。研究式学习的核心理念是:以剖析工程原理形成过程为载体,以分析、研究和解决工程实际问题的过程为平台,以师生互动和同学合作为形式,将学习知识与研究问题相结合,在学习工程学科知识的同时,训练研究和解决问题的能力,学生在思考、分析和探究问题的过程中获取、应用和更新知识,在解决问题的过程中培养和训练了能力,在团队交流与合作的过程中形成和提高了素养[5]。

传统的工科专业课程之间具有明显的界限,课堂教学以讲授为主,综合性的案例和结合实际项目的教学不多。"卓越计划"要求在根据通用标准和行业标准的要求构建课程体系和教学内容的基础上,按照工程问题、工程案例和工程项目组织教学内容,着力推行基于问题的探究式学习、基于案例的讨论式学习、基于项目的参与式学习等多种研究性学习方法,强调学生创新意识和创新精神的培养,加强学生创新能力的训练,要求本科生"真刀真枪"做毕业设计,要求硕士生参与实际工程项目或产品的设计,要求博士生参与大型工程项目或复杂产品的研究与开发,从而有效地提高学生的工程实践能力、工程设计能力和工程创新能力。

专题针对"卓越计划"大力推行的研究性学习方法的系统深入研究,详见本书"第 9 章 面向卓越工程师培养的研究性学习"。

## 2.4 "卓越计划"的教师队伍

### 2.4.1 工科教师队伍的现状分析

教育大计,教师为本。高校工科教师队伍的质量决定着能否培养出优秀的工程人才。"卓越计划"的实施能否取得成功,关键在于能否建设一支满足工程技术人才培养要求的高水平教师队伍。工程学科与其他学科的显著区别在于它的实践性、集成性和创新性。工程实践是工程学科的本质要求,是工程集成和工程创新的基础,因此,工科教师的工程实践经历是其能否胜任工程人才培养重任的基本要求。然而,缺乏工程实践经历正是目前高校工科教师队伍普遍存在的问题。

按科学教育要求聘任、考核和评价教师是高校工科教师队伍建设存在问题的症结所在。目前我国多数高校衡量工科教师的标准是科研项目的等级和经费数额,理论研究成果获奖的层次和排名,在 SCI 上发表论文的影响因子和数量,以及出版的学术专著等。这种与理科教师一样的要求导致:一方面工科教师的选聘未体现工程技术背景,许多教师从学校到学校,缺乏工程实践经验,更有一些学校留校教师比例居高不下;另一方面工科教师注重理论研究和追求论文发表,轻视工程实际问题的研究和解决,忽视工程实践经历的积累。这样的结果是严重地影响工程教育的质量。

改变对工科教师的评价标准需要政府的支持和社会的共识。造成目前工科教师队伍现状的根本原因在于政府对高等教育的评价标准和社会对高等学校水平高低的认识。如片面地按照世界一流大学的理论研究成果和发表论文数量衡量我国 985 大学与世界一流大学的差距,注重科学研究和科学发现对经济社会发展的贡献,轻视工程创造和技术创新对人类社会发展的重要作用等等。这些因素是促使高校按照科学教育要求评价工科教师的主要原因。因此,需要从政府层面建立按照学科性质评价高等教育的机制,在社会上形成对工程教育属性的理解和共识,引导高校制定满足工程教育需要的工科教师评价标准。

### 2.4.2 "卓越计划"对教师队伍的要求

针对目前高校工科教师队伍存在的问题,"卓越计划"提出建设高水平工程型师资队伍的要求。遵循工科教师的成长规律,要求参与高校建设一支具有一定工程经历的高水平专、兼职教师队伍。对每个专业本科阶段教师队伍的要求是,在四年内达到每一届学生有六门专业课是由具备五年以上工程经历的教师讲授。

"卓越计划"对专职教师的要求是:对于没有工程经历的教师,学校要制定刚性的培训政策,安排他们到企业去工作 1~2 年,参与企业实际工程项目或研发项目,以获得比较丰富的工程实践经历,提高工程实践能力。对于过去具有工程经历的教师,学校要制定到企业轮训的制度,有计划地定期安排他们到企业工作,以更新工程知识、掌握新的实践技能、丰富工程实践经验,并不断强化工程实践能力。国家将优先支持参与高校参与专业的青年骨干教师出国到跨国公司研修[4]。

"卓越计划"对兼职教师的要求是:要通过多种方式、多种途径,大力引进具有丰富工程经历的教师,从企业选聘实践经验丰富的高水平工程专家和管理人员到学校任教,承担专业课程教学任务,或担任本科生、研究生的联合导师,承担培养学生、指导毕业设计等任务[4]。

高校工科教师队伍建设目前存在问题的症结是学校按科学教育要求聘任、考核和评价教师。为此,"卓越计划"要求参与高校对工科教师的评聘与考核要从过去的侧重评价理论研究成果和发表学术论文为主,转向评价工程项目设计、专利、产学合作和技术服务等方面为主。高校还要对工科教师技术职务的晋升提出明确的工程经历要求,一般要求工科教师晋升高级职称前应具备至少两年的工程经历[4]。

此外,"卓越计划"还要求参与企业要配备经验丰富的工程师担任学生在企业学习阶段的指导教师,高级工程师应为学生开设专业课程。事实上,在"卓越计划"参与专业中,"卓越计划"要求每一位学生均有两位导师,一位是校内专职教师,主要负责学生在校内学习阶段的指导,另一位是企业兼职教师,主要负责学生在企业学习阶段的指导,专职教师和兼职教师还要共同负责学生培养计划的制定和本科生毕业设计或研究生学位论文的指导。

需要指出的是,"卓越计划"对每一位学生"双导师"制度的要求与教育部对职业技术学院(简称"高职院校")"双师型"教师的要求之间存在着本质的差异,前者是针对每一位学生而言,导师是两个人,分别来自高校和企业;后者不是针对每一位学生,是对整个教师队伍而言,"双师"指的是拥有教师职称和工程技术职称的人,既鼓励一位教师同时具有这两个职称,也鼓励聘请企业工程技术人员作为兼职教师。

必须指出的是,以往对工科教师高学历的要求与"卓越计划"强调工科教师的工程实践经历并不矛盾,学历越高并不意味着企业工作经历越弱。随着"卓越计划"的推进,今后获得高学历的工科毕业生将同时具有丰富的工程实践经历。

专题针对"卓越计划"教师队伍建设的系统深入研究,详见本书"第10章 胜任卓越工程师培养的工科教师队伍建设"。

## 2.5 "卓越计划"的企业联合培养

### 2.5.1 创立高校与行业企业联合培养人才机制

提高人才培养质量的关键是更新教育观念,核心是改革人才培养体制,创立高校和企业联合培养机制。实践是工程的灵魂和根本,产学研结合是工程教育的重要特征和本质要求,"卓越计划"创立了高校与行业企业联合培养人才的新机制,以期从根本上解决工程人才培养中校企脱节的现象。

行业部门掌握本行业的发展趋势、技术前沿、人才需求情况,应该发挥他们在人才培养方面的指导作用。企业拥有高校不具备的最先进的生产设备和制造技术,真实的工程环境,以及经验丰富的工程师,这些对工程人才的培养至关重要。高校和行业企业联合培养人才机制的内涵如下:

(1)在培养标准上,教育界按照工程人才培养的规律,与行业部门一道共同制定行业标准,满足工业企业界的基本要求;

(2)在培养方案的制定和实施上,高校与企业一道共同制定培养目标、共同建设课程体系和教学内容、共同实施培养方案、共同评价培养质量;

(3)在培养过程上,将整个培养过程分为校内学习和企业学习两阶段,本科及以上层次学生要有一年左右的时间在企业学习;

(4)在学科专业设置和课程体系构建上,充分听取和吸纳行业企业的意见和建议。

学生到企业学习的目的是:学习企业的先进技术和先进企业文化,深入开展工程实践活动,参与企业技术创新和工程开发,培养学生的职业精神和职业道德。

"卓越计划"参与企业要承担企业学习阶段的各项教学与实践工作,具有以下责任与义务：

（1）建立组织机构：参与企业需建立由企业主要管理人员负责的专门机构。其任务是与高校共同制定培养目标、共同建设课程体系和教学内容，共同实施培养过程，共同评价培养质量；承担学生在企业学习期间的各项管理工作。

（2）制定规则制度：参与企业要建立各种规章制度，保障"计划"在企业的顺利实施。

（3）配备指导教师：参与企业需配备经验丰富的工程师担任学生在企业学习阶段的指导教师，高级工程师应为学生开设专业课程。

（4）落实教学安排：参与企业应根据校企联合培养方案，落实学生在企业学习期间的教学安排，提供科研、实习、实训的场所与设备；在生产条件允许的情况下，尽可能安排学生实际动手操作。在条件允许的情况下，接受学生参与企业技术创新和工程开发。

（5）提供生活条件：参与企业应协助学校共同安排好学生在企业学习期间的生活，提供必要的生活条件，提供充分的安全保护与劳动保护设备，并对学生进行专门的安全、保密教育。

## 2.5.2　建立"国家级工程实践教育中心"

国家级工程实践教育中心是指高校依托企业建立的，为落实高校"卓越工程师教育培养计划"培养方案中的企业学习阶段的任务，由高校和企业密切合作开展工程人才培养的综合平台。

国家级工程实践教育中心的主要职责是：

（1）参与制定培养方案。工程实践教育中心组织行业企业专家参与合作高校培养方案的制定工作，共同制定培养目标、共同建设课程体系和教学内容，特别是企业学习阶段培养方案的制定。

（2）落实学生在企业学习期间的各项教学安排。提供实训、实习的场所与设备，安排学生实际动手操作。在条件允许的情况下，接收学生参与企业技术创新和工程开发。

（3）建设中心指导教师队伍。组织企业高级职称以上的技术人员和高级管理人员到高校担任兼职教师，开设企业课程、指导学生实习实训、毕业设计。

（4）参与对学生的考核和评价。中心与合作高校共同制定企业学习阶段的培养标准和考核要求，共同对学生在企业学习阶段的培养质量进行评价。

（5）与合作院校共同做好学生在企业学习期间的安全、保密、知识产权保护等教育，提供充分的安全保护与劳动保护设备，做好相关的管理工作。

（6）定期公布中心可提供课程、实习岗位、指导教师等相关信息。

（7）国家级工程实践教育中心应向所有"卓越计划"高校开放。根据实际接待能力，接收学生来企业学习。

"卓越计划"鼓励各省市择优建立一批省级工程实践教育中心，给予企业一定的支持。

"卓越计划"要求逐步建立与完善企业培养阶段的评价体系。

"卓越计划"参与高校要重视企业培养方案的制定与实施。主要包括三方面工作：一是选好合作企业。高校要根据专业领域、企业实践教学环境、企业的教师资源和以往校企合作情况，择优选择合作企业。二是要做好与校内学习阶段的衔接。这方面主要体现在高校与企业在人才培养过程的分工上。校内学习阶段主要进行基础课、专业基础课以及基础实验课程的教学。企业学习阶段主要完成核心专业课教学、重要实践教学环节和毕业设计，以及参与项目设计与研发等。三是要求企业实施保障措施。包括建立专门的组织机构，制定相应的规章制度，配备经验丰富的工程师作为指导教师，提供教学、实践、科研场所和设备，以及参与实践的机会，安排好学生在企业学习的生活，并提供充足的安全和劳动保护等。

专题针对"卓越计划"企业联合培养的系统深入研究，详见本书"第 12 章校企全程合作培养卓越工程师"。

## 2.6 "卓越计划"的国际化培养

"卓越计划"要求参与学校积极引进国外先进的工程教育资源和高水平的工程教师，积极组织学生参与国际交流、到海内外跨国企业实习，拓展学生的国际视野，提升学生跨文化的交流能力、合作能力和参与国际竞争的能力。

"卓越计划"支持高水平的中外合作工程教育项目，鼓励有条件的参与高校，用多个语种培养熟悉某一国文化、法律和标准的国际化工程师。积极采取措施招收更多的留学生来我国接受工程教育。

教育部优先支持参与高校工程人才的国际化培养。优先支持参与专业的学生的国际合作交流，包括公派出国留学、进修、实习、交换学生等；优先支持参与高校参与专业青年骨干教师出国到跨国公司研修；中国政府奖学金项目优先资助外国留学生来华接受参与高校的工程教育;适度增加参与高校自主招生中国政府奖学金的名额;对具备条件的参与高校申请中外合作工程教育项目予以优先支持。

参与高校首先要树立国际化的教育理念。要从经济全球化的战略高度认识到工程人才国际化培养的重要性,要提高工程教育适应经济全球化的紧迫感、工程人才培养主动参与国际合作与竞争的使命感,以及对多元文化的认同感,树立国际意识,营造多元文化融合的国际化教育环境,拓展学生的国际视野。

要积极引进国外高水平的智力资源。聘请国外工程教育界的知名教授、专家学者,邀请境外具有丰富工程经验的企业家,担任本校"卓越计划"参与专业某门课程的"讲座教授"或作为咨询专家参与学生培养和教学管理。学习和吸收国外工程教育的最新研究成果,引进发达国家成熟的工程教育原版教材和教学软件,将国际先进的工程教育理念、方法、手段和成果用于"卓越工程师"的培养。

要充分利用国际合作教育资源,采取多模式、多渠道的合作培养方式,积极与国际著名高校或企业开展交流。参与高校可以争取教育部的优先支持政策,或者通过设立教师国外访学基金和学生国外留学基金,选拔参与专业青年骨干教师出国培训或到跨国企业兼职,选拔学生出国留学,组织学生到国外大学学习,安排学生到国外企业实习,支持学生出国短期交流、参加国际学术会议,利用寒暑假与国外高校互派学生到对方学校选修跨文化课程或特色课程。有条件的参与高校可以使每个学生都有国际交流学习的经历。

要积极开展高水平的中外合作工程教育项目。有条件的参与高校,要根据本校毕业生未来在境外可能的服务国家和地区,选拔有海外留学或工程经历的专业教师,采用多个语种(如纯英语、法语、西班牙语等)培养熟悉当地文化、法律和工程技术标准的国际化工程师。同时,参与高校要为吸收更多国外留学生创造条件,努力在校园中构建更加浓厚的国际化氛围,积极采取面向愿意向我国派遣留学生的地区的措施,如非洲、南美、亚洲等地,招收更多的留学生来我国接受工程教育,与中国学生混合编班,培养国际工程师。

要重视国际工程教育专业认证,提高人才培养的国际认可度。参与高校要学习借鉴发达国家工程师培养的经验,按照"卓越计划"通用标准和行业标准的要求,制定能够与国际接轨的本校参与专业的"卓越工程师"培养标准,重构课程体系和教学内容,改革教学形式和教学方法,构建与国际工程专业相容的人才培养评价体系,与国际公认的工程教育质量认证体系对接,努力使参与专业达到国际工程教育专业认证标准的要求,提高参与专业培养的"卓越工程师"的国际竞争力。有条件的参与高校,可以使部分参与专业学生毕业时取得国际认可工程师文凭,学位达到类似于欧洲国家的文凭工程师要求。

专题针对"卓越计划"的国际化培养的系统深入研究,详见本书"第 13 章面向世界培养卓越工程师"。

以上讨论分析的内容,构成了"卓越计划"的主体框架。不难看出,这样的设计和内涵不仅为"卓越计划"参与高校提出了明确的目标、任务和要求,而且为各种层次和类型的参与高校提供了实施"卓越计划"的宏观框架。本书的以下各章将针对成功地实施"卓越计划"需要面对和改革的重点问题开展专门而系统深入的研究。

## 参 考 文 献

[ 1 ]　教育部关于实施卓越工程师教育培养计划的若干意见. 教高[2011]1 号.

[ 2 ]　卓越工程师教育培养计划(征求意见稿). 教育部高教司.

[ 3 ]　林健. 谈实施"卓越工程师培养计划"引发的若干变革. 中国高等教育,2010 年第 17 期.

[ 4 ]　林健. "卓越工程师教育培养计划"学校工作方案研究. 高等工程教育研究,2010 年第 5 期.

[ 5 ]　林健. 注重工程教育本质,创新工程人才培养模式. 中国高等教育,2011 年第 6 期.

# 第 **3** 章　卓越工程师培养的定位

【本章摘要】　高校工程人才培养的定位问题是造成我国工程教育质量下降和工科毕业生竞争力不足的主要原因之一。参与高校成功实施"卓越计划"的前提是要有准确的卓越工程师培养定位。本章以研究工程人才培养的定位为主线,首先将工科院校分为研究型、研究教学型、教学研究型、本科教学型和专科教学型共 5 种类型,并对工程人才培养层次和类型进行界定;其次提出工程人才培养定位应当遵循的服务面向原则、办学层次原则、自身优势原则和未来需求原则;最后讨论了通过做好实践教学、能力培养、产学合作、创新教育和注重特色这 5 方面工作来有效地实现工程人才培养的定位。

## 3.1　问题的提出

目前,与国家经济建设和社会发展需要大量工程人才的环境不相适应的是,越来越多的工程专业毕业生,无论毕业于重点工科院校还是普通工科院校,都很难找到与自己的专业和学历相符的工作。一项对在华跨国公司和国内科技公司的调研得出这样的结论:这些公司只能从国内 10～15 所大学雇用到合适的工科毕业生,而其他大学的工程教育则未能保证其毕业生的质量。工科毕业生的问题主要有:缺乏工程实践能力和工程创新意识,专业面狭窄、动手能力差、综合素质低下、所学知识陈旧等。有研究表明,尽管中国社会对工程人才有很大的需求,但大量工程专业毕业生仍然面临着失业,这也暴露出我国工科毕业生竞争力不足[1]的问题。

造成这一现象的原因是多方面的,其中最大的问题之一就是我国工程人才培养的定位问题,即高校对所培养的工程人才能否按照自身条件和社会需求准确、客观地定位。显然,目前的主要问题是定位不准确。相关高校在工程人才的培养定位上不仅脱离了社会对工程人才需求的实际,而且对自身在人才培养方面所具有的条件、优势和劣势缺乏清楚的认识,对在激烈的人才市场竞争中工程人才培养的专业设置、层次规格、培养方式、能力素质、知识结构等方面缺乏准确的定位。这就使得工程专业设置滞后于产业结构升级的趋势,人才培养的层次不清楚、特色不鲜明、竞争力不足,因此,毕业生很难满足社会的需要。与此同时,在工程人才培养定位方面还普遍存在着定位趋同的现象,即不管自身的类型和层次,相当一部分高校的工程人才培养定位基本雷同,如毕业生的服务面向,都瞄准国家大型企业或跨国大公司,而把面向中小企业,尤其是民营小企业视为"不光彩"之举,由此导致高校培养的工程人才专业结构失衡、热门专业"扎堆"、层次类型过于集中、高层次人才降格求职。

工程人才培养的定位失准突出表现为工科院校自身在学校类型和办学层次上片面地追求"高、大、全"。一是在办学层次上求"高",不同类型和层次的学校相互攀比、竞相升格,具体表现在:中职升高职,大专升本科,有了本科要有硕士点,有了硕士点又要有博士点,还要建研究生院,学院都要改为大学,普通大学要成为重点大学,已经是重点大学的要成为研究型大学、国内一流大学,再向国际一流大学迈进,等等。二是在办学规模上求"大",相当一部分大学不顾自身办学条件和社会对人才需求的实际情况,不惜举债征地,扩大校园,大兴土

木,盲目扩充办学规模,严重影响学校的可持续发展。三是在学科专业上求
"全",大量工科院校无视自身资源的不足,追求学科专业齐全,盲目争办新学
科,上新专业,希望将工科院校转型为综合性大学。这种追求"高、大、全"的现
象不仅使这些院校办学目标趋同、工程特色淡化、办学层次不明,更使得这些院
校失去了在原有办学层次上长期积累所形成的优势和特色,导致在费了九牛二
虎之力才"挤入"的更高办学层次的高校中沦为新的"弱势群体"的可悲结局,
因此,在"力不从心"的情况下培养出的工程人才自然就缺乏市场竞争力了。

　　针对上述问题,本章以研究卓越工程师培养的定位为主线,在对工科院校
进行分类分析和对工程人才培养类型和层次进行界定的基础上,研究卓越工程
师培养定位的原则,并讨论如何有效地实现工程人才培养的定位。

## 3.2　工科院校的分类和人才培养

### 3.2.1　工科院校的分类

　　所谓工科院校分类,就是在整个高等工程教育系统中根据办学条件、教育
资源、办学层次、学科结构、服务面向等要素对工科院校进行类别的划分。工科
院校分类的目的是使学校定位准确,在同类型院系之间强调竞争,而在不同类
型院系之间强调合作,从而形成工科院校之间良性的竞争和合作氛围。也就是
说,在同类型、同层次的工科院校之间引入竞争机制,引导它们多样化、特色化
发展,办出各自不同的特色,提高工程人才培养质量;在不同类型和层次的工科
院校之间做到分工明确,"安分守己",加强合作,避免不同类型学校之间盲目攀
比和竞相升格,使整个工程人才培养的专业结构、学科布局、层次类别更加合
理,从而最大限度地发挥和提高各种类型和层次工程教育资源的效益。

　　我国学者对高等学校类型的划分标准各异、体系多样,不同的划分标准,产
生不同的高校类型,从而适用于不同的目的。从加强对高等学校进行分类指导
和分类管理的角度考虑,目前通行的做法是根据不同的办学层次将高等学校划
分为研究型、教学研究型、本科教学型、专科教学型四类[2][3][4]。

　　作为我国高等教育体系的重要组成部分,工科院校的分类可以在上述描
述性分类的基础上进行拓展。首先,"教学研究型"工科院校在我国工科院校中
所占比重较大,且在这类院校中"研究型"的分量在不同学校间有着较大差异,
从引导工科院校办出特色和避免趋同发展的角度,对"教学研究型"工科院校有

进一步细分的必要。其次,从人才培养的角度,"教学研究型"院校培养的人才类型和层次介于"研究型"院校和"本科教学型"院校之间,不仅数量多而且层次类型多样,为了更好地引导工科院校明确自身的人才培养定位,培养出富有特色和竞争力的工程人才,适应社会对工程人才类型和层次的多样化需求,从人才培养的角度,对"教学研究型"工科院校也应进一步细分。因此为了避繁就简,笔者认为,可将"教学研究型"进一步细分为"研究教学型"和"教学研究型"两类,以区别工程研究和技术开发在原有"教学研究型"院校中的分量。

这样,从总体上看,我国工科院校的办学类型就可以分为研究型、研究教学型、教学研究型、本科教学型、专科教学型五种类型。

必须强调的是,以上分类并非用于显示工科院校办学水平的高低和办学质量的优劣。发达国家高等教育发展的经验表明,每一类型的学校都可能办成"一流",都可以培养出高素质的工程人才。为了更好地满足国家和社会对工程人才多样性的需要,对工科院校进行分类特别要强调类型的多样性,不同类型的工科院校都有责任和义务为国家和社会培养不同层次和不同类型的高素质工程人才。

研究型工科院校有很强的研究生教育,多数学科具有博士学位授予权并设立了博士后流动站,人才培养层次包括本科、硕士、博士和博士后,以研究生培养为主,按国际一流大学惯例,在校研究生人数多于本科生人数,也就是说,研究型大学的硕士和博士研究生人数的总和要超过全体在校生总数的50%。研究型工科院校具有从事大型工程技术项目研究与开发的手段和实验条件,承担着国家大量重大及前沿性的工程技术研究、大型工程项目的研究开发以及工程科学研究等课题,博士生和博士后是高科技创新创造的主力军,硕士生是工程研究和项目开发的重要力量,博士学科点和博士后流动站是为国家核心技术体系培养一流的创新型工程技术研发人才的主要基地。

研究教学型工科院校有较强的研究生教育,相当一部分学科具有博士学位授予权,人才培养层次包括本科、硕士、博士以及适量的博士后,研究生培养和本科生培养并重,在校研究生层次人数与本科生层次人数相当,具体地说,研究教学型大学的硕士和博士研究生人数的总和应该是全体在校生总数的35% ~ 50%之间。研究教学型工科院校具有较好的从事工程技术项目研究与开发的手段和条件,承担着大量国家级和省部级的纵向科研课题和与地方及企业合作的横向科研课题,侧重培养创新型工程技术研发人才。

教学研究型工科院校以培养本科层次人才为主,以培养研究生层次人才为辅,若干学科具有博士学位授予权,多数学科拥有硕士学位授予权,人才培养层次包括本科、硕士及少量的博士,在校本科生层次人数多于研究生层次人数,具体地说,教学研究型大学的研究生人数的总和应该不到全体在校生总数的35%。教学研究型工科院校具有从事工程技术项目研究与开发的基本条件,承担着相当数量的各级各类科研课题,重点培养具有开发与应用能力的工程技术人才。

必须说明的是,以上三类院校的划分虽然仅用在校研究生人数占全校在校生总数的比例作为主要依据,但是这种依据具有充分的合理性。事实上,正是因为研究生所具有的"研究"性质,从事各种课题的研究并取得创新性的成果是他们主要的学习目标和毕业标准,因此,研究生的比例高低也反映出所在高校研究任务承担的多少和研究成果取得的多寡。

本科教学型工科院校主要从事本科阶段的工程专业教育,若干学科或有硕士学位授予权,人才培养以本科生为主,部分学校也培养少量硕士或专科生,在校本科生层次人数达到全体在校生总数的90%以上。本科教学型工科院校具有用于教育教学的基础实验室和专业实验室,承担着一定数量的以横向为主的科研课题,主要培养应用型工程技术人才。

专科教学型工科院校(包括职业技术院校),主要培养相关行业中高层次职业岗位需要的技能型人才,人才培养层次主要以专科生为主,有些学校由于历史的原因可能还保留了少量中专层次的教育,现阶段教育部也允许少数这类院校开展本科层次的教育。专科教学型工科院校应有充足的用于培养学生实践动手能力的校内外工程训练中心和实践教学基地,一些院校承担着某些产品生产制造环节的任务,主要培养实用型职业技术人才。

## 3.2.2　工科院校的人才培养

必须指出的是,虽然不同类型的工科院校在人才培养层次上存在一定的交叉现象,但这种交叉不论从社会对人才需求的多样性看,还是从人才培养自身的需要看都是必不可少的。一方面,不同类型的院校可能从事同一层次的人才培养,其区别主要体现在人才培养模式、知识结构、能力素质上,以使得这些人有不同的服务面向和不同的发展方向,从而满足社会对人才多样化的需要;另一方面,虽然不同类型院校人才培养的最高层次有所不同,但根据社会需要,部分中低层次人才的培养也是为更高层次的人才培养提供优质生源。例如,虽然研究型大学也培养硕士和学士,但是,他们培养硕士和学士的主要目的之一就是为了人才培养的最终目标——培养高质量的博士服务的;而其他类型院校所培养的专科生、本科生或硕士生中的佼佼者也都可能进入其他类型的院校接受更高层次的学历或学位教育。

工科院校工程人才培养的总目标是合格的高水平的工程师,但在工程师类型的划分上目前尚缺乏政府或其他权威机构的界定。工程教育界对工程师类型的理解也还存在一些差异,如有将工程师分为研究工程师、发展工程师(设计工程师)、工艺工程师(生产工程师)、操作工程师(管理工程师)的[5],也有将工程师分为工程科学家(研究型工程师)、设计开发工程师、制造工艺工程师和营销管理工程师的[6]。目前的基本共识是将工程师分为研发工程师、设计工程师、工艺工程师、管理工程师和营销工程师。其中研发工程师是指从事创意设计和概念设计的工程师,也包括少量工程科学家;设计工程师是指从事结构设计和工艺设计的工程师;工艺工程师主要指技师和技术员,两者类型相同,只有职称高低之别;管理工程师和营销工程师(包括从事售后服务的技术人员)。从进一步规范不同类型工程师的名称和完善其内涵的角度,可以做如下改动:首先,考虑到工程链上不同环节的工作要由不同的工程师完成以及工程师称谓的一致性,可以将工艺工程师改称为生产工程师;其次,为避免人们将管理工程师理解为仅在部门或企业管理岗位工作的工程师甚至领导者,同时考虑迅速发展的市场经济强调"大服务"的理念,可以将管理工程师和营销工程师统称为服务工程师。因此,工程师可以细分为研发工程师、设计工程师、生产工程师和服务工程师四类。

各类工程师在知识、能力和素质上有着不同的要求。研发工程师应具有宽广的知识面、精深的专业理论基础、超卓的技术创新能力和植根于丰富工程经验的全面的综合素质;设计工程师应具有较为宽广的知识面、扎实的理论基础、良好的技术创新能力、较强的工程实践能力和良好的综合素质;生产工程师应具有良好的理论基础、较强的工程实践能力(尤其是应用创新能力)和一定的人文素质;服务工程师应具有一定的理论基础、较强的实践动手能力和完善的市场服务意识。有必要指出,现代工程是团队行为,各种类型的工程师都必须具备一定的组织管理能力、较强的协调沟通能力和很强的团队合作意识。

不同类型的工科院校在工程人才培养类型和目标上应有区别和各自的重点。研究型院校以培养从事工程科学研究和工程技术开发的研发工程师为主要目标,同时培养一定数量的设计工程师;研究教学型院校以培养从事工程技术研究开发的研发工程师和设计工程师为主要目标;教学研究型院校以培养从事工程技术开发和应用的设计工程师和生产工程师为主要目标;本科教学型院校以培养从事工程技术应用的生产工程师为主要目标,同时培养部分服务工程师;专科教学型院校以培养在一线从事技术操作、管理、营销、维修工作的生产工程师和服务工程师为主要目标。

五类工科院校的服务面向、人才培养层次、工程人才培养的主要类型和主要培养目标如表 3.1 所示。

表 3.1　五类工科院校工程人才培养的层次、类型和主要目标

| 工科院校类型 | 研究型 | 研究教学型 | 教学研究型 | 本科教学型 | 专科教学型 |
|---|---|---|---|---|---|
| (相当于) | 985 大学 | 非 985 的 211 大学 | 非 211 省部属重点大学 | 省属其他本科院校 | 其他地方院校 |
| 服务面向 | 全国、兼顾所在省(市) | 国家大经济区及所在省市 | 所在省市 | 所在省市 | 所在地市 |
| 人才培养层次 | 博士后、博士、硕士、学士 | 博士后、博士、硕士、学士 | 博士、硕士、学士 | 硕士、学士、专科 | 专科(含中专) |
| 主要培养类型 | 研究开发型 | 研究开发型 | 开发应用型 | 应用型 | 职业技术型 |
| 主要培养目标 | 研发工程师 少量设计工程师 | 研发工程师 设计工程师 | 设计工程师 生产工程师 | 生产工程师 服务工程师 | 生产工程师 服务工程师 |

## 3.3　工程人才培养定位的原则

工科院校工程人才培养的定位是指学校根据自身的办学条件、优势和特色、服务面向以及国家和社会需要,按照自身所处的院校类型和层次,经过横向比较和分析,明确自身在整个高等工程教育系统中的位置,确定人才培养的目标、类型和层次。工程人才培养定位应当遵循以下几条原则。

### 3.3.1　服务面向原则

工程人才是针对一定的市场需求进行培养的,换句话说,工程人才培养的定位必须服从于高等学校的服务面向,只有这样,才能培养出"适销对路"的工程人才。不同类型、不同层次的大学在服务面向的定位上是不同的。研究型大学面向全国,满足社会对高层次工程科技研发人才的需求,同时兼顾所在省市人才培养的需要;研究教学型大学主要面向国家大经济区及所在省(市),满足这些地区对工程技术研发人才的需求;教学研究型大学面向所在省(市),满足

当地对开发应用型工程技术人才的需求;本科教学型院校同样面向所在省(市),满足当地对数量众多的应用型工程技术人才的需求;专科教学型院校面向所在地市,满足当地人才市场对职业技术型人才的需求。

服务面向原则要求根据高校服务面向区域的工程人才供求情况来确定工程人才培养的定位。首先,要全面系统地掌握高校服务面向区域在经济、文化、科技、环境、社会等方面的发展现状及趋势,如产业结构的布局和调整更新、当前和未来重点发展的行业等;其次,分析和预测该区域近期和远期对工程人才的需求情况,包括人才类型和层次、学科和专业、规模和质量等;再次,分析和预测其他高校在相同时期对本校所服务区域的工程人才的供给情况,特别是相同层次工程人才的培养情况;最后,结合院校自身在人才培养方面的实际确定工程人才培养的定位。

在按照服务面向原则,进行工程人才培养定位时要做到"有所为,有所不为"。这些年来,一些高校,尤其是一些新建地方院校,往往片面地从地方经济建设需要考虑,不顾自身的办学条件,盲目增设大批"热门"专业,造成学生质量不高,毕业生就业率低下。事实上,一所高校,不论是研究型高校还是专科教学型高校,由于自身的教育教学资源有限,都不可能为所服务的地区培养该地区所需要的所有类型和层次的人才。因此,在工程人才培养定位上不仅要考虑不同类型高校之间的分工与合作,更要考虑到同类型高校间的竞争与合作,做到扬长避短、优势互补,使有限的教育资源能够高效地用于培养深受社会欢迎、具有市场竞争力的工程人才。

### 3.3.2 办学层次原则

工科院校的办学层次是工程人才培养定位的前提,办学层次原则对工程人才培养定位的要求反映在两方面:一是工程人才培养的层次必须符合而不能超越学校的办学层次。二是要明确与其他不同类型高校相同层次人才培养的区别,保持和发展自身的特色。

在人才培养层次的确定上,任何院校,不论是研究型院校还是专科教学型院校,都应集中自身的教育资源做好相应层次的人才培养,而不应避长就短,不去培养自己擅长培养的人才,而和其他类型高校的人才培养强项去一较高低。譬如,研究型大学如果忽视自身承担的精英教育的使命,去办独立学院或设立职业技术学院,就不仅会造成与教学型高校争夺生源,加大应用型人才和职业技术型人才的就业压力,而且分散了精英教育本身所需的资源;而专科教学型高校如果争相办本科,则不仅会失去自身在职业技术型人才培养上的优势,而且会造成人才培养质量的下降,从而使毕业生就业更加困难。

要从工科院校类型的不同入手,确定符合各类院校相同层次人才培养的定位。如本科教学型高校培养的应用型工程技术人才主要到所在地区的企业从事中小型工程项目的设计、施工、监管以及其他与工程有关的工作,他们基本上工作在工程实践第一线,企业希望他们工作能够尽快上手并独当一面。因此,在人才培养定位上,应该强调他们的动手能力、应用工程技术知识相对独立地处理和解决基本的工程实践问题的能力的培养。而对于研究教学型大学培养的本科层次工程人才,如果他们毕业后不继续接受更高层次的教育,那么,他们将主要到大中型企业或工程规划设计院从事大中型工程项目的开发、设计、施工等方面的工作,虽然他们其中的一些人也要工作在工程实践的生产第一线,但也只能以助手或助理的方式协助和参与由有经验的工程师负责的工作。因此,在人才培养定位上,应该强调培养其实践能力、协作能力、较宽的工作适应面以及运用工程技术参与工程项目的开发和设计的能力等。

在按照办学层次原则进行工程人才培养定位时要避免简单复制不同类型高校相同层次工程人才培养方案的做法。有些高校或者为了"加速"提高办学水平,或者为了"追赶"重点大学,或者为了向"一流"大学迈进,常常不顾学校的定位和服务面向,盲目照抄照搬重点大学的人才培养计划、培养方案和培养模式。如专科教学型院校直接用本科教学型院校的专科层次的培养方案培养职业技术型人才,本科教学型大学的本科层次人才培养采用研究型大学的本科培养计划,教学研究型大学的硕士生层次人才培养采用国外一流大学的硕士生培养计划,等等。这种脱离本校实际的做法不仅无助于在人才培养质量上超越被模仿学校,而且容易失去该校自身的人才培养特色。

### 3.3.3　自身优势原则

工程人才培养的定位必须充分考虑高校自身的优势,从而培养出独具自身特色和竞争力的工程人才。对各种类型的高校而言,不论其历史长短、办学层次高低、学生规模大小,还是其隶属关系、地理位置,在人才培养上都会有自身的优势。这些优势可以体现在人才培养的全过程,也可以体现在某些环节上,如专业设置、人才培养模式、课程体系、教学方式、产学合作、实践教学、学科交叉、校园文化等某个或若干个方面,还可体现在院校的办学理念、办学模式、学科优势、地域优势和资源优势等方面。

自身优势原则要求工程人才培养定位要充分体现各高校所具有的独特优势,使工程人才的培养能够最大限度地发挥这些优势的育人作用。由于不同类型的工科院校人才培养的类型和服务面向不同,因此,这里所说的高校的优势主要是针对同类型院校而言。具体来说,高校首先应在与同类院校的分析比较中找出自身的优势,即该校所特有的、难以模仿的、长期积累、不可替代的有形或无形的东西;然后将自身优势与社会对工程人才的需求结合起来,确定人才培养的定位,使高校自身的优势能够在工程人才的培养过程中充分发挥出来,最终培养出具有竞争力的受社会欢迎的工程人才。

一所高校的优势是在其办学过程中逐渐形成的,在此过程中要注意以下几点。一是善于发现和挖掘学校在履行教学、科研、社会服务和文化传承与创新四大职能时潜在的优势或亮点,包括学校长期的办学积累和改革发展中的创新;二是这些潜在优势通过进一步努力可以培育成为高于同类型高校的显性优势,且与同类型高校相比具有突出的特点;三是学校要集中各种有限的资源重点保证这些优势的最终形成;四是业已形成的优势在进一步的发展过程中还需要不断地巩固和强化。

### 3.3.4 未来需求原则

人才培养滞后于经济社会发展的需求是目前工程教育面临的一个突出问题,表现在:工程专业课程体系与教学内容相对陈旧,与我国产业升级、技术更新的需要不相适应;工程专业结构调整与产业结构调整优化的现状不相适应等。由于高校对工程人才的培养需要一个时间过程,社会对工程人才的要求,包括专业、规格、层次、能力、知识结构上的需求等是动态不断变化的,而人才培养的内容和方式则相对稳定,变化也比较缓慢。所以,工科院校在进行工程人才培养的定位时,要考虑到若干年后或未来一段时期内经济社会发展对工程人才的要求情况。只有这样,才能使得工程专业毕业生能够满足毕业时社会的要求。

因此,未来需求原则要求工科院校在工程人才培养定位上做好两方面的工作,一是工程人才需求预测,即预测分析未来市场对工程人才的需求,包括专业、层次、数量、能力、素质、知识结构等方面。为了做好需求预测工作,在宏观层面必须了解和掌握国家的宏观经济政策、政府的经济社会发展规划以及产业结构调整政策等,在微观层面要加强与工业界和企业界的联系,并进行有针对性的市场调查,以获得用人单位和社会对未来工程人才需求的第一手资料。二是根据预测分析的结果及时调整工程专业设置,加强师资队伍建设,更新工程人才培养计划,改革人才培养模式和课程体系,更新教学内容,优化知识结构等,使工程专业毕业生成为受社会普遍欢迎、能够有效发挥作用的优质工程人才。

## 3.4 工程人才培养定位的实现

工程人才培养的准确定位是培养经济社会发展需要的工程人才的关键一步,也是降低工程人才培养成本的重要环节。但是,这种准确定位只有通过在工程人才培养过程中的具体落实,才能使其付诸实现。总体而言,要做好实践教学、能力培养、产学合作、创新教育和注重特色发展五个方面的工作。

### 3.4.1 实践教学

工程学科本质上是高度实践的学科,工程的社会性也强调了实践的重要性,因此实践教学是工程人才培养的基础,也是落实工程人才培养定位必不可少的重要环节。

实践教学包括校内的工程训练、科研项目的参与和校外的工程实习三方面。目前在实践教学方面存在的主要问题是:许多工科院校在实践教学方面投入的人力、财力、物力严重不足;学生在实验课上自主设计实验和亲自动手操作的机会甚少;本专科学生参与科研项目的机会不多,课程设计和毕业设计脱离工程实际;校外生产实习和毕业实习的时间大幅度压缩,与工程界和企业界的联系在减少等。

针对以上问题,从落实工程人才培养定位出发,工科院校在实践教学上应主要做好以下几方面的工作。第一,根据工科院校的类型、工程人才培养的层次和服务面向确定实践教学的侧重点。不同类型的学校、不同的人才培养层次或不同的服务面向,应有着不同的实践教学的侧重点,如研究型大学应该注重综合性、研究性实验课题的设置,加强先进制造和现代工程的综合训练;而专科型高校应该注重加工技能和一般工艺的基础训练等;第二,加大并确保实践教学的投入,为实践教学的开展提供资源保证;第三,制定引导和激励教师和实验人员投入并做好实践教学的政策措施;第四,提高课程设计,尤其是毕业设计

"真题真做"的比例,鼓励学生早期介入并参与教师的科研项目;第五,加强校外实践教学基地的建设,为工科教师积累工程经验提供条件,提高他们在教学中理论联系实际的能力。

### 3.4.2 能力培养

工程人才的能力培养是工程教育的核心内容,工程人才的能力是衡量工程人才培养质量的主要标准。随着经济社会的发展以及全球经济一体化进程的推进,对工程人才能力的要求将会越来越高,因此,能力的培养是落实工程人才培养定位的关键。

就本科层次而言,美国工程教育专业认证标准要求工程专业毕业生必须具备 11 种能力[7],而我国工程教育专业认证标准(试行)提出工程专业毕业生必须达到 10 个方面的知识、能力和素质要求[8]。概括地说,工程专业的本科毕业生应该具备如下知识、能力与素质。

知识:工程科学、工程技术、数学、自然科学、经济管理、人文社科、法律法规。

能力:设计开发初步能力、解决问题基本能力、现代工具和技术运用能力、交流沟通能力、团队合作能力、组织协调基本能力和终身学习能力。

素质:人文科学素养、创新意识、社会责任感、工程职业道德、国际视野。

不同类型的工科院校应该根据自身的本科工程人才培养定位,在以上所列的知识、能力、素质中进行选择,做到有所区别、有所侧重、有所增添,以确保工程人才培养定位中关于能力培养的目标能够实现。

除了上述能力外,不同类型工科院校研究生层次工程人才应具备的能力可以考虑从以下几方面增强:工程科学研究能力、工程技术创新开发能力、大型工程项目设计能力、解决复杂工程问题能力、处理工程与社会及自然和谐的能力、工程项目组织管理能力、跨文化竞争合作能力、中小型工程企业管理能力、应对突发及重大事件能力等。此外,研究生层次工程人才在素质方面应该包括系统与战略思维能力、工程伦理意识等。

### 3.4.3 产学合作

产学合作是一种学校理论教学与企业工程实践相结合的合作教育方式,相对于其他类型人才的培养,产学合作对工程人才的培养尤为重要,在实现人才培养定位上的作用不言而喻。

虽然未来工程教育的模式会越来越多,但产学合作教育将仍然是培养工程人才最好的理论与实践结合的模式。产学合作对于工程人才培养的重要性主要体现在三方面:首先,高校不可能建立一个比在现实世界进行工程实践的更好的实验室,因此,产学合作是培养学生实践创新能力最有效的途径。其次,产学合作既能有效地解决工科院校在实验室建设所需要的经费和场地问题,又能解决在实践教学指导上高校教师"弱工程化"的问题。最后,通过产学合作,能够及时地更新和完善课堂教学内容,调整工程人才培养方案,使之更符合人才市场的需求。

目前在产学合作方面存在的问题是:生均经费不足导致工程人才培养中产学合作教育环节弱化并得不到重视;高校工科专业教师缺乏从培养人才的角度进行产学合作的动力;大量工科专业学生难以找到足够的合作企业;市场经济驱动的工业企业和工程企业缺乏接收学生实习的积极性。

解决以上问题可以从以下几方面入手。第一,学校可以通过制定激励政策,促使教师把更多的时间和精力投入到产学合作教育之中;第二,学校要加强对产学合作教育的指导、检查和考核,以发挥产学合作在工程人才培养定位实现中的作用;第三,通过建立产学研基地,在与企业进行研究开发合作的同时,也进行产学教育方面的合作,达到高校与企业的互利双赢;第四,通过分散组织实习和学生自主联系实习地点的方式,扩大产学合作的机会;第五,将工科专业学生到企业的实习实践与工程企业对工程人才的甄选结合起来,这不仅能提高有工程人才需求的企业接收安排学生实习的积极性,而且能使学生和企业通过产学合作加强互相了解,更好地实现双向选择。

## 3.4.4　创新教育

创新型人才是构建创新型国家体系的骨干力量,也是经济建设和社会发展对工程人才的要求。因此,以培养学生的创新意识和创新能力为目标的创新教育是实现工程人才培养定位过程中不可或缺的内容。创新教育主要包括以探究式互动为主的课堂教学、学生创新性实践活动、学生课外科技活动以及参加科技竞赛等多个方面。

探究式互动教学对于培养学生的创新思维十分重要。创新思维的基础在于学生应具备批判性思维、逆向思维、战略思维和系统思维等探究式思维方式,而互动教学对于培养学生的创新思维是最好的途径。为此,教师在运用探究式方式进行互动教学时,要根据人才培养定位的要求,对教学内容的安排、探究问题的设计、学生思路的引导、师生互动方式的选择、学生之间不同观点的辩论等进行精心设计和准备。此外,教师要充分运用现场教学、模型实物教学以及多媒体教学的形式加深学生对事物本质的理解。

组织学生课外科技活动是创新教育的重要环节,它可以使学生受到科学研究、技术开发、工程设计等方法和技能的基本训练,培养学生的创新思维、创新意识、创新能力以及团队合作精神。学生课外科技活动可以是参与教师的科研项目或在教师指导下完成学生自行设立的科技项目。这样做的优势在于:学校不用提供专门的经费而学生又能获得"实战"经验。但应该注意的是:教师不能将学生作为"免费"劳动力而仅做些打杂跑腿的事,而应从人才培养的角度使学生得到基本科研能力的训练,以达到创新教育的目的。学生科技立项方面要做到:有指定教师指导;学校有一定的经费支持;充分利用各种教学、科研和实验资源。为了使学生课外科技活动取得预期效果,工科院校应在人才培养方案上对学生课外科技活动提出具体要求,包括参与方式、活动类型、活动内容、时间保证、考核方式、学分计算、教师工作量等。

参加科技竞赛也被实践证明是一种十分有效的创新教育方式。通过参加科技竞赛,学生从中不仅能够综合运用各种知识,更重要的是学生的创新能力能够得到充分的培养和提高。学生参加的科技竞赛一般有由学校组织的科技竞赛活动和举办的科技活动节,以及国家或省市组织的各种"挑战杯"竞赛活动。在学生科技竞赛活动中应避免为了取得优秀竞赛名次而用教师或以教师为主完成的科研成果替代学生科技成果的现象,工科院校应做到以学生为主体,以教师为指导,以培养创新能力为目的,以参与为交流平台。在教师的指导下,应尽可能地培养学生独立地进行文献检索、选题立项、构思设计、实验分析、数据处理、项目总结等各个环节的工作。

### 3.4.5 注重特色

工程人才培养的定位是工科院校根据自身的条件、需求和服务面向做出的,它反映出不同类型、不同层次高校在工程人才培养上特有的、与众不同的内涵,因此,注重工程人才培养的特色是实现工程人才培养定位的根本。

所谓工程人才培养的特色,是工科院校在长期的工程人才培养过程中积累形成的本校特有的、优于其他院校的、得到社会公认的工程人才培养方式、风格和特征。特色是工科院校自身的办学优势所在,对提高工程人才培养质量具有显著的作用,它能具体反映在对工科学生的知识、能力、技能、素质等各个方面的培养和提高上,是工程人才培养质量高低的标志。任何工科院校的特色建设都不可能也不必面面俱到,而只能在工程人才培养的某一方面或若干个环节上形成优势。问题的关键是,这些特色必须得到社会的认可,同行的肯定以及用人单位的接受。因此,工科院校对人才培养特色的建设应集中在一个或少数几个方面,只有这样才能真正形成特色,在同类院校中占据优势,从而在毕业生就业市场上形成竞争力。

目前,工程人才培养模式单一和按照培养科学家的方式培养工程师是工程教育特色不明显的主要根源。大量工科院校向综合性大学看齐,导致工科专业的重要性被低估,受重视的程度相对降低,这就造成工科学生生均教育经费降低,工科特有的实践教学环节被弱化或减少,使得培养模式只能逐渐趋同。加之工科院校规模的迅速扩大,造成有工程背景的教师的严重缺乏和实践教学条件严重不足,使得高校只好用培养学科型人才的模式培养工科型人才。鉴于这两方面的原因,工科院校应该加强对工科专业的重视,保证工科专业应有的经费投入,强化工科专业教师的工程背景,加大工程实验室建设的力度。只有这样,才能为培养具有特色的工程人才提供基础。

工程人才培养特色的形成需要经过特色的确定、特色的实现、特色的评估以及特色的调整与完善这样一个螺旋上升、不断改进和完善的过程[9]。特色内涵的确定主要源于工科院校的人才培养定位、该校历史形成的优势和在同类型院校中具有的比较优势,并符合相应服务面向的人才市场的期盼。特色的实现包括形成特色的具体方式和途径以及如何通过这些方式和途径推进特色的形成。如从高校战略管理的角度考虑,采用目标管理的方法作为形成特色的具体方式,就要将特色的内涵分解为可衡量、可评价的多级目标,然后落实到院系、学科、专业甚至教师,最后通过教师和其他教职员工在教育教学工作中的不断努力和积累来形成特色。特色的评估是在一段时期后(如以学制为周期),对特色的实现情况和可能存在的问题进行评估与分析。可以采用目标考核或绩效评价的方法对特色形成的状况进行评估。调整与完善是一个新循环过程的开始,主要针对特色评估的结果来进行,包括分析特色内涵的确定是否准确、形成特色的方式和途径是否合理有效等,然后作出相应的调整和完善。

工程人才培养的特色需要多年的积累,需要几届学生的培养才能逐步形成,它不仅需要不断地改进和完善,也需要随着经济社会的发展而不断更新和提高。因此,工程人才培养特色的建设也应该作为工科院校的一项长期的重要工作。

# 参 考 文 献

[1] GEREFFI G., V. WADHWA, B. RISSING, e. t. c. Getting the numbers right: International Engineering Education in the United States, China, and India. Journal of Engineering Education. 2008, Vol. 97 (1): 13-25.

[2] 何晋秋,方惠坚. 对我国高等学校设置合理布局的几点建议[J]. 中国高等教育. 2001,19.

[3] 甘辉等. 战略机遇期高等学校的定位及其分层次管理探析[J]. 中国高等教育. 2004 年 2 月.

[4] 马陆亭. 我国高等学校分类的结构设计[J]. 北京大学教育评论. 2005 年 2 月.

[5] 张有声. 关于我国工程教育培养目标的思考[J]. 清华大学教育研究. 2003 年 4 月.

[6] 姜嘉乐,张海英. 中国工程教育问题探源——朱高峰院士访谈录[J]. 高等工程教育研究. 2005 年 6 月.

[7] Engineering Accreditation Commission, ABET, Criteria for Accrediting Engineering Programs (2006—2007 Accreditation Cycle), http://www.abet.org/.

[8] 全国工程教育专业认证专家委员会. 工程教育专业认证标准(试行). 全国工程教育专业认证工作手册. 2009 年 4 月.

[9] 林健. 战略视角下的大学管理. 北京:高等教育出版社,2005.

# 第 **4** 章　工程师的分类与工程人才培养

【本章摘要】　作为一项面向工业界、服务国家战略目标的重要计划,"卓越计划"涉及工程师的分类与工程人才培养方面的核心问题。本章在阐述这一核心问题的重要性并分析国内外工程师分类的现状之后,首先提出了工程师分类的原则,在此基础上将工程师分为服务工程师、生产工程师、设计工程师和研发工程师共 4 种类型,并对工程师分类中的相关问题阐述了观点;然后提出了工程师培养标准的构成和各类工程师的培养标准;最后讨论了工程师的培养模式、工程师类型与人才培养层次的关系以及各类工程师成长的各种途径。

## 4.1 问题的重要性

工程师的培养,尤其是高素质工程师的培养对一个国家未来经济社会发展的影响是巨大的、全方位的和深远的。教育部实施的"卓越工程师培养计划",旨在借鉴世界先进国家高等工程教育的成功经验,创建具有中国特色的工程教育模式,引导工程教育改革的方向,通过教育部门与行业部门、高等学校与工业企业的密切合作,提高学生的工程意识、工程素质和工程实践能力,培养造就一大批创新能力强、适应经济社会发展需要的各种类型的优秀工程师。这一计划的成功实施,将为促进我国产业结构调整和产业振兴,提高产业的自主创新能力提供有力的人才支撑,对于实现"走新型工业化道路"的国家目标、增强国家的核心竞争力、建设创新型国家等都具有十分重要的意义。

工程教育的明确目标就是培养国家和社会需要的各类工程师,但中国工程教育对工程人才培养目标并没有明确的细分,虽然偶尔有过一些关于"毛坯工程师"、"理论工程师"、"现场工程师"或"工程科学家"的讨论,但是从未达成过共识。在实施"卓越工程师培养计划"之前要解决的核心问题包括:工程师应该如何进行分类,卓越工程师的培养标准是什么,各种类型的工程师培养应采取何种培养模式等。这些问题实质上就是工程师的分类与工程人才培养的问题。

工程师类型的划分直接关系到工科院校工程人才的培养。不同类型的工程师有着不同的成长途径,但不论何种类型的工程师选择何种成长途径都离不开工科院校对工程人才的培养这一重要且不可替代的环节,工科院校承担着培养工程师的重要责任,是未来工程师的摇篮。因此,工程师的分类与工科院校工程人才的培养密不可分,具体表现在以下几个方面。

第一,工程师的分类应能客观地反映社会对工程人才层次和类型的需求。经济社会的发展对工程人才提出了多层次、多类型、多样化的要求,对这些要求按照工程师所发挥的作用、工作性质、承担的责任等予以具体分析和归纳,进而分出适用于不同工程学科、不同工业产业的工程师类型,就能客观全面地反映整个社会对工程人才的需求。

第二,对工程师类型的划分有利于各类工科院校明确自己的人才培养目标。各类工科院校在工程人才培养中发挥着至关重要的作用,它们培养出的工程人才,是成就未来卓越工程师的关键。然而没有一个普遍认同的工程师分类,就难以使工科院校根据市场对工程人才的需求,结合自身的办学层次和办学优势,准确地选择合适的工程师类型,作为自己的工程人才培养的主要目标,从而避免目前工科院校普遍存在的办学目标趋同的现象。

第三,工程师的分类是制定卓越工程师培养标准的基础。卓越工程师培养标准是能否培养出"卓越"工程师的前提,而这一前提的基础是要有一个科学、合理的工程师分类,只有这样才能使工程师共性标准的制定、人才培养质量的评估、工程教育的专业认证等方面的工作得以进行。

第四,普遍认同的工程师分类能促进工业企业界与工科院校之间的进一步合作。工程师的培养是工科院校的责任,未来工程师是否"卓越"、能否胜任是工业企业界关注的焦点,因此,为企业界所接受的工程师分类和按照这种分类去培养工程师,将使工业企业界更加重视工科院校工程人才培养的质量,使工科院校更加希望培养的工程人才类型满足工业企业界的要求,这种共同的目标将促进产学合作进一步实质性地开展。

## 4.2 现有工程师的分类

### 4.2.1 英美工程师的分类

西方国家工程师类型的划分主要表现在注册工程师类别的划分上。

英国工程理事会将注册工程师分为工程技术员(Engineering Technician, EngTech)、技术工程师(Incorporated Engineer, IEng)和特许工程师(Chartered Engineer, CEng)[1]。工程技术员是已有技术和方法的应用者,注重将已有的技术、方法和工艺应用于解决工程问题。他们承担管理或者技术责任,并且在其技术领域内有能力展现自身创造性的资质和技能。工程技术员从事产品、装备、过程或服务的设计、开发、制造、试车、报废、操作或维护。他们还必须能够在工作中应用安全系统。技术工程师是现有技术的解说者,能够管理和维持当前技术的开发和应用,承担一些工程设计、开发、制造、建筑和操作的任务。技术工程师主要工作在技术和商业管理领域,拥有非常有效的人际沟通和交往的技能。特许工程师是技术界和工程界的引领者,他们具有开发和创造新技术、新方法和新思想并将这些技术、方法和思想应用于解决工程问题的能力。尽管英国工程理事会认为这三种注册工程师的划分体现的是类型和分工的差异而非层次的差异,但在英国社会,他们依然体现着工程技术人员职业发展的三个阶段,前一类型的注册工程师在工作几年后都会向后一类型注册工程师发展。

对这三种注册工程师的学历教育要求存在着明显的差异。工程技术员仅要求拥有国家承认的工程、建筑和环境的文凭或学位。技术工程师要求拥有经认证的工程或技术学士学位以及同等学位(通常是工程或技术专业的高级文凭外加必要的学士学位)。特许工程师则要求除了拥有经认证的学士学位外,还要拥有硕士(或相当于硕士学位)或者是经认证的工程硕士学位。

美国的工程师分类只有实习工程师(Engineers Intern)和职业工程师(Professional Engineers)两个级别。实习工程师要求获得经过美国工程技术认证委员会(ABET)认证的学士学位或工科四年级学生,并通过由美国工程与测量考试委员会(NCEES)组织的 8 小时的工程基础考试;职业工程师要求实习工程师工作四年,并通过由 NCEES 组织的 8 小时的工程实践和原理考试。这种简单的分类虽然在美国注册工程师制度几十年的发展过程中起到了积极的作用,但随着经济社会的发展,这种过于简单的分类逐渐暴露出不适应当前工程市场的发展、不能满足一些行业领域和新的工程领域的需要、注册工程师的标准混淆不清等不容忽视的问题。

NCEES 于 2001 年联合 11 家机构作为成员,另外 11 家机构作为顾问成立了工程师执业资格特别工作组(the Engineering Licensure Qualification Task Force),于 2003 年提交了一份报告,旨在改革原有的工程师分类,建立新的阶梯式的注册工程师体系[2]。该体系将工程师分为学士工程师(Graduate Engineer)、副工程师(Associate Engineer)、注册工程师(Registered Engineer)和职业工程师(Professional Engineer)。其中,学士工程师要求获得经过美国工程技术认证委员会(ABET)认证的学士学位,不需要获得注册资格和实践许可;副工程师要求在学士工程师的基础上通过工程基础的考试(获得工程博士学位者免考),它不是一个执业资格,不能实践,地位与原有的实习工程师类似;作为注册的第一层次,注册工程师要求在副工程师的基础上拥有四年的从业经验,达到各州的道德要求,它可以承担某些工业产品的设计但不能直接向社会提供工程服务或签署有关工程文件;作为注册的第二个层次,职业工程师可以在副工程师的基础上拥有四年的工作经验,也可以在注册工程师的基础上,要求通过技术性的工程实践和原理考试及非技术的工程实践考试,并达到相关的道德要求,它拥有全部执业权限。

在教育方面,NCEES 认识到仅有本科学历的工程师是无法达到 21 世纪对工程师职业的要求,因此,除了学士工程师必须具有经 ABET 认证的学士学位,在申请注册工程师和职业工程师之前,要求申请者完成三年硕士或两年博士的教育。

由此可见,改革后的美国工程师类型将从原先的两类进一步细分为四类,工程师的教育层次将从本科层次提升到硕士甚至博士层次。

## 4.2.2　我国工程师分类中的问题

我国工程师系列目前采用的专业技术职称体系是对工程师等级的划分而不是对工程师类型的划分。工程技术人才按照初、中、高三个级别,分为技术员、助理工程师、工程师、高级工程师和教授级高级工程师五个层次。这种参照高校教师专业技术职称的划分在工程师队伍的建设、工程师积极性和创造性的激发等方面都发挥过积极的作用。但这种划分存在两方面的突出问题。一是由于专业技术职务的晋升和聘任是以用人单位为基础,因此难以在全社会和行业中形成衡量各类工程师的统一标准;二是与工程教育即工程人才培养缺乏联系,即在工程师职务的晋升上主要考虑的是工作年限和业绩成果,而缺乏从工程师培养和成长的角度衡量其知识、能力和素质等综合因素。因此这种工程师的专业技术职称体系不适合作为工程师类型的划分标准。

我国在工程师类型的划分上目前尚缺乏官方或其他权威机构的界定。与工程师的使用、管理和培养相对应的工业企业界、行业协会和工程教育界对工程师类型的认识与理解存在着差异。工业企业界更倾向于按照工程师的职能来命名工程师,例如销售工程师、市场工程师、外协(采购)工程师、金融工程师、过程工程师、项目工程师、支援工程师、产品工程师、生产工程师、制造工程师、设计工程师、开发工程师、试验工程师、咨询工程师、研究工程师、系统工程师等。如果以上述命名方式对工程师进行分类,会产生两方面的问题:一是在工程师的管理上,不利于行业内部对工程师进行分类管理,不适合不同行业之间工程师能力的比较和行业之间工程师的流动;二是在工程师的培养上,会给工程教育界在工程人才培养上造成专业设置过细、基础不扎实、培养成本高、适应性差等问题。

对工程师类型更为宽泛的分类有以下几种。一是将工程师分为技术工程师、经理工程师、商务工程师、系统工程师、社会工程师等;二是将工程师分为研究工程师、发展工程师(设计工程师)、工艺工程师(生产工程师)、操作工程师(管理工程师),也有将工程师分为工程科学家(研究型工程师)、设计开发工程师、制造工艺工程师和营销管理工程师的。目前的基本共识是将工程师分为研发工程师、设计工程师、工艺工程师、管理工程师和营销工程师。这种分类方式更能获得工业企业界、行业协会和工程教育界的认同。

## 4.3 我国工程师类型的划分

### 4.3.1 工程师分类的原则

从有利于工程师的培养、使用和管理的角度出发,工程师类型的划分应遵循下述原则。

生命周期原则。工程师类型的划分首先要满足经济社会发展的需要,具体而言,工程师的类型要涵盖工业产品和工程项目的全寿命周期:研究、开发、设计、生产、运行、服务与管理这样一个完整过程对工程师类型的需要,这是工程师类型划分应遵循的首要原则。在具体划分时要考虑工程师工作性质和内容的相关性,以及工程师应具有的知识、能力和素质的关联性,也就是说,应根据工程师的职责和对其要求的不同将全寿命周期分成几个阶段,每个阶段的工程师为一种类型。

成长过程原则。工程师的成长过程可以表现为知识、能力、素质和经验的不断积累和提高的过程,这种成长过程集中表现在工程师对工程任务的胜任能力的提升过程。从衡量和激励工程师成长进步的角度,就需要按照胜任能力的变化对工程师的成长过程进行阶段性划分,而这样的划分应该与工程师类型的划分相联系,才能使对工程师水平能力的衡量、待遇的提升、岗位的管理以及职责的要求统一起来,从而进一步促进工程师的成长。

学历层次原则。工科院校人才培养的层次主要包括本科、硕士、博士三个层次,不同学历层次有着不同的人才培养目标,对于某一学历层次的工程人才培养,工科院校应以培养某一类型的工程师作为该学历层次工程人才培养的主要目标。一般而言,学历层次越高的工程人才培养目标对应层次类型越高的工程师。但考虑到工程师成长途径的多样性以及工程实践和继续教育对工程师成长的重要作用,某一学历层次的工程人才培养目标可以针对两种类型的工程师,其中一个为主,另一个为辅。

粗细适中原则。从对工程师进行管理的角度,工程师类型的划分不宜太粗。这是因为,工程师类型太少会造成对各类工程师职责要求不具体、分工不明确,从而使得考核指标无法细化,对工程师的管理和指导就落不到实处,同时也不利于工程师的成长。从对工程人才培养的角度,工程师类型的划分也不宜太粗。否则将造成五种类型的工科院校[3]在工程人才培养目标上的笼统和模糊,在培养层次上的过度交叉重复,不利于各类院校发挥自身的办学优势,培养出富有特色、受企业欢迎的工程人才。但对工程师类型的划分也不宜太细,否则将造成专业面过窄和适应性差的后果,使得培养出来的工程师难以适应行业企业发展对工程师要求的变化。

## 4.3.2　我国工程师培养类型的划分

下面按照以上原则进行工程师类型的划分。首先考虑生命周期原则,可以将工程或产品的生命周期分为服务、生产、设计和研发四个阶段,这种阶段划分适用于各个工程学科和专业,每一阶段对工程师的职责和能力都有明显不同于其他阶段的突出要求,因此,可以考虑将各个阶段的工程师分别称为服务工程师、生产工程师、设计工程师和研发工程师。其次考虑成长过程原则,这四个阶段是工程师成长进步和胜任能力发生重要变化的主要阶段,因此这种阶段划分能够清晰地反映工程师的主要成长过程。再次考虑学历层次原则,本科、硕士、博士三个层次的学历教育可以由低到高分别以培养某一类工程师为主要目标,如本科阶段可以以培养生产工程师为主、服务工程师为辅,或以服务工程师为主、生产工程师为辅,硕士阶段可以以培养设计工程师为主、培养生产工程师为辅,或以设计工程师为主、少量研发工程师为辅;博士阶段则以培养研发工程师为主等。具体应培养哪一类型工程师应由各工科院校根据自己的办学定位、服务面向、行业特点、办学优势自行决定。最后考虑粗细适中原则,按照这种分类,对工程师的职责要求能够具体、分工能够明确、考核指标容易细化、有利于对工程师进行分类管理和指导。此外,对于各种类型和层次的工科院校,这样的划分也能够使他们根据自身的情况选择合适的培养对象作为工程人才培养的主要目标。综合以上分析,可以将我国工程师的类型分为服务工程师(Service Engineer)、生产工程师(Produce Engineer)、设计工程师(Design Engineer)和研发工程师(Research & Develop Engineer)四种类型[3]。

以上四类工程师中,服务工程师主要从事工程项目建成后的运行、维护与管理,或产品的营销、维修与服务,或生产过程的维护,应具有一定的理论基础、较强的实践动手能力和完善的市场服务意识。生产工程师主要从事工程项目的建造,产品的生产制造,或生产过程的运行,应具有良好的理论基础、较强的工程实践能力,尤其是应具有创新能力和一定的人文素质。设计工程师主要从事产品、工程项目或生产过程的设计与开发,应具有较为宽广的知识面、扎实的理论基础、良好的技术创新能力、较强的工程实践能力和良好的综合素质,具备设计开发出拥有自主知识产权的新产品、新生产过程或新工程项目的能力。研发工程师主要从事复杂产品或大型工程项目的研究、开发和咨询以及工程科学的研究,他们应具有宽广的知识面、精深的专业理论基础、超卓的技术创新能力和植根于丰富工程经验的综合素质,具备创造出具有国际竞争力的专利技术、专有技术、尖端产品或高技术含量的工程项目的能力。

　　不同类型的工科院校在工程师类型的培养上应有各自的重点(见表 4.1)。研究型院校以培养从事工程技术研究开发和工程科学研究的研发工程师与设计工程师为主要目标;研究教学型院校以培养设计工程师为主要目标,同时培养少量从事工程技术研究开发的研发工程师;教学研究型院校以培养从事工程技术开发和应用的设计工程师与生产工程师为主要目标;本科教学型院校以培养从事工程技术应用的生产工程师和在现场从事运行、营销、管理工作的服务工程师为主要目标。

**表 4.1　工科院校工程师培养的主要类型**

| 工科院校类型 | 研究型 | 研究教学型 | 教学研究型 | 本科教学型 |
|---|---|---|---|---|
| (相当于) | 985 大学 | 非 985 的 211 大学 | 非 211 省部属重点大学 | 省属其他本科院校 |
| 主要培养目标 | 研发工程师 设计工程师 | 少量研发工程师 设计工程师 | 设计工程师 生产工程师 | 生产工程师 服务工程师 |

　　上述工程师的分类与 CDIO 的构成要素存在着高度的相似性。CDIO 是由美国麻省理工学院、瑞典皇家工学院、瑞典查尔摩斯工业大学和瑞典雪平大学于 2004 年共同创立的工程教育改革模式[4],旨在培养 2020 年和未来的工程师。CDIO 代表着构思(conceive)、设计(design)、实施(implement)和运行(operate)四个工业产品或工程项目全寿命周期的构成要素,是 CDIO 工程教育理念培养工科学生工程能力的载体。构思阶段包括确定市场需求,考虑技术、企业战略和有关规定,开发理念、技术和商业计划,这个阶段的工作与研发工程师的职责类似。设计阶段包括初步设计和详细设计两方面,要提出能够用于生产施工的详细的设计图纸和方案,这个阶段的工作与设计工程师的职责类似。实施阶段

是指将设计结果转化为最终产品或工程的过程,包括产品生产或工程建造、产品测试和检验等,这个阶段的工作与生产工程师类似。运行阶段包括对产品的维护、改造、回收和报废,这个阶段的工作与服务工程师类似。由此可见,CDIO的构思、设计、实施和运行分别与上述工程师分类中的研发工程师、设计工程师、生产工程师和服务工程师存在一一对应的关系。

### 4.3.3　工程师分类中的相关问题

必须指出的是,现代工程实践中的"大服务"的内涵与上述分类中服务工程师的"服务"概念存在着本质的区别。工程实践中的"大服务"往往是以咨询的方式进行,是针对工程或产品的整个生命周期中各个环节的系统服务,包括对工程设计理念、新产品和新技术的开发、复杂工程问题的解决、大型综合项目的设计、先进工程系统的设计与管理模式的研究等方面的服务。它不仅需要工程师接受过系统深入的工程教育,更需要工程师通过长期工程实践的积累才能胜任。因此,这项工作应是具有丰富实践经验的研发工程师才能担任,而不是服务工程师的职责。

笔者不主张在上述工程师分类中设立管理工程师类别,但可以在这种分类之外单独设立管理工程师类别。主要原因有五,一是从现代工程都是团队行为这一角度考虑,组织管理能力不应是某类工程师特有的,而应是各类工程师都具备的,各种类型的工程师都必须具备一定的组织管理能力、较强的协调沟通能力和很强的团队合作意识。二是在领导和管理岗位的工程师都必须首先是某一类型工程师中的出类拔萃者;其次才是具有丰富的管理知识和经验、较高的领导水平和能力的管理者,因此他们本质上还是属于该类型的工程师。三是培养途径不同。首先在领导和管理岗位的工程师的培养不可能只通过本科阶段的教育,这也是为什么笔者一向不赞成高等学校在本科阶段设立非技术性的纯管理专业;其次,领导和管理岗位的工程师虽然可以通过工程管理硕士和工程管理博士阶段的教育进行理论的提升和实践的积累,但在职锻炼和培养仍应是主要方式。四是考核与管理的角度不同,对领导和管理岗位工程师的考核与管理主要是从所负责和管理部门的整体业绩的角度进行,而上述各类工程师则主要是从个人业绩和业务水平的角度进行聘任、激励、考核与管理。五是职务系列不同,上述各类工程师一般有相应的技术职务(称)系列与之对应,而领导和管理岗位的工程师主要采用的是非技术的行政职务系列。因此,在上述工程师分类中设立管理工程师类型,不仅无法与其他类型工程师并列,而且也不便于一道管理,但考虑到管理岗位的需要,可以在上述工程师分类之外单独设立。

至于工程科学家或工程学家,这是在工程界、工程教育界以及工程教育研究界存在争议而未能形成共识的工程人才类型。首先是工程科学家的内涵,即工程科学家是干什么的。目前存在着两种不同的认识,一种观点认为,工程科学家的层次应高于工程师,他不仅具备工程师的基本要求,能够履行工程师的职责和使命,而且具备科学家的知识、能力和素质,能够从事工程科学的研究,因此,工程科学家是工程人才培养的最高层次。另一种观点主要源于冯·卡门的名言:"科学家研究已有的世界,工程师创造未来的世界",认为工程科学家研究的是"已有的"工程创造物和"已有的"工程创造过程,他自己不创造任何东西,只研究"工程的规律",从这个角度看,一位纯粹的"工程科学家"的层次不仅低于从事真实工程创造活动的工程师,也远低于从事自然科学研究的经典科学家——物理学家或者化学家,因为经典科学家发现的规律会作为最重要和最基本的元素被综合应用到工程创造之中。其次是工程科学家的成长途径。目前也存在着两种观点,一种观点认为,工程科学家是工程师在其职业生涯的长期工程实践中自然产生的,不是仅靠高等学校就能培养出来的。这种观点把工程科学家的层次定位为高于工程师。另一种观点认为,工程科学家是可以通过工科院校的工程博士学历教育环节培养出来的,因为博士层次是培养和提高科学研究能力的主要阶段。尽管存在以上分歧,但有一点应该形成共识,即工程科学家应属于一类工程人才,但不属于工程师的范畴。

## 4.4 各类工程师的培养标准

工程师培养标准的内涵应体现经济社会发展对工程师的期待。从发展的角度看,工程师应该具有坚实的数学、自然科学和工程科学基础,能够把工程原理和工程技术与经济、管理、社会、法律、艺术、环境和伦理等问题结合起来,从而去改造和创造未来的世界。正如美国工程师专业发展委员会(ECPD)所描述的:"工程师必须是一位善于构思并形成概念的专家,是一位设计者、开发者、新技术的形成者、标准规范的制定者——一切都是为了有助于满足社会的需要。工程师必须会规划和预测、系统化地评估——能够对与公众的健康、安全、幸福和财富有利害关系的系统和组成部分作出判断。对工程师来说,创新应该是他们的中心任务。"因此,工程师的培养标准应使得培养出来的工程师满足上述要求。

## 4.4.1　工程师培养标准的构成分析

从有利于工程师的培养和质量管理的角度考虑,工程师的培养标准应由基本标准和优秀标准两部分组成。

基本标准是工程师培养必须达到的最低要求,是衡量各类工科院校工程师培养是否合格的标准。四类工程师的基本标准之间应该存在着这样一种关系:后一类工程师的基本标准包含前一类工程师的基本标准外加本类工程师必备的其他基本要求。换句话说,每一类工程师都必须具备前一类工程师的基本要求,但不必满足前一类工程师的优秀标准。如生产工程师的基本标准包含服务工程师的基本标准和生产工程师还需具备的其他基本要求,但生产工程师不必满足服务工程师的优秀标准。这种基本标准兼容的方式既体现了不同类型工程师之间的关联性,同时也为在有限学制内达到优秀标准提供了时间上的保证。

各类工程师的优秀标准是培养卓越工程师的杰出标准,由于各类工程师的定位不同,因此,他们的优秀标准之间不必具有兼容性。在优秀标准中除了要有体现各类工程师"卓越"水平的标准外,还应有反映和体现各校办学优势的特色标准。各校特色标准应反映出各校特有的、优于其他院校的、得到社会公认的办学优势,由各校根据自己的办学优势,并结合办学定位、办学目标、服务面向和行业特点提出。四类工程师培养标准的内部结构关系如图 4.1 所示。

以上四类工程师的培养标准应反映在对知识、能力与素质方面的要求上。就本科层次而言,美国工程技术认证委员会(ABET)标准中要求工程专业毕业生必须具备 11 种能力[5],欧洲工程协会联合会(FEANI)标准中提出工程专业毕业生必须具备 12 个方面的知识、能力和素质[6],而我国工程教育专业认证标准(试行)提出工程专业毕业生必须具备 10 个方面的知识、能力和素质[7]。以上三种标准应属于本科层次工程师培养标准中的基本标准,参照这三种标准,笔者认为对各类工程师在知识、能力和素质方面应有如下基本要求。

## 4.4.2　服务工程师培养标准

知识:具有从事工程服务所需的相关数学、自然科学以及一定的经济管理知识;掌握扎实的工程基础知识和本专业的基本理论;了解生产工艺和设备、产

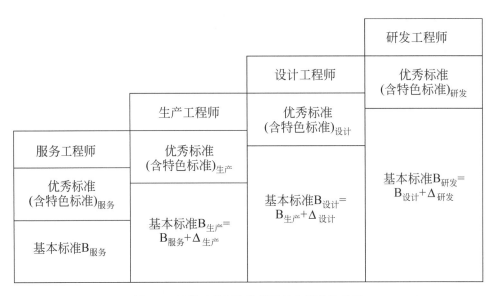

图 4.1　四类工程师培养标准的内部结构关系

品结构与材料以及本专业的发展状况和趋势；了解专业领域技术标准，相关行业政策、法律和法规。

　　能力：检测和诊断产品故障的能力，分析和解决工程实际问题的基本能力，产品开发和设计的初步能力，良好的交流沟通和团队合作的能力，基本的组织协调能力，信息获取和终身学习能力，应对危机与突发事件的初步能力，跨文化环境下的交流、竞争与合作的初步能力。

　　素质：较好的工程职业道德、较强的社会责任感和较好的人文科学素养，良好的质量、环境、职业健康、安全和服务意识，较强的创新意识和一定的国际视野。

　　以上知识部分的"工程服务"指工程项目建成后的运行、维护与管理，或产品的营销、维修与服务工作；"数学"主要指高等数学和应用数学；"一定的经济管理知识"指市场营销、质量管理、财务管理、运营管理与经营管理等。

### 4.4.3　生产工程师培养标准

　　知识：具有从事产品生产或工程建设所需的相关数学、自然科学以及一定的经济管理知识；掌握扎实的工程基础知识和本专业的基本理论知识；了解生产工艺、设备与制造系统以及本专业的发展状况和趋势；了解专业领域技术标准、相关行业的政策、法律和法规。

能力：分析和解决工程实际问题的能力，生产运作系统的设计、运行和维护能力，产品开发和设计的初步能力，技术改造与创新的初步能力，较强的交流沟通、环境适应和团队合作的能力，良好的工程项目组织管理能力，应对危机与突发事件的初步能力，信息获取和终身学习能力，跨文化环境下的交流、竞争与合作的初步能力。

素质：较好的工程职业道德、较强的社会责任感和良好的人文科学素养，良好的质量、环境、职业健康、安全和服务意识，较强的技术革新与创新意识和一定的国际视野。

以上知识部分的"数学"主要指高等数学和应用数学；"一定的经济管理知识"指工程经济学、工程概预算、项目管理、质量管理、生产组织和运作管理等。

## 4.4.4　设计工程师培养标准

知识：具有从事工程设计与开发所需的相关数学、自然科学、经济管理以及人文科学知识；掌握扎实的工程原理、工程技术和本专业的理论知识；了解新材料、新工艺、新设备、先进生产方式以及本专业的前沿发展状况和趋势；熟悉专业领域技术标准、相关行业的政策、法律和法规。

能力：创新性思维和系统性思维能力，独立地分析和解决工程问题的能力，产品或工程项目的设计和开发能力，工程项目集成的基本能力，工程技术创新与开发的基本能力，处理工程与社会和自然和谐的基本能力，良好的工程系统组织管理能力，较强的交流沟通、环境适应和团队合作的能力，信息获取、知识更新和终身学习能力，应对危机与突发事件的基本能力和一定的领导意识，跨文化环境下的交流、竞争与合作的基本能力。

素质：具有良好的工程职业道德、强烈的社会责任感和丰富的人文科学素养，具有良好的市场、质量、职业健康和安全意识，注重环境保护、生态平衡和可持续发展，具有开拓创新意识和国际视野。

以上知识部分的"数学"主要指应用数学和工程数学；"经济管理知识"指工程经济学、工程概预算、运筹学、系统工程、工程管理和企业管理等；"人文科学知识"包括历史、文化、哲学等方面。

## 4.4.5　研发工程师培养标准

知识：具有从事大型工程研究、开发和设计、工程科学研究所需的相关数学、自然科学、经济管理以及人文社会科学知识;系统地掌握工程原理、工程技术、工程科学和本专业的理论知识;熟悉新材料、新工艺、新设备、先进制造系统以及本专业的最新发展状况和趋势;熟悉专业领域技术标准,相关行业的政策、法律和法规。

能力:具有战略性思维、创新性思维和创造性思维能力,独立地分析和解决复杂工程问题的能力,复杂产品或工程项目的开发和设计能力,复杂工程项目的集成能力,处理工程与社会和自然和谐的能力,工程项目的研究开发能力,工程技术创新开发能力,工程科学研究能力,知识更新、知识创造和终身学习能力,较强的交流沟通、环境适应和团队合作的能力,大型工程系统的组织管理能力,应对危机与突发事件的能力以及一定的领导能力,跨文化环境下的交流、竞争与合作能力。

素质:具有良好的工程职业道德、强烈的社会责任感、丰富的人文科学素养和坚定的追求卓越的态度,具有良好的市场、质量、职业健康和安全意识,注重环境保护、生态平衡、社会和谐和可持续发展;具有强烈的开拓创新意识和宽阔的国际视野。

以上知识部分的"数学"主要指应用数学、工程数学和计算数学等;"经济管理知识"指工程经济学、工程概预算、运筹学、系统工程、工程管理、企业管理、投资学和金融学等;"人文科学知识"包括历史、文化、哲学、法学和领导学等方面。

## 4.5 各类工程师培养与成长的途径

### 4.5.1 工程师的培养模式

工程人才的培养与科技人才的培养存在着显著的区别。首先在成长周期上,有专家指出:自然科学发明的最佳年龄区是 25 ~ 45 岁,成才峰值为 37 岁;而工程师的最佳创造年龄要晚 5 ~ 10 年,工程人才的成才峰值在 45 岁左右[8]。这说明工程人才的成长需要更长的时间。其次在培养形式上,科技人才的培养主要在大学阶段完成,通过硕士尤其是博士或博士后阶段的培养,毕业生不仅具有本专业坚实宽广的理论基础和系统深入的知识,而且具备独立从事科学研究的分析问题和解决问题的能力;而工程人才的培养仅靠大学阶段是不够的,还需要在实际工作中的大量工程实践,换句话说,大学阶段的工程教育提供了系统的工程基础教育和基本的工程训练,只有通过大量的工程实践才能使这些工程人才成长成为合格的工程师。

西方发达国家大学阶段工程师的培养基本分为两种模式：一是以美国为代表的《华盛顿协议》成员国家的模式,即大学着重对大学生进行工程基础教育,而不负责工程师职业方面的训练。毕业生要想成为工程师,就需要经过由企业和社会提供的工程师职业方面的训练,并通过专门的考试和职业资格认证。二是以德国和法国为代表的欧洲大陆国家模式,即大学生在校期间要通过校内学习和企业实习两个阶段,完成工程师的基本职业教育,毕业时获得一个工程师学位文凭,同时也是职业资格。

我国工科院校的工程师培养模式与西方国家相比存在一定差别,主要反映在企业和行业在工程师培养方面的责任不明确。在计划经济时代,通过政府行业主管部门下达指令计划,行业和企业按计划组织安排大学生实习参与工程师的培养。进入市场经济时代以后,由于大学生到企业实习缺乏制度保障和政策支持,企业缺乏接受大学生实习的积极性,基本的工程训练这一培养工程师的重要环节被弱化,不同程度地影响了工程人才的培养质量。因此,需要政府制定鼓励行业和企业参与工程师培养的激励政策。

## 4.5.2　工程师类型与人才培养层次

工程师在大学的培养有本科、硕士和博士三个阶段,就本文划分的工程师类型,他们与工科院校的人才培养层次可以有如表 4.2 所示的对应关系。本科阶段培养的目标应是生产工程师和服务工程师两种类型;硕士阶段培养的目标应是设计工程师和生产工程师两种类型。博士阶段培养的目标既可以是面向大型工程项目的研发工程师,也可以是从事工程科学技术研究的研究者。然而,由于我国开设工科专业的院校达到所有普通高校的 90%,这些高校的层次、类型、人才培养定位和服务面向等存在很大差异,因此表 4.2 中给出的工程师类型和人才培养层次的对应关系是从一般意义上考虑的,各类高校在本校的工程人才培养目标上可以有自己的考虑。一些高校也可以将设计工程师作为其本科阶段工程人才培养的目标,而后通过学生毕业后在工作中的实践和积累使自己成为合格的设计工程师,也有高校将研发工程师作为本校硕士阶段工程人才培养的目标,学生毕业后在工程实践中逐渐成长为合格的研发工程师,等等。因此,为了避免工程师类型与人才培养层次的关系上可能出现的不一致的问题,也可以将工程师的类型与人才培养层次相结合,简单地将为本科层次工程师、硕士层次工程师和博士层次工程师。

从拓宽工程师的培养渠道出发,应允许工学学士通过工程硕士的培养成为未来的设计工程师和研发工程师,允许工学硕士通过工程博士的培养成为工程科学技术的研究者或未来从事大型工程项目研究的研发工程师,也可以允许第二学位是工程学士的双学位获得者成为未来的生产工程师或设计工程师。从表4.2的对应关系可以看出,作为本科层次培养的服务工程师和生产工程师的基本要求应与全国工程教育专业认证的通用标准相一致。

表 4.2 工程师类型与人才培养层次

| 人才培养层次 | 学士 | 硕士 | 博士 | 工程管理硕士/工程管理博士 |
| --- | --- | --- | --- | --- |
| 工程师类型 | 生产工程师<br>服务工程师 | 设计工程师<br>生产工程师 | 研发工程师 | 管理工程师 |

工程实践对工程师能力的培养和素质的提高起到了关键的作用,工程师的成长要经过大量的工程实践这一重要过程。工程实践包括在校期间的企业实习和毕业后的工作实践两方面。四年制本科应有累计一年左右在企业学习和做毕业设计的时间。两年全日制工程硕士应有累计一年左右在企业学习工作的时间。3~5年制的工程博士是以培养研发工程师为主要目标,在校期间的工程实践是通过从事实际工程项目的研究、开发和大型工程项目的设计而完成的,他们也应该有不少于一年的时间在独立的科研院所或大型企业的研发机构中开展工作。毕业生在企业的工作实践可分别称为服务阶段实践、生产阶段实践、设计阶段实践和研发阶段实践。要成为合格的工程师,每个阶段实践的时间长短(一般为若干年)取决于工程师的类型和从事的工程工作的性质。

## 4.5.3 各类工程师的成长途径

服务工程师的成长途径最为简单。大学生可以在获得学士学位之后通过一定时期服务阶段的工程实践后而成为服务工程师,也可以是高职高专的毕业生通过在职学习和比本科毕业生多一年及以上时间的工程实践而成为服务工程师。

生产工程师的成长途径主要有三条。第一条是在获得学士学位后,毕业生通过比服务工程师更长的工程实践,经历了服务和生产两个阶段的实践后成为生产工程师;第二条是在成为服务工程师后,再经历一段时间生产阶段的实践后成为生产工程师;第三条是在获得工程硕士学位之后,通过一段时间的服务和生产阶段的实践后成为生产工程师。此外,第二学位是工学学士的双学位获得者可以通过服务和生产两个阶段的工程实践后成为生产工程师。

设计工程师的成长途径主要有三条。第一条是在相继获得学士学位和工程硕士学位后,毕业生通过完整的服务、生产和设计三个阶段的实践而成为设计工程师,在这三个阶段的实践中,设计阶段的工程实践最为重要,因而时间也应最长;第二条是对没有硕士学位的生产工程师,到大学获得工程硕士学位后,再经历设计阶段的实践后成为设计工程师;第三条是对已具有硕士学位的生产工程师,再经历设计阶段的实践后成为设计工程师。此外,第二学位是工学学士的双学位获得者可以通过服务、生产和设计三个阶段的工程实践后成为设计工程师。

研发工程师的成长途径主要有二条。第一条是在相继获得学士、工程硕士和工程博士学位后,毕业生通过了包括完整的服务、生产、设计和研发四个阶段的工程实践而成为研发工程师,在这四个阶段的实践中,前三个阶段的实践是研发阶段实践的基础,时间相对较短,研发阶段的实践是关键,因而相应的时间应最长;第二条是在成为设计工程师后,到大学获得工程博士学位,再经历一段时间研发阶段的实践后成为研发工程师。此外,工程博士学位的获得者除了通过研发阶段实践可以成为大型工程项目的研发工程师外,也可以直接到工科院校或工程研究院成为工程科学技术的研究者。

在工程实践的进行过程中,工程师可以通过实践以及自学和继续教育的方式获得新的知识和技能,也就是说,在分析工程师的培养和成长途径时,存在着一定程度的用自学和继续教育这种在职学习的方式代替正规的学历教育。

胜任领导和管理岗位工作的管理工程师首先应该是某一类型工程师中能力、业绩、人品和素质的佼佼者,他们的培养和成长途径有两条。一是在职锻炼与培养,即在各类工程师中选出能力和业绩突出、人品和素质好且具有组织管理能力或潜能的工程师,通过在岗锻炼、培养和提高,成为管理经验丰富的管理者;二是通过学历教育,即在各类工程师中选出佼佼者,通过工程管理硕士或工程管理博士学历教育环节来完成对其管理能力的培养和提高,如表4.2所示。

我国"卓越工程师培养计划"正在实施之中,本章对该计划中可能涉及的一些问题进行了初步的探讨,以期起到抛砖引玉的作用,旨在引起工程教育界、工业企业界、行业部门和政府组织更多专家学者和有识之士的关注和深入细致的研究,以共同支持和推动该计划的实施。

# 参 考 文 献

[1] What are Chartered Engineers, Incorporated Engineers or Engineering Technicians?. http://www. engc. org. uk.

[2] Report of the Engineering Licensure Qualifications Task Force. http://www. ncees. org/licensure/licensure_for_engineers/. 1,24,41.

[3] 林健. 高校工程人才培养的定位研究. 高等工程教育研究. 2009 年第 5 期.

[4] Edward F. Crawley,Johan Malmqvist 等. 重新认识工程教育——国际 CDIO 培养模式与方法. 北京：高等教育出版社,2009.

[5] Engineering Accreditation Commission. ABET, Criteria for Accrediting Engineering Programs (2006—2007 Accreditation Cycle). http://www. abet. org/.

[6] Guide to the FEANI Register (Eur Ing). 3rd edition. Brussels：Oct. 2000. 4 ~ 5. http://www. feani. org/webfeani/.

[7] 全国工程教育专业认证专家委员会. 工程教育专业认证标准(试行). 全国工程教育专业认证工作手册. 2009 年 4 月.

[8] 潘云鹤. 中国的工程创新与人才对策. 2009 国际工程教育大会论文集. 2009 年 10 月 21 ~ 22 日.

# 第 5 章 "卓越工程师教育培养计划" 标准体系与通用标准

【本章摘要】 "卓越工程师教育培养计划"培养标准的研究和制定是实现该计划重要的基础性工作。本章首先讨论国家教育质量标准及其标准体系,在此基础上介绍了"卓越计划"标准体系的构成,随后讨论了"卓越计划"通用标准的制定原则、基本思路和基本过程;在详细讨论"卓越计划"通用标准之前,分别介绍了当前国际上最具代表性和影响的美国、欧洲和英国制定的工程人才标准,之后依次重点讨论分析了"卓越计划"本科层次工程师培养通用标准、硕士层次工程师培养通用标准和博士层次工程师培养通用标准,并在讨论完每种标准之后又将该标准与前一标准进行比较,以更好地了解不同层次通用标准之间的异同。

"卓越计划"是为贯彻落实党的十七大提出的走中国特色新型工业化道路、建设创新型国家、建设人力资源强国等战略部署,贯彻落实《国家中长期教育改革和发展规划纲要(2010—2020年)》和《国家中长期人才发展规划纲要(2010—2020)》而提出的高等教育重大改革计划。"卓越计划"旨在培养卓越工程师后备人才,高等学校实施"卓越计划",将为培养学生成为卓越工程师打下坚实的基础和完成卓越工程师需要的基本训练。"卓越计划"培养标准的研究和制定是实现"卓越计划"的主要目标,培养出各种层次和类型的卓越工程师后备人才的一项重要的基础性工作。

## 5.1  国家教育质量标准及其标准体系

### 5.1.1  国家教育质量标准

《国家中长期教育改革和发展规划纲要(2010—2020年)》(以下简称《2020规划纲要》)将提高高等教育质量作为教育改革发展的核心任务。《2020规划纲要》第一章指出,树立科学的质量观,把促进人的全面发展、适应社会需要作为衡量教育质量的根本标准。树立以提高质量为核心的教育发展观,注重教育内涵发展。建立以提高教育质量为导向的管理制度和工作机制,把教育资源配置和学校工作重点集中于强化教学环节、提高教育质量。制定教育质量国家标准,建立健全教育质量保障体系。《2020规划纲要》第十五章指出,建立和完善国家教育基本标准。整合国家教育质量监测评估机构及资源,完善监测评估体系,定期发布监测评估报告。加强教育监督检查,完善教育问责机制。事实上,在整个《2020规划纲要》中,"标准"二字出现达42处之多,充分说明了标准是国家在2010—2020年期间用来提高、衡量和把握教育质量的一个重要尺度。

国家教育质量标准与国家的经济社会发展是密切相关的。首先,国家教育质量标准的建立和完善是国家经济社会发展的本质要求和主要标志。只有一个国家的经济发展达到一定水准和社会进步达到一定的程度,才有能力和需要提出建立和完善国家教育质量标准。从能力上看,国家教育质量标准首先必须要以各级政府基本的教育投入为前提,因此,只有当各级政府的投入达到足以向全国各类学校的教育质量提出要求时,国家教育质量标准的建立和完善才是合乎时宜的,也标志着这个国家的经济社会发展达到相当的水平。从需要上看,经济社会发展到一定程度,将对人才质量、公民素质和科研水平提出越来越高的要求,这些会集中表现在对教育质量的要求上,从而督促政府制定国家教育质量标准,这就体现出国家经济社会发展对教育质量的要求。其次,国家教育质量标准的高低反映了国家经济社会发展水平的高低。国家教育质量标准是各行各业和各级各类学校在教育质量上必须达到的,而这种标准必须是政治、经济、社会和文化对教育质量要求的反映,也就是说,不同的经济社会发展水平对教育质量水平有着不同的要求,因此,不同时期国家教育质量标准的水平必须客观地体现出该时期国家经济社会发展水平对教育的要求。

令人高兴的是,在"卓越计划"于 2010 年 6 月 23 日在天津正式启动之后,教育部等部委分别于 2011 年和 2012 年在两个重要文件中相继对制定教育质量国家标准继续提出要求,使得制定的国家教育教学质量标准,形成符合我国国情的人才培养质量标准体系,成为提高高等教育质量的一项关键性任务。

教育部和财政部于 2011 年 7 月 1 日发文,对"十二五"期间实施"高等学校本科教学质量与教学改革工程"(以下简称"本科教学工程")提出具体意见,其中将质量标准建设作为五大任务之首,即要组织研究制定覆盖所有专业类的教学质量国家标准,推动省级教育行政部门、行业组织和高校联合制定相应的专业教学质量标准,形成我国高等教育教学质量标准体系。

教育部于 2012 年 3 月 16 日下发了《教育部关于全面提高高等教育质量的若干意见》(简称"高教 30 条"),其中的第(三)条指出:要"完善人才培养质量标准体系。全面实施素质教育,把促进人的全面发展和适应社会需要作为衡量人才培养水平的根本标准。建立健全符合国情的人才培养质量标准体系,落实文化知识学习和思想品德修养、创新思维和社会实践、全面发展和个性发展紧密结合的人才培养要求。会同相关部门、科研院所、行业企业,制定实施本科和高职高专专业类教学质量国家标准,制定一级学科博士、硕士学位和专业学位基本要求。鼓励行业部门依据国家标准制定相关专业人才培养评价标准。"

## 5.1.2 国家教育质量标准体系

国家教育质量标准体现了国家的意志和要求,是教育质量的国家保证,是规范国家和各级政府的教育管理行为和各级各类学校的办学行为的有效方式,也是国家评价、评估、监测和管理各种教育活动的主要依据和重要手段。国家教育质量标准应该由所有专业类的教育质量国家标准构成,每个专业类的教育质量国家标准是国家层面对该专业类在教育质量上提出的最低要求,具有统一性的特征,是相关行业制定本行业该类专业与相关学校制定本校该类专业教育质量标准的基础和依据。

各行各业均有各自的行业特点和专业要求,它们对人才的质量要求和对教育的期待存在着本质的差异和类型的不同,仅靠国家教育质量标准不可能具体地包含行业之间对教育质量要求的专业性和差异性。因此,需要在国家统一的教育质量标准的宏观框架范围下,由各行各业分别制定反映本行业对人才专门要求的行业教育质量标准,从而形成对所有为本行业培养和提供人才的教育组织的指导。相对于国家教育质量标准而言,行业教育质量标准具有多样性的特征。

各级各类学校在为各行各业培养各类人才时,需要在国家教育质量标准的宏观要求下、在相关行业制定的行业教育质量标准的中观框架范围内,制定出满足本校人才培养目标定位和特色优势的学校教育质量标准。行业内同一专业的学校教育质量标准存在着统一性和多样性的双重特征,统一性源于该行业制定的专业教育质量标准,这是所有相关学校必须共同拥有的;多样性体现在各所学校不同的服务面向、人才培养定位、办学特色和优势,代表着经济社会对人才需求的多样化。

由以上分析可知,国家教育质量标准的制定和完善将促进行业教育质量标准和学校教育质量标准的制定和出台,而后两者分别是前者在行业和学校层面的落实、细化和拓展,因此,这三者将有机地构成国家教育质量标准体系。在这个体系中,国家教育质量标准作为宏观层面的标准,提出了各类专业教育质量的基本要求,指导和统领着行业和学校层面标准的制定,是行业教育质量标准和学校教育质量标准的基础和依据;行业教育质量标准作为中观层面的标准,以国家教育质量标准为基础,包含了行业对各类专业教育质量的基本要求,相对于国家教育质量标准,其标准水平要更高,标准内容要更具体;学校教育质量标准作为微观层面的标准,是在国家教育质量标准的指导下,以行业教育质量标准为基础,涵盖了学校对各类专业教育质量的要求,相对于行业教育质量标准,其标准水平要高,标准内容应该具体到可操作、可实施、可评估和可检查的程度。

“卓越计划”的标准体系正是基于以上分析的国家教育质量标准体系的层次、结构、功能和相互关系而提出的。

## 5.2 "卓越计划"标准体系的构成

卓越工程师后备人才(以下简称"卓越工程师")培养的标准体系由通用标准、行业标准以及学校标准三个层面构成。

**通用标准**:作为卓越工程师培养的国家标准,通用标准的制定符合《国家中长期教育改革和发展规划纲要(2010—2020 年)》中提出的"制定教育质量国家标准"的要求。通用标准是国家对各行各业各种类型卓越工程师培养宏观上提出的基本质量要求,是行业制定各个专业卓越工程师培养标准的根据和基础,是制定行业标准和学校标准的宏观指导性标准。

**行业标准**:又称行业专业标准,是各行业主体专业领域的卓越工程师培养必须达到的中观要求,包含本行业内若干专业的专业标准,它不仅是对通用标准的具体化,还应体现专业特点和行业要求,应由各专业委员会与工业企业界一道根据通用标准制定。

**学校标准**:又称学校培养标准或学校专业培养标准,是各个学校在通用标准的指导下,以行业标准为基础制定的校内各个工程专业卓越工程师培养的具体的、可落实、可检查、可评估的标准。在学校标准中,应包含体现各校办学优势的特色标准,特色标准应反映出各校特有的、难以模仿的、长期积累的、优于其他院校的并得到社会公认的办学优势,由各校根据自己的办学优势,并结合办学定位、办学目标、服务面向和行业特点制定。学校标准主要有三方面的作用。一是制定"卓越计划"参与专业的专业培养方案的依据;二是制定"卓越计划"参与专业学校毕业标准与学位授予实施细则的标准;三是教育部和行业部门评估检查"卓越计划"实施情况的根据。

由于学校标准是以行业标准为基础,行业标准又以通用标准为根据,因此,学校标准所提出的要求要包容行业标准,行业标准所提出的要求要包容通用标准,这三个层面标准间的关系如图 5.1 和图 5.2 所示。

与工程专业认证仅考虑本科层次所不同的是,"卓越计划"将卓越工程师的培养分为本科、硕士和博士三个层次,因此,通用标准、行业标准和学校标准应分别包括本科、硕士和博士三个层次,由此形成了由三种类型和三个层次构成的"卓越计划"完整的标准体系,如表 5.1 所示。

各类标准名称:为了在实施"卓越计划"的过程中便于交流和沟通,有必要对三种类型和三个层次的"卓越计划"标准的名称予以规范。卓越工程师各个

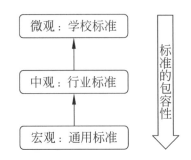

图 5.1 "卓越计划"三个标准之间的关系

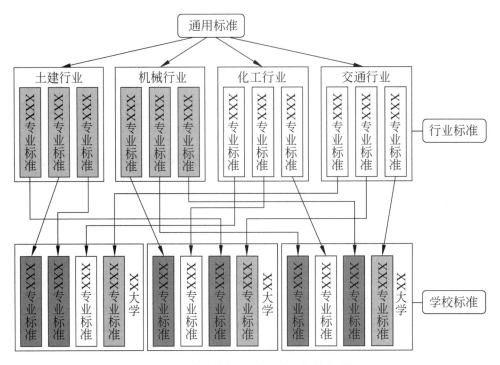

图 5.2 "卓越计划"三类标准之间的关系图

培养层次的通用标准分别称为本科层次"卓越计划"通用标准、硕士层次"卓越计划"通用标准和博士层次"卓越计划"通用标准。相应地,行业标准的具体名称应包括行业名称＋专业名称＋培养层次,如机械行业本科层次的机械工程及自动化专业的标准应称为"机械行业机械工程及自动化专业本科'卓越计划'标准"。学校标准的具体名称应包括学校名称＋专业名称＋培养层次,如清华大学的材料工程专业本科层次工程师的培养标准应称为"清华大学材料工程专业本科'卓越计划'标准"。

表 5.1 "卓越计划"完整的标准体系

|  | 通用标准 | 行业标准 | 学校标准 |
|---|---|---|---|
| 博士层次人才培养标准 | √ | √ | √ |
| 硕士层次人才培养标准 | √ | √ | √ |
| 本科层次人才培养标准 | √ | √ | √ |

## 5.3 "卓越计划"通用标准的制定原则和基本思路

### 5.3.1 "卓越计划"通用标准的制定原则

"卓越计划"通用标准的设计原则应以实现"卓越计划"的主要目标为根本。"卓越计划"的主要目标是:面向工业界、面向未来、面向世界,培养造就一大批创新能力强、适应经济社会发展需要的高质量各类型工程技术人才,为建设创新型国家、实现工业化和现代化奠定坚实的人力资源优势,增强我国的核心竞争力和综合国力。为实现这一目标,"卓越计划"通用标准的制定应遵循以下原则。

**服务国家战略:**"卓越计划"通用标准首先要满足实现国家战略对工程人才的需要。我国的国家战略是:加快经济发展方式转变,走中国特色新型工业化道路;提高自主创新能力,建设创新型国家;建设人力资源强国,增强国家的核心竞争力。就教育界而言,实现这些国家战略的关键在于通过"卓越计划",面向工业界、面向未来、面向世界培养造就一大批创新能力强、适应经济社会发展需要的各类型高素质后备工程技术人才。这就要求从服务国家战略的高度研究和设计"卓越计划"的通用标准。

**追求质量卓越:**"卓越计划"就是要在不同类型的工程师的培养质量上追求卓越。在通用标准中应该反映出各种层次和类型的工程师在知识、能力和素质方面具备的竞争优势和发展潜力。在竞争优势方面,本科层次工程师应能够完全胜任生产一线的各项工作,硕士层次工程师的设计开发能力应该在国内具有竞争优势,博士层次工程师的研究开发能力应该在国际上具有竞争优势。在发展潜力方面,各种层次的工程师,尤其是硕士层次和博士层次的工程师,应该能够满足未来发展需要,具备适应和引领未来工程技术发展方向的能力。

**满足国际要求:**"卓越计划"强调工程教育要面向世界。这一方面要求培养熟悉当地国家文化和法律,具有在跨文化环境下的交流与合作能力,以及参与国际竞争能力的国际化工程师。另一方面要求培养出来的卓越后备工程师在工程学位资格上能够获得国际互认,以满足国际市场的需要。这些要求体现在通用标准上就是对工程师在相关知识、能力和素质的明确规定。

**发挥宏观指导**:通用标准不仅要涵盖各行各业对各类工程人才的要求,还要有利于不同类型和不同服务面向的学校发挥办学优势和人才培养特色。因此,通用标准应该是宏观定性、内涵丰富、适应面广和富有弹性的培养标准,能够充分体现出对行业标准和学校标准的宏观指导作用,并为行业标准和学校标准的制定提供充足的余地和灵活的空间。

## 5.3.2 制定"卓越计划"通用标准的基本思路

从有利于各层次卓越工程师培养标准的制定和培养质量的管理的角度考虑,卓越工程师培养的通用标准应该由基本标准和优秀标准两方面构成。

基本标准是卓越工程师培养必须达到的最低要求,是衡量各类院校卓越工程师培养的合格标准。三个层次卓越工程师的基本标准之间应该存在着这样一种关系:后一层次工程师的基本标准包含前一层次工程师的基本标准外加本层次工程师必备的其他基本要求。换句话说,每一层次工程师都必须具备前一层次工程师的基本要求,但不必满足前一层次工程师的优秀标准。如硕士层次工程师的基本标准包含本科层次工程师的基本标准和硕士层次工程师还需具备的其他基本要求,但硕士层次工程师不必满足本科层次工程师的优秀标准。这种基本标准兼容的方式既体现了不同层次工程师之间的关联性,同时也为在有限学制内达到优秀标准提供了时间上的保证。

各层次工程师的优秀标准是培养卓越工程师的杰出标准,由于各层次工程师的培养目标不同,因此,他们的优秀标准之间不必具有兼容性。优秀标准包含体现各层次工程师"卓越"水平的具体要求。三个层次卓越工程师培养标准之间的关系如图 5.3 所示。其中,各层次卓越工程师培养标准之间的兼容性体现在基本标准上。

按照以上通用标准的构成分析可知,本科层次工程师培养的通用标准是制定其他层次工程师培养通用标准的标杆和基础。因此,将国内外获得广泛认可的工程人才培养标准作为本科层次工程师培养通用标准中的基本标准的参考依据。一方面,以全国工程教育专业认证标准(试行)(以下简称"工程专业认证

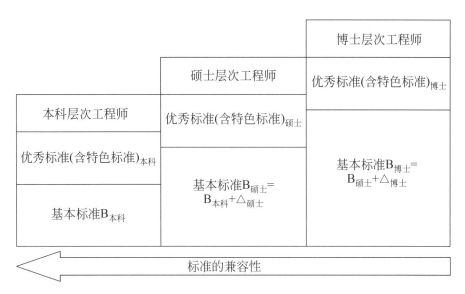

图 5.3　不同层次卓越工程师培养标准之间的关系

标准")[1]中对本科毕业生能力的 10 个方面的要求为基础,制定符合中国国情的本科层次卓越工程师培养通用标准中的基本标准。另一方面,从工程教育国际化和本科工程学历国际互认的角度,参考借鉴发达国家对工程专业毕业生规定的能力要求。如美国工程技术认证委员会(ABET)标准中对工程专业毕业生必备的 11 种能力标准[2](以下简称"美国标准"),欧洲工程师协会联盟(FEANI)对欧洲工程师提出的 12 种能力标准[3](以下简称"欧洲标准"),英国工程理事会(ECUK)制定的技术工程师(Incorporated Engineers,IEng)标准[4](以下简称"英国标准")等。本科层次工程师培养通用标准中优秀标准的制定,一方面要遵循上述通用标准的制定原则。另一方面要满足各层次卓越工程师的培养目标。

　　在分别制定完各层次的基本标准和优秀标准后,再将二者融合形成最终的各个层次卓越工程师培养的通用标准。

## 5.3.3　制定"卓越计划"通用标准的基本过程

　　"卓越计划"通用标准的起草单位是清华大学工程教育研究中心,本书作者为执笔人。整个制定过程经过以下几个主要过程。

　　起草阶段:2009 年 8 月至 11 月初,执笔人在大量分析研究美国、欧洲和英国等发达国家和地区的政府对本国未来工程人才培养的战略、政策和要求的基础上,充分比较分析了这些国家和地区对优秀工程人才培养提出的各种标准,以服务我国国家战略为目标宗旨,预测我国未来发展对高素质工程人才的要求,并结合我国国情和工程人才培养的现状,经过反复推敲和不断斟酌,依次拟定了本科层次、硕士层次和博士层次的卓越工程师培养的通用标准,其中本科层次标准 11 条、硕士和博士层次标准各 13 条。

"卓越计划"通用标准起草结束后,就需要广泛征求各行各业、高等学校、教育行政部门的意见。主要有四次会议征求意见和一次通信征求意见,在每次会议征求意见时,作为执笔人,本书作者要在会议开始时对卓越工程师培养类型、"卓越计划"标准体系构成、"卓越计划"通用标准制定原则,以及本科层次、硕士层次和博士层次通用标准的每一条进行解释说明,以使得参会征求意见的专家对"卓越计划"的背景、"卓越计划"标准制定的思路和"卓越计划"通用标准中每一条目提出的缘由有一个清晰的了解。

第一次会议征求意见:由清华大学工程教育研究中心于 2009 年 11 月 12 日在清华大学组织邀请清华大学校内在工程教育研究、教学与管理方面的专家参加,单位包括工程教育研究中心、教育研究院、教务处、研究生院、一些工科院系。

第二次会议征求意见:由教育部高教司组织于 2009 年 12 月 8 日在清华大学组织邀请校外专家、学者、管理者以及清华大学校内单位参加,单位包括教育部高教司、住房和城乡建设部人事司、中国建筑工程总公司科技部、中国机械工程学会、中国石化总公司、北京铁路局、北京交通大学、北京化工大学、清华大学研究生院、《高等工程教育研究》编辑部等。

第三次会议征求意见:由教育部高教司于 2009 年 12 月 10 日在北京友谊宾馆召开的"卓越工程师培养计划"研讨会上,广泛征求全国 100 余所高校的 300 余位参会代表的意见。

第四次会议征求意见:由教育部高教司于 2009 年 12 月 14 日在清华大学组织召开的"卓越工程师培养计划"专家研讨会上,征求了来自教育部高教司、中国工程院、中国石油化学工业股份有限公司、中国电子发展研究院、中国机械工程学会、浙江大学、中南大学等的 11 位专家的意见。

第一次通信征求意见:在"卓越计划"于 2010 年 6 月 23 日在天津正式启动后,教育部高教司以通信的方式专门征求了由教育部和中国工程院成立的"卓越工程师教育培养计划"专家委员会 21 位院士专家的意见。

广泛征求意见是一个集思广益、不断提高的过程,无疑对"卓越计划"通用标准的进一步完善起到十分重要的作用。

## 5.4 美国、欧洲和英国制定的工程专业人才标准

本节集中介绍美国、欧洲和英国制定的具有代表性的三种工程专业人才标准,以便在后续节中与"卓越计划"通用标准进行对照和比较,并分析四种标准之间的异同。

### 5.4.1 美国工程技术认证委员会对毕业生的标准

作为《华盛顿协议》的发起和签约组织,美国工程技术认证委员会(ABET)制定的标准系列中最著名的就是对工程类专业本科毕业生提出的 11 条能力标准[5],具体如下:

a. 能够应用数学、科学和工程知识。

b. 能够设计和进行实验,并能分析和解释数据。

c. 能够设计一个系统、元部件或程序,并能在现实的约束条件下满足预期要求,这些约束条件如经济、环境、社会、政治、伦理、健康、安全、工艺性和持续性等。

d. 能够在多学科的团队中发挥作用。

e. 能够识别、形成和解决工程问题。

f. 能够理解专业责任和职业伦理。

g. 能够进行有效的沟通。

h. 具有广博的知识以理解工程解决方案对全球、经济、环境和社会的影响。

i. 重视并有能力进行终身学习。

j. 对当前的重大事务有一定认识。

k. 能够使用工程实践所需的技术、技能和现代工程工具。

此外,针对工程技术类专业本科毕业生,ABET 也提出了 11 条能力标准,[6]如下:

a. 能够选择和应用本学科的知识、技术、技能和现代工具于广泛的工程技术活动。

b. 能够选择和应用数学、科学、工程和技术于那些需要运用原理、应用程序或方法论的工程技术问题。

c. 能够进行标准测试和测量,操作、分析和解释试验,并能应用试验结果改进过程。

d. 能够为大纲教学目标规定的广阔的工程技术问题设计系统、元部件或过程。

e. 作为一个成员或领导者,能够在团队中有效发挥作用。

f. 能够识别、分析和解决广阔的工程技术问题。

g. 能够在技术和非技术环境下运用书面、口头和图形方式进行交流沟通,能够识别和应用适当的技术文献。

h. 理解自我指导的继续专业发展的必要性并有能力实现它。

i. 理解和致力于承担包括尊重多样性的专业和伦理责任。

j. 对工程技术的解决方案对社会和全球环境的影响有一定认识。

k. 致力于质量、时效和持续改进。

## 5.4.2 欧洲工程师协会联盟对欧洲工程师的标准

欧洲工程师协会联盟(FEANI)是第二次世界大战后欧洲成立的第一个工程师联盟,其成员国目前已经扩展到 31 个欧洲国家。1992—1993 年,FEANI 创设了"欧洲工程师"(EUR Ing)这样一个在其成员国得到认可的专业资格,并提出了欧洲工程师必须具备的 12 条能力标准[3],如下。

a. 理解工程职业,通过恪守相应的专业行为准则并承担服务社会、专业和环境的责任。

b. 全面掌握基于数学和与其学科相应的自然科学学科组合的工程原理。

c. 掌握所在工程领域综合的工程实践知识,以及材料、元部件、软件的性能、反应、制作和应用。

d. 能够运用恰当的理论和实践方法去分析并解决工程问题。

e. 掌握与其专业领域相关的现有技术和新兴技术应用的知识。

f. 具备工程经济分析、质量保证、可维修性分析和应用技术信息和统计资料的能力。

g. 能够在多学科项目中与他人合作共事。

h. 能够在管理、技术、财务和人事等事务中体现领导力。

i. 具有交流沟通技能,并有责任通过连续职业发展(CPD)保持专业胜任力。

j. 掌握与其专业领域相关的标准和规制。

k. 具有持续技术改革的意识,并培养在工程专业领域追求创新和创造的态度。

l. 流利掌握数门欧洲语言,方便在欧洲各地工作时交流。

### 5.4.3 英国工程理事会对各类工程师的标准

英国工程理事会(ECUK)将注册工程师分为工程技术员(Engineering Technician,EngTech)、技术工程师(Incorporated Engineer,IEng)和特许工程师(Chartered Engineer,CEng)三种类型,并分别制定了如下专业能力标准[4]。

(一)工程技术员(EngTech)的标准

工程技术员关注将已有的技术和工艺应用于解决实际工程问题。他们承担监督或者技术的责任,并在确定的技术领域内有能力展现自身创造性的资质和技能。专业的工程技术员从事产品、装备、过程或服务的设计、开发、制造、试车、报废、操作或维修。专业的工程技术员还必须将安全系统应用于工作之中。工程技术员的标准由五个方面共 11 条组成如下:

A 将工程知识及其理解应用于技术和实践技能。包括:

A1 评价和选择合适的技术、工艺和方法来承担任务。

A2 应用合适的科学、技术或工程原理。

B 从事产品、设备、过程、系统或者服务的设计、开发、制造、建设、试车、操作或维修。

B1 确认问题,能找到原因并给出达到理想效果的解决方案。

B2 在考虑成本、质量、安全和环境的影响下,确认、组织并有效地使用资源来完成任务。

C 接受并实践个人的责任。包括:

C1 在没有监管的条件下可靠并有效地工作,达到合适的实践规范。

C2 承担自己或他人的工作的责任。

C3 接受、分配并监管技术和其他任务。

D 使用有效的沟通和人际技能。包括:

D1 使用口头、书面或者电子形式来进行技术或其他信息的英文沟通。

D2 与同事、客户、供应商和公众一起有效地工作。

E 对于某项专业产品的某部分条款承担职责,明确自己对于社会、职业和环境的义务。他们必须：

E1 遵守专业协会或者营业准许公司的行为规则。

E2 管理和应用工作中的安全系统。

E3 以可持续发展的方式来从事工程工作。

E4 从事持续的职业发展，包括所在机构提供机会以使其工程实践能力能够胜任未来领域的工作。

（二）技术工程师（IEng）的标准

技术工程师维持并管理当前和未来技术的应用，可能从事工程设计、开发、制造、建筑和运作的任务。技术工程师广泛从事技术和商业管理，拥有有效的人际技能。工程技术师的标准由五个方面共16条组成，如下：

A 综合地将通识的和专业的工程知识及其理解应用于现有和新兴的技术之中。

A1 掌握并拓展坚实的理论方法，将其应用于工程实践的技术中。

A2 使用坚实的求证方法来解决问题，并致力于持续改进。

B 应用合适的理论和实践方法来设计、开发、制造、建造、负荷、运作、维护、卸载和再循环工程过程、系统、服务和产品。

B1 确认、评论并选择技术、工艺和方法来从事工程任务。

B2 致力于工程解决方案的设计和开发。

B3 执行设计解决方案并对其评估。

C 提供技术和商业化管理。

C1 计划有效的项目实施。

C2 管理任务、人员与资源的计划、预算和组织。

C3 团队管理并开发员工技能以满足不断变化的技术和管理需要。

C4 管理持续质量改进。

D 证明有效的人际技能。

D1 与其他所有层次的人用英语交流。

D2 陈述和讨论建议书。

D3 证明自己的个人和社会技能。

E 证明个人对职业标准所承担的责任，承认对于社会、职业和环境的义务。

E1 遵守相关行为准则。

E2 管理和应用工作中的安全系统。

E3 以致力于可持续发展的方式从事工程活动。

E4 实行持续的专业发展以保持和增强自己在工程实践领域的竞争力。

（三）特许工程师（CEng）的标准

特许工程师的特点就是其运用自己的能力，使用新的或现有技术，通过创新、创造和变革找到解决工程问题的合适方案。他们可能开发或者应用新的技术，促进高端的设计和设计方法，引进新的和更有效的生产技术、营销和建设的概念，或者开拓新的工程服务和管理方法。特许工程师广泛地担任技术和商务方面的领导工作，并拥有有效的人际技能。特许工程师的标准由五个方面共 16 条组成，如下：

A 综合地将通识的和专业的工程知识及其理解最优化地运用于目前已有的和新兴的技术应用中。

A1 维持和拓展坚实的理论方法来引进和开发高新技术和其他相关进展。

A2 承担工程技术和持续改进系统的创新和创造性开发。

B 使用合适的理论和实践方法来分析和解决工程问题。

B1 确认潜在的项目和机会。

B2 主导适当的研究，并承担工程解决方案的设计和开发工作。

B3 实施设计方案，并评估其有效性。

C 提供技术和商业领导能力。

C1 计划有效的项目实施。

C2 计划、预算、组织、指导和控制任务、人员和资源。

C3 领导团队并开发员工能力以满足不断变化的技术和管理需求。

C4 通过质量管理促进连续改进。

D 证明有效的人际技能。

D1 与其他所有层次的人用英语交流。

D2 陈述和讨论建议书。

D3 证明自己的个人和社会技能。

E 证明个人对职业标准所承担的责任，承担对于社会、职业和环境的责任。

E1 遵守相关行为准则。

E2 管理和应用工作中的安全系统。

E3 以致力于可持续发展的方式从事工程活动。

E4 实行持续的专业发展以保持和增强自己在工程实践领域的竞争力。

## 5.5 "卓越计划"本科层次工程师培养的通用标准

本科层次工程师的培养目标是胜任在现场从事产品的生产、营销和服务或工程项目的施工、运行和维护工作。按照这个目标研制的"卓越计划"本科层次工程师培养的通用标准包含对所有参与"卓越计划"的工程专业四年制本科毕业生在知识、能力和素质方面的 11 条要求,说明如下。

### 5.5.1 本科层次卓越工程师的素质要求

本科层次卓越工程师在素质方面要达到以下两方面要求。

(1)【基本素质】具有良好的工程职业道德、追求卓越的态度、爱国敬业精神、较强的社会责任感和较好的人文素养[①]。

本条规定了现代工程师应该具备的与传统工程师不同的基本素质要求。

工程职业道德是指工程师在工程职业活动中必须遵循的行为准则、职业规范、道德标准、道德情操和道德品质的总和。工程职业道德具有广泛的社会性,也是人们对工程职业群体及其职业行为的期望。工程职业道德在内容上包括遵纪守法、诚实守信、客观公正、爱岗敬业、追求卓越、尽职尽责、廉洁自律等。工程师应将这些要求作为始终如一的行为准则。

追求卓越的态度是每一位高素质工程师必须具备的一条基本素质,表现在其对待本职工作的方方面面,不论是产品或项目的开发、设计和生产,还是设备的运行和维护等各个方面均要追求不断完善、精益求精、尽善尽美。只有这种不断追求、永无止境的态度,才能够研发和生产出高质量的产品、设计建造出高水准的项目,才能够提升创新能力,才能够赢得竞争优势。

爱国敬业精神是指在爱国主义这一中华民族传统和精神支柱的作用下,以恭敬、负责、严谨和兢兢业业的态度对待和热爱自己的本职工作,为民族的复兴和国家的富强而努力工作、无私奉献。当前,工程师的爱国敬业精神还表现在努力在各自的工程专业领域中提高我国的工程创新能力,使我国尽快地从"中国制造"转变成为"中国智造"或"中国创造",从而提高我国的综合国力。

---

① 在征求"卓越计划"院士专家委员会 21 位中国工程院院士对"卓越计划"通用标准的意见时,有院士提出,本科和硕士层次卓越工程师在"基本素质"上应与博士层次卓越工程师的"基本素质"要求相同,即为"具有良好的工程职业道德、坚定的追求卓越的态度、强烈的爱国敬业精神、社会责任感和丰富的人文素养。"

社会责任感是指工程师个体对自身在人类社会发展中所应承担的责任的一种意识,或工程师个体对国家、集体,以及他人所履行或承担的职责、任务和使命的态度。工程师的社会责任包括保护公众的安全、健康和福利,重视环境保护、生态平衡和可持续发展,自觉维护国家和社会公共利益。

人文素养是指人所具有的文学、史学、哲学和艺术等人文学科知识和由这些知识所反映出来的人格、气质和修养。工程师既能改造世界和创造世界,也能破坏生态环境、传统文化和文明历史。工程师不能只注重工程技术,他们必须具备人文素养,才能够更好地理解工程与社会、历史、文化的关系和内涵,才能在改造物质世界的同时,促进整个人类文明社会的进步与发展。

需要指出的是,强调人文素养是现代社会对工程师的必然要求,需要明确提出;而科学素养是工程师在教育和培养过程中自然要形成的,因此在基本素质中就不必再提。

(2)【现代工程意识】具有良好的质量、环境、职业健康、安全和服务意识。

本条规定了在突出以人为本,构建和谐社会的现代社会中,工程师应该具备的各种良好意识。这是工程专业认证标准,以及美国标准和欧洲标准都缺失的内容。

质量意识是人们对质量和质量工作的认识和理解,良好的质量意识是工程师追求卓越的前提。环境意识是人们对环境的认识水平和对保护环境行为的自觉程度,良好的环境意识是工程师在工程行为中重视环境保护、处理好人与自然和谐关系的基础。职业健康包括人们在职业活动过程中的身体生理机理健康、心理健康和适应社会能力,良好的职业健康意识是工程师预防职业疾患、保持身心健康和能在各种环境下开展工作的条件。安全意识是人们在从事生产活动中对安全现实的认识和对安全的重视程度,良好的安全意识关系到工程人员的人身安全、广大职工的切身利益、国家和人们生命财产的安全,以及经济的健康发展和社会的安全稳定。服务意识是人们自觉主动地为服务对象提供热情和周到服务的观念和愿望,它是现代行业企业应对市场竞争要求员工必须具备的重要意识,工程师的服务意识不仅反映在产品售后或工程项目交付使用后,还反映在设计和研发阶段,如何使产品或工程项目便于日后的保养、维护、维修和更新。

## 5.5.2  本科层次卓越工程师的知识要求

本科层次卓越工程师在知识方面要达到以下三方面要求。

（3）【基础知识】具有从事工程工作所需的相关数学、自然科学知识以及一定的经济管理等人文与社会科学知识。

除了公共基础课外，本条中的"相关数学、自然科学知识"要根据所在行业的专业领域来确定。"一定的经济管理知识"主要指工程经济、项目管理、质量管理、生产组织和运作管理、产品营销和售后服务等。人文科学是指以人类的精神世界及其沉淀的精神文化为研究对象的科学，主要研究人的观念、精神、情感和价值，即人的主观精神世界及其所积淀下来的精神文化，包括文、史、哲及其衍生出来的美学、宗教学、伦理学、文化学、艺术学等。社会科学则是指以人类社会为研究对象的科学，主要研究客观的人类社会之于具体的个人及其主观世界，主要包括经济学、管理学、社会学、政治学、法学等。"一定的人文科学知识"是指形成第（1）条要求的"较好的人文素养"所需要的相关知识，"一定的社会科学知识"是指卓越工程师作为社会人及所承担的社会责任所需要具备的知识。

（4）【专业知识】掌握扎实的工程基础知识和本专业的基本理论知识，了解生产工艺、设备与制造系统，了解本专业的发展现状和趋势。

本条在工程专业认证标准相应条目的基础上增加了"了解生产工艺、设备与制造系统"，以增强学生对实际生产制造系统的了解。本条规定的知识不仅是本科层次工程师必备的，而且是能力培养第7条、第8条规定所必需的。

（5）【技术标准与政策法规】了解本专业领域技术标准，相关行业的政策、法律和法规。

工程师的职业活动不仅要严格按照本专业领域的技术标准进行，而且还要遵守相关行业的政策、法律和法规，这是他们的职业要求。工程专业认证标准中的类似要求是"了解与本专业相关的职业和行业的生产、设计、研发的法律、法规，熟悉环境保护和可持续发展等方面的方针、政策和法律、法规，能正确认识工程对于客观世界和社会的影响"。欧洲标准中的类似要求是"了解所在专业领域的标准和规则制度"。

### 5.5.3 本科层次卓越工程师的能力要求

本科层次卓越工程师在能力方面要达到以下六方面要求。

（6）【学习能力】具有信息获取和职业发展学习能力。

信息获取能力是知识不断更新的关键，是工程师终身学习的基础。在工程师的职业生涯中,为了适应经济社会的快速发展,工程师必须能够通过运用包括互联网在内的各种现代技术和手段获得所需的各类信息,从而及时地更新业务知识、发展对客观世界的认识、改善知识结构,为更好地履行职责和终身学习打下基础。

学习能力是各种职业能力发展和提高的基础。工程师的各种能力是由知识和技能构成的,在他们的职业发展进程中,这些能力需要在掌握知识和技能的过程中不断地发展和提高,而掌握知识和技能的最直接的途径就是学习,因此,学习能力成为各种职业能力提高和发展的基础。由此可见,学习能力对于工程师职业能力的获得和未来的可持续发展具有十分重要的作用,具备学习能力应该成为工程教育的一项重要目标。

学习能力不仅包括学习知识和技能的能力,还包括学习精神和道德的能力。

工程专业认证标准中相关规定是"掌握文献检索、资料查询及运用现代技术获取相关信息的基本方法"与"具有对终身学习的正确认识和学习能力,具有适应发展能力"。

(7)【分析解决问题能力】具有综合运用所学科学理论、分析与解决问题的方法和技术手段,分析和解决工程实际问题的能力;能够参与生产及运作系统的设计,并具有运行和维护能力。

本条在工程专业认证标准的"具有综合运用所学科学理论和技术手段分析并解决工程问题的基本能力"中增加了"分析与解决问题的方法",同时将"工程问题的基本能力"改为"工程实际问题的能力"。这样增加了分析与解决问题的方法,提高了能力水平,明确了工程问题来源于实际。此外,本条增加了本科层次工程师在现场工作必备的能力:"能够参与生产及运作系统的设计,并具有运行和维护能力"。

工程实践能力是获得本条规定能力的前提,也就是说,只有通过大量的工程实践,尤其到生产车间或工程一线的学习和现场实践,才能够对工程实际问题具有深入、系统、本质的认识和理解,才具备培养分析和解决问题能力的条件。

(8)【创新意识和开发设计能力】具有较强的创新意识和进行产品开发和设计、技术改造与创新的初步能力。

工程专业认证标准要求的是"具有创新意识和对新产品、新工艺、新技术和新设备进行研究、开发和设计的初步能力",涉及新产品、新工艺、新技术和新设备四个方面。本条通过"较强的"提高了对这方面能力水平的要求,但从现实实际出发将范围限制在产品和技术两方面,以更适合本科层次工程师培养的要求。

创新意识是创新能力的基础,作为本科层次卓越工程师后备人才,除了实践能力外,重点应放在创新意识的培养,而不能一跃就谈到创新能力的培养。创新意识是指工程师根据经济社会发展的需要,引发创造前所未有的事物或观念的动机,并在创造活动中表现出的意向、愿望、构思和设想。它是人们进行创造活动的出发点和内在动力,是创新性思维和创新能力的前提。

(9)【管理与沟通合作能力】具有较好的组织管理能力、较强的交流沟通、环境适应和团队合作的能力。

本条是现代经济社会对工程师提出的在组织管理、交流沟通与团队合作方面的要求,它的重要性正在日趋凸显,说明了非专业能力正成为优秀工程师职业能力的重要组成部分,应得到充分的重视。

在这方面,工程专业认证标准要求的是"具有一定的组织管理能力、较强的表达能力和人际交往能力以及在团队中发挥作用的能力"和"具有适应发展的能力"。美国标准的要求是"具有有效表达与交流的能力",而欧洲标准的要求是"具有在多学科项目中与他人合作的能力"。在能力水平上,本条提出的"较好的"高于工程专业认证标准的"一定的"。

(10)【危机处理能力】具有应对危机与突发事件的初步能力。

工业化、现代化和城镇化进程加快,人口、资源和环境压力加大,人与自然矛盾冲突的激化,必然使得危机事件以更加频繁、多样、突然的形式出现,危机正从过去的偶发事件变为社会生活中的常态。工程上的危机与突发事件不仅会直接造成人员与财产的巨大损失,而且会造成生态的破坏、社会的动荡,乃至政治的稳定。因此,作为卓越工程师的后备人才,就要求比其他专业领域人员具有更强的危机意识和危机与突发事件的处理能力。

作为一名本科层次的工程师,不可能要求其具备很强的应对危机与突发事件能力,但应该具备初步的危机处理能力。本条也是工程专业认证标准,以及美国标准、欧洲标准和英国标准都缺失的内容。

(11)【国际交流合作能力】具有一定的国际视野和跨文化环境下的交流、竞争与合作的初步能力。

国家的"走出去"战略,要求工业界走出国门,积极开拓国际市场,这也是经济全球化的必然趋势。这就需要大量的具有国际视野、具备国际交流合作能力的各种层次和类型的高素质工程师。

要具有国际视野,首先要通过努力学习和各种交流活动,广泛涉猎和熟悉世界各国历史、文化、艺术、风俗等来开阔和丰富自己的眼界;进而要能够放眼全球,批判地吸收当今世界各国的先进文化;要具有广阔的国际眼界,善于分析错综复杂的国际发展形势;具有深刻的国际眼光,能够洞悉世界风云变幻的实质;要具有正确的国际视角,能够清醒审视和质疑西方媒体的舆论导向,提出自己的独立见解。

相对于工程专业认证标准中提出的"具有国际视野和跨文化的交流、竞争与合作能力"的要求,本条对本科层次工程师在国际视野和国际交流合作能力的要求上进行了限定。

## 5.5.4　工程专业认证标准与"卓越计划"本科层次工程师培养通用标准的比较

将"卓越计划"本科层次工程师培养通用标准与工程专业认证标准逐条地进行比较,如表 5.2 所示,概括起来,二者有几方面区别:一是前者新增了第(2)条【现代工程意识】和第(10)条【危机处理能力】两条标准;二是在前者第(1)条【基本素质】中增加了"追求卓越的态度、爱国敬业精神";三是将后者第(1)条中的"人文社会科学素养"进一步准确表达为"人文素养";四是在后者第(2)条的基础上增加了"等人文与社会科学知识",形成了前者的第(3)条【基础知识】;五是将后者的第(5)和第(9)条合并成前者的第(6)条【学习能力】;六是将后者的第(4)条拓展为前者的第(7)条,增加了"分析与解决问题的方法"与"能够参与生产及运作系统的设计,并具有运行和维护能力";七是前者的第(9)条中按照现代社会的要求突出强调了"较强的交流沟通、环境适应和团队合作的能力";八是在前者其余条目的内容和内涵上均较后者有较大程度的拓展和充实。

表 5.2　工程专业认证标准与"卓越计划"本科通用标准的比较

| 工程专业认证标准 | "卓越计划"本科通用标准 |
| --- | --- |
| (1) 具有较好的人文社会科学素养、较强的社会责任感和良好的工程职业道德 | (1)【基本素质】具有良好的工程职业道德、追求卓越的态度、爱国敬业精神、较强的社会责任感和较好的人文素养 |

| 工程专业认证标准 | "卓越计划"本科通用标准 |
|---|---|
| | （2）【现代工程意识】具有良好的质量、环境、职业健康、安全和服务意识 |
| （2）具有从事工程工作所需的相关数学、自然科学知识以及一定的经济管理知识 | （3）【基础知识】具有从事工程工作所需的相关数学、自然科学知识以及一定的经济管理等人文与社会科学知识 |
| （3）掌握扎实的工程基础知识和本专业的基本理论知识，了解本专业的前沿发展现状和趋势 | （4）【专业知识】掌握扎实的工程基础知识和本专业的基本理论知识，了解生产工艺、设备与制造系统，了解本专业的发展现状和趋势 |
| （7）了解与本专业相关的职业和行业的生产、设计、研究与开发的法律、法规，熟悉环境保护和可持续发展等方面的方针、政策和法律、法规，能正确认识工程对于客观世界和社会的影响 | （5）【技术标准和政策法规】了解本专业领域技术标准，相关行业的政策、法律和法规 |
| （5）掌握文献检索、资料查询及运用现代信息技术获取相关信息的基本方法<br>（9）具有适应发展的能力以及对终身学习的正确认识和学习能力 | （6）【学习能力】具有信息获取和职业发展学习能力 |
| （4）具有综合运用所学科学理论和技术手段分析并解决工程问题的基本能力 | （7）【分析解决问题能力】具有综合运用所学科学理论、分析与解决问题的方法和技术手段，分析和解决工程实际问题的能力；能够参与生产及运作系统的设计，并具有运行和维护能力 |
| （6）具有创新意识和对新产品、新工艺、新技术和新设备进行研究、开发和设计的初步能力 | （8）【创新意识和开发设计能力】具有较强的创新意识和进行产品开发和设计、技术改造与创新的初步能力 |
| （8）具有一定的组织管理能力、较强的表达能力和人际交往能力以及在团队中发挥作用的能力 | （9）【管理与沟通合作能力】具有较好的组织管理能力、较强的交流沟通、环境适应和团队合作能力 |

续表

| 工程专业认证标准 | "卓越计划"本科通用标准 |
| --- | --- |
| | （10）【危机处理能力】具有应对危机与突发事件的初步能力 |
| （10）具有国际视野和跨文化的交流、竞争与合作能力 | （11）【国际交流合作能力】具有一定的国际视野和跨文化环境下的交流、竞争与合作的初步能力 |

## 5.6 "卓越计划"硕士层次工程师培养的通用标准

硕士层次工程师的培养目标是主要从事产品或工程项目的设计与开发，或生产过程的设计、运行和维护工作，具备设计开发出拥有自主知识产权的新产品或新工程项目的能力，设计开发的产品或工程项目应在国内市场具有竞争力。按照这一目标研制的"卓越计划"硕士层次工程师培养的通用标准包含对参与"卓越计划"的两年制工程硕士毕业生在知识、能力和素质方面的 13 条要求，说明如下。

### 5.6.1 硕士层次卓越工程师的素质要求

硕士层次卓越工程师在素质方面要达到以下两方面要求。

（1）【基本素质】具有良好的工程职业道德、追求卓越的态度、爱国敬业精神、强烈的社会责任感和丰富的人文素养。

在基本素质要求上，本科层次工程师与硕士层次工程师应该基本相同，二者的区别主要表现在要求的强度上。因此，本条在"社会责任感"方面的要求从本科层次的"较强的"提升到"强烈的"，在"人文素养"方面的要求从本科层次的"较好的"上升到"丰富的"。

（2）【现代工程意识】具有良好的市场、质量、职业健康和安全意识，注重环境保护、生态平衡和可持续发展。

硕士层次工程师的主要职责在于产品或工程项目的设计与开发，因此他们除了应该具有本科层次应有的现代工程意识外，还要有注重人与自然和谐、社会协调发展方面的良好意识。

本条省略了本科层次工程师的"服务意识"，而代之以"市场意识"。这是因为,一方面硕士层次工程师设计与开发的产品或工程项目必须以市场需求为导向,满足客户对产品或工程项目在功能、造型、成本等方面的要求。另一方面"市场意识"包含"服务意识"。本条针对硕士层次工程师的主要职责增加了"注重环境保护、生态平衡和可持续发展"。

环境保护是指保护自然资源并使其得到合理的利用,防止自然环境受到污染和破坏;对受到污染和破坏的环境进行综合治理,以创造出适合人类生活和工作的环境。工程师在工程设计与开发中要注重的环境保护内容包括防止由产品的生产引起的环境污染,防止由建设和开发活动引起的环境破坏,保护有特殊价值的自然环境等。

生态平衡一方面是指生物种类,即生物、植物、微生物和有机物的组成和数量比例的相对稳定。另一方面是指非生物环境,包括空气、阳光、水、土壤等的相对稳定。生态平衡是人类生存的基本条件。工程师在进行产品或工程项目的设计与开发时,要发挥主观能动性,去维护适合人类需要的生态平衡,或改造不适应人类生存要求的旧平衡,建立新平衡,使生态系统的结构更合理,功能更完善,效益更高。

可持续发展是既满足当代人的需求,又不对后代人满足其需求的能力构成危害的发展。对于工程师而言,在满足发展的前提下,所设计和开发的产品的生产和使用或工程项目的建造和运行要注重采用可循环使用的材料——尽可能减少对自然资源的消耗,要注重使用更清洁有效的能源——尽可能接近"零排放",以减少对能源的消耗。

### 5.6.2　硕士层次卓越工程师的知识要求

硕士层次卓越工程师在知识方面要达到以下三方面要求。

(3)【基础知识】具有从事工程开发和设计所需的相关数学、自然科学知识以及经济管理等人文与社会科学知识。

本条中"相关数学、自然科学知识"是能够满足工程开发和设计需要的数学和其他自然科学知识。"经济管理知识"主要指工程经济、工程概预算、运筹学、系统工程、工程管理(已含项目管理)、企业管理(已含质量管理)等。硕士层次工程师与本科层次工程师在基础知识方面的主要不同在于提高了对"人文与社会科学知识"在内容与深度上的要求。

（4）【专业知识】掌握扎实的工程原理、工程技术和本专业的理论知识，了解新材料、新工艺、新设备、先进生产方式以及本专业的前沿发展现状和趋势。

本条在专业知识方面的要求较本科层次有较大的提高。将本科层次的"工程基础知识"提升为"工程原理、工程技术"，将"基本理论知识"扩充为"理论知识"，将"了解生产工艺、设备与制造系统"提高到"了解新材料、新工艺、新设备、先进生产方式"，同时强调对发展现状和趋势的了解是"前沿的"。

本条中的工程原理指的是将科学、技术、数学和实践经验应用于设计、生产或制造产品或工程项目的基本规律。工程技术是在工业生产中实际应用的技术，是人们应用科学知识或利用技术发展的研究成果于工业生产过程，以达到改造自然的预定目的的手段和方法。先进生产方式主要指准时生产、看板控制系统、精益生产、最优生产技术、企业资源计划、敏捷制造、计算机集成制造系统、再造工程等。

（5）【技术标准与政策法规】熟悉本专业领域技术标准、相关行业的政策、法律和法规。

本条将本科层次的"了解"程度提高到"熟悉"。

## 5.6.3　硕士层次卓越工程师的能力要求

硕士层次卓越工程师在能力方面要达到以下八方面要求。

（6）【学习能力】具有信息获取、知识更新和终身学习能力。

本条将本科层次中的"职业发展学习能力"改为"知识更新和终身学习能力"。在现代社会，信息获取是一个基本能力，知识更新是保证工程师胜任本职工作所必备的一种学习能力，终身学习能力包含职业发展能力，是指每个工程师为适应社会发展和实现职业发展的需要，贯穿于一生的、持续不断的学习能力。

（7）【思维能力】具有创新性思维和系统性思维能力。

本条是专门针对硕士层次工程师提出的要求。创新性思维是一种复杂的思维活动，它具有首创性、独立性和前瞻性等特点，是培养创新能力和开展创新实践的基础。创新性思维能力的培养要注重培养丰富的想象力和强烈的求知欲，培养发散思维和聚合思维，培养直觉思维和逻辑思维。

系统性思维是在思维活动中，把认识对象作为一个整体来思考的方式，它具有全局性、整体性和多维性的特点，能够很好地处理整体与局部的关系。系统性思维不仅能够提高大局意识,而且能够提高统筹能力和预见能力。系统性思维能力对培养工程师的领导意识也是不可或缺的。

(8)【分析解决问题能力】具有综合运用所学科学理论、分析与解决问题的方法和技术手段,独立地分析和解决较复杂工程问题的能力①。

本条将本科层次中的"基本能力"提升为"能力",并要求"独立地"具有这方面的能力。

(9)【创新意识与开发设计能力】具有开拓创新意识和进行产品开发和设计的能力,以及工程项目集成的基本能力。

本条将本科层次的"创新意识"拓展为"开拓创新意识",将"初步能力"提升为"能力",增加了"工程项目集成的基本能力"。

工程项目的大型化或工业产品的复杂化使其成为实施周期长,需要多方参与的开放的复杂系统。因此工程项目集成已经成为大型工程项目或复杂工业产品设计与建造的重要方式,如制造业的计算机集成制造系统——CIMS。具体而言,工程项目集成就是将工程项目或工业产品系统性地分解成若干个组成部分,再由各方分别执行所分工的任务,最后将多方完成的结果系统性地整合起来。这样不仅能提高进度,而且能够发挥各方面的专长。工程项目集成主要包括开发设计阶段的集成和生产建造过程的集成。具备工程项目集成的基本能力是现代社会对硕士层次工程师提出的要求。

(10)【创新开发与自然和谐能力】具有工程技术创新和开发的基本能力和处理工程与自然和社会和谐的基本能力。

本条将本科层次中的"技术改造与创新的初步能力",提高到"工程技术创新和开发的基本能力",增加了"处理工程与自然和社会和谐的基本能力"。

工程技术创新是一个从产生新产品或新工艺的设想到市场应用的完整过程,它包括新设想的产生、研究、开发、商业化生产到扩散这样一系列活动,它包括工程技术开发和工程技术应用这两大环节。技术创新分为跟随创新、集成创新和原始创新三类。跟随创新是在成熟技术的基础上拓展得来的新的技术或者新的方法。集成创新是指把现有的技术加以综合运用,创造出一种新的产品或者综合完成一项重要任务。原始创新是指全新开发创造出新的技术或者新

---

① 在征求"卓越计划"院士专家委员会21位中国工程院院士对"卓越计划"通用标准的意见时,有院士提出应该将本条标准:"具有综合运用所学科学理论、分析与解决问题方法和技术手段,独立地分析和解决较复杂工程问题的能力"改为"具有综合运用所学科学理论、分析提出与解决问题的方案并独立地解决较复杂工程问题的能力"。

的方法。具备工程技术创新和开发的基本能力是建设创新型国家对硕士层次工程师提出的要求。

工程与自然和谐主要指工程项目的设计与开发要注重环境保护、注重生态平衡,是工程与社会和谐的基础。工程与社会和谐主要指工程项目的设计与开发不仅要与社会的进步和发展相适应、相协调,要有利于社会的发展、促进社会的进步,而且要高度注重经济社会的可持续发展。因此,工程师要从环境和生态的角度处理工程与自然的和谐问题,要从社会大系统的视野处理工程与社会的和谐问题。

(11)【管理与沟通合作能力】具有良好的组织管理能力、较强的交流沟通、环境适应和团队合作的能力。

本条仅将本科层次的"较好的组织管理能力"提升为"良好的组织管理能力"。

(12)【危机处理能力与领导意识】具有应对危机与突发事件的基本能力和一定的领导意识。

本条将本科层次的"初步能力"提升为"基本能力",增加了"一定的领导意识"。

作为硕士层次工程师,除了要具备良好的业务能力外,相当一些人将要在未来的工作中担负不同程度的领导责任,因此,具有一定的领导意识是面向未来培养的硕士层次卓越工程师后备人才应该具备的素质。

(13)【国际交流合作能力】具有国际视野和跨文化环境下的交流、竞争与合作的基本能力。

本条删除了本科层次在能力方面"一定的"的限定,将"初步能力"提高到"基本能力"。

### 5.6.4　"卓越计划"本科层次与硕士层次工程师培养通用标准的比较

将"卓越计划"硕士层次和本科层次工程师培养通用标准逐条地进行比较,如表 5.3 所示。概括起来,二者有几方面区别。一是前者新增了第(7)条【思维能力】和第(10)条【创新开发与自然和谐能力】两条标准;二是在前者的第(2)条【现代工程意识】中增加了"市场意识"和"注重环境保护、生态平衡和可持续发展";三是在前者的第(12)条中增加了"领导意识"的要求;四是前者的其余条目的内容和内涵上均较后者有较大程度的拓展。

**表 5.3　"卓越计划"本科层次与硕士层次工程师培养通用标准的比较**

| "卓越计划"本科通用标准 | "卓越计划"硕士通用标准 |
|---|---|
| (1)【基本素质】具有良好的工程职业道德、追求卓越的态度、爱国敬业精神、较强的社会责任感和较好的人文素养 | (1)【基本素质】具有良好的工程职业道德、追求卓越的态度、爱国敬业精神、强烈的社会责任感和丰富的人文素养 |
| (2)【现代工程意识】具有良好的质量、环境、职业健康、安全和服务意识 | (2)【现代工程意识】具有良好的市场、质量、职业健康和安全意识,注重环境保护、生态平衡和可持续发展 |
| (3)【基础知识】具有从事工程工作所需的相关数学、自然科学知识以及一定的经济管理等人文与社会科学知识 | (3)【基础知识】具有从事工程开发和设计所需的相关数学、自然科学知识以及经济管理等人文与社会科学知识 |
| (4)【专业知识】掌握扎实的工程基础知识和本专业的基本理论知识,了解生产工艺、设备与制造系统,了解本专业的发展现状和趋势 | (4)【专业知识】掌握扎实的工程原理、工程技术和本专业的理论知识,了解新材料、新工艺、新设备、先进生产方式以及本专业的前沿发展现状和趋势 |
| (5)【技术标准和政策法规】了解本专业领域技术标准,相关行业的政策、法律和法规 | (5)【技术标准和政策法规】熟悉本专业领域技术标准、相关行业的政策、法律和法规 |
| (6)【学习能力】具有信息获取和职业发展学习能力 | (6)【学习能力】具有信息获取、知识更新和终身学习能力 |
|  | (7)【思维能力】具有创新性思维和系统性思维能力 |
| (7)【分析解决问题能力】具有综合运用所学科学理论、分析与解决问题的方法和技术手段,分析和解决工程实际问题的能力;能够参与生产及运作系统的设计,并具有运行和维护能力 | (8)【分析解决问题能力】具有综合运用所学科学理论、分析与解决问题的方法和技术手段,独立地分析和解决较复杂工程问题的能力 |
| (8)【创新意识和开发设计能力】具有较强的创新意识和进行产品开发和设计、技术改造与创新的初步能力 | (9)【创新意识和开发设计能力】具有开拓创新意识和进行产品开发和设计的能力,以及工程项目集成的基本能力 |

续表

| "卓越计划"本科通用标准 | "卓越计划"硕士通用标准 |
| --- | --- |
| | （10）【创新开发与自然和谐能力】具有工程技术创新和开发的基本能力和处理工程与自然和社会和谐的基本能力 |
| （9）【管理与沟通合作能力】具有较好的组织管理能力、较强的交流沟通、环境适应和团队合作能力 | （11）【管理与沟通合作能力】具有良好的组织管理能力、较强的交流沟通、环境适应和团队合作能力 |
| （10）【危机处理能力】具有应对危机与突发事件的初步能力 | （12）【危机处理能力与领导意识】具有应对危机与突发事件的基本能力和一定的领导意识 |
| （11）【国际交流合作能力】具有一定的国际视野和跨文化环境下的交流、竞争与合作的初步能力 | （13）【国际交流合作能力】具有国际视野和跨文化环境下的交流、竞争与合作的基本能力 |

## 5.7　"卓越计划"博士层次工程师培养的通用标准

博士层次工程师的培养目标是主要从事复杂产品或大型工程项目的研究、开发以及工程科学的研究工作，具备创造出具有国际竞争力的专利技术、专有技术、尖端产品或高技术含量的工程项目的能力，所研究开发的技术、产品或项目应具有国际竞争力。按照这一目标研制的"卓越计划"博士层次工程师培养的通用标准包含对参与"卓越计划"的工程专业博士毕业生在知识、能力和素质方面的 13 条要求，说明如下。

### 5.7.1　博士层次卓越工程师的素质要求

博士层次卓越工程师在素质方面要达到以下两方面要求。

（1）【基本素质】具有良好的工程职业道德、坚定的追求卓越的态度、强烈的爱国敬业精神、社会责任感和丰富的人文素养。

本条在硕士层次工程师"追求卓越的态度"的基础上增加了"坚定的"。作为工程师学历教育的最高层次,博士层次工程师在创新型国家建设和提高国家竞争力方面所担负的社会责任和历史使命,要求他们具备这方面的坚定的素质。

此外,在"爱国敬业精神"和"社会责任感"前增加了"强烈的",以显示博士层次工程师在民族复兴和国家强盛这方面责无旁贷的民族和历史责任。

(2)【现代工程意识】具有良好的市场、质量、职业健康和安全意识,注重环境保护、生态平衡、社会和谐和可持续发展;

本条在硕士层次工程师的基础上增加了"社会和谐"。和谐指事物发展处于协调、均衡、有序的状态。社会和谐是指社会各要素之间处于一种相互依存、相互协调、相互促进和贯通的稳定状态。对于工程师而言,注重社会和谐就是所研发和设计的产品或工程项目要注重在环境上和谐、在功能上协调、在布局上合理,所研发的技术和产品要有利于减少或缓和资源、能源等社会矛盾,有利于社会各方面的协调、均衡和有序。

## 5.7.2　博士层次卓越工程师的知识要求

博士层次卓越工程师在知识方面要达到以下三方面要求。

(3)【基础知识】具有从事复杂产品或大型工程研究和开发、工程科学研究所需的相关数学、自然科学知识以及经济管理等人文与社会科学知识[①]。

不同层次工程师培养目标的不同决定其所需要的基础知识不同,本条规定了博士层次工程师所需基础知识的范围。

其中"经济管理知识"主要指工程经济学、工程概预算、运筹学、系统工程、工程管理、企业管理、投资学、金融学等;"人文与社会科学知识"主要包括历史、文化、哲学、法学、领导学等方面。

(4)【专业知识】系统深入地掌握工程原理、工程技术、工程科学和本专业的理论知识,熟悉新材料、新工艺、新设备和先进制造系统以及本专业的最新发展状况和趋势。

本条将硕士层次工程师对专业知识的掌握程度从"扎实的"提高到"系统深入地",增加了对"工程科学"知识的要求,将对新材料、新工艺和新设备的"了解"提升到"熟悉",并用"先进制造系统"取代"先进生产方式",同时要求熟悉本专业的"最新发展"。

---

① 在征求"卓越计划"专家委员会 21 位中国工程院院士对"卓越计划"通用标准的意见时,有院士提出应该将本条标准中的"具有从事复杂产品或大型工程研究和开发"简化为"具有从事大型工程研究和开发"。

工程科学是对工程问题进行研究、分析和设计的科学,它是随着工程活动的结构复杂程度的提高,在现代科学与工程技术之间形成的独立的学科体系,是科学和技术转变为工业制造的产物,是科学和技术在工业中的应用的产物。工程科学具有系统科学的特征、复杂科学的特征、交叉科学的特征,以及综合科学的特征[7]。典型的工程科学包括流体动力学、固体力学、运筹学、信息技术工程、动力系统、生物工程、环境工程、计算工程、工程数学与统计、材料科学、电磁学、纳米技术等。

先进制造系统是指在时间、质量、成本、服务和环境诸方面,能够很好地满足市场需求,采用了先进制造技术和先进制造模式,协调运行,获取系统资源投入的最大增值,具有良好社会效益,达到整体最优的制造系统。

(5)【技术标准与政策法规】熟悉本专业领域技术标准,相关行业的政策、法律和法规。

本条要求与硕士层次工程师相同。

## 5.7.3  博士层次卓越工程师的能力要求

博士层次卓越工程师在能力方面要达到以下八方面要求。

(6)【学习能力】具有知识更新、知识创造和终身学习的能力。

本条取消了硕士层次的"信息获取",而增加了"知识创造"。知识创造就是在个人的想法、直觉、经验、灵感的基础上通过显性知识(包括结构化和非结构化知识)和隐性知识之间的相互转化过程,在某种共享环境的影响下,将那些想法、直觉、经验、灵感等具体化为新知识的过程。知识创造的途径包括组合与交换,即一方面可将已有知识进行重新组合而产生新知识。另一方面通过不同行为主体相互交换其所拥有的知识而获得新知识。

(7)【思维能力】具有战略性思维、创新性思维和系统性思维的能力。

本条在硕士层次要求的基础上增加了"战略性思维"。战略性思维是指从全局的高度,从长远的视角思考、分析、研究和解决问题。

(8)【分析解决问题能力】具有综合运用所学科学理论、分析与解决问题的方法和技术手段,独立地分析和解决复杂工程问题的能力①。

---

①  在征求"卓越计划"院士专家委员会21位中国工程院院士对"卓越计划"通用标准的意见时,有院士提出应该将本条标准:"具有综合运用所学科学理论、分析与解决问题方法和技术手段,独立地分析和解决复杂工程问题的能力"改为"具有综合运用所学科学理论、分析提出与解决问题的方案并独立地解决复杂工程问题的能力"。

本条在硕士层次要求的基础上,强调能够"独立地"分析和解决"复杂"工程问题的能力。

(9)【开发设计、项目集成与自然和谐能力】具有复杂产品开发和设计能力、复杂工程项目集成能力以及处理工程与自然和社会和谐的能力。

本条强调了产品和工程项目的"复杂",将硕士层次的"基本能力"提升到"能力"。

(10)【创新开发与科学研究能力】具有工程项目研究和开发能力、工程技术创新和开发的能力和工程科学研究能力。

本条在硕士层次要求的基础上增加了"工程项目研究和开发能力"和"工程科学研究能力",这两方面能力是博士层次工程师应该具有的与硕士层次工程师的最显著区别。

(11)【沟通合作与组织管理能力】具有较强的交流沟通、环境适应和团队合作的能力以及大型工程系统的组织管理能力①。

本条在硕士层次基础上强调了对"大型工程系统"的组织管理能力,并将其他方面的能力水平从"良好的"上升到"较强的"。

(12)【危机处理与领导能力】具有应对危机与突发事件的能力和一定的领导能力。

本条从博士层次工程师可能担负的责任和应对的局面考虑,将硕士层次应对危机与突发事件的"基本能力"提升到"能力",并将"领导意识"提高到"领导能力"。

(13)【国际交流合作能力】具有宽阔的国际视野和跨文化环境下的交流、竞争与合作能力。

本条要求博士层次工程师具有"宽阔的"国际视野,将硕士层次在跨文化环境下的交流、竞争与合作的"基本能力"提升到"能力"。

### 5.7.4 "卓越计划"硕士层次与博士层次工程师培养通用标准的比较

将"卓越计划"博士层次和硕士层次工程师培养通用标准逐条地进行比较,如表5.4所示。总体而言,二者的区别主要在三个方面。一是前者在后者的基

---

① 在征求"卓越计划"院士专家委员会21位中国工程院院士对"卓越计划"通用标准的意见时,有院士将本条标准:"具有较强的交流沟通、环境适应和团队合作的能力以及大型工程系统的组织管理能力"的内容顺序调整为"具有大型工程系统的组织管理能力、较强的交流沟通、环境适应和团队合作的能力。"

础上在博士层次工程师的知识、能力和素质上进行了强化;二是前者注重强调博士层次工程师在应对复杂产品和大型项目上的能力,如第(9)条和第(11)条;三是前者突出博士层次工程师在工程研究和工程科学研究方面的能力,如第(10)条。

表 5.4　"卓越计划"硕士层次与博士层次工程师培养通用标准的比较

| "卓越计划"硕士通用标准 | "卓越计划"博士通用标准 |
| --- | --- |
| (1)【基本素质】具有良好的工程职业道德、追求卓越的态度、爱国敬业精神、强烈的社会责任感和丰富的人文素养 | (1)【基本素质】具有良好的工程职业道德、坚定的追求卓越的态度、强烈的爱国敬业精神、社会责任感和丰富的人文素养 |
| (2)【现代工程意识】具有良好的市场、质量、职业健康和安全意识,注重环境保护、生态平衡和可持续发展 | (2)【现代工程意识】具有良好的市场、质量、职业健康和安全意识,注重环境保护、生态平衡、社会和谐和可持续发展 |
| (3)【基础知识】具有从事工程开发和设计所需的相关数学、自然科学知识以及经济管理等人文与社会科学知识 | (3)【基础知识】具有从事复杂产品或大型工程研究和开发、工程科学研究所需的相关数学、自然科学知识以及经济管理等人文与社会科学知识 |
| (4)【专业知识】掌握扎实的工程原理、工程技术和本专业的理论知识,了解新材料、新工艺、新设备、先进生产方式以及本专业的前沿发展现状和趋势 | (4)【专业知识】系统深入地掌握工程原理、工程技术、工程科学和本专业的理论知识,熟悉新材料、新工艺、新设备和先进制造系统以及本专业的最新发展状况和趋势 |
| (5)【技术标准和政策法规】熟悉本专业领域技术标准、相关行业的政策、法律和法规 | (5)【技术标准和政策法规】熟悉本专业领域技术标准、相关行业的政策、法律和法规 |
| (6)【学习能力】具有信息获取、知识更新和终身学习的能力 | (6)【学习能力】具有知识更新、知识创造和终身学习的能力 |
| (7)【思维能力】具有创新性思维和系统性思维的能力 | (7)【思维能力】具有战略性思维、创新性思维和系统性思维的能力 |

| "卓越计划"硕士通用标准 | "卓越计划"博士通用标准 |
| --- | --- |
| (8)【分析解决问题能力】具有综合运用所学科学理论、分析与解决问题的方法和技术手段,独立地分析和解决较复杂工程问题的能力 | (8)【分析解决问题能力】具有综合运用所学科学理论、分析与解决问题的方法和技术手段,独立地分析和解决复杂工程问题的能力 |
| (9)【创新意识和开发设计能力】具有开拓创新意识和进行产品开发和设计的能力,以及工程项目集成的基本能力 | (9)【开发设计、项目集成与自然和谐能力】具有复杂产品开发和设计能力、复杂工程项目集成能力以及处理工程与自然和社会和谐的能力 |
| (10)【创新开发与自然和谐能力】具有工程技术创新和开发的基本能力和处理工程与自然和社会和谐的基本能力 | (10)【创新开发与科学研究能力】具有工程项目研究和开发能力、工程技术创新和开发的能力和工程科学研究能力 |
| (11)【管理与沟通合作能力】具有良好的组织管理能力、较强的交流沟通、环境适应和团队合作的能力 | (11)【沟通合作与组织管理能力】具有较强的交流沟通、环境适应和团队合作的能力以及大型工程系统的组织管理能力 |
| (12)【危机处理能力与领导意识】具有应对危机与突发事件的基本能力和一定的领导意识 | (12)【危机处理与领导能力】具有应对危机与突发事件的能力和一定的领导能力 |
| (13)【国际交流合作能力】具有国际视野和跨文化环境下的交流、竞争与合作的基本能力 | (13)【国际交流合作能力】具有宽阔的国际视野和跨文化环境下的交流、竞争与合作能力 |

按照"卓越计划"通用标准的制定原则和各层次卓越工程师后备人才的培养目标制定的"卓越计划"通用标准将能够用于指导各行业各种专业标准的制定,同时指导各参与"卓越计划"的高校根据自身的人才培养定位制定出各具优势和特色,能够在不同层次、不同类型的工程师后备人才的培养上追求卓越的学校培养标准。

# 参 考 文 献

［1］ 全国工程教育专业认证专家委员会. 工程教育专业认证标准(试行). 全国工程教育专业认证工作手册. 2009 年 4 月.

［2］ Engineering Accreditation Commission. ABET, Criteria for Accrediting Engineering Programs (2006 ~ 2007 Accreditation Cycle). http：//www. abet. org/.

［3］ Guide to the FEANI Register (Eur Ing). 3rd edition. Brussels：Oct. 2000. http：// www. feani. org / webfeani /. 4 ~ 5.

［4］ The UK Standard for Professional Engineering Competence (UK-SPEC). http：// www. engc. org. uk / professional-qualifications/standards/uk-spec.

［5］ Engineering Accreditation Commission. ABET, Criteria for Accrediting Engineering Programs (Effective for Reviews During the 2012—2013 Accreditation Cycle). http：// www. abet. org / DisplayTemplates/DocsHandbook. aspx？id ＝1807.

［6］ Engineering Accreditation Commission. ABET, Criteria for Accrediting Engineering Technology Programs (Effective for Reviews During the 2012—2013 Accreditation Cycle). http：//www. abet. org/DisplayTemplates/DocsHandbook. aspx？id ＝1808.

［7］ 汪应络,王宏波. 工程科学与工程哲学. 自然辩证法研究. 2005 年第 9 期.

# 第 **6** 章　"卓越工程师教育培养计划" 学校工作方案

【本章摘要】　参与高校实施"卓越计划"的学校方案应分为学校工作方案和专业培养方案两部分。学校工作方案是从学校工作层面制定的为成功实施"卓越计划"所需明确和开展的具有创新性和特色的工作计划,包括参与高校为了保证"卓越计划"的顺利实施所必须制定的政策措施和出台的管理办法。本章专门根据"卓越计划"的改革要求和实施角度研究学校工作方案中的主要内容,首先讨论如何选择实施"卓越计划"的专业领域,确定人才培养层次;其次从工程师培养的现状,引出"卓越计划"提出的卓越工程师培养模式的基本框架,指出卓越工程师培养模式的多样化;随后提出"卓越计划"对教师队伍建设的要求,参与高校如何建设教师队伍;并从经费保障、学生遴选、教学管理、学籍管理、毕业标准、教师评聘与考核等方面讨论参与高校实施"卓越计划"需要出台的政策措施;最后讨论卓越工程师的国际化培养问题。

　　"卓越计划"作为《国家中长期教育改革与发展规划纲要(2010—2020 年)》中组织实施的一项重大项目,旨在全面提高我国工程人才培养质量,培养造就一大批创新能力强、适应经济社会发展需要的高素质各类型工程技术人才,促进我国从工程教育大国走向工程教育强国。高等学校作为实施"卓越计划"的主体,要认真领会和深刻理解实施"卓越计划"的指导思想、主要目标、总体思路和基本原则,十分清晰"卓越计划"在教育教学理念、人才培养标准、校企合作机制、教师队伍建设、人才培养模式等方面的突破和创新,在"教育部关于实施'卓越计划'的若干意见[1]"以及"卓越计划"通用标准[2]和行业标准的指导下,结合自身的条件和优势,认真准备并制定好本校参与"卓越计划"的学校方案,申请获准参与"卓越计划"的资格,为日后扎实推进该计划打好坚实的基础。

　　参与高校"卓越计划"的学校方案应分为学校工作方案和专业培养方案两部分。学校工作方案是从学校工作层面制定的为成功实施"卓越计划"所需明确和开展的具有创新性和特色的工作计划。主要包括指导思想、培养目标、组织机构、专业领域、培养模式、教师队伍、政策措施、国际化培养等方面。这些方面内容不仅要满足"卓越计划"的要求,而且要在实施"卓越计划"过程中予以具体落实,并接受评估和检查。专业培养方案是从专业培养角度对卓越工程师培养提出的具体要求和措施。本章着重研究学校工作方案制定中的主要内容:专业领域的选择、培养模式的多样化、教师队伍的建设、政策措施的制定,以及"卓越工程师"的国际化培养等方面的问题,以期为高校制定和实施"卓越计划"学校工作方案提供借鉴与参考,并为制定参与高校专业培养方案打好基础。

## 6.1　专业领域

### 6.1.1　专业领域的选择

　　"卓越计划"实施的专业领域涵盖传统产业和战略性新兴产业的相关专业。参与高校要特别重视配合国家产业调整与振兴规划和发展战略性新兴产业的要求,超前培养人才和储备人才。教育部优先支持参与高校申请新设战略性新兴产业相关专业。战略性新兴产业相关专业可以从以下领域选择:

　　(1) 节能环保产业:包括高效节能产业、先进环保产业和资源循环利用产业。

　　(2) 新一代信息技术产业:包括下一代信息网络产业、电子核心基础产业以及高端软件和新兴信息服务产业。

（3）生物产业：包括生物医药产业、生物医学工程产业、生物农业产业和生物制造产业。

（4）高端装备制造产业：包括航空装备产业、卫星及应用产业、轨道交通装备产业、海洋工程装备产业和智能制造装备产业。

（5）新能源产业：包括核电技术产业、风能产业、太阳能产业和生物质能产业。

（6）新材料产业：包括新型功能材料产业、先进结构材料产业和高性能复合材料产业。

（7）新能源汽车产业。

专业领域的选择是参与高校培养出的卓越工程师能否达到通用标准和行业标准的要求，同时具有本校特色的关键。高校要结合本校的办学定位、服务面向、办学优势与特色，选择参与"卓越计划"的专业领域。

高校在专业领域选择时应从以下几个方面考虑：一是所选专业不仅是校内的优势专业，而且应该是在服务面向相同的同类型高校中具有竞争优势。这是因为，一个专业是否具有竞争优势不在于该专业在校内与其他不同专业领域的比较结果，而在于与校外潜在竞争对手，即服务于同一地区的同类型高校的相同专业的比较结果。二是所选专业应该在一届毕业生后有广泛的市场需求。目前有市场需求的专业并不一定在未来也有市场需求，而目前市场需求不大的专业在未来可能具有广泛的市场需求，如战略性新兴产业的相关专业领域未来将会有很大的市场需求。三是所选专业领域要有良好的产学研合作基础。行业企业参与是"卓越工程师计划"成功的关键，因此，要有条件好、态度积极的企业作为"卓越工程师"的共同培养单位，实施企业培养方案。四是所选专业要有满足"卓越计划"要求的教师队伍和其他用于实践教学的教育教学资源。

## 6.1.2　人才培养层次的确定

作为服务于国家战略、为未来经济社会发展培养高素质工程人才的国家行动，"卓越计划"需要培养大批本科、硕士、博士层次的工程型人才。我国目前开设工科专业的本科院校达1003所，其中相当一部分大学能够授予工学硕士、工程硕士和工学博士学位，不同层次的院校均有望参与"卓越计划"。"卓越计划"从2010年起预期实施10年。到2015年，预计参与高校达到开设有工科专业的普通本科院校的 20% 左右(约 200 所),参与学生占工科专业本科生的约 10%(约 10 万人/年)、占全日制工科硕士生的约 50%(约 7 万人/年)。到 2020 年,通过"卓越计划"培养的各种层次和类型的卓越工程师后备人才要满足我国工业化和现代化建设的需求。这就要求参与高校在"卓越工程师"培养层次上既有合作更有分工,在满足市场对各层次工程人才需求的情况下,重点培养本校最具优势的层次的人才,而不是面面俱到。因此,参与高校要在选择参与"卓越计划"的专业领域的基础上,确定人才培养的层次,也就是说合理选择本科工程型、硕士工程型或博士工程型作为本校"卓越计划"的培养层次。作为参考性建议。表 6.1 给出各类型高校"卓越工程师"的主要培养层次。

表 6.1 各类型高校"卓越工程师"培养层次建议

| 工科院校类型 | 研究型 | 研究教学型 | 教学研究型 | 本科教学型 |
| --- | --- | --- | --- | --- |
| (相当于) | 985 大学 | 非 985 的 211 大学 | 非 211 省部属重点大学 | 省属其他本科院校 |
| 主要培养层次 | 博士工程型 硕士工程型 | 硕士工程型 本科工程型 | 硕士工程型 本科工程型 | 本科工程型 |

需要说明的是,研究型大学也需要培养本科工程型人才,但这不是它们的终极目标,本科工程型毕业生是为研究型大学硕士工程型人才培养提供生源。研究教学型大学根据服务面向的需要和专业领域的优势也可以培养一定数量的博士工程型人才。

## 6.2 培养模式

### 6.2.1 工程师培养现状分析

国际上工程师的培养模式大体可分为注册工程师培养模式和文凭工程师培养模式。注册工程师制度下的工程师培养以美国为代表,其基本特点是大学生在校期间着重进行工科基础教育,毕业后由社会提供工程师职业方面的教育,并通过专门的考试和职业资格认证后成为工程师。文凭工程师制度下的工程师培养以德国和法国为代表,其基本模式是大学生在校学习期间除了完成工科基础教育外,还要完成工程师的基本训练,毕业时获得一个文凭工程师学位,同时也是职业资格。

目前我国工程师在大学期间的培养模式更接近于美国的培养模式,即大学生在校期间主要进行工科基础教育,而工程师的职业教育严重不足。但是我国的企业总体上还不能像美国企业那样为毕业生提供系统的工程师职业方面的教育,学生毕业后要通过若干年在企业的实际工作来逐渐完成工程师的职业教育,之后才能获评工程师职称,成为合格的工程师。

虽然未能够直接参与工程师的培养,但中国企业一般都希望工科大学生毕业时就具备工程师的基本能力,特别是要有较强的工程实践能力和创新能力。要达到这一点,就需要改革现有的工程人才培养模式。"卓越计划"正是对现有培养模式的一种突破、改革和创新。

## 6.2.2 "卓越计划"培养模式的基本框架

"卓越计划"在工程人才培养模式上有三点明确要求:一是要求按现有学制培养工程人才,一般不搞长学制、跨层次的连续培养,即本科四年、硕士两年、博士 3 ~ 5 年。二是总体上采用分段衔接培养模式,整个培养途径实行三段制,即本科阶段、硕士阶段、博士阶段。每一阶段都有明确的培养目标,阶段之间有分流机制和衔接机制,学生必须完成相应阶段的培养环节并毕业后才能进入下一阶段的学习。三是采取高校和企业联合培养模式,学生在校期间的学习分为校内学习和企业学习两部分,每个培养阶段均要有累计一年左右的在企业学习的时间。

以上三点要求具有充分的考虑。改变学制涉及面广,受制于社会各方面因素,"卓越计划"按现有学制培养工程人才的要求主要考虑的是如何使该计划能够平稳地开展而不打破高校现行的教育计划和教育资源配置。三段制的要求是为了确保学生有足够的时间进行工程实践,以避免跨层次连续培养而弱化或压缩基本的工程实践时间。每个培养阶段累计一年左右在企业学习的要求是确保卓越工程师培养质量的关键,也是克服目前工程人才培养普遍存在的工程实践能力和创新能力不足的重要措施。

将以上三点要求整合起来,"卓越计划"各个层次工程人才培养模式的总体框架如下:

(1) 本科主要是四年制,推荐"3 + 1"模式,3 年在校学习,累计一年左右在企业学习和做毕业设计。简称"本科 3 + 1"模式。

(2) 硕士主要是四年本科加上两年全日制工程硕士。推荐"4 + 1 + 1"模式,本科毕业后,多数学生通过保送升入全日制工程硕士,累计一年在校学习,一年在企业学习工作。简称"硕士1+1"模式。

（3）博士主要是四年本科加上两年全日制工程硕士,再加上3~5年的工程博士,除了学位课程学习外,工程博士生主要参与实际产品或工程项目的研究与开发。简称"博士（2~4）+1"模式。

### 6.2.3 参与高校多样化的培养模式

在"卓越计划"培养模式的基本框架下,不同层次和类型的参与高校应该形成各具特色的多样化的培养模式。首先,参与高校在通用标准和行业标准的指导下制定出的本校培养标准应该具有自身特色;其次,参与高校要通过本校人才培养模式的改革和创新来有效地实现本校培养标准的要求。因此,各校独具特色的培养标准和相应的培养模式构成了"卓越计划"多样化培养模式。

"本科3+1"模式中的累计在企业一年时间的要求可以根据专业性质、学校资源、教师队伍、企业条件等因素来设计并实现。学生可以分不同阶段到不同企业进行一周至三个月的中短期课程学习或工程实践,也可以在企业进行三个月至一年的专业实习或工程实践。可以安排到企业完成的教学环节有:认识实习、生产实习、毕业实习、部分专业基础课教学、专业课教学、专业实验、毕业设计等。毕业设计要求结合企业实际项目"真刀真枪"地做。企业学习阶段重点强调学生工程实践能力的培养、训练和形成,以及工程创新意识的培养。

"硕士1+1"模式中的一年在校学习主要完成公共基础课程、部分专业课和选修课,一年企业学习主要完成企业开设的课程、参加企业实践、完成学位论文。学生可以采取分段到企业学习的方式,也可以采取在企业顶岗工作的学习方式。这种模式建议实施"双导师"制,学校与企业各有一位导师。校内导师和企业导师分别负责校内学习和企业学习阶段硕士生的培养和考核工作,联合制定培养计划、确定学位论文选题。硕士论文选题要源于企业的实际问题或现有课题,研究内容应包括产品或工程项目的设计与开发,或生产过程的设计等。企业学习阶段除了工程实践能力外,重点强调学生工程设计能力的培养、训练和形成,以及工程创新精神的培养。

"博士（2~4）+1"模式中在企业实践的时间应多于一年。学生应采取"个性化培养",建议实施"双导师"制,学校与企业各有一位导师,或者成立联合指导小组。校内导师和企业导师分别负责校内学习和企业学习阶段博士生的培养和考核工作,联合制定培养计划、确定学位论文选题。除了公共课和必修课外,学生要在导师指导下结合日后的博士论文研究选修专业课。博士论文选题要结合企业的实际问题、重大项目或发展需要,研究内容应包括复杂产品或大型工程项目的研究和开发,或关键技术开发和工程科学研究等。博士论文研究阶段,博士生可以在企业的研发和设计部门顶岗工作。企业学习阶段除了工程实践能力和工程设计能力外,重点强调学生工程创新能力的培养、训练和形成。

## 6.3 教师队伍建设

"卓越计划"的实施能否取得成功,关键在于能否建设一支满足工程技术人才培养要求的高水平教师队伍。工程学科与其他学科的显著区别在于它的实践性、集成性和创新性。工程实践是工程学科的本质要求,是工程集成和工程创新的基础,因此,工科教师的工程实践经历是其能否胜任工程人才培养重任的基本要求。然而,缺乏工程实践经历却正是目前高校工科教师队伍普遍存在的问题。针对目前高校工科教师队伍存在的问题,"卓越计划"提出建设高水平工程型师资队伍的要求。遵循工科教师的成长规律,要求参与高校建设一支具有一定工程经历的高水平专、兼职教师队伍。对每个专业本科阶段教师队伍的要求是,在四年内达到每一届学生有五门以上专业课是由具备五年以上工程经历的教师讲授。

参与高校要按照"卓越计划"对教师队伍的要求,加大工科教师队伍建设力度,尽快形成一支校内专职教师与企业兼职教师相结合的高水平的师资队伍,保证"卓越计划"的顺利实施并取得预期成果。

### 6.3.1 专职教师队伍建设

对现有专职教师,参与高校要明确提出具有企业工程实践经历的要求,应该通过激励、有效的制度和政策,支持、鼓励、保证现有专职教师到企业获得足够的工程实践经历。具体有以下几方面的做法。

(1) 建立鼓励专职教师到企业挂职和顶岗工作的激励机制。参与高校与合作企业联合设立挂职岗位或顶岗工作岗位,建立鼓励专职教师定期到企业挂职锻炼和顶岗工作的制度和激励政策。激励政策包括教师挂职或顶岗工作期间的工作计入年度考核工作量,并支付相应的绩效工资和福利;学校支付教师往返企业的旅费,给予教师相当于国内访问学者的待遇及补贴;参与高校还可以根据合作企业所处地域和岗位性质给予教师必要的岗位津贴等。

（2）制定鼓励专职教师参与工程项目和产学研合作项目的制度。高校一般把科研项目分为纵向和横向两类,国家和政府的项目属于纵向,地方和企业的项目属于横向。高校往往更重视纵向项目,认为其层次高、学术水准高,是高校教师职务晋升的必要条件。横向项目往往被认为主要是咨询服务,学术水准不够高。因此,参与高校要制定明确的政策,将实际工程项目和产学研合作项目等同于纵向项目,享受与纵向项目同样的待遇,以提高专职教师参与这些项目的积极性和主动性。

（3）设立"工程型"教师系列,建立相应的技术职务标准。参与高校可以在现有的教师系列基础上专门设立"工程型"教师系列,这样一方面能够避免与其他教师系列在能力、经历等方面具体要求上雷同,另一方面能够明确地把工程实践经历作为对"工程型"教师的一项基本要求,建立起"工程型"助教、讲师、副教授、教授相应的职务标准。这种方式不仅能够把握好年轻教师的准入关和现有教师的晋升关,而且能够有效地保证"工程型"副教授和教授除了具有较高的科学研究水平和学术造诣外,还具有很强的工程实践能力、工程设计能力和工程创新能力。

（4）建立满足"卓越计划"要求的教师考核与评价标准。目前对工科教师的考核与评价基本上与理科教师类似,即侧重在理论研究成果和发表学术论文。参与高校要逐步地改变这一状况,对工科教师的考核与评价要最终以教师在工程项目的设计、开发和研究,知识产权和发明专利,以及开展产学合作和技术服务等方面取得的成果作为主要考核与评价指标,建立满足"卓越计划"的相应的考核与评价标准。

## 6.3.2 兼职教师队伍建设

兼职教师队伍的建设,参与高校可以采取以下措施:

（1）建立对兼职教师的聘任制度,以充分发挥他们在"卓越工程师"培养上的重要作用。参与高校要走出校门,面向社会、行业和企业聘请高水平的具有丰富工程实践经验的专家和工程师,特别是具有博士学位或具有副高以上专业技术职称的专家和高层管理人员担任"卓越计划"的兼职教师,担任本科生和研究生的联合指导教师,承担各层次专业课程教学,指导企业学习、工程实践和工程训练,指导本科生毕业设计和研究生学位论文。兼职教师实行聘任制,聘期应与对应的人才培养层次的学制相一致,即本科、硕士和博士层次的兼职教师的聘期分别是 4 年、2~3 年和 3~5 年。

(2)制定兼职教师的薪酬政策,以更好地发挥他们在"卓越工程师"培养上的重要作用。兼职教师一般都是企业的骨干,对他们的聘任应该得到企业的认可。兼职教师在"卓越工程师"培养方面做出的工作不应该是义务的,应该得到相应的报酬。高校在制定兼职教师的薪酬政策时一方面不要与兼职教师所在企业的相关政策相冲突。另一方面在薪酬标准上要与兼职教师的职称、在人才培养中的贡献以及行业的背景相一致。

## 6.4　政策措施

"卓越计划"要求参与高校制定一系列的政策和措施,以保障该计划的顺利实施并取得预期成效。构成参与高校实施"卓越计划"的政策和措施主要包括经费保障、学生遴选、教学管理、学籍管理、毕业标准、教师评聘与考核等几个方面。

### 6.4.1　经费保障

"卓越计划"要求参与高校为本校"卓越计划"的实施提供专项资金。要求参与高校多渠道筹措经费,加大对参与专业的经费投入,资助教学改革、课程建设、教材建设、师资培训、校企联合培养、国际化培养、实训实习基地建设、学生实训实习补贴、购买学生保险等费用。除了日常教学运行经费外,参与高校为本校"卓越计划"提供的专项经费主要应该包括以下几方面。

(1)工程教育改革项目:为了保证顺利地实施"卓越计划",在启动该计划前和实施该计划过程中需要进行的各种教育教学改革立项的经费。

(2)实践教学基地建设:满足"卓越计划"在工程实践能力、工程设计能力和工程创新能力培养方面的需要,加强学生校内外的实训实习基地建设的经费。

(3)企业培养方案实施:"卓越计划"要求在企业学习的时间长、任务重,除企业能够提供的场地和设备外,所发生的其他费用往往要由学校支付。

(4)教师培训和聘请:选派教师到企业进行工程实践能力培训,聘请校外有丰富工程实践经验的工程师和高层管理人员进行专业课教学,指导学生实践、毕业设计、学位论文等。

（5）学生生均附加经费:包括学生创新实验计划、校外实习补贴、学生实习保险等。

参与高校的专项经费还可能包括课程与教材建设、国际化培养,以及提高试点专业学生奖学金覆盖面和贫困生助学贷款覆盖面所需的费用。

用于"卓越计划"的专项经费应该在参与高校的年度预算中单列,一方面能够确保经费的足额落实,另一方面能够保证经费的专款专用。

## 6.4.2　学生遴选

"卓越计划"提倡学生来源的多样性。参与"卓越计划"的学生,可从参与高校校内各专业、各年级中遴选。举办普通专科起点升本科教育的参与高校也可少量招收基础扎实、实践能力强的高职学生。参与高校要做好"卓越计划"的宣传介绍,向社会公布参与专业的培养目标、培养标准和培养方案,并通过配套的政策措施吸引优质生源选择参与专业。

本科层次学生的遴选主要通过高考录取、校内双向选择、自主招生等途径。高考录取中可挑选数理基础好、对工科专业感兴趣的学生;校内双向选择是在新生入学时或在本科一、二年后在各专业中进行挑选;具有自主招生权的高校可以在自主招生时专门招收。

硕士层次学生的遴选主要通过免试推荐和招生考试两种途径。对于具有研究生推免资格的参与高校,教育部将增加参与专业免试推荐全日制工程硕士研究生的名额,更多地选拔优秀本科毕业生免试进入工程硕士阶段的学习;招生考试主要招收校外优秀的本科毕业生以及具有工程实践经历的优秀工程技术人员。

博士层次学生的遴选也是通过免试推荐和招生考试两种途径。由于"卓越计划"采取三段制的培养模式,因此,获得免试推荐进入博士阶段学习的学生需要完成硕士阶段的培养计划;招生考试的对象除了已获得硕士学位的学生,应该考虑具有丰富工程实践经验的优秀工程技术人员。

参与高校可以通过以下措施吸引优秀生源参与"卓越计划"。提高试点专业学生奖学金覆盖面和贫困生助学贷款覆盖面;优先参与各类创新活动计划项目;优先获得助教助管助研岗位;优先获得公派博士学位留学候选人资格;鼓励支持学生在校期间获得社会认可的各级各类工程资格证书等。

### 6.4.3 教学管理

重视对实践教学的管理。加强实践教学和突出实践教学在工程人才培养中的作用,是"卓越计划"重点强调的一项工作。实践教学环节的作用是什么,如何设计实践教学环节,实践教学环节的组织与实施,怎样评价实践教学的效果等,均需要参与高校的高度重视并采取切实有效的措施。

构建校企共管的教学管理机制。企业作为实施"卓越计划"的主体之一,担负着至少一年的卓越工程师培养任务,他们要直接参与专业培养方案的制定,尤其是负责企业阶段培养方案的制定、管理和实施,要保证企业阶段教学任务的完成。因此,要通过成立校企双方组成的领导小组、工作小组、专家委员会、专业教学指导委员会等,构建高校与企业共同负责与管理的教学管理机制。

加强对本科毕业设计和研究生学位论文的评价检查。本科毕业设计是综合性的实践教学环节,是学生毕业前的一种重要的综合训练,一方面要求毕业设计选题源于企业的实际问题,要真题真做,同时要求学生以毕业设计的形式参与企业的工程实践,在真实的环境中提高分析问题和解决问题的能力。硕士生学位论文的选题应主要源于企业产品或工程项目的设计与开发,应在学校和企业导师的联合指导下在企业中完成。博士学位论文的选题应涉及复杂产品、大型工程项目的研究和开发、关键技术研究或工程科学的研究等,应在校内外导师或导师指导组的联合指导下,在研发部门或研究中心完成。

参与高校在教学管理方面的一项重要措施是建立健全参与专业的教学质量保障体系。要将各层次人才培养目标和标准融入各项教学工作和教学环节中,使每项教学工作均有明确的教学要求和目的;要将保证各层次人才培养教学质量的责任落实到学校、教务处、研究生院(处)、学院(系),使教学质量成为领导干部、教师和管理人员共同重视的一项工作;要有专门的职能部门负责运行和实施质量保障体系,使教学质量得以改进、提高和不断完善。只有这样,才能使得教学质量保障体系能够保证各层次人才培养目标的实现。

### 6.4.4 学籍管理

对于参与专业的学生,应该适应"卓越计划"的要求,采取校内学习和企业分阶段学习的学籍管理办法。校内学习阶段的学籍管理基本不变,学校负责学生档案建立、资格认定、成绩登记、学位评定和证书发放等工作。企业学习阶段的学籍管理要由学校和企业联合制定学生在企业学习的管理办法,聘请企业内的兼职教师和管理人员建立学生的企业学习档案,制定考核标准,进行成绩考评和登录工作。学生在企业完成学习后,由企业把学生的企业学习档案、有关课程和实践环节的成绩等转至学校。企业学习阶段的学生管理应该包括由学校、企业和学生本人共同签订的人才培养三方协议,对学生管理、学生安全、知识产权、劳动报酬等三方责任权利予以明确规定。

参与专业研究生层次的学生学籍管理应该采取灵活的方式。企业学习阶段是"卓越计划"成败的关键,为了鼓励学生在企业学习阶段获得更多的企业实践经历,包括在企业挂职顶岗、参与工程项目或产品的开发与设计、合作完成研究项目等,就会出现研究生在企业时间的长短、实践的形式、考核的方式、评价的标准等均难以用一种固定的学籍管理模式进行管理的问题。因此,需要建立更为灵活的学籍管理方式,这种方式也应该能够鼓励学生以保留学籍的方式到企业工作一段时间后,再回学校继续完成学业。

参与高校在建立学生的遴选机制的同时应该建立学生的淘汰和退出机制,以保障学生的学习积极性和卓越工程师的培养质量。

## 6.4.5 毕业标准

参与高校要制定本校各层次工程型人才培养的毕业标准以及各层次工程型人才培养学位授予实施细则。参与高校要根据卓越工程师培养目标提出新的毕业要求,主要是在知识能力、工程实践、毕业设计或学位论文等方面的要求。参与"卓越计划"专业学生的学分要求中要着重强调两点。一是学生必须完成在企业阶段的教学环节后才能获得相应的学分;二是工程实践环节学分占毕业所需总学分的比重要足以保证学生在整个培养阶段有足够的工程实践。由于学制等方面的原因博士工程型学生在企业实践的时间要长于硕士工程型学生的时间。参与高校对学生毕业设计或学位论文的选题、内容、时间、标准等都要提出具体的要求。

本科工程型学生在完成培养方案规定的各教学环节的学习、修满规定的学分、完成企业阶段的培养要求后,还需要完成毕业设计并通过答辩,方可毕业并获得学士学位。硕士工程型学生完成培养方案规定的各教学环节的学习、修满规定的学分、在企业工程实践或挂职工作期间完成相应的培养要求,硕士学位论文答辩合格后,方可毕业并获得硕士学位。博士工程型学生完成培养方案规定的各教学环节的学习、修满规定的学分、在企业挂职或顶岗工作期间完成相应的培养要求,博士学位论文答辩合格后,方可毕业并获得博士学位。

### 6.4.6 教师评聘与考核

参与高校要改革教师职务聘任、考核和培训制度。特别要有教师到企业培训,取得在企业工作的工程经历的具体办法;要有按照工程学科的特点对工科教师进行评聘与考核的具体规定;要有聘请企业高水平工程师担任"卓越计划"参与专业兼职教师的具体方案。

以上各项政策和措施,建议参与高校分别以学校正式文件的形式出台。

## 6.5 国际化培养

"卓越计划"要求参与学校积极引进国外先进的工程教育资源和高水平的工程教师,积极组织学生参与国际交流、到海内外跨国企业实习,拓展学生的国际视野,提升学生跨文化的交流能力、合作能力和参与国际竞争的能力。"卓越计划"支持高水平的中外合作工程教育项目,鼓励有条件的参与高校,用多语种培养熟悉某一国文化、法律和标准的国际化工程师。积极采取措施招收更多的留学生来我国接受工程教育。

教育部优先支持参与高校工程人才的国际化培养。优先支持参与专业学生的国际合作交流,包括公派出国留学、进修、实习、交换学生等;优先支持参与高校参与专业青年骨干教师出国到跨国公司研修;中国政府奖学金项目优先资助外国留学生来华接受参与高校的工程教育;适度增加参与高校自主招生中国政府奖学金的名额;对具备条件的参与高校申请中外合作工程教育项目予以优先支持。

参与高校首先要树立国际化的教育理念。要从经济全球化的战略高度认识到工程人才国际化培养的重要性,要提高工程教育适应经济全球化的紧迫感、工程人才培养主动参与国际合作与竞争的使命感以及对多元文化的认同感,树立国际意识,营造多元文化融合的国际化教育环境,拓展学生的国际视野。

要积极引进国外高水平的智力资源。聘请国外工程教育界的知名教授、专家学者,邀请境外具有丰富工程经验的企业家,担任本校"卓越计划"参与专业某门课程的"讲座教授"或作为咨询专家参与学生培养和教学管理。学习和吸收国外工程教育的最新研究成果,引进发达国家成熟的工程教育原版教材和教学软件,将国际先进的工程教育理念、方法、手段和成果用于卓越工程师的培养。

要充分利用国际合作教育资源,采取多模式、多渠道的合作培养方式,积极与国际著名高校或企业开展交流。参与高校可以争取教育部的优先支持政策,或者通过设立教师国外访学基金和学生国外留学基金,选拔参与专业青年骨干教师出国培训或到跨国企业兼职,选拔学生出国留学,组织学生到国外大学学习,安排学生到国外企业实习,支持学生出国短期交流、参加国际学术会议,利用寒暑假与国外高校互派学生到对方学校选修跨文化课程或特色课程。有条件的参与高校可以使每个学生都有国际交流学习的经历。

要积极开展高水平的中外合作工程教育项目。有条件的参与高校,要根据本校毕业生未来在境外可能的服务国家和地区,选拔有海外留学或工程经历的专业教师,采用多个语种(如纯英语、法语、西班牙语等)培养熟悉当地文化、法律和工程技术标准的国际化工程师。同时,参与高校要为吸收更多国外留学生创造条件,努力在校园中构建更加浓厚的国际化氛围,积极采取面向愿意向我国派遣留学生的地区的措施,如非洲、南美、亚洲等地,招收更多的留学生来我国接受工程教育,与中国学生混合编班,培养国际工程师。

要重视国际工程教育专业认证,提高人才培养的国际认可度。参与高校要学习借鉴发达国家工程师培养的经验,按照"卓越计划"通用标准和行业标准的要求,制定能够与国际接轨的本校参与专业的"卓越工程师"培养标准,重构课程体系和教学内容,改革教学形式和教学方法,构建与国际工程专业相容的人才培养评价体系,与国际公认的工程教育质量认证体系对接,努力使参与专业达到国际工程教育专业认证标准的要求,提高参与专业培养的"卓越工程师"的国际竞争力。有条件的参与高校,可以使部分参与专业学生毕业时取得国际认可的工程师文凭,学位达到类似于欧洲国家的文凭工程师要求。

# 参　考　文　献

[1]　教育部关于实施"卓越工程师教育培养计划"的若干意见(征求意见稿). 2010 年 6 月.

[2]　林健."卓越工程师教育培养计划"通用标准研制. 高等工程教育研究,2010,4:21～29.

# 第 **7** 章　"卓越工程师教育培养计划"专业培养方案

【本章摘要】　参与高校"卓越工程师教育培养计划"专业培养方案的制定和完善贯穿着卓越工程师培养的全过程。本章着重针对"卓越计划"参与高校在制定和完善专业培养方案中可能出现的问题，在分析制定专业培养方案所要遵循的原则的基础上，从专业培养方案的构成要素，学校培养标准的重要性，学校培养标准的制定，学校培养标准的实现，课程体系改革与重组，企业培养方案，以及卓越工程师培养的国际化等方面，就如何体现和落实"卓越计划"的改革重点、创新模式和具体要求进行分析和讨论，并提出解决的方案及对策，以期为参与高校制定、实施和完善"卓越计划"专业培养方案提供借鉴与参考。

"卓越计划"专业培养方案是参与高校从专业培养角度对卓越工程师培养提出的系统完整的具体要求和实施措施,它不仅是高校申请参与"卓越计划"的重要材料,反映出申请高校对"卓越计划"创新理念的理解和本校参与"卓越计划"的基础条件和准备情况;也是参与高校在"卓越计划"实施过程中要执行的主要文件;还是参与高校日后接受对"卓越计划"实施效果进行评估检查的主要依据。

## 7.1    制定专业培养方案的原则

参与高校制定"卓越计划"专业培养方案时应该遵循以下原则。

### 7.1.1    找准适合本校的人才培养定位

目前,导致工程人才培养上出现专业结构失衡、热门专业扎堆、层次类型过于集中、就业率不高的现象的主要原因之一是,不少高校在工程人才培养定位上普遍的同质化。因此参与高校在制定"卓越计划"的专业培养方案时,首先必须做的是确定好本校"卓越计划"的人才培养定位。影响参与高校确定人才培养定位的客观因素主要是参与高校的多样性和工程人才需求的多样性。

参与"卓越计划"的高校具有三个显著特点。首先,学校类型不同。有研究型(985 大学)、研究教学型(非 985 的 211 大学)、教学研究型(非 211 省部属重点院校)和本科教学型(省属其他本科院校),不同类型高校的人才培养层次也不相同。其次,学校的服务面向不同。有面向全国的,有以服务大经济区为主的,还有面向所在省、市、自治区为主的,也有主要服务所在地级市的。最后,学校的行业背景不同。虽然多数承担工程教育的高校都在往"综合性"发展,但这些学校的主体工程专业的行业背景并没有发生太大的变化,他们都在继续为不同的行业培养工程技术人才。鉴于以上特点,参与"卓越计划"的高校在卓越工程师培养方面具有不同的优势和特长,肩负着不同层次和类型工程人才培养的使命和责任。

行业和社会对工程人才的需求具有多样性。在经济社会迅速发展、全球经济一体化的环境下,行业和社会对工程人才的需求是各式各样、不断变化的。从工程师的类型来说,有服务型、生产型、设计型和研发型[2];从学历层次来说,有本科层次、硕士层次和博士层次;从产业类型来说,有传统产业,服务产业和战略性新兴产业。不同类型,不同层次,不同行业的工程人才的培养规格也将随着经济的发展和社会的进步而不断提高和变化。因此,对于多样化和变化着的工程人才需求,任何一所参与高校都不可能面面俱到,只能有所为、有所不为,在卓越工程师培养上选择最合适自己的目标、层次和类型。

参与高校在认真分析上述两方面多样性的基础上,遵循工程人才培养定位的原则,即服务面向原则、办学层次原则、自身优势原则和未来需求原则,才能准确地找到适合本校的"卓越计划"的人才培养定位,并最终体现在该校的卓越工程师的培养目标上,为专业培养方案的制定打下基础。

## 7.1.2 充分发挥自身的人才培养特色

准确的人才培养定位为参与高校找到适合本校的卓越工程师培养的市场,然而,在人才培养的市场上仍然面临着以同类型高校为主的激励竞争,这就要求参与高校充分发挥自身的人才培养优势和特色。

一所高校的人才培养特色是该校在长期的办学过程中逐渐形成的在人才培养方面所独有的、优于其他院校的,并为社会所认可的优良特性,是该校人才培养质量高低的一个主要标志。人才培养特色具有独特性、有限性、稳定性和发展性等特征,任何一所院校的人才培养特色只能在人才培养的某些方面或人才培养过程的若干个环节上形成优势。具体而言,人才培养特色可以源于教育教学理念、人才培养方式、教育教学资源、教师与管理队伍、校企合作形式、教学与学生管理、大学文化氛围、人才培养环境等诸多方面。人才培养特色可以表现在学校层面,即为学校所有专业所共享;也可以表现在专业层面,即为该专业所独有。人才培养特色最终反映在学生的知识、能力、技能、素质等方面的培养成果。

按照上述人才培养特色的性质和特点,参与高校在充分发挥自身的人才培养特色方面要做好三方面工作。首先,明确特色。要在人才培养的各个方面通过与其他高校,尤其是与同类型院校的分析比较,通过对人才市场当前与未来的需求分析,再从本校长期办学实践的丰富积累中提炼出本校参与"卓越计划"专业在人才培养方面的潜在的或显现的特色。其次,研究特色。结合参与专业现有的人才培养条件,研究如何最大限度地运用好"卓越计划"的各项政策措施,以使得参与专业的人才培养特色得以巩固和加强。最后,加强特色。在学校政策措施的支持下,通过认真研究制定专业培养方案,使参与专业的人才培养特色在专业培养方案中得到具体体现和充实,进而在人才培养过程中得到切实的加强和进一步的发挥。

## 7.1.3　注重人才培养的行业企业背景

"卓越计划"将行业企业的参与作为实施该计划的前提,主要出于两方面考虑。一是行业部门最了解工程人才培养方向。行业部门最了解本行业技术前沿、本行业的发展趋势以及本行业系统的用人需求,因而,行业部门最清楚本行业工程人才培养的要求和规格。为此,行业部门要负责行业内"卓越计划"实施工作的研究、规划、指导和评价,制定本行业内主体专业领域的行业标准,负责参与高校专业培养方案的论证。二是企业与高校合作是工程人才培养达到培养标准要求的重要保证。"卓越计划"要求企业全过程参与卓越工程师的培养,这不仅能够充分发挥企业的作用,与高校优势互补,而且能够更好更具体地落实和实现培养标准,培养出企业需要的优秀工程人才。

参与"卓越计划"的高校在选择专业领域和制定专业培养方案时必须注重本校人才培养所具有的行业企业背景。一方面,坚实的行业企业背景能够使参与高校准确地把握该行业对相关专业领域人才的具体需求,从而制定好培养目标和培养标准;另一方面,坚实的行业企业背景使得参与高校能够选择具有良好合作基础的优秀企业共同参与"卓越计划",为专业培养方案的制定和实现奠定基础。

"卓越计划"鼓励具有行业背景的院校参与该计划,这不仅是因为这些院校更能够直接面向行业企业培养它们所需要的优秀工程人才,还因为这些院校在工程人才培养上更能够得到行业的指导和企业的合作。

## 7.1.4　强调人才培养模式的改革创新

"卓越计划"为我国工程教育的改革和发展,为工程人才培养模式的创新和突破提供了明确清晰的指导思想、主要目标、总体思路、重点任务和保障措施。参与高校在制定专业培养方案时,要在"卓越计划"构筑的宏观指导框架下,结合本校的客观实际,灵活自主地开展参与专业工程人才培养模式的改革和创新。从目前我国高校工程人才培养的现状和存在的问题分析,可以考虑从以下几方面开展。

能力培养与个性发展。按照培养目标要求,结合每一个学生的特点和优势潜能,注重学生工程实践能力、工程设计能力、工程创新能力,以及终身学习能力和自我发展能力的培养,促进学生全面发展。加强学生个性化指导,鼓励学生按个性发展选择专业;引导学生制定个性化培养方案,自主选择所学课程,自主安排学习进度,自主发展个体专长;加强学生职业生涯规划指导,增强学生的学习目的性,提高学生的社会适应能力。

课程体系和教学内容。改革课程结构,优化课程体系,处理好通识课程与专业课程、核心课程与选修课程、理论课程与实践课程、课内教学与课外活动的关系;构建跨学科交叉融合、加强人文素质培养、重视实践与创新能力训练、与国际接轨的课程体系,满足学生日后生存与发展的需要;建立以经济社会需求为导向,以学科发展为背景,以课程评价为抓手,以激励政策为动力的教学内容动态更新机制。

教学形式和教学方法。树立以教师为主导,以学生为主体的教学观,在教学过程中以学生为中心组织教学活动;充分发挥学生的主观能动性,推广启发式、讨论式和研究式等教学方法,提高学生提出新问题、发现新知识及解决问题的能力,引导学生从继承型学习走向探究发现型学习;提倡教师团队协同教学,开展大班授课、小班研讨、小组合作、网上互动等多种教学组织形式;鼓励教师运用现代教育技术和手段,开发数字化教育资源,探索网络教学组织形式,开展信息化教学。

校内学习与企业学习。"卓越计划"将卓越工程师的培养过程分为校内学习和企业学习两个阶段,这为不同参与高校在人才培养模式改革和创新方面都提供了很大的空间。与传统的以校内学习为主的方式相比,参与高校可以根据自身的实际情况和参与专业的特点,在两个学习阶段的分工衔接、优势互补方面进行改革和创新,包括课程与教学环节分配、教育教学资源的配备、教学组织形式的选择、培养方式的创新、学生的考核方式与要求,以及时间安排等方面。

专职教师与兼职教师。"卓越计划"对工程教育教师的要求,以及提出的由校内专职教师和企业兼职教师组成的双导师制,为工程教育师资队伍的建设拓宽了途径。参与高校可以在增加专职教师工程经历和实践能力,改革教师职务聘任与考核制度,建设高素质工程学科专业教师团队,建立兼职教师的聘任和薪酬制度,建立双导师的分工和合作机制,提高实践教师队伍的地位、水平和待遇等方面进行改革和创新。

## 7.2  专业培养方案的构成要素

"卓越计划"参与高校制定的参与专业的专业培养方案应该包括培养目标、培养标准、标准细化、课程体系改革和重组、教学内容更新、教学方法改革、培养标准实现矩阵、企业培养方案、教学计划、教师队伍、质量保障体系以及附件等方面。

（1）培养目标。

培养目标的提出，一方面要符合"卓越计划"对卓越工程师培养的总体目标要求。另一方面要体现出参与高校自身的特色与不同的侧重。要注意避免简单重复"卓越计划"文件中的条文，没有反映参与高校本质特征的内涵；也要防止冗长的文字表述，面面俱到而重点不突出，成为培养目标的诠释或培养标准的简版；更不应该将培养标准作为培养目标。

（2）培养标准。

以通用标准[4]和行业标准为基础制定出来的学校培养标准，也称学校标准或培养标准，是培养目标的具体化。作为一级指标，培养标准的表述是相对宏观的，它的具体化有待于在标准细化部分完成。

（3）标准细化。

为了实现培养标准，必须将其细化到能够与课程和教学环节相衔接的知识能力大纲，以便于通过相应的课程和教学环节来实现培养标准。在标准细化过程中，应该采取分级细化的方式，将培养标准逐级予以细化。换句话说，就是将培养标准用若干级指标来逐级分解和表述。这种细化方式的作用不仅在于能够避免培养标准的一些隐性要求在细化过程中"丢失"，而且有利于未参与专业培养方案编制的教师更好地理解培养标准的内涵。

（4）课程体系改革与重组。

培养标准细化后，要针对知识能力大纲中的各要素设计获得相应的知识、能力和素质所需要开设的相关课程和教学环节，这就需要对原有的课程体系进行改革，对其他教学环节进行重新组织。

（5）教学内容更新。

在对课程体系进行改革和重组的同时要做好相应的课程教学内容的设计与更新，由此来进一步落实知识能力大纲中的各要素。在教学内容选择上要注重知识的长效性、新颖性和不可替代性，在教学内容的组织上要按照工程问题、工程案例和工程项目进行，同时还要彻底改变因人设课的现象，杜绝课程间内容的重复[3]。

（6）教学方法改革。

课程教学方法的改革和其他教学环节的实现方式不仅是保证学生有效地掌握教学内容,确保学生的能力得到培养、训练、形成和提高,而且是保证每门课程或教学环节的目标得以实现的重要手段。根据教学内容的性质采取最合适的教学方法,如基于问题的探究式学习、基于案例的讨论式学习和基于项目的参与式学习等研究性学习方法[3]。

（7）培养标准实现矩阵。

将前面培养标准、标准细化、课程体系改革与重组、教学内容更新以及教学方法改革等工作汇总,形成了培养标准的实现矩阵。具体地说,就是将学校标准细化后的最低一级指标作为矩阵左边第一列的元素,将改革重组后的课程或其他教学环节作为矩阵第一行的元素,将每门课程的教学方式或其他教学环节的实现方式用符号标在其下一行的矩阵元素中,将课程或其他教学环节中知识获取、能力培养和素质养成的具体方法和途径用符号标在课程或教学环节与标准指标相交的矩阵元素中。这样,标准实现矩阵就成为专业培养方案的集中表现,如图7.1所示。

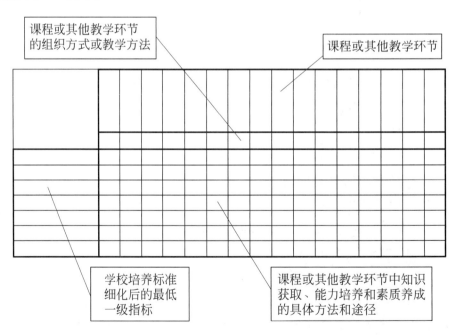

图 7.1　学校培养标准实现矩阵

从横向看,标准实现矩阵清晰地显示出落实培养标准的某一指标需要通过哪些课程和教学环节来实现;从纵向看,这个矩阵将每一门课程或其他教学环节在实现培养标准中的各种作用予以明确。这种课程与标准指标之间的纵横向相互关系实际上构成了培养标准实现矩阵,因此,标准实现矩阵就可以作为日后实施专业培养方案的简洁明了的工具。

（8）企业培养方案。

企业学习阶段是"卓越计划"人才培养模式改革的重点,因此,相应的企业培养方案应该成为专业培养方案的重要组成部分。由于企业培养方案是在企业实施,学生在企业学习阶段的各项培养内容的考核和培养质量的评价要单独进行,因此,企业培养方案在专业培养方案中应该是相对独立的。企业培养方案应该包括培养目标、培养标准、培养计划、实施企业、工程实践条件、师资配备等方面内容,其中培养计划是重点。

（9）教学计划。

教学计划是卓越工程师培养的实施方案,是完成课程和教学环节的具体安排。教学计划可以分为校内部分和企业部分,也可将二者作为一个整体。教学计划主要包括课程类型、课程名称、课程性质（如必修、选修）、学时数及学时安排、学分数、上课学期及学时分配等。

（10）师资队伍。

师资队伍部分关注的是具有一定工程经历的高水平教师队伍,包括校内专任教师和企业兼职教师两方面。专任教师主要包括具有副高以上专业技术职务的从事工程教育的教师,每位教师的工程实践经历或企业工作经历要予以说明。兼职教师是从企业聘请的具有丰富工程实践经验的工程技术人员和管理人员,他们将承担专业课教学,担任本科生或研究生的指导教师等任务。

（11）质量保障体系。

参与高校要有保证卓越工程师培养达到培养标准要求的全员、全过程、全方位的质量保障体系[5],以确保卓越工程师各项培养标准的实现,并最终实现卓越工程师的培养目标。质量保障体系要覆盖学校学习阶段和企业学习阶段,学校管理重心没有下移到二级学院层面的高校,这部分内容应该放在"学校工作方案"中。

作为实现"卓越计划"培养目标的保证机制,质量保障体系是一项从实施"卓越计划"开始就必须建立并开始运行的质量评价和控制系统。但限于篇幅,这部分内容将另文讨论。

（12）附件。

作为附件的材料可以包括完整的培养标准实现矩阵、教学计划、各门课程的教学大纲，以及不必放在主体文件中的支撑材料。

每门课程的教学大纲要明确该课程在实现学校培养标准方面的贡献，毫无贡献的课程就没有开设的必要，就不应该出现在改革重组后的课程体系中。课程教学大纲不仅要包含知识获取的要求，还应该包含能力培养的要求。要确定如何在教学实践过程中实现这些要求，即详细地说明知识获取和能力培养的具体环节和过程，包括实现方式、实现方法和实现手段等。

## 7.3  学校培养标准的重要性

学校培养标准，又称学校标准，是指学校层面制定的本校加入"卓越计划"的各个工程专业卓越工程师的培养标准。学校标准是专业培养方案的核心内容，是参与高校制定的本校实施"卓越计划"的纲领性文件。"卓越计划"的实施是以标准为引导，而整个专业培养方案的制定和实施实质上就是学校标准的制定和实现过程，因此，学校培养标准在专业培养方案中的重要性异常突出。

### 7.3.1  通用标准和行业标准在学校层面的具体化和特色化

作为国家层面对各行各业各种类型卓越工程师培养在宏观上提出的基本质量要求，"卓越计划"通用标准是制定行业标准和学校标准的基础。作为通用标准的具体化，体现出行业要求和专业特点的各行业主体专业领域的卓越工程师培养必须达到的中观要求，"卓越计划"行业标准是学校标准制定的依据。

由上可见，学校标准的制定既不能脱离通用标准的国家基本质量要求，也不能脱离行业标准提出的行业方面的具体质量要求，更不能将参与高校以往的培养标准简单地修改后就作为"卓越计划"的学校标准。否则，参与高校就失去了按照"卓越计划"要求进行卓越工程师培养的前提。因此，在制定学校标准时要清晰地明确其与通用标准和行业标准的关系，使学校标准不仅涵盖了通用标准和行业标准的要求，而且是通用标准和行业标准在学校层面的具体化，同时凸显出学校的办学优势和人才培养特色。

### 7.3.2　制定专业培养方案的依据

专业培养方案的制定是一个条理清晰、逻辑缜密、相互关联的过程。在学校标准制定完后,不论是标准细化为知识能力大纲、课程体系改革与重组、教学内容更新、教学方式改革,还是培养标准实现矩阵的制定、教学计划和课程教学大纲的编制等都是在不同的环节为相同的目标,即学校标准的实现而逐步地落实。每一环节工作的具体要求都是围绕着如何有效地实现学校标准为依据。因此,学校标准就成为整个专业培养方案制定的依据,学校标准也就在专业培养方案的制定过程中得以逐步地实现,如图 7.2 所示。

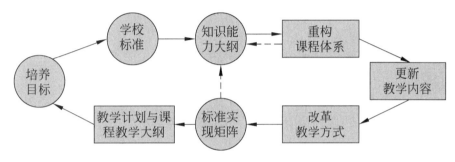

图 7.2　"卓越计划"学校标准的实现过程

### 7.3.3　制定毕业标准与学位授予实施细则的标准

参与高校要根据本校"卓越计划"的培养标准制定各层次卓越工程师培养的毕业标准和学位授予实施细则。卓越工程师培养的毕业标准和学位授予实施细则与以往的区别主要有两方面。一是在学分的要求上;二是在毕业设计和学位论文的要求上。

对参与"卓越计划"专业学生的学分要求中要着重强调企业培养方案和工程实践两方面,即:学生必须在企业完成企业培养方案规定的课程或其他教学环节后才能获得相应的学分,以及工程实践环节学分占毕业或获得学位所需总学分的比重要足以保证学生在整个培养阶段有足够的工程实践。

对参与"卓越计划"本科生的毕业设计和研究生的学位论文选题都要求源于企业的生产实际。本科毕业设计要求结合企业实际项目"真刀真枪"地做;硕士论文选题要源于企业的实际问题或现有课题;博士论文选题要结合企业的实际问题、重点项目或发展需要。

### 7.3.4  评估检查"卓越计划"实施情况的根据

为了稳步扎实地推进"卓越计划"的实施,需要对参与高校专业培养方案的落实情况分阶段检查与评估。除了在申请阶段,教育部要组织专家对专业培养方案进行论证外,在实施"卓越计划"过程中,还应该对课程体系的改革与重组、教学方法的改革和企业学习方案的落实等进行检查。最为重要的是,在第一届学生毕业后,教育部要组织专家通过专业论证的方式,对参与专业卓越工程师的培养质量进行评价,评价不合格的专业要退出"卓越计划"。

按照"卓越计划"的"分类实施、形式多样、追求卓越"的基本原则,对参与专业的评价不应设置统一的评估标准。那么,各校参与专业以通用标准和行业标准为基础制定出来的,反映学校办学优势和人才培养特色的学校标准,就将成为评价参与专业卓越工程师培养质量的标准和根据。这对于鼓励参与高校按照通用标准和行业标准的要求,结合本校的办学目标、办学优势、人才培养定位和特色,采取多种形式和不同培养模式培养满足"卓越计划"要求的卓越工程师,满足经济社会发展对工程人才需求的多样性的要求是至关重要的。

## 7.4  学校培养标准的制定

学校标准不仅要满足"卓越计划"在卓越工程师培养标准水平和标准内涵上的要求,而且要能够在本校的专业培养方案中得到具体的实现,需要参与高校认真地研究、制定并予以落实。

### 7.4.1  制定学校标准必须满足的要求

(1)要在通用标准的指导下,以行业标准为基础制定。

通用标准是国家对各行各业各种类型卓越工程师培养宏观上提出的基本质量要求,是行业制定各个专业卓越工程师培养标准的根据,是制定行业标准和学校标准的宏观指导性标准;而行业标准是各行业主体专业领域的卓越工程师培养必须达到的中观要求,包含本行业内若干专业的专业标准,它不仅是对通用标准的具体化,还体现了专业特点和行业要求。换句话说,通用标准是国家层面对卓越工程师培养提出的最低要求,行业标准是行业层面对卓越工程师培养提出的专业要求,因此,通用标准和行业标准是制定学校标准的根据和基础。

由于学校标准是以行业标准为基础,行业标准又以通用标准为根据,因此,学校标准所提出的要求不仅要包容行业标准,而且更要包容通用标准。或者说,学校标准要高于行业标准和通用标准。这三个层面标准间的关系如图 7.3 所示[7]。

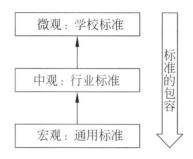

图 7.3  三个层面之间的关系

（2）要根据学校的人才培养定位制定,凸显本校的人才培养特色。

加入"卓越计划"学校的卓越工程师培养标准还必须符合该校的实际,也就是说,在满足通用标准和行业标准的前提下,学校标准的制定要密切结合学校的办学定位、办学目标、服务面向和行业特点,符合本校的人才培养定位,凸显本校的人才培养特色,最大限度地发挥自身的办学优势,从而实现卓越工程师的培养目标。

因此,学校标准中应包含体现各参与高校办学优势的特色标准,这些特色标准应反映出各校特有的、优于其他院校的、得到社会公认的办学优势,体现出本校卓越工程师培养的必要性和重要性,满足经济社会发展对优秀工程人才的强烈需求。

（3）学校标准必须是可行的、可实现的、可评估检查的微观标准。

首先,学校标准必须是可行的,也就是说,按照参与学校的资源和条件,通过其自身的努力,学校标准中的各项要求是能够达到的。其次,学校标准必须是可实现的,也就是说,学校标准可以进一步分解细化到操作层面,通过人才培养过程的各个教育教学环节和相关要素,具体地落实学校标准的细化指标,然后通过这些细化指标的完成和整合,达到学校标准的实现。最后,学校标准必须是可评估检查的,也就是说,通过制定相应的评价指标体系,通过采取有效的评价方法,可以对卓越工程师的培养是否达到学校标准的要求进行评估检查,以确保学校标准的实现。

## 7.4.2  学校标准的主要构成

参与高校制定的学校标准,不论是本科、硕士还是博士层次,都应该源于并高于通用标准和行业标准,且主要由知识、能力和素质(或人格)三个方面的表述构成。

本科层次学校标准主要构成如下:

(1)知识方面:数学,自然科学,经济管理,人文科学;工程基础、专业基础和专业发展;技术标准,政策、法律法规。

(2)能力方面:信息获取和职业发展学习能力;分析和解决实际问题能力;系统运行和维护能力;创新意识,产品开发和设计能力,技术改造和创新能力;组织管理能力,交流沟通、环境适应和团队合作能力;应对危机与突发事件能力;国际视野,跨文化环境下交流、竞争和合作能力。

(3)素质方面:工程职业道德,追求卓越态度,爱国敬业精神,社会责任感,人文科学素养;市场、质量、职业健康、安全和服务意识。

研究生层次的学校标准是以本科层次的学校标准为基础,除了对本科层次的标准有更高的水平要求外,研究生层次的学校标准在知识、能力和素质方面还分别进行了拓展。

硕士层次学校标准主要构成如下:

(1)知识方面:数学,自然科学,经济管理,人文科学;工程原理,工程技术,专业理论;新材料、新工艺、新设备,先进生产方式和专业前沿技术发展;技术标准,政策、法律法规。

(2)能力方面:信息获取、知识更新和终身学习能力;创新性思维和系统性思维能力;分析和解决复杂问题能力;开拓创新意识,产品开发和设计能力,工程项目集成能力;工程技术创新和开发能力,处理工程与社会和自然和谐的能力;组织管理能力,交流沟通、环境适应和团队合作能力;应对危机与突发事件能力,领导意识;国际视野,跨文化环境下交流、竞争和合作能力。

(3)素质方面:工程职业道德,追求卓越态度,爱国敬业精神,社会责任感,人文科学素养;市场、质量、职业健康、安全和服务意识;注重环境保护、生态平衡和可持续发展。

博士层次是工程人才培养的最高层次,博士层次学校标准是对硕士层次学校标准的进一步提升,应该达到卓越工程师培养的最高标准。

博士层次学校标准主要构成如下:

(1)知识方面:数学,自然科学,经济管理,人文科学,社会科学;工程原理,工程技术,工程科学,专业理论;新材料、新工艺、新设备,先进制造系统和专业前沿技术发展;技术标准,政策、法律法规。

（2）能力方面：知识更新、知识创造和终身学习能力；战略性思维、创新性思维和系统性思维能力；分析和解决复杂问题能力；产品开发和设计能力，工程项目集成能力，处理工程与社会和自然和谐的能力；工程项目研究和开发能力，工程技术创新和开发能力，工程科学研究能力；组织管理能力，交流沟通、环境适应和团队合作能力；应对危机与突发事件能力，领导能力；国际视野，跨文化环境下交流、竞争和合作能力。

（3）素质方面：工程职业道德，追求卓越态度，爱国敬业精神，社会责任感，人文科学素养；市场、质量、职业健康、安全和服务意识；注重环境保护、生态平衡和可持续发展。

## 7.5　学校培养标准的实现

### 7.5.1　学校标准的细化

为了实现学校标准，在专业培养方案中要将由知识传授、能力培养与素质形成等各项构成的学校标准分解和细化为知识能力大纲。一般而言，一条学校标准可以分解为多条更为具体的内容或细化成几级逐级明确的要求，具体细化到什么程度合适，应以能够将学校标准落实到课程和教学环节层面为宜，也就是说，细化后的每一条学校标准应由若干个详细目标要求（或称要素）组成，每个要素均能够与课程和教学环节相对应。因此，将学校标准分解细化出的知识能力大纲是在学校标准和课程与教学环节之间构筑一个桥梁，使学校标准的每一条要求可以通过相应的课程和教学环节最终实现。

将学校标准细化后的表述有多种形式，如将以下学校标准：

1.1　具备比较丰富的人文社会科学知识

分解细化为：

1.1.1　具备工程经济、企业管理、公共管理等经济管理知识

1.1.2　具备哲学、历史、社会学等社会科学知识

1.1.3　具备环境保护、生态平衡、可持续发展以及相关政策和法律法规的一般知识

### 7.5.2　学校标准的实现

学校标准细化后，就要建立"学校标准实现矩阵"，把相应的知识能力大纲

落实到具体的课程和教学环节。这方面首先需要做好以下三方面的工作：

（1）要按照知识能力大纲对各个专业的课程体系进行重构和整合。这就要求打破以往的按照学科体系设课、因人设课的定式,完全按照知识能力大纲中各要素,设计获得相应的知识、能力和素质所需要开设的相关课程和教学环节。

（2）要加大对课程教学内容的调整和更新。这不仅要避免不同课程教学内容的交叉重复,更要保证学生所学知识的长效性和前沿性,从本质上满足卓越工程师培养的各项学校标准的要求。

（3）要大力开展教学方式方法和教育教学手段的改革。这就要针对课程教学内容和教学环节,以学生为中心,采取灵活有效的教学方法和手段,重新组织教学活动,确保学生在知识、能力和素质方面达到学校标准的要求。

在以上工作的基础上,将知识能力大纲所列的知识、能力和素质方面的要素与用于实现这些要素要求的每一门具体课程和教学环节一一对应起来,建立有多种表现形式的"学校标准实现矩阵",如表 7.1 和表 7.2 所示。

表 7.1  学校标准实现矩阵示例 1

| 知识与能力要求 | 实现课程和教学环节 |
| --- | --- |
| 1.3.2  具备从事工程开发和设计所需的工程材料知识 | 物理、化学、材料力学、工程材料、工程试验 |
| 2.2.2  熟悉工业产品的实验方法和实验仪器设备,能够独立组织实施实验项目 | 生产实习（在企业进行）<br>岗位实习（在企业进行） |

表 7.2  学校标准实现矩阵示例 2

| 能 力 要 求 | 实 现 方 式 |
| --- | --- |
| 1.2.1  具备较强的工程实践能力 | 通过认识实习、金工实习、社会实习、课程实习、施工实习和毕业实习等各阶段递进式的实习,以及本科生创新实践活动和导师指导下的科研活动,逐步提高工程实践能力 |
| 1.2.5  具备一定的交流合作和组织管理能力 | 通过参加工程实践、科技竞赛、科研项目、志愿者活动、学生社团活动、社会实习等锻炼和培养学生的交流合作和组织管理能力 |

建立"学校标准实现矩阵"后,需要拟定专业教学计划和各门课程的教学大纲。课程教学大纲不仅要包含知识传授的要求,还应该包含能力培养和素质形

成的要求;不仅要确定实现这些要求的方式,还要明确实现这些要求的程度。这样,知识能力大纲所列的详细目标要求都能够在课程教学大纲中找到其落实的地方、落实的方式和落实的程度。

学校标准的整个实现过程可以用图 7.2 表示。

## 7.6 课程体系改革与重组

如果不清楚地理解"卓越计划"改革的实质,在编制图 7.1 所示的学校培养标准实现矩阵前容易忽略的一件重要工作,就是进行课程体系改革与重组。作为工程人才培养的基本要素,课程和教学环节是细化后的学校标准得以落实的着力点,关系到培养标准中所规定的知识、能力和素质要求能否真正得到落实,是能否培养出符合培养标准要求的工程人才的关键。因此,从实现培养标准的角度,需要进行课程体系的改革与重组。

从实现"卓越计划"的主要目标的角度,即实现面向工业界、面向世界、面向未来,培养造就一大批创新能力强、适应经济社会发展需要的高质量各类型工程技术人才的主要目标,课程体系的改革与重组是落实"卓越计划"各项改革和创新的基本点。这些改革和创新包括:"卓越计划"提出的由国家、行业和学校三级培养标准构成的卓越工程师培养标准体系;"卓越计划"建立的行业指导、校企联合培养卓越工程师的新机制;"卓越计划"创新地将学生学习分为校内学习和企业学习两个阶段的人才培养模式;以及"卓越计划"提出的卓越工程师培养国际化的战略等。因此,从根本上说,课程体系改革与重组是"卓越计划"的必然要求。

课程体系改革与重组是一项涉及面广、需要整个专业的校内专任教师、企业兼职教师,以及相关学科专业的教师的共同参与,才能完成的系统、复杂而细致的工作,这一专题的讨论详见第 8 章"面向卓越工程师培养的课程体系和教学内容改革"。

## 7.7 企业培养方案

### 7.7.1 企业参与"卓越计划"的重要性

实践是工程的灵魂和根本,产学研结合是工程教育的重要特征和本质要求,"卓越计划"创立了高校与企业联合培养人才的新机制,以期从根本上解决工程人才培养中校企脱节的现象。企业参与"卓越计划"的重要性主要体现在两个方面。

首先,企业在工程人才培养方面有着重要的指导作用。企业在激烈的市场竞争中,对本行业的现状和发展趋势最了解,也就最清楚当今社会和未来世界对工程人才的需求,包括人才层次、类型、规格等方面。因此企业参与卓越工程师的培养,使它们由单纯的用人单位变成共同培养单位,就能够充分发挥企业在整个工程人才培养过程中的不可替代的指导作用,使校企合作培养出来的工程人才能够达到"卓越计划"的培养目标,能够"适销对路"。

其次,企业拥有高校所不具备的真实的工程环境,这对于卓越工程师的培养至关重要。为了生存、发展和竞争,企业必须拥有最先进的生产设备和制造技术,这些是作为教学单位的高校所无法达到的;企业所需要解决的生产、技术、研发、市场、管理方面的问题,是训练和培养工程人才能力的最好题材;企业所拥有的一批经验丰富的工程师,他们的工程经历和实践能力正是高校工程教育专业教师所不及的;企业所拥有的研发设计、生产制造和市场营销的场地和机构,是工程人才未来发挥作用的场所。因此,只有在企业所具有的上述真实的工程环境下开展校企合作,才能在知识、能力和素质方面培养出满足"卓越计划"培养标准要求的卓越工程师。

总之,企业的参与是"卓越计划"成败的关键。

### 7.7.2 企业学习阶段的主要任务

鉴于以上原因,"卓越计划"建立了高校与企业联合培养人才的机制,具体包括四个方面的内涵:高校与企业共同制定人才培养目标,共同建设课程体系和教学内容,共同实施培养过程,共同评价培养质量。在人才培养模式改革上,"卓越计划"将整个人才培养过程分为校内学习和企业学习两个阶段,要求本科、硕士和博士三个培养阶段中,每个阶段学生要有累计一年左右的时间在企业学习。这既不能简单地理解为是延长在企业的实习时间,也不能认为是传统三大实习,即认识实现、生产实习和毕业实习的拓展。企业学习的根本目的是完成校内学习所无法完成的培养任务,与校内学习形成优势互补,是卓越工程师培养不可或缺的关键部分。

企业学习的核心在于发挥企业在工程实践条件的先进性和真实工程环境的优势,从而弥补高校在这些方面的严重不足。企业学习阶段的主要任务是:

学习企业的先进技术和先进企业文化,深入开展工程实践活动,参与企业技术创新和工程研究开发,培养学生的敬业精神和职业道德。因此,企业培养方案的制定要围绕着完成这四项主要任务进行。

除了要重视工程知识和工程能力的培养,包括实践性强的专业课,各种工程实践活动,关于先进的生产方式、系统、工艺、技术和设备的专题报告或现场教学,技术创新和工程研发外,企业培养方案的制定尤其要重视学生工程素质的培养,包括先进企业文化的学习和学生职业精神和职业道德的培养等。而工程素质的培养往往是参与高校的企业培养方案中容易被忽略或不被重视的重要内容。

校内学习阶段和企业学习阶段既要有明确的分工,又要有密切的联系。校内学习阶段主要完成工程基础教育的任务,企业学习阶段主要完成工程职业教育的任务。校内学习阶段主要以理论教学为主,辅以基本的实验和实训;企业学习阶段以实践教学为主,辅以必要的理论专题。企业学习阶段与校内学习阶段的联系主要有两方面:第一,企业学习是学校学习的延伸。企业学习能够使学生在校内学习的基础理论和方法通过具体的实际应用得到巩固和加强,能够使学生的各种能力和综合素质在真实的工程环境中得到进一步的提高。第二,企业学习能够促进校内学习的改革。企业学习能够检验校内学习的理论和方法的有效性和先进性,进而促进校内学习阶段课程体系、教学内容、教学方法和手段的改革和完善。

为了从组织上保证企业学习阶段的主要任务的完成,"卓越计划"提出在与高校密切合作、管理规范、保障有力、效果良好的各行各业的优秀企业中,设立国家级"工程实践教育中心",并鼓励省级人民政府择优认定一批省级"省级工程实践教育中心"。作为高校依托企业建立"工程实践教育中心",是高校和企业密切合作开展工程人才培养的综合平台。

### 7.7.3　企业培养方案的制定者和实施者

"卓越计划"将行业企业的参与作为实施该计划的前提,强调企业是卓越工程师的共同培养单位。这个"共同"应理解为企业应参与卓越工程师培养的全过程,即始于专业培养目标和培养标准的制定,终于学生毕业离校。

按照"卓越计划"对企业参与的要求,从广义的概念上说,企业应该参与整个专业培养方案的制定;从狭义的概念上讲,企业必须与高校一道成为企业培养方案的制定者和实施者。因此,参与高校必须突破以往的思维定势,不应该简单地把企业作为学生实习场地的提供者,而应该赋予企业在卓越工程师培养方面应有的权力:将企业作为制定和实施企业培养方案的主体,将企业导师作为企业培养计划制定和实现的主要责任人或直接责任人。这种做法是基于以下几点考虑:

(1) 提高企业培养方案的有效性和可行性。企业或企业导师不仅清楚学生应该学习和掌握什么,而且更了解企业和自己能够为学生做些什么。这样在制定企业培养方案中的课程和其他教学环节时,不仅充分考虑了它们的效用和针对性,而且也认真考虑了它们的可行性。

(2) 有利于企业培养方案的实施。企业或企业导师在调配企业教育资源、协调企业内部关系、解决实施过程中出现的问题以及处理一些突发事件等方面,较高校教师而言具有得天独厚的优势。这些是顺利实施企业培养方案的根本保证。

具体而言,企业培养方案的主要教学环节应由企业导师负责完成,包括实践性强的专业课教学、现场教学、专题报告以及相应的成绩评定方面。由企业导师和校内导师共同负责的主要是本科生的毕业设计指导或研究生的学位论文指导。从减轻企业和企业导师负担的角度考虑,学生在企业学习阶段的日常管理应该由高校的教师负责。

### 7.7.4 企业培养方案的制定

确保企业学习阶段的作用得到系统发挥的重要环节是制定好企业培养方案。企业培养方案是由高校和代表企业的工程实践教育中心共同研究制定,主要包括学生在企业学习阶段的培养目标、培养标准、培养计划、实施企业、工程实践条件、师资配备等方面内容。企业培养方案不仅要具体明确,而且还要具有可操作性。

企业培养方案中的培养目标和培养标准要根据企业的条件和企业学习阶段的主要任务制定。培养目标是学生通过企业学习阶段的学习后在知识、能力和素质方面要达到的总体要求,它应该是参与高校的卓越工程师培养目标的组成部分。培养标准是学生通过企业学习阶段的学习后在知识、能力和素质等诸多方面要达到的具体要求,是衡量企业学习阶段的培养目标是否达到的评价标准,它应该是参与高校学校标准的一部分。

　　培养计划是企业培养方案的主要内容,主要有培养内容、基本要求、培养方式、时间和场地安排、教师安排等方面。培养内容是指在企业学习的课程和进行的教学环节,大体包括部分专业课程、实习实践环节和毕业设计或学位论文三部分。基本要求指的是对培养内容中课程和教学环节的要求,包括学时数、考核方式、考核要求与学分要求等。培养方式,也称学习方式,规定了学生在企业学习的具体方式,对本科生而言,可以有系统授课、分组讨论、现场讲解、实验训练、综合设计等,对研究生而言,可以有参与开发设计、参与项目研究、岗位挂职、顶岗实习等类型。时间和场地安排是对进行各项培养内容的时间和地点予以明确的规定。教师安排是指对每一项培养内容所安排的指导教师或授课教师,一般是由高校教师和企业高水平工程师共同担任。

　　实施企业是指具体实施企业培养方案的企业,可以是一个或若干个企业。参与高校应该结合专业特点,选择行业中规模较大、技术水平先进、经营管理规范、影响力较大、合作关系密切、企业领导重视的国内外知名企业作为实施企业培养方案的企业,以保证企业培养方案能够得到全面的落实。必须指出的是,参与高校必须与实施企业正式签订校企合作协议。

　　工程实践条件是指实施企业所具有的满足落实企业培养方案的各种软硬件条件,包括企业基本情况,企业工程实践的硬件条件和企业人才培养的软件条件等。硬件条件一般指企业的生产制造设备、研发设计中心、实验测试平台、教学培训中心、学生食宿条件等。软件条件主要指能够担任指导教师的企业工程技术人员情况、企业管理制度、企业文化及环境等。

　　师资配备是"卓越计划"双导师制度的要求。为了确保企业培养方案的落实,除了校内专职教师担任校内导师外,参与高校要在企业中聘请数量上与学生规模相适应的,具有丰富工程实践经验的高水平的工程师担任企业导师,他们除了要与校内导师一道制定企业培养方案外,还要承担专业课程的教学、学生实验实训的指导、本科生毕业设计或研究生学位论文的指导等人才培养工作。

## 7.7.5　按照目标功能　模块化设计企业培养方案

　　作为一种全新的培养模式,"卓越计划"中的企业培养方案不能简单地成为传统的校内使用的人才培养方案的翻版,更不能成为高校参与"卓越计划"前学生在企业进行的各种实习的汇编,而应该根据企业学习阶段的培养目标和培养标准并结合实施企业的具体实际制定。按照不同的目标或功能，模块化地设计企业培养方案是一种值得提倡的制定企业培养方案的做法。

按照模块化设计企业培养方案需要遵循整体设计、目标明确和循序渐进的原则。整体设计指的是要按照企业培养目标和培养标准的要求，整体地进行模块设计，不仅企业培养标准的各项要求要能够落实到具体的模块，而且模块之间存在着相互关联和依存关系，从而使所有模块的整体作用就是实现企业培养目标。目标明确指的是模块之间应该相对独立，每一模块要有明确的目标，即明确模块在实现企业培养标准方面的作用。因此，模块的教学内容应围绕着如何实现这一目标去设计。循序渐进指的是要遵循知识学习和能力培养的规律，由浅入深，逐步提高，即前一模块是后一模块的基础，后一模块是前一模块的提高。

模块化设计企业培养方案有几方面的优点：一是有利于实现企业学习阶段的培养目标。模块的目标就是企业培养标准的某项指标，模块的功能就是为了实现这项指标，这样，某一模块的成功实施就是企业培养标准某一指标的具体实现。二是有利于企业培养方案的实施和管理。除了大型企业，参与高校的企业培养方案要在一家企业完全实施是不容易的。也就是说，多数高校的企业培养方案的实施需要在不同的企业中进行。因此，按照模块化设计的企业培养方案就能够通过对不同企业软硬件条件的优劣比较，选择到最有条件实施某一模块的企业，去完成该模块的教学任务。

例如，本科层次的企业培养方案可以由认知学习、专题学习、岗位学习和项目学习模块构成。其中认知学习模块可以通过现场参观、企业教师讲解、观看录像、小组讨论等方式，培养学生对整个工程学科及其各个方向和领域的感性认识，并培养学生对本专业的兴趣，为学生的后续学习打下基础。专题学习模块是通过在企业的现场教学、专题报告和某项专题活动的参与等方式，使学生对一些重要的内容进行专门的学习和探讨，如企业文化与企业精神、工程师的社会责任、生产工艺装备的改造、新产品的研发设计等。岗位学习模块可以有轮岗学习和定岗学习两个阶段。轮岗学习是学生在企业的生产部门和管理部门中的各主要岗位依次进行体验式的学习，使学生熟悉企业内部的组织结构，了解企业各部门的职能和运行机制。定岗学习是在轮岗学习的基础上，选择个别岗位进行专门深入的学习，这些岗位可以是生产加工、装备维护、生产组织、产品设计、技术开发等岗位。项目学习模块是通过安排学生参与企业实际工程项目的设计、生产、运行与维护的全过程，使学生接受全面而综合的训练。学生的毕业设计可以安排在项目学习阶段,结合企业的实际工程问题进行。

又如,硕士层次的企业培养方案可以由工程素养、工程实践、工程设计、工程创新和工程综合模块构成。工程素养模块是通过在企业的学习,了解企业文化和核心价值观,培养良好的敬业精神、职业道德和社会责任感,熟悉本行业的政策、法律和法规。工程实践模块是通过参与企业的各项工程实践活动,掌握工程基础知识,熟悉本专业领域生产流程和实际问题,提高工程实践能力。工程设计模块是通过在企业设计岗位的顶岗学习,掌握本专业领域的设计规范和技术标准,提高工程项目或产品的设计能力。工程创新模块是通过参与企业项目的研发活动,熟练运用所学科学理论、分析与解决问题的方法和技术手段,进行产品研发和技术改造,培养创新意识和提高创新能力。工程综合模块是通过在企业参与或承担实际的工程项目,综合地运用各种知识和技术,培养独立分析问题、独立解决问题、组织管理、交流沟通和团队合作等方面的能力。学生的学位论文的完成可以安排在工程综合模块阶段,以企业实际工程项目的内容为题进行。

## 7.7.6 企业培养方案的实施

企业培养方案的实施是由高校与企业共同完成的。高校方面要建立校企合作工程教育指导委员会,聘请实施企业中具有丰富工程实践经验的高级工程师和高层管理干部与本校参与"卓越计划"院系的教授和院长一道担任委员会委员,由高校校长和企业负责人共同担任委员会主任。委员会的主要职责是领导企业培养方案的制定和实施工作,协调校企合作之间的重大问题。委员会下设办公室,承担委员会的日常工作,负责企业培养方案的拟定,具体组织企业培养方案的实施工作,协调企业培养方案实施过程中出现的问题。

由于企业培养方案的实施是在企业进行,因此实施企业通过设在企业的工程实践教育中心承担着企业培养方案实施的组织管理、教学安排、场地提供、教师配备、食宿安排、安全保密教育、学生考评等方面的责任与义务。具体要做好以下几方面工作。

(1)加强组织领导:工程实践教育中心的负责人应由实施企业的主要管理人员担任,从组织层面重视和加强学生在企业学习期间的各项管理工作。

(2)制定规章制度:实施企业要建立各种规章制度,涉及人员、场地、经费、时间、待遇等方面,从制度上保障企业培养方案的顺利实施。

（3）配备指导教师：实施企业需配备经验丰富的工程师担任学生在企业学习阶段的指导教师，指导学生实习实训。高级工程师和高级管理人员应为学生开设专业课程、作专题报告、指导本科生毕业设计或研究生学位论文。

（4）落实教学安排：实施企业应根据企业培养方案的要求，落实学生在企业学习期间的各项教学安排，提供实习、实训和科研的场所与设备；在生产条件允许的情况下，尽可能安排学生实际动手操作。在客观条件允许的情况下，接收学生参与企业技术创新和工程研究开发。

（5）提供生活条件：实施企业应协助学校共同安排好学生在企业学习期间的生活，提供必要的生活条件，提供充分的安全保护与劳动保护设备，做好相关的管理工作。

（6）开展相关教育：实施企业应协助学校共同做好学生在企业学习期间的安全、保密、知识产权保护等教育。实施企业要通过先进企业文化的环境和优秀工程师的言传身教，开展对学生敬业精神和职业道德的培养，增强学生的责任感和使命感。

（7）进行学生考评：实施企业应与学校一道，按照企业培养方案的培养标准和考核要求，共同对学生在企业学习阶段的各项培养内容进行考核，对学生的培养质量进行评价。

## 7.8　卓越工程师培养的国际化

工程教育的国际化是"卓越计划"的一项重点任务，其目的在于拓展学生的国际视野，提升学生跨文化交流、沟通和合作的能力，以及参与国际竞争的能力。然而，究竟什么是国际化和如何进行国际化，不同的参与高校有不同的认识和理解，这在一定层面上影响了参与高校卓越工程师国际化培养的进行。

### 7.8.1　国际化不一定要走出国门

提到工程教育国际化，人们首先想到的是"走出去"，即到发达国家去，到海外跨国企业去，到国外大学去。这些举措是国际化的重要形式，而且随着我国改革开放进程的加快和经济的迅速发展，"走出去"不仅得到国家政策的大力支持，而且也受到接受国家和国外大学或企业的积极欢迎。作为教师层面的"走出去"，对提高参与高校教师从事工程教育的胜任力是十分重要的。对于研究生层次,尤其是博士生层次的"走出去",对培养他们的合作竞争能力也是重要的。但是,参与专业大量本科学生的"走出去",将面临着教育资源,尤其是经费资源严重不足的障碍。

然而,经济全球化形成的客观局面是,国际化不一定要走出国门,国际化也可以在国内进行。相对于"走出去"而言,受益面更广的国际化方式是"请进来"。通过引进国外优质的教育资源和聘请高水平的工程教育师资,能够使得更多的学生享受到国外优质教育资源的服务,也将促进和推动参与高校教学方法的改革、课程教材的建设,以及教学效果的提高。但这种"请进来"只能请来有限的教育资源,却"请"不来境外真实的工程环境。这对于十分强调企业学习的"卓越计划"而言,显然是很不够的。

因此,参与高校应该主要通过"国内找"的方式,在境内寻找能够让学生进行工程教育的真实的国际化环境,包括境内的外资企业和跨国公司等。这种"国内找"的方式对于大批量本科层次学生工程教育的国际化,尤其对一些参与"卓越计划"的省属院校而言,是十分必要的。它不仅节约了大量的出境学习费用,而且使得卓越工程师培养国际化既可行又有效。

总之,参与高校要结合自身的实际以及卓越工程师培养的需要,将"走出去"、"请进来"和"国内找"三者有效地结合起来,扎扎实实地推进和开展卓越工程师培养的国际化。

## 7.8.2　各种类型的参与高校都能够开展国际化

一些参与"卓越计划"的省属高校可能认为,工程教育国际化是对高水平大学的要求,而自己学校尚不具备条件。事实上,各种类型的参与高校都能够开展工程教育的国际化,只是不同类型的参与高校有着不尽相同的途径和方式。然而,以下几种是所有参与高校都能够采用的开展工程教育国际化的方式。

(1) 加强与发达国家同类型院校的交流与合作。

中国经济社会的高速发展和巨大成就,不仅吸引了大量海外投资,也吸引了大批发达国家的高校希望与中国同行进行交流与合作。为了达到可持续和双赢的合作效果,参与高校应该主要选择那些类型基本相同、办学水平略高于自己的发达国家高校,进行深层次的工程教育的合作。

(2) 积极引进国外高水平的工程师资。

聘请国外水平高、经验丰富的从事工程教育的教师,担任参与专业主要专业课程的教学任务具有积极的意义。这不仅能够推动教学方法的改革,而且也将促进课程体系的改革和教学内容的更新。但这些教师往往不可能接受太长的聘期,而且聘用成本高,因此,可以考虑那些刚退休、身体条件好、具有丰富经验的国外教师。

(3)安排学生到服务面向所在地区的外资企业学习。

参与高校应该主动与学校服务面向所在地区的外资企业建立校企合作关系,安排学生到这些企业学习。虽然,一些设备先进、技术水平高、管理规范的本地外资企业可能有一些非本地的办学水平高于本地高校的潜在的合作高校,但是,地域的优势、潜在的生源和希望与本地高校建立良好关系的愿望,使得与这些外资企业建立校企合作关系成为可能。

(4)主动参与本地区国际工程项目活动。

高校在所在地区经济社会发展中的作用日益显著,对于涉及本校工程学科的国际工程项目,参与高校更应该积极主动地参与。这不仅给高校带来重要的社会效益,而且为卓越工程师培养的国际化创造了先进、真实、难得的学习机会和环境。

### 7.8.3　努力营建国际化的办学环境

卓越工程师培养的国际化还需要参与高校在校内营建国际化的办学环境。除了聘请境外教师授课外,参与高校还可以通过以下方式营建国际化的办学环境。

(1)采取措施招收更多的留学生来校接受工程教育。

具有招生外国留学生资格的参与高校应该充分利用教育部的支持政策,创造更好的条件,招收更多的留学生来校接受工程教育,通过将留学生与中国学生混合编班的方式,在这些班级形成多元文化交流、融合的良好氛围。

(2)邀请更多的境外师生交流团。

积极创造条件,采取短期交流、夏令营活动、语言学习等多种形式,邀请更多的境外师生交流团来校交流学习。通过共同学习、共同活动、共同生活等方式使中外学生不仅在知识学习和能力提高上受益,而且在相互理解、不同文化包容以及相互合作等方面也受益匪浅。

(3)组织学生参加各种国际交流。

积极组织参与专业的学生参加各种国际竞赛和其他国际交流活动,拓展学生的国际视野,丰富多元文化知识,训练和提升学生的国际交流沟通、合作与竞争的能力。

"卓越计划"专业培养方案不可能一蹴而就,而需要持续的改进和不断的完善。在方案制定阶段,培养标准细化到知识能力大纲的程度和课程体系改革与重组的力度之间需要反复地调整,以达到二者之间的平等对接;而在编制出培养标准实现矩阵时,如果发现标准细化后的指标要求不能够很好地通过一些课程和其他教学环节来实现,则要返回到知识能力大纲处,或者对标准的细化程度进行调整,或者对课程体系和课程教学内容进行调整,如图 7.2 所示。在培养过程中,一些新的问题的出现,或者由于在方案制定阶段一些问题考虑得不具体,也需要对专业培养方案进行完善。在一届学生毕业后,根据社会对毕业生培养质量的监督评价以及教育部对参与专业的认证评估,还需要对专业培养方案进行完善。此外,随着外部环境和人才需求的变化,需要对卓越工程师培养目标和培养标准进行调整,这样也需要对专业培养方案进行调整。因此专业培养方案的完善贯穿卓越工程师培养的全过程,是一个连续不断、周而复始的循环过程。

# 参 考 文 献

[1] 林健. 高校工程人才培养的定位研究. 高等工程教育研究,2009,5. 11~17,88.

[2] 林健. 工程师的分类与工程人才培养. 清华大学教育研究,2010,1. 51~60.

[3] 林健. 注重卓越工程教育本质,创新工程人才培养模式. 中国高等教育,2011. 19~21.

[4] 林健. "卓越工程师教育培养计划"通用标准研制. 高等工程教育研究,2010,4. 21~29.

[5] 林健. 高等学校人才培养全面质量管理探析. 高等教育研究,2001,6. 90~94.

核心篇

# 第 **8** 章　面向卓越工程师培养的课程体系和教学内容改革

【本章摘要】　课程体系和教学内容改革是成功地进行卓越工程师培养必须完成的一项关键、至关重要而又具有挑战性的工作。本章根据"卓越工程师教育培养计划"的总体要求，面向卓越工程师的培养，分析和研究相应的课程体系和教学内容改革。首先分析课程体系在培养目标、学科专业领域、人才培养和学生发展这4个方面的价值取向；其次讨论"卓越计划"课程体系所具有的独特性、权变性、系统性和多样性4种特征；再次从层次化课程体系结构开始，重点研究适合卓越工程师培养的模块化课程体系的结构形式及其结构设计；然后从5个方面系统地探讨课程体系的改革重组；最后从5个角度讨论课程体系的优化问题。本章最后简要地分析了如何进行教学内容的改革和更新。

　　大学课程体系是指大学根据本校制定的人才培养目标而设计和构建的由既各自独立又相互关联的一组课程所构成的有机整体。课程体系是大学人才培养的主要载体,是大学教育理念付诸于实践和人才培养目标得以实现的桥梁。大学的人才培养目标是对培养对象在知识、能力和素质方面提出的理想预期,课程体系则决定了培养对象所能具有的知识、能力和素质结构,决定了教育理想能否成为教育现实。因此,课程体系的设计与构建是大学人才培养目标实现的一项关键任务。

　　作为对我国现有工程教育模式的重大创新和突破,"卓越计划"的指导思想、主要目标和改革措施主要是通过"卓越计划"参与专业的专业培养方案的制定和实施得以实现,其中面向卓越工程师培养的课程体系和教学内容的改革是参与专业培养方案的一项核心内容。换句话说,为了实现"卓越计划"对卓越工程师培养提出的宏观要求以及各参与高校具体制定的卓越工程师培养目标,各参与高校必须根据本校制定的卓越工程师培养标准,研究、设计和构建满足学校培养标准要求,从而保证卓越工程师培养目标实现的课程体系和教学内容。

　　本章根据"卓越计划"的总体要求,面向卓越工程师的培养,从六个方面系统、全面地分析和研究相应的课程体系和教学内容改革,以期为"卓越计划"参与高校进行参与专业课程体系和教学内容的改革提供借鉴和参考,为卓越工程师的成功培养奠定重要的基础。

## 8.1　课程体系的价值取向

　　满足卓越工程师培养需要的课程体系应当具有以下四个方面的价值取向。

### 8.1.1　满足培养目标需要的根本价值

　　卓越工程师的培养目标的实现主要是通过相应的课程体系的实施来达到的,因此,满足卓越工程师培养目标的需要是课程体系的根本价值。以主动服务国家三大战略为主要目标,"卓越计划"要培养和造就一大批能够适应和支撑产业发展、具有创新能力和国际竞争力的卓越工程师。各类"卓越计划"参与高校根据本校的服务面向、人才培养定位和特色确定的本校某一参与专业卓越工程师的培养目标应成为该专业卓越工程师培养课程体系设计和构建要达成的总体目标,也是这一课程体系中每一门课程建设的共同目标。

卓越工程师的培养目标是通过相应的培养标准具体表现出对卓越工程师在知识、能力和素质方面的要求,因此,满足培养目标需要的课程体系的根本价值就必须通过达到培养标准的各项要求来具体体现。具体地说,参与高校以"卓越计划"通用标准和行业标准为基础制定的本校某一参与专业的卓越工程师培养标准,也称学校标准,与该专业卓越工程师培养的课程体系之间存在着这样的关系:在课程体系设计阶段,学校标准引导课程体系的设计;在课程体系实施阶段,学校标准是课程体系要达到的目标。

在"卓越计划"的实施过程中,卓越工程师培养的课程体系要随着卓越工程师的培养目标和培养标准的调整而做相应的变化,从而体现课程体系满足培养目标的根本价值,这体现了课程体系与培养目标和培养标准的**关联性**。然而,相对稳定的培养目标和培养标准不能限制课程体系进行必要的变动,以适应外部环境和需求的变化。这是因为,虽然培养目标和培养标准在一定时期内应该是稳定不变的,但是,在这段时期内经济社会、工程技术、科学文化方面的发展和进步,则要求在相同的培养目标和培养标准表述下,对课程体系和教学内容进行相应的调整、充实和更新,以适应外部环境的变化和经济社会发展的要求,这体现了课程体系相对于培养目标和培养标准的**独立性**。例如,本科层次卓越工程师培养的通用标准中规定要"了解生产工艺、设备与制造系统",随着生产工艺的改进,生产设备的更新,或先进制造系统的出现,在通用标准该条目不变的情况下,相应的课程设置和教学内容应该进行及时的调整和更新。

## 8.1.2 体现学科专业领域整体的继承和发展价值

全面系统地掌握相关学科专业领域的知识和精髓是卓越工程师培养的基本要求,因此,课程体系必须体现相关学科专业领域整体的继承和发展的价值。这就要求课程体系的设计和构建要认真考虑现代工程学科的特征、学生所学知识的效用、课程内容的结构和学科专业发展的趋势等几方面因素,从而使卓越工程师培养的相关学科专业领域的知识得到全面系统的继承和发展。

(1)学科专业的交叉性和综合性。

现代工程学科的一个重要特征是学科间的相互渗透和纵横交叉,这种学科专业的**交叉性**使得各种学科之间的发展不仅是相辅相成、相得益彰,而且是你中有我、我中有你,由此形成了学科专业的**综合性**这一现代工程学科的另一重要特征。

学科专业的交叉性和综合性也表现在卓越工程师应具有的知识、能力和素质上。对某一专业而言,传统的单一学科的知识已经不能满足现代社会对工程师的要求,"卓越计划"对各种学历层次卓越工程师在知识、能力和素质方面提出明确的基本要求[1][2],达到这些基本要求的前提就是要突破传统的单一学科体系的限制,设计和构建跨学科交叉融合的课程体系。

（2）知识信息的有效性和稳定性。

学科专业的迅速发展使得与学科专业相关的知识和信息浩如烟海,但在有限的学制内,学生不可能也完全不必要将这些知识全部学完。与此同时,以往的课程教学中存在着讲授知识陈旧、学非所用、理论脱离实际、重理论学习轻能力培养等现象。这些就要求在课程体系和教学内容的改革中要注重专业知识和教学内容的选择,以确保学科专业得到有效的传承。

组成课程体系和教学内容的知识和信息要具有有效性和稳定性。**有效性**表现在学生所学知识在日后的职业发展和终身学习中是基本的、无可代替的和必不可少的,包括基本规律、基本原理、基本技能;**稳定性**是指学生所学的知识是不易老化的和长期有效的,能够在学生日后较长的职业生涯中发挥作用。因此构成课程体系和教学内容的知识和信息的选择需要通过广泛的调研和精心的比较,如通过与行业企业的沟通,通过问卷调查,通过毕业生的反馈等。

有效性和稳定性是学生所学知识必须同时具备的。这方面一个典型的例子是计算机语言课程和程序设计原理课程的取舍上。在计算机科学技术发展的每一个时期,都有一种计算机语言是主流语言,因此,不少大学将这一主流语言作为相关学科专业的必修课。然而,由于计算机科技的迅速发展,新的计算机语言将在短期内取代原有的主流语言,这就使得学习过原有主流语言的学生不得不重新学习新的语言,这就说明一种计算机语言只是短期有效的知识。选择程序设计原理或软件工程基础等替代计算机语言作为必修课能够解决这一问题,这是因为,不论何种计算机语言,其设计思想、程序结构、数据库以及算法等基本原理是一致的,也就是说,程序设计原理较某一计算机语言而言,具有更好的有效性和稳定性。

（3）课程内容的逻辑性和系统性。

相对于以往的工程人才培养,卓越工程师培养涉及更广的知识面和更复杂的课程体系设计,因此,更要注意课程体系和教学内容的逻辑性和系统性。**逻辑性**表现为学科知识具有的特定结构、内在联系和逻辑关系等,它有利于学生由浅入深、由表及里地学习、掌握和运用知识。因此,要按照逻辑性组织好学科知识序列。**系统性**表现为知识结构的系统性和知识点覆盖的全面性,它对于学生日后胜任本职工作以及知识的获取、更新和创造均具有重要的作用。因此,要在有限学制内设计好知识结构和确定好知识点。

（4）学科发展的继承性和前沿性。

课程体系和教学内容的主要功能之一是对学科专业整体的传承,因此,具有继承性和稳定性的特点。但是,随着现代工程学科以及相关学科的迅速发展,各种知识不断创新,各种信息资源不断丰富,知识的内涵、功能和获取方式等都发生了大的变化,这就需要准确地把握工程学科以及相关学科发展的前沿信息,把最新的学科知识及时补充到课程体系和教学内容之中。也就是说,只有将学科发展的继承性和前沿性结合起来,才能完整体现课程体系和教学内容在学科专业领域上整体的继承和发展的价值。

## 8.1.3　反映参与高校人才培养独有的特色价值

由于高校之间存在着层次类型、办学理念、办学优势、服务面向、行业背景、培养目标以及课程资源的差异,这就要求每一所高校都要办出自己独有的、与众不同的人才培养特色。而高校的人才培养特色必然要通过其课程体系的特色来体现。因此,一所参与高校卓越工程师培养的课程体系要有反映该校在人才培养方面独有的、区别于其他高校的特色价值。具体来说,课程体系要能够做到:

（1）体现高校的教育理念。由于在办学类型、学科类别、办学历史、区域社会、办学主体和校长等诸多因素的差异,不同高校具有各自不同的办学思想和教育理念,如一些高校可以强调将创新能力的培养作为教育的核心价值,另一些高校可以将终身学习和自我发展能力作为人才的基本素质等,这些体现不同高校办学追求的教育理念应该通过本校的课程体系得以潜移默化地表现出来。

（2）针对高校的服务面向。为服务面向地区经济社会发展培养人才是每一所高校的根本任务,不同地区由于其经济社会发展水平、产业结构和支柱产业等的不同,对高层次人才有着不同的要求。因此,服务面向地区对人才类型、规格、能力和素质的特定要求应该成为高校的人才培养目标、标准和质量要求,这些针对性、具体的要求就应该通过制定高校的人才培养目标和标准,而后落实到各专业的课程体系之中。

（3）突出高校的办学优势。一所高校,不论是 985 大学还是地方大学,都存在着其他高校所不具备的办学特色和办学优势,这些优势都将为该校人才培养水平的提高发挥作用,也应该成为该校人才培养上与其他高校不同的优势所在,要通过课程体系的构建凸显出来。

(4)强调高校的行业背景。高校的行业背景对成功地实施"卓越计划"具有重要的意义,在强调校企合作的"卓越计划"中,高校的行业背景直接影响到课程体系设计、课程设置和教学内容选择,对调整课程体系结构、加强实践性课程、做到学以致用均具有重要的影响,需要彰显在课程体系的改革和教学内容的更新上。

一般而言,课程体系的特色可以通过以下几个方面形成:

(1)校企合作建设课程体系。

"卓越计划"要求高校与企业共同制定和实施卓越工程师培养方案,包括共同建设课程体系和教学内容。因此,参与高校要充分发挥合作企业所具有的工程教育资源和优势,包括教师资源、先进设备与技术、实验环境、研究开发条件等,与本校的人才培养优势实行优势互补,共同设计与构建卓越工程师培养的课程体系和教学内容,尤其是注重开发那些综合性、实践性、创新性和先进性的课程和教材,使得开发出的课程体系和教学内容具有鲜明的特色。

(2)组织社会其他资源开发课程。

除了与合作企业共同开发专业课程外,参与高校可以组织其他在各自领域具有权威性的社会资源,如政府部门、事业单位、非产学合作企业或其他高校针对性地共同开发一些综合性、跨学科、涉及面广的课程。这不仅能够克服以往高校闭门造车的弊病,更重要的是能够较大程度地提高所开发课程在卓越工程师培养中的效用和水平。

(3)按照新的教育教学理念构建课程体系。

"卓越计划"为创新工程教育教学理念提供了前所未有的平台,参与高校应该借助这一平台,根据本校卓越工程师培养目标和定位,提出新的教育教学理念,由此引导构建卓越工程师培养的课程体系。这方面典型的例子是哈佛大学闻名世界的"核心课程"体系,该体系凸现出哈佛大学富有特色的办学理念:"让每一位本科生都能在教师的适度指导下,接受广博的文化、科学基础教育"。

(4)与本地区其他高校共享教育资源。

对许多高校,尤其是地方院校而言,有特色的课程体系设计和构建的一个主要瓶颈是本校课程资源的不足,即不能提供足够的课程以适应人才培养多样化和个性化的需要。这种制约因素可以通过与参与高校所在地区其他高校课程资源的共享得到克服。也就是说,通过允许学生跨校选课并互认学分,不仅使学生完成了课程学习,而且还满足了课程体系的要求。这里要说明的是课程体系的特色既可以是一门课程及其内容,也可以是课程体系整体作用形成的效果。

实现学生在本地区跨校选课并互认学分需要满足以下条件。一是,学生所在高校与课程开设高校地理位置相近,以保证学生时间安排上的可行性;二是,学生所选课程的教学水平要高于学生所在高校,这样才能得到学生所在高校的认可;三是,学生宜采用插班听课的方式到课程开设高校听课,以减少对方高校教学组织上的压力。否则,如果要求单独开课,则可能因为学生人数不够,或教师时间不合适而无法实现;四是,在获得课程开设高校学分的同时,学生要按规定支付给该校相应的学费。

## 8.1.4　体现学生主体发展的最终价值

体现学生的主体发展也应该是卓越工程师培养课程体系的价值取向。合格的卓越工程师应该具有满足未来自身发展需要的基本素质,包括综合基础素质、职业发展素质、终身学习和创新素质,而这些素质需要在整个课程体系的实施过程中逐步地培养。因此,课程体系不是简单的知识的堆积,而是向学生提供整套学会生存与发展的知识、技能和素质体系,具有满足学生全面发展需要的最终价值取向。

注重学生主体发展的最终价值应该表现在课程体系的设计思想上。要将学生的全面发展,即知识的获取、能力的培养和素质的提升作为课程设计的指导思想,一方面要明确每一门课程在卓越工程师培养中的贡献;另一方面要清晰每一项能力的培养和素质的提升需要哪些课程的共同作用。由此形成的课程体系才能落实其对学生主体发展的最终价值。

注重学生主体发展的最终价值还要将学生作为具有主动性、能动性和创造性的主体。学生是课程的主人,要重视调动他们的主观能动性,使他们积极地参与课程学习、主动地获取知识、不断地提高能力、创造性地探索未知的世界,从而在学习课程的过程中使自己得到全面的发展。

卓越工程师培养的课程体系应该能够协调处理好以上四个方面价值取向之间的关系,并使它们有机地统一起来,这样才能使参与高校培养出来的卓越工程师不仅满足"卓越计划"的总体目标要求,而且具备各校自身独有的特色,不仅具有成为工程领域杰出专业人才的潜力,而且具备在未来的社会进步中发挥引领作用的素质。

## 8.2 "卓越计划"课程体系的特征

### 8.2.1 "卓越计划"课程体系的独特性

高校课程体系的独特性是指一所高校课程体系具有区别于其他高校课程体系的特色。这种独特性一方面是出于高校外部对人才培养特色的需要,即高校服务面向地区对高层次人才在层次、类型、规格、能力和素质等方面的专门要求,使得每所高校在人才培养上必须有自己的特色。也就是说,只有培养出特色鲜明的人才,以满足不同时期经济社会对人才的变化的需求,高校才能在激烈的高等教育市场竞争中得到生存和发展。独特性的另一方面是出于高校内部自身的特长和优势,即高校根据自己的办学理念、办学层次和类型、人才培养定位、学科专业特点和优势,以及所拥有的课程资源,在课程体系构建、课程设置、课程内容选择等方面所具有的与其他高校不同的特殊性或差异性。

高校课程体系的独特性是其办学特色的重要体现,往往是在一定的办学理念或人才培养定位引导下产生的。例如,哈佛大学的办学理念:"让每一位本科生都能在教师的适度指导下,接受广博的文化、科学基础教育",产生出影响全美高校和闻名世界的"核心课程"。又如,麻省理工学院的办学理念:"大学应致力于使学生在科学、技术和人文基础方面得到强有力的训练和熏陶,尤其应鼓励学生在提出问题、寻找答案的自由探索过程中发挥个人独创性",引出了该校开设"本科生研究机会计划"和"触立活动学时计划"等具有特色的课程。再如,斯坦福大学将人才培养目标确定为:"培养知识渊博、个性鲜明、富有创造力的,能够引领下个世纪的领军人才",其商学院就构建了与之相应的"创造可以促进和加深我们对管理理解的知识和思想,并用这些知识和思想来培养有创新性,有原则性,富有洞察力和深刻见解的可以改变企业,改变组织,改变世界的领军人"的学院课程体系;其法学院就构建了"勤勉的、富有想象力的、受人尊敬的,能够为公众和委托人服务的,能够引领律师职业不断发展,能够为国家和世界解决问题的人才"的学院课程体系;其工程学院构建了"培养能够将科学技术转化为劳动生产力,能够将好的想法应用于实践,从而促进世界更好发展的领军人"的学院课程体系。

高校的人才培养特色需要通过其课程体系来体现,而构建具有特色的课程体系将是我国高校今后课程体系进一步改革的趋势。

## 8.2.2 "卓越计划"课程体系的权变性

课程体系的权变性是指高校课程体系能够适应内外部环境变化而进行的及时的必要的调整和变化,主要表现为课程设置的适应性和课程内容更新的可行性。当经济社会发展对人才的层次、类型和规格的要求发生变化时,或者由于科学技术的发展、新兴学科的出现、高校办学思路和办学类型的转变等需要增设新的课程、停开过时的课程、更新课程教学内容等时,就需要课程体系在整体结构关系不变的前提下,能够做出适时的调整和改变。

加强高校课程体系权变性的主要措施有三。一是加强对包括本校"卓越计划"参与专业在内的相关学科发展的研究和分析,以及对服务面向地区未来对卓越工程师的要求进行调研和预测,及时地删除一些旧的课程,代之以反映学科新发展和人才新要求的课程;二是关注和掌握工程学科发展的前沿动态,将最新的学科发展成果,尤其是本校工科教师承担的工程研究和技术开发等方面的研究成果及时地转化为课程内容,剔除陈旧老化的知识内容,保持课程内容的新颖性和前沿性;三是完善选课制,提高选修课程比例,使学生能够按照自己的兴趣和需要选修课程,同时给予学生在学习内容和学习方式上更大的选择空间;四是建立辅修制度和双学位制度,以满足学生个性化发展和社会对人才类型多样化的需要。

## 8.2.3 "卓越计划"课程体系的系统性

课程体系的系统性主要表现为课程体系作为一个整体,既要满足参与高校卓越工程师培养目标的要求、实现课程体系价值取向,又要使构成课程体系各个模块所具有的功能能够得到实现。因此,不仅要从"卓越计划"总体目标的实现上进行参与专业整个课程体系的设计,按照系统原理将课程体系分解为若干个子系统即模块,而且要注重模块之间的相互关联、相互作用、逻辑顺序,以及各模块共同作用形成的课程体系的整体效果。

课程体系的系统性与权变性之间存在着必然的联系。在对课程进行增加和删减时不能忽略了课程体系系统性的特征,也就是说,课程的变动要在满足课程体系系统性的前提下进行,即不能影响课程体系整体目标的实现;相反,具有系统性特征的课程体系要允许其权变性特性的存在,即可以对课程设置和课程内容进行调整。

### 8.2.4 "卓越计划"课程体系的多样性

课程体系的多样性表现为模块化课程体系没有固定的最佳模式,包括模块数量、模块内部的课程门数、各个模块在整个课程体系中的比重等,衡量一个课程体系的优劣应以其是否有利于课程体系总体价值的实现为尺度。

课程体系的多样性说明,不同"卓越计划"参与高校的课程体系,甚至同一参与高校不同参与专业的课程体系都不应该是一种模式,而应该是模式各异、各有千秋。因此,课程体系的多样性要求参与高校不能将其他专业的课程体系简单地复制成某参与专业的课程体系,而应该根据该参与专业卓越工程师培养目标的实现进行课程体系的设计和建设。

## 8.3 模块化课程体系

课程体系的结构是由各课程要素及其相互关系决定的,课程体系的不同价值取向将影响着课程体系的结构,而不同的课程体系结构具有不同的性质和功能,从而产生不同的人才培养效果。因此,分析和研究课程体系的结构对于获得期望的卓越工程师培养效果至关重要。

通常,课程体系是由通识课程与专业课程,理论课程与实践课程,必修课程与选修课程,课堂教学与课外活动等四对课程要素及关系构成,这些课程要素之间的比例关系形成了课程体系的主体结构框架。不同层次和类型的高校,由于各自的服务面向、办学理念、办学特色、人才培养定位以及课程体系价值取向等不同,采取了不同方式来协调课程体系中各课程要素之间的关系,因而形成了不同的课程体系结构。

典型的课程体系结构有"层次化课程体系"和"模块化课程体系"两类。层次化课程体系曾经对我国高校人才培养产生了重大的影响。这种课程体系的缺点是:仅从满足行业专业的需要而不是学生的全面发展的需要设计课程体系,重专业知识、轻基础知识和人文社科知识,导致学生知识面狭窄、非专业能力欠缺、人文修养薄弱、综合素质较差。

## 8.3.1　层次化课程体系结构

层次化课程体系源于前苏联,它是以培养专门人才为目的,以专业知识为主线,由基础课、专业基础课和专业课三部分依次构成的课程体系结构,形象地说就是"三层楼"式课程体系,如图 8.1 所示。我国高校自从 20 世纪 50 年代初起,持续到 80 年代中期都采用此种课程体系结构,它对我国建国后 30 余年高等教育的发展产生了重要影响。

图 8.1　层次化课程体系结构

这种课程体系的优点是:

(1) 课程体系内部各课程之间的纵向逻辑关系强,符合学科发展规律、由浅入深的认知规律和循序渐进的教学原则,有利于学生在较短的时间内较为系统深入地掌握胜任本专业工作所需的专业知识。

(2) 采用这种课程体系的教育,学生能够在较窄的专业领域内进行深度学习,达到较高的专业水平,适合社会分工过细的行业和专业,有利于学生毕业后在较短时间内胜任本专业内高级岗位的工作。

(3) 在急需大批高级专门人才的严格计划经济年代,能够在短时间内培养出知识面窄、专业水平精深的大量高级专门人才,对当时经济建设和社会发展起到了积极的推动作用,有其存在的合理性。

这种课程体系的缺点是:

(1) 从专业教育的需要来设计和构建课程体系,导致课程范围十分狭窄,跨学科专业的课程、人文社科课程等严重不足,使得学生知识面过于狭窄,不能满足现代社会对高层次人才在知识、能力和素质上的要求。

(2) 课程体系内所设的课程几乎都是必修课程,学生基本不能够自由选课,使得学生个性需要难以得到满足,不利于因材施教,难以满足经济社会发展对多样化人才的需求。

### 8.3.2 模块化课程体系结构

模块化课程体系是参照计算机软件系统模块化设计和编制的思路而设计的课程体系结构。它是由若干个完整的课程模块构成的课程体系形式。每一个模块又由若干门课程组成,这些课程一般分为必修课和选修课两类,也有分为必修课、限选课和任选课三类,少数模块可以或者为必修课或者为选修课。模块化课程体系结构如图 8.2 所示。

| 模块1 | 必修课 |
|---|---|
| | 选修课 |
| 模块2 | 必修课 |
| | 限选课 |
| | 任选课 |
| ⋯ | 必修课 |
| ⋯ | 选修课 |
| 模块n | 必修课 |
| | 选修课 |

图 8.2　模块化课程体系结构

模块化课程体系的主要优点是:

(1)具有很强的适应性和灵活性。课程体系由若干模块组成,各模块之间有着明确的逻辑关系,每个模块具有各自的功能,模块之间相对独立,这样就能够对一个或几个模块进行调整或修改而不影响其他模块和整个课程体系各模块间的关系,很好地适应经济社会发展对课程体系动态变化的需求。

(2)能够突破学科专业领域的界限,灵活地设计和组织具有不同功能的课程模块,从而构建具有不同价值取向的课程体系,以满足学生的全面发展和个性发展需要。因此,在最大程度上克服了层次化课程体系的不足。

(3)课程模块中的每个模块一般由若干门课程组成,规模小、目标明确、容易操作和实施,不仅有利于学生安排时间、选择感兴趣和需要的模块学习,提高了学生学习的积极性和完成模块课程学习的信心,而且有利于进行模块实施效果的评价和模块课程的调整。

这种课程体系的不足是:容易由于过于追求学生的"全面发展"和"个性发展",成为各种各类课程的"大拼盘"和"万花筒",而失去课程体系应有的功用、价值和特色。

**【实例 1】**　哈佛大学的以"核心课程"为主的三模块课程体系。

模块化课程体系的一个典型实例是哈佛大学以"核心课程"为主的由专业课程、选修课程和核心课程三个模块构成的课程体系。美国哈佛大学前校长德雷克·博克和哈佛文理学院前院长亨利·罗索夫斯基以"培养学生的智能和思维方式"为教育目标,共同提出了核心课程(Core Curriculum)理论。他们以"核心课程"为重点和切入点,对哈佛大学课程体系进行重新构建。历经多次调整和完善,哈佛大学现行的课程体系是由三个模块构成,即涉及多学科领域的通识教育的核心课程、本专业的主修课程和按照个人兴趣选择的自由选修课程。按照哈佛大学的规定,申请学士学位的学生必须修 32 门学期课程(full-course),其中 16 门专业课程,8 门是核心课程,8 门自由选修课程,如图 8.3 所示。

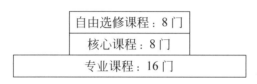

图 8.3　哈佛大学三模块课程体系

核心课程包括七类学科 11 个领域,即外国文化,历史研究,文学和艺术,道德理性,自然科学,量化推理和社会分析七类学科。哈佛核心课程包括六个领域,即外国文化、历史研究、文学艺术、道德、自然科学和社会分析。其中历史研究还分 A 和 B 两类,文学艺术分 A、B 和 C 三类,自然科学分 A 和 B 两类,因此核心课程涉及 11 个领域。每类学科领域都包含至少 10 门以上相关课程供学生选修,每个本科生必须在与自己主修专业最不相关的 8 个学科领域里各选修至少一门课程。

专业课程是学生在主修专业内需要学习的课程,包括该专业的基础知识及最新发展,学生也有着宽泛的课程选择范围。选修课程允许学生选修哈佛大学本校以及有合作关系的本地区其他大学开设的所有课程,包括辅修科目。选修课程的目的是允许学生按照自己的兴趣、爱好、特长和职业规划学习他们想学的学科。

值得特别注意的是,哈佛大学的核心课程不是按传统的人文科学、自然科学和社会科学分类,也不是集中于某一学科专业领域,这就使得学生能够对事物有多维度的理解、对社会有更全面的认识、对世界有更客观的分析,由此使个人能够得到更全面的发展。

哈佛大学三模块课程体系特点是：

（1）注重学生作为有社会责任感的公民和社会人所需要具备的基本素质，学生除了学习专业知识以外，对非专业的其他学科领域要有广泛的基础知识，这样学生接受的教育才是全面的，具备完整的知识结构，不仅使其具有良好的综合素质，而且也有利于专业能力的提高和职业发展。

（2）课程体系具有很好的弹性和灵活性，每一个学科领域，不论是核心课程、主修课程，还是选修课程，均为学生提供了充足的课程，使他们能够自由地按照各自的兴趣和个性需求选择课程，这样既保证了学生受到全面教育，又使他们得到个性发展，二者的辩证统一成就了杰出的毕业生。

【实例2】 斯坦福大学的"五模块课程体系"。

模块化课程体系的另一个典型实例是斯坦福大学为本科生构建的由公共基础课程、公共选修课程、专业必修课程、专业选修课程与实践课程五个模块构成的课程体系，如图8.4所示。

| 实践课程 |
| --- |
| 专业选修课程 |
| 专业必修课程 |
| 公共选修课程 |
| 公共基础课程 |

图 8.4 斯坦福大学"五模块课程体系"

在"五模块课程体系"中，公共基础课程是所有本科生都必须学习的课程，主要包括写作与修辞、外语两门课程，写作与修辞课程的目的在于使得学生能以口头或书面的形式清楚准确地表达自己的想法和观点，外语课程的目的是要求学生能够至少熟悉一门外语，达到中级水平，为阅读外文文献提供手段。公共选修课程，亦即通识教育课程，涵盖人文学科、理科、工科、医学等多个领域的课程，学生可以根据自己的兴趣和培养计划，选修相关的课程。

专业必修课程是学生进入到专业教育阶段前必须学习的基础性专业课程，内容包括专业学科领域的理论、方法论等基本基础知识，以引领学生进入专业领域，为专业学习奠定基础。专业选修课程是学生可以根据导师的建议和自己的需要选修的专业类课程，包括短期研讨课和综合研讨课，旨在引领学生深入地进行学科专业领域的学习和探究。

实践课程是斯坦福大学课程体系的一个特点，主要包括社会服务、工作实习、专门项目训练等,以培养学生知识运用能力、实践能力、交际能力和领导能力。

### 8.3.3 "平台 + 模块"的课程体系结构

模块化课程体系的另一种表现形式是"平台 + 模块"课程体系。在这种课程体系中,必修课程是由几个相互关联、逐层提升的平台构成的,而选修课程是由多个相互独立的专业方向模块和跨学科选修课程模块组成的。平台中的课程是学生必须掌握的共同知识,一般包括公共基础、学科基础和专业基础等方面,反映了人才培养的基本规格和全面发展的共性要求。模块中的课程则是可以由学生根据自己的兴趣、爱好和特长自由选修的专业层面的课程,体现了人才培养的多元化和学生个性发展的要求。由此可见,"平台 + 模块"课程体系实际上是分别按照对学生的共性和个性要求进行设计和构建的一种模块化课程体系。

"平台 + 模块"课程体系中,学生的必修课程一般是由公共基础平台、学科基础平台、专业基础平台三个层次不同但又是相互联系、逐层递进的平台构成的。学生的选修课程是由多个相互独立而知识完整的专业方向模块和选修课程模块组成的,如图 8.5 所示。一般情况下,平台是根据不同学生的共性发展和学科特点要求设置的,由学科、专业共同的知识课程组成,体现了基础课程教育和共性教育,反映了人才培养的基本规格和要求。

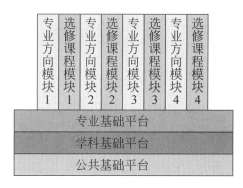

图 8.5　"平台 + 模块"课程体系结构

"平台 + 模块"课程体系的特点:

(1) 课程体系中的"平台"包含的是同一学科各专业学生的必修课程,图 8.5所示的三个平台的模块课程分别包含了通识教育、学科教育和专业教育的基础知识和基本能力要求,体现了人才培养的基本规格和全面发展的共性要求,能够为高层次人才培养奠定坚实的基础。

（2）课程体系中的"模块"为学生提供了各种可能的专业方向和兴趣爱好的选择,使得学生在共同的平台基础上,根据个人的兴趣、特长和志向,在教师的指导下,选择专业方向和其他选修课程,满足个性化需要,实现人才培养多样化的社会需求。由此可见,"平台＋模块"课程体系结构对各种类型、不同需求的学生具有很强的适应性和灵活性。

由以上分析和实例可知,模块化课程体系的结构形式可以多样,模块数量和大小没有约定俗成的限制,可以根据实际需要灵活确定,而且容易对各个课程模块进行调整和完善,因而适合各种不同类型课程体系的构建,尤其适用于有多个目标、多项功能要求的复杂课程体系的构建。由此不难看出,模块化课程体系是一种能够较好地协调和满足卓越工程师培养课程体系的四个方面价值的课程体系结构。

## 8.3.4　模块化课程体系结构的设计

采用模块化课程体系结构进行面向卓越工程师培养的课程体系设计和构建的思路是"自顶向下、分解集成",其基本步骤如下。

步骤1:将课程体系的总体目标、功能或价值取向(以下简称"总体设计功能")进行分解,使分解后的若干个二级目标、功能或价值必须是相对独立、要求单一、明确清晰的。

步骤2:按照步骤1分解出的课程体系的二级目标、功能或价值设计和组织课程,形成各自独立的课程模块。

步骤3:确定各课程模块之间的关系,包括先后顺序和相互协作,由此确定实施顺序和作用效果。

步骤4:将各个课程模块进行集成,分析检验通过所有课程模块相互协作、共同作用的结果是否具备整个课程体系的总体设计功能。如果达到,则整个课程体系的设计结束;否则,返回到步骤1。

图8.6借用鱼骨图给出了本科层次卓越工程师培养的模块化课程体系结构的示意。

在采用模块化课程体系结构进行面向卓越工程师培养的课程体系设计和构建时,要注重课程体系的价值性、权变性、系统性和多样性,具体而言,要做好

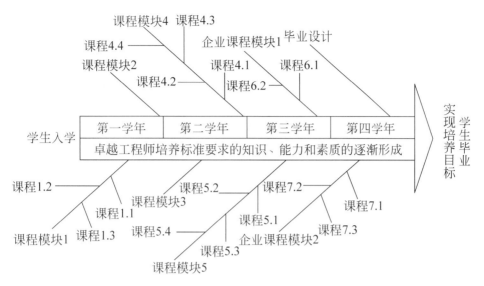

图 8.6　本科层次卓越工程师培养的模块化课程体系结构(鱼骨图)

以下几方面的工作:

(1) 课程体系价值取向的实现要贯穿课程体系设计和构建的整个过程。

也就是说,最终设计和构建的课程体系要满足卓越工程师培养目标的实现,要使学生系统全面地掌握相关学科和专业领域的知识和精髓,要反映出参与高校的人才培养特色,要满足学生主体发展的需要。

(2) 每个模块在卓越工程师培养上应具有明确的作用和功能。

课程体系中的每一门课程都应有明确的作用和功能,每个模块中各门课程的共同作用就形成了该模块所具有的作用和功能,从而有效地实现课程体系的部分价值。只有这样,课程体系中所有模块的集成才能实现课程体系的整体价值。

(3) 确定好各个课程模块在整个课程体系中的权重比例。

权重比例的大小主要取决于模块的价值在课程体系整体价值的比重,以及模块中要求学生完成的学分数占总学分的比例。从课程类型的角度,要认真区分通识课、学科基础课、专业基础课、专业课与综合素质课,以及必修课与选修课,按照卓越工程师培养课程体系的价值取向确定各种课型之间的比例与结构。

(4) 每个模块应是相对独立、功能各异的课程实施与评价单位。

这就能够较好地体现课程体系的权变性的特征,即在不影响其他模块的情况下,可以针对培养目标和社会需求的变化,以及工程学科的发展对模块内的课程及内容及时地进行调整、充实和更新。

（5）从系统的角度设计课程体系，注重模块之间的作用效果。

每个模块与其他模块的组合，或者多个模块之间的组合，能够按照系统论的原理取得 $1+1 \geqslant 2$ 的效果，从而提高课程体系在卓越工程师培养上的整体效用。

（6）实现卓越工程师培养的统一性和多样性。

各个模块中的必修课程是参与高校在卓越工程师培养上统一的基本要求，是每一位学生必须完成的教学环节。而各个模块中的选修课程则允许学生根据自己的兴趣、爱好、特长或志向自主地选择，从而满足学生个性发展的需要。

（7）提高课程设置的灵活性和多样性。

模块化课程体系中模块的数量和大小确定应以有利于卓越工程师培养为准则，建立多样化的弹性课程体系结构。这样不仅能够使课程体系的设计更加灵活方便，也为多样化的课程体系的构建提供空间。例如，在确立了专业基础课平台之后，可以采取各种不同的组成方式，灵活设置若干个专业方向课程模块，让学生自由选择，这样也有利于学生的个性发展。

此外，对于一所"卓越计划"参与高校，要避免本校不同参与专业均采用单一化或刚性的课程体系结构。这是因为，不同专业的卓越工程师培养目标和标准不同，单一化或刚性的课程体系结构容易限制不同培养目标和培养标准的实现。因此，要鼓励不同学科和不同专业课程体系的个性化和差异化。与此同时，也要避免课程体系结构的同质化，即简单地将其他参与高校同类专业的课程体系结构作为本校的课程体系结构。同质化的课程体系结构非但不能凸显本校课程体系在卓越工程师培养方面应该具有的与众不同的特色，反而会导致课程体系的僵化，丧失了模块化课程体系的固有优势，妨碍人才全面发展与个性发展的统一，从而背离了"卓越计划"的初衷。

## 8.4 课程体系的改革重组

"卓越计划"参与高校在按照模块化结构进行卓越工程师培养的课程体系的设计和构建时，首先要对本校参与专业原有的课程体系进行改革与重组。作为工程人才培养的基本要素，课程和教学环节是细化后的"卓越计划"学校标准得以落实的着力点，关系到培养标准中所规定的知识、能力和素质要求能否真正得到落实，是能否培养出符合培养标准要求的工程人才的关键。因此，课程体系的改革与重组是实现"卓越计划"培养标准的保证。

近年来不少高校将课程体系的改革重组理解为对原有的课程重新进行简单的排列组合,或是单纯对传统课程的简单叠加。因此,在国内高校的课程设置中,出现了不少各种类型的"拼盘式"的课程体系,呈现出"拼装多,整合少"的状况。这种"拼盘式"课程体系的主要问题有三。一是"新瓶装旧酒",仅调整课程名称,而没有调整和更新课程内容;二是课程"各自为政",课程之间缺乏内在的联系和相关性;三是关注模块内课程的选择,而忽视各模块之间的关联性,更忽略整个课程体系的系统性。因而,每个"拼盘"课程模块的功能不明确,课程体系的整体价值得不到显现。鉴于这些问题,在课程体系的改革与重组方面要注重做好以下几项工作。

## 8.4.1　加强人文与社会科学课程

人文与社会科学课程在工程人才培养上的作用主要体现在三个方面。一是培养学生作为合格的公民所必须具有的基本知识、健全人格、良好素质和基本生存能力,使他们学会如何做人,能够处理好人与人、人与社会、人与自然之间的关系;二是培养学生作为优秀的工程人才所必须具有的综合素质,具有社会责任感、工程职业道德、爱岗敬业精神和正确的价值观,能够处理好工程与社会、人与自然和谐、可持续发展等方面的问题;三是促进学生专业知识的学习、工程素养的形成和工程能力的培养,能够从历史、哲学、政治、经济、文化、管理等人文社科的角度认识世界、发现问题、把握社会、创造未来、服务人类。

在课程体系的改革重组中,可以从以下六个方面加强人文与社会科学课程的作用。一是精心设计满足卓越工程师培养需要的若干门人文社会科学课程作为必修课,明确规定人文社会科学课程所需学分;二是精选课程教学内容,突出其对工程教育的相容性、实用性和互补性,而不追求知识传授的系统性和全面性;三是在人文社会科学课程中尽可能加入工程元素,如相对固定给某个工程专业学生讲授人文社会科学课程的教师,使这些教师逐年加深对该工程专业的了解,进而不断提高所讲课程与工程专业的结合程度;四是由人文社科教师与工科教师共同研究、设计、准备和讲授工程教育和人文社科教育相结合的综合性课程,摆脱狭窄的专业教育模式的束缚,使人文社科教育更好地与工程教育融合;五是要求工科教师提高自身的人文社科素养,将人文社会科学知识渗透到工程专业课程中,形成人文社科教育与工程教育的自然融合,让学生在工程专业课程的学习过程中感受到人文社科知识的力量;六是尽可能采取现场教学、多媒体技术、理论与实践相结合、案例分析等方式和手段提高人文社会科学课程的教学效果。

## 8.4.2　注重知识结构的系统性和知识点布局的全面性

课程体系整合重组的根本原则是有效地实现课程体系的价值取向。要实现课程体系的总体价值,在进行课程体系的整合重组时就要注重知识结构的系统性和知识点布局的全面性。这既是系统科学思想所强调的整体大于部分之和在课程体系上的反映,也是工程、科学、技术、经济和社会交叉综合发展这一主流的客观要求,归根到底,它反映了现代社会对卓越工程师全面发展的需求和期望。知识结构的系统性不仅表现在本学科专业领域知识构成的整体性,反映出学科自身的继承、发展和前沿性,而且要体现学生全面发展对知识面要求的整体性,以及诸学科领域之间的内在联系、相关性和完整性。知识点布局的全面性强调的是知识结构的系统性中有效知识点的选择,这些有效知识点不仅要满足学生职业发展的需要,而且要满足社会对卓越工程师应承担的社会责任所需能力和素质的需要,同时要满足学生终身学习和不断创新的需要。

因此,在进行课程体系的整合重组过程中,要突破各学科领域的界限,不受原有课程和体系结构的束缚,对课程进行实质性的有机融合和重新组织。具体而言,首先,要改变以往按人文科学、社会科学和自然科学分类或按照等级结构设置课程的做法,打破原有专业、课程之间的壁垒,摆脱学科知识系统的束缚;其次,要强调课程内容的综合性,以跨学科的方式选择课程内容、组织和整合课程体系,注意不同学科知识的相互渗透、融合和新知识的吸收利用,保证知识结构的系统性和完整性;再次,要改变由于过于讲究学科自身结构而导致的课程设置过细、过多和缺乏整体性的状况;最后,要避免因人设课、课程内容的脱节和交叉重复,精简课程门类,降低必修课比例。凡此种种,突出知识结构的系统性和知识点布局的全面性,实现课程体系的整体优化,促进学生知识、能力、素质的全面协调发展和提高。

例如,作为土木工程专业重要的专业基础课,传统的三大力学课程,即理论力学、材料力学和结构力学可以通过整合重组成一门新的力学课程。这三门力学课程的主要问题有二:一是课程顺序和课程内容的安排上不完全符合工程知识的认知规律。在材料力学中先讨论应力和应变的计算,而到结构力学中才讲内力的计算,这与先计算荷载、再将荷载作用到结构上计算内力、最后计算应力的工程设计逻辑思维方式不一致。二是每门课程各成学科体系,课程教学只是抽象的理论学习,不仅课程之间相对独立、缺乏联系,更重要的是教学内容与专业联系不密切。为了使学生更好地按照认知规律掌握力学知识,加强力学知识在专业实践中的运用,培养学生解决工程实际问题的能力,可以将传统的理论力学、材料力学、结构力学三门课程加上建筑荷载计算内容组建成一门新的课程,可称为建筑力学、工程力学或应用力学。新的力学课程以建筑工程为背景,大量引入工程实例,按照力的基本概念—建筑荷载—内力分析—应力分析等内容来组建。通过三门力学课程的整合重组,新的力学课程将使学生更有效地掌握力学知识,更重要的是,能够培养学生工程思维的方法和运用力学知识解决工程实际问题的能力。此外,原有课程的学时也得到大幅度的减少。

又如,可以将电子信息与通信工程专业的三门专业基础课程:信号与系统、数字信号处理和自动控制原理(总学时 144,学分 9.5)整合重组为一门课程——信号、系统与信号处理(学时 90,学分 6)。新课程内容的选择应该结合工程实际问题的解决,结合工程领域的当前和未来的需要。

由以上两例可见,对原有理论性较强的课程的整合重组不仅能够使有效的学科知识得到强化,减少理论课程的学时,而且能够将理论与工程实际的需要密切结合起来。

## 8.4.3　处理好通识教育课程与专业教育课程的关系

专业教育是指大学培养专门人才的教育,它是为学生从事某一领域工作所需的知识和能力做好充分准备的高等教育。专业教育的知识边界和能力要求是非常清晰的,它们往往限定在严格的专业范围之内,有清晰的学科界限。只要在社会分工基础上的专门化职业领域还存在,就必然存在专业教育,专业教育是大学教育的主要特征和本质反映。

通识教育是大学教育的重要组成部分,是所有大学生都应该接受的成为具有社会责任感和综合素质高的人所必需的一种非专业性教育。通识教育涉及面广、不受学科和专业限制,重视学生的基本知识的学习和基本技能的掌握,强调学生全局视野、责任意识、奉献精神、职业道德和社会能力等方面的培养,旨在培养全面发展的人才。

高等教育是基础教育的延伸,大学的教育目标是培养全面发展的专业人才。现代社会要求高层次人才首先应该是一个社会人,即具有在社会生存和发展、承担社会责任所必须具备的综合知识和素质,然后才是一个能在社会大环境下发挥职业专长的专业人。一方面,高等教育的本质决定着其课程必须具有专业性,另一方面,现实社会与高等教育的联系又要求其课程具有通识性,因此,通识教育与专业教育应该构成大学教育中相互关联、密不可分的整体。

通识教育强调基础知识、技能和素质的综合性,专业教育强调专业知识和能力的系统性和完整性,两者不同的价值取向是在由它们构成的大学课程体系的整体性中必须解决的一个基本矛盾。

通识教育课程与专业教育课程比例的合理性是大学课程体系设置决策中首先考虑的问题。当然,不同层次不同类型的大学,在确定通识教育课程与专业教育课程的比例时可以各自有所侧重,不必强求一律。而且,在协调这两种教育课程关系时,不同的国家,不同的大学可以采用不同的方式。概括起来有三种基本方式。一是"通中求专",即以通识教育为主,在通识教育的基础上进行专业教育;二是"专中求通",即以专业教育为主,在专业教育的基础上进行通识教育;三是"专通并举",即两种教育齐头并进,两种教育课程比例差异不大。

然而,不论何种类型和层次的大学,可以从毕业生就业面的大小来处理通识教育课程和专业教育课程的比例关系。确定这两类课程的比例关系的原则是:服务面越广的专业,通识教育课程比例越高;相反,服务面越窄的专业,专业教育课程比例越高。这是因为服务面越广的专业,就业选择面就越大,就需要有较高比例的通识教育课程,以适应可能面临的各种不同岗位不确定的挑战;而服务面越窄的专业,就业方向相对较为明确和清晰,应该在专业方面接受更多的训练,以便在新的岗位上尽快上手,更好、更快地胜任岗位工作。

## 8.4.4 注重通识教育与专业教育的融合

通识教育与专业教育的融合是现代高等教育在课程体系改革方面的一种发展趋势,也是参与高校实现卓越工程师培养目标的一种有效途径。将通识教育与专业教育进行有效的融合,不仅能提高每门课程及其他教学环节的功效,而且能够使得通识教育和专业教育之间相辅相成、相得益彰,更好地实现人才培养目标。这方面需要做好以下四个方面的工作:

(1)要改革通识教育,强化通识教育在专业人才培养中的作用,使通识教育在人文知识传授、个性品质训练、公民意识陶冶、非职业能力培养方面成为成功进行专业教育的前提,成为实现卓越工程师培养目标的基础。如通过通识教育,培养学生的各种学习技能,为学生专业课程的学习和终身学习做准备;又如通过通识教育,提高学生对团队合作价值的认识和对可持续发展重要性的理解,为学生团队合作能力和工程师社会责任感的培养做准备;再如通过通识教育,培养学生批判性思维和创造性思维,为学生创新意识的形成和创新能力的培养做准备。

（2）专业教育的改革要注重与通识教育的衔接,使专业教育不仅是专业知识的传授、专业能力的培养和训练,而且是通识教育基础之上学生综合能力的培养和全面素质提升的延续。如采用基于问题的学习方法组织专业课教学,不仅能够培养学生分析问题和解决问题的能力,同时也是对通识教育中形成的团队合作意识的实践,也能够培养学生团队交流、沟通和合作能力。又如学生到企业的实践活动,不仅丰富了学生的工程经历、提高了学生的实践能力,而且也培养和提高了学生的组织能力和协调能力。再如学生在企业进行的毕业设计,除了是对学生所学的知识和掌握的能力的综合训练和提升外,也是对学生社会责任感、敬业精神和职业道德的培养,是通识教育的继续。

（3）要从实现培养目标的角度,明确每一门课程或其他教学环节在卓越工程师培养上的作用,以及相应的教学方法或实现方式。每一门课程或其他教学环节,不论是通识课程还是专业课程,都是通过各自的实现方式在卓越工程师的培养上发挥着多方面的作用,而每一个标准细化指标的实现往往是多门课程或其他教学环节共同作用的结果。在课程体系改革与重组中,要认真分析和确定每一门课程的作用,以及采取何种实现方式最有效地发挥该门课程的作用。

（4）要从系统和整体的高度,注重每一门课程或其他教学环节之间的衔接,尤其是能力培养和素质养成在多门课程或教学环节之间的延续性和系统性,使在某一教学环节掌握的知识和能力能够延伸到后续教学环节中并得到强化和拓展,使培养标准要求的各种知识、能力和素质能够在整个课程体系的执行过程中得到有效的实现,从而发挥课程体系的整体效用。

## 8.4.5　将能力的培养贯穿于整个课程体系

传统的课程把获取知识,拥有知识作为主要目标,事实上,知识如果得不到应用,如果不能够内化深化为能力,这些知识将很快被遗忘,教育的目的将大打折扣,因此,能力的培养要成为课程的主要目标。"卓越计划"对卓越工程师的各种能力提出明确的要求,而能力的培养是卓越工程师培养中最重要也是最有难度的一项任务。为此,在卓越工程师培养的课程体系整合重组过程中就要把能力的培养作为一项明确的目标来落实,使能力的培养体现在每门课程之中,贯穿于整个课程体系中。

能力培养的核心要使学生主动积极地参与课程的学习,成为课程的主人。学生的主动性和积极性取决于其求知的欲望、对事物的好奇、解决问题的勇气以及战胜困难的成就感。基于这种认识,可以通过以下几方面发挥课程体系对学生能力的培养作用:

(1)按照具体问题、实际案例和工程项目组织课程和教学内容。这种方式构建的课程就形成了学生主动参与课程实施全过程的机制,学生就能够通过问题的分析、案例的讨论、工程项目的参与、与同学的合作以及与教师的互动沟通有效地培养和提高学生的知识和信息的获取能力、分析和解决实际问题的能力、创新意识和创新能力、交流、沟通、团队合作和竞争能力。

(2)注重课程的理论与实际的结合、注重课程的知识与现实社会的联系。这就凸显了理论知识的运用和价值,对培养和提高学生运用所学知识解决实际问题、应对现实社会各种复杂局面、掌握生存与发展的能力具有重要的作用。

(3)通过在企业学习阶段课程的实施以及顶岗学习。企业学习阶段课程的主要任务是培养和提高在学校学习阶段未能完成的卓越工程师应该具备的各种能力和素质,包括专业能力、发展能力和综合素质等。因此,企业学习阶段课程的构建要以培养相应的能力为主要目标。

(4)设置学生在教师指导下自主完成的实践性和创新性项目课程。这类项目性课程是学生所学理论知识的综合运用和多种能力培养的有效方式。项目的完成需要学生发挥自身的主观能动性,寻求解决问题的方法和途径,通过各种渠道获取需要的资源,得到他人的合作与支持,协调处理好各方面的关系等。

此外,能力的培养要注重多门课程的协同作用。这是因为,一种能力的培养往往不是一蹴而就的,而是需要多门课程的连续作用,才能够使该种能力得以逐步地形成和提高。因此,在课程体系整合重组时要注重相关课程在能力培养上的关联性,使这些课程在能力培养上形成一个有机的课程群。

## 8.5 课程体系的优化

"卓越计划"参与高校在完成对本校参与专业原有课程体系的改革与重组后,还可从以下几个方面对课程体系进行优化,以进一步完善课程体系的构建。

## 8.5.1　处理好必修课与选修课的关系

大学的人才培养是有一定的标准的,没有一定的标准,也就没有大学教育质量可言。因此,大学课程体系需要一定的规定性或统一性,它在课程体系中的具体体现是必修课程。但是,社会对人才的要求是多样的,大学生的需要往往是不同的,况且每个学生的个性也是有差异的。所以,大学课程也必须是多样化的,才能给学生提供多种选择机会,这也就是人们通常所说的选修课程。规定性和选择性是大学课程体系设计决策中必须处理好的另一个基本矛盾。

必修课是学习某一专业的每一个学生都必须修习的课程,既有公共课、基础课,也有专业课内容,旨在保证所培养人才的基本规格和基本质量达到所应具备的基本知识与技能要求。选修课是学习某一专业的学生可以有选择地学习的课程,旨在满足学生兴趣爱好与个性发展的需要,拓宽学生的知识面或者加深专业性知识,充分挖掘学生的潜能。根据选修范围,选修课还可分为公共选修课、大类选修课、专业选修课;根据选修的自由程度,选修课可分为指定选修课和任意选修课。指定选修课是指学生必须在某一学科领域或一组课程中选修,如要求学生须在自然科学和社会科学领域中选修若干学分的课程。任意选修课则可以在任意学科领域的课程中选修。由此可见,大学课程体系中的必修课与选修课有机结合是解决人才培养的统一性与学生的个性发展的主要途径。

必修课与选修课是在卓越工程师培养课程体系中必须具有的两类课程。必修课是"卓越计划"参与专业每一个学生都必须修习的课程,旨在保证学生拥有卓越工程师必须具备的基本知识与技能,是卓越工程师培养对学生规定的统一要求的具体体现。但是,社会对卓越工程师要求的多样化以及学生自身需求的个性化,需要高校提供给学生按照社会或自身要求选择课程学习的机会,因此,选修课是满足卓越工程师培养多样化和学生个性化的具体体现。

在规定的学制下,必修课与选修课的关系是统一性和多样性之间的矛盾,这一矛盾的关键在于必修课与选修课之间的比例,即选修课的学分占总学分比例的确定。选修课比例的高低受到几方面因素的影响。首先是高校的服务面向的大小,即高校毕业生可以选择就业的区域。服务面向越广的高校的毕业生,由于面对着更多的市场选择,在知识、能力和素质上要有更大的灵活性,因此,需要有更大比例的选修课。其次是社会对卓越工程师需求的多样性程度。

多样性程度越高的专业的选修课比例应该越高。再次是学生的个性化水平。个性化水平越高的学生群体越期望有更多的选修课。最后是参与高校所能够提供的课程资源。在所在地区没有其他高校能够提供需要的课程资源的情况下,本校的课程资源是决定选修课比例高低的必要条件,它决定着上述其他三个因素能否对选修课比例产生影响。

在确定完选修课的比例后,必修课程和选修课程的确定、两类课程范围的界定也是处理必修课与选修课关系必须考虑的因素。必修课课程的确定较选修课而言是容易的,可以通过在卓越工程师培养的学校标准中找出最基本、最共性的要求,作为确定必修课课程的依据。必修课的学科范围应该涵盖公共课、基础课和专业课等。而选修课课程的确定和学科范围的界定要结合必修课的课程和学科范围,按照知识结构的系统性和知识点布局的全面性的要求统筹考虑。

### 8.5.2 注重实践课程模块的建设

实践课程是卓越工程师培养的重要途径。首先在知识方面,实践课程能够巩固所学的理论知识,加深对理论知识的理解;其次在能力方面,通过运用所学的知识,实践课程能够培养学生的实践能力、设计能力和创新能力;最后在素质方面,通过发现、分析和解决问题,通过面对现实工程领域和社会各种复杂的局面,通过与不同背景、经历的人交流合作,实践课程能够有效地提高学生的综合素质。因此,实践课程模块在卓越工程师培养的课程体系中至关重要。

实践课程模块的建设可以从以下几方面入手。第一,通过对原有课程体系的整合重组,并借助现代教育资源和先进教学手段,减少理论课程的课时数,增加实践课程的课时数;第二,通过教学方式和教学方法的改革,减少课堂教学学时数,增加课外自主学习和小组合作学习的时间;第三,增加设计性、综合性和创新性的实验和实训课程,使理论与实践密切结合;第四,设置基于项目的课程,按照工程项目组织教学,使学生直接参与项目的设计、分析和研究;第五,将学生参与实际工程项目研究活动作为一门实践性课程,使学生在校内或企业导师的指导下开展实际工程项目的研究;第六设置社区服务课程,组织学生参加与课程相关的社区服务,应用其所掌握的知识和技能来满足社区的需要,同时锻炼和提高自己。

参与高校要与企业共同建设实践课程模块。在与拥有国家级工程实践教育中心的企业共同进行卓越工程师培养课程体系设计的同时,参与高校要依靠企业先进的技术、仪器、设备、场地,借助企业完善的生产、设计、开发和创新条件,利用企业真实的工程实践环境以及先进的文化氛围,与企业具有丰富工程实践经验的工程师和高级管理人员一道重点做好实践课程模块的设计和建设。此外,为了提高实践课程的实施效果,要将实践课程模块中的主要课程纳入企业培养方案,使之能够在企业中实施而更好地实现课程设计目标。

### 8.5.3　重视课外学习不可或缺的作用

课堂学习是指教师按照课程教学大纲的规定,组织教学内容,采用适当的教学方法,在规定的时间组织学生学习的教学活动。课堂学习的主要优点是:教师面向学生集体授课,节约了教育成本,提高了教学工作效益;学生在课堂中是一个学习集体,课内外可以相互交流、合作学习和共同提高;每次课堂学习有固定的时间间隔,有利于学生对课堂讲授内容的吸收和巩固;不同课程的课堂学习交替进行,可以减轻对一门课程的学习疲劳,提高学生的学习兴趣和效果。课堂学习的局限性在于:不易针对学生进行因材施教,难以兼顾各个学生的兴趣、爱好和特长。

课外学习,又称课外活动,是现代大学教育的重要组成部分。课外活动是指在课堂教学之外,按照教育教学和学生个体的需要,在教师的直接或间接指导下,由学生自主独立或合作完成的一种教育活动。课外学习的主要特点表现在以下几方面。一是能够因材施教,满足每个学生的兴趣、爱好和特长的需要,支持个性化发展;二是活动内容、开展形式、规模大小和时间长短等灵活多样,没有固定模式;三是学生具有高度的自主性,学生可以根据自己的兴趣、爱好、特长以及实际的需要,自愿地选择、组织和参与各项教学活动;四是具有很强的实践性和创新性,学生能够直接动手,亲自组织、设计和参与各项实践活动,培养自己的实践能力和创新能力。由此可见,课外学习与课堂学习之间不是一种主辅关系,而是一种并列互补关系,对于完成大学教育任务具有相同的重要性,二者相互配合共同构成现代大学教育的整体结构。

课外学习的上述特点在卓越工程师培养上具有重要的作用。首先,因材施教的特点有利于培养满足行业企业多样化需求的各种综合素质高、特长和优势突出的卓越工程师;其次,灵活性的特点能够使学生很好地利用校内资源和在企业学习的机会,因地制宜、灵活地开展教育教学活动;再次,主动性的特点有利于学生弥补课堂教学的不足、自主地选择自身的发展方向和发展路径;最后,实践性和创新性的特点能够使学生更有针对性地培养和提高自身的实践能力和创新能力。

因此,应该将课外学习内容纳入卓越工程师培养的课程体系,实现课堂学习和课外学习的有机统一。具体而言,就是要用大课程观来协调和整合参与高校的各种课程资源,包括本校拥有的内部资源,以及与本校具有合作关系的其他高校和企事业组织的资源,组织各种类型、各种形式和不同层次的课外活动,将各类工程实践活动、创新实践训练、学科竞赛活动、学术前沿讲座、社会实践活动、公益活动、社区服务等课外活动作为第二课堂课程模块纳入到课程体系中统一实施和管理,并与学分挂钩。同时,配备责任心强、水平高、经验丰富、具有工程实践经历的教师,加强对学生课外活动的指导。

### 8.5.4  构建与国际接轨的课程体系

参与高校要注重构建与国际接轨的课程体系和相应的课程内容。这一方面是为了更好地学习和借鉴发达国家先进的教育理念和教育经验;另一方面是为日后参与专业申请国际化的工程专业认证,得到国际互认打好基础。构建与国际接轨的课程体系要着重做好以下几点:

(1)以发达国家同类型院校为主要学习和借鉴对象。这是因为,不同类型院校在人才培养目标、定位、规格、模式等方面存在较大的差异,因而可借鉴性差;而同类型院校不仅具有较大的相似性,而且可比性强,容易学习和借鉴,具有较高的可行性和可操作性。

(2)要研究国外同类院校相近学科专业的课程设置、模块设计、课程结构,重点关注每门课程在实现培养目标中的作用、通识教育如何与专业教育融合、课程模块间的相互关系和整体作用,以及各种课程的教学方法等。

(3)要密切关注工程学科的发展动向,把握经济全球化对工程人才的根本要求,了解经济社会迅速发展对工程人才要求的动态变化,构建能够满足国际化和未来需求的科学的课程体系,设置融入前沿工程学科知识的课程,保证课程体系的先进性和有效性以及教学内容的前沿性和实践性。

### 8.5.5  校企合作开发课程和进行教材建设

在总学时不变的情况下,"卓越计划"企业学习阶段的设立和加强实践教学和创新教育的要求,使得课程体系必须进行根本性的改革与重组。这方面不仅要大刀阔斧地摒弃陈旧的、脱离实际的课程和教材,而且要开发一些具有综合性、实践性、创新性和先进性的课程和教材。这类课程的开发和教材的建设需要"卓越计划"参与高校与实施企业的密切合作,这是因为企业及其高级工程技术人员不仅最了解工程人才需要学习什么知识、应该具有哪方面的能力,以及如何获得这些知识和能力,而且拥有高校所没有的大量的工程教育的宝贵资源和素材,例如先进的生产设备和技术,实用的工程知识、丰富的实践经验、很强的研发能力、充足的实验场地等。因此,企业参与开发课程和进行教材建设是至关重要的,直接关系到"卓越计划"实施的效果。

校企合作开发课程和进行教材建设可以按照逐步推进、分工合作和不断完善的原则进行。逐步推进指的是学校与企业先由简单的合作开始,逐步过渡到深层次的合作。如校企可以首先合作开发学生在企业的实践性课程,并编写相应的教材,然后逐步发展到企业全面参与专业课程的改革与设计,并编写专业课教材。分工合作指的是学校与企业在合作中要有分工,在分工中要有合作,发挥各自的特色,做到优势互补。如校内教师主要负责课程和教材的理论部分,而企业教师主要负责课程和教材的实践部分,但在理论部分的编写上要满足实践部分的需要,而在实践部分的编写上又要与理论部分相结合。不断完善指的是课程设计和教材内容需要不断地修改、充实和提高,需要经过多次的教学活动和教材使用才能使课程大纲和教材内容趋于完善。

不论是课程体系改革重组,还是课程体系优化,均是涉及面广、需要整个专业的校内专任教师、企业兼职教师,以及相关学科专业的教师的共同参与,才能完成的系统、复杂而细致的工作。

## 8.6　教学内容的改革与更新

在对课程体系进行优化和改革的同时要做好相应的课程教学内容的改革与更新。课程教学内容改革的总体原则是,参与高校要按照知识能力大纲对课程结构的布局要求,以学生的主体发展为中心,在专业平台和教学团队上设计教学内容,精心选择和保留那些有效的,不可代替的,稳定而不易老化的,体现先进性、针对性和实用性的知识组成课程,使每门课程都发挥出培养知识、能力和素质的功能,均成为教学质量高、广受学生欢迎的优质课程。与此同时,要彻底改变因人设课的现象,杜绝课程间内容重复。

专业课程以及专业基础课程教学内容的改革,要重视与拟采用的教学组织形式和教学方式相结合。"卓越计划"大力推行研究性学习方法,在这种情况下,就必须按照工程问题、工程案例和工程项目组织和改革相关课程的教学内容。

课程教学内容的改革包括对基础课程教学内容的改革。如作为工程专业重要的基础理论课——高等数学,专业院系可以在要求担任本院系高等数学课程教学的教师相对固定的前提下,在教学内容的选择和知识在工程专业的应用上提出要求,让任课教师逐步达到。在教学内容上要与本院校的专业教师一起共同选择本专业必需的、相关度大的内容;在知识的应用上要尽可能结合工程实际问题举例说明,使学生更加明确课程学习的目的性。当然,专业院系应该在课酬等方面给予高等数学任课教师必要的激励。

再如,外语作为当代大学生的基本技能,其教学内容可以与专业课程的教学内容相融合,采用双语教学或用原本教材教授专业课程的方法,使得外语教学与专业教学有机地结合起来,这样不仅能够减少课程学时,而且能够使得外语的学习与应用结合起来,大大提高学生在专业层面上的外语应用水平和能力。

又如,体育课程的设置和教学内容的改革是势在必行的。要改变传统的体育课程大班上课,教学内容多年一贯制的做法,提倡和推广体育俱乐部制的做法,以达到体育课程教学的趣味性、目的性和长远性的本质要求。趣味性体现在体育活动或项目的选择要充分考虑到学生个人的兴趣爱好和自身条件,由学生自主选择 2 ~ 3 项体育项目参加俱乐部,这样才能充分调动学生参与体育活动的积极性。目的性体现在按照个人的兴趣爱好选择的体育俱乐部要能够对增强学生的身体素质、减轻学习压力、形成健康的心理具有重要的作用。长远性反映在通过学生自主选择和参与俱乐部的活动,提高运动水平和技能,使所选择的运动项目成为他长期的爱好,使其终身受益。

在完成课程教学内容的改革后,要建立课程教学内容的更新机制,持续更新教学内容。参与高校要根据工程学科和经济社会发展的需要,以及行业企业对卓越工程师要求的变化,及时更新教学内容,将相关学科专业的前沿和最新发展,以及对卓越工程师的新的要求引入课程,从而保证教学内容的持续有效性。与此同时,参与高校要制定激励政策,鼓励教师将学科前沿、最新工程科技成果等引入课程。

参与高校应该建立开放式的课程体系和教学内容评价机制,让社会、学生和教师按照本校卓越工程师培养目标和培养标准动态地评价相应专业的课程体系和教学内容,以及时调整、完善和更新课程体系和教学内容,确保本校卓越工程师的培养达到培养标准的要求,实现培养目标。

　　总之,以实现卓越工程师培养课程体系的四个方面的价值取向为总体目标,采用模块化结构进行卓越工程师培养课程体系的设计和构建,并对原有专业的课程体系进行全面系统的改革重组和优化,最终形成一个"实基础、宽专业、重实践、强个性"的课程体系,应该能够满足各种类型卓越工程师培养的需要。

## 参 考 文 献

[1]　林健."卓越工程师教育培养计划"通用标准研制. 高等工程教育研究,2010 年第 4 期.

[2]　林健."卓越工程师教育培养计划"专业培养方案研究. 清华大学教育研究,2011 年第 2 期.

[3]　林健. 注重卓越工程教育本质,创新工程人才培养模式. 中国高等教育,2011 年第 6 期.

[4]　林健."卓越工程师教育培养计划"专业培养方案再研究. 高等工程教育研究,2011 年第 4 期.

# 第 **9** 章　面向卓越工程师培养的研究性学习

【本章摘要】　引导和组织学生进行研究性学习，是"卓越工程师教育培养计划"着力推行的教学组织形式和教学方式，关系到参与高校的卓越工程师培养目标的实现和培养标准的达到。本章共从七个方面系统分析和讨论研究性学习这一广受国外著名高校推崇的重要的学习方法：（1）总结发达国家高校在教学方法上具有的七个主要特点；（2）系统全面地分析了研究性学习所具有的七个基本特征；（3）依次详细讨论了研究性学习的三种主要形式，即基于问题的探究式学习、基于案例的讨论式学习和基于项目的参与式学习；（4）分别讨论了研究性学习在学生知识学习、工程能力提高、社会能力培养和综合素质养成方面的作用机理；（5）集中讨论了研究性学习对教师的要求，包括教师的知识面和知识应用能力、教师的研究成果、教师的工程实践经验以及教学团队合作等方面；（6）讨论了采用研究性学习应该注意的六个方面的主要问题；（7）给出一个实例具体说明如何在课程中实施研究性学习。

高等学校人才培养目标的实现,不仅要有与之相对应的课程体系和教学内容[1],而且要采用相应的教学组织形式和教学方式。卓越计划的主要目标是培养造就一大批创新能力强、适应经济社会发展需要的高素质各类型工程技术人才,即卓越工程师,因此,"卓越计划"参与高校在研究、设计和构建满足卓越工程师培养目标要求的课程体系和教学内容[1]的同时,要注重与之相适应的教学组织形式和教学方法的改革、研究和设计。

将学生置于教育教学系统的核心是西方发达国家政府高等教育改革的方向[2],也是世界一流大学人才培养模式改革的重点。为了使参与"卓越计划"的学生日后具备胜任各自岗位的工程能力和综合素质,参与高校在进行面向卓越工程师培养的教学组织形式和教学方式改革时,要以学生为中心,以学生的知识获取、能力培养和素质提高为出发点和落脚点,以培养卓越工程师为目标,按照学校培养标准的要求,认真分析、研究和比较各种教育教学方法,充分利用各种现代教育资源和教学手段,充分调动学生学习的积极性、主动性和独立性,研究、设计和采用有利于学生全面发展和提高、保证学校培养标准实现的教学组织形式和教学方式。

研究性学习是一种符合工程能力培养规律、符合综合素质形成逻辑的教学组织形式和教学方式。因此,研究性学习是"卓越计划"着力推行的教学组织形式和教学方式[3],关系到"卓越计划"参与高校的卓越工程师培养目标能否实现和培养标准能否达到。本章从七个方面依次讨论研究性学习这种重要且广受推崇的学习方法,以期为参与高校进行教学组织形式和教学方式的改革,为参与高校的教师开展研究性学习提供参考和借鉴。

## 9.1　国外高校教学方法的主要特点

国外高校教学方法的主要特点包括:

一是重视师生互动。

课堂教学是由每个教师各自独立地组织,具有不同的风格和特色,教学氛围一般较为宽松和开放,主要采用启发式、讨论式、参与式、探究式、合作式等教学方法。虽然讲解或讲授依然是国外高校的重要教学形式,但在课堂教学中,教师十分注意自己在讲授过程中学生的反应,甚至会针对学生的表现及时地调整自己的进度、语速、声调和课堂气氛,鼓励学生主动参与教学过程。学生在听讲时,其注意力在听与思考,可随时就教师所谈到的内容或问题举手提问。教师对课堂教学进度的掌控具有很大的灵活性,注重学生思路的跟进和对教学内容的理解和接受,而不过于强调教学进度。因此,重视师生互动是国外高校课堂教学的最主要特点。

二是重视问题讨论。

一些专业课程在一门课进行到一定程度时,或在课堂上讨论问题,或安排专门的讨论课,是国外高校普遍采用的一种教学方式。在讨论课前,一般先由教师提出讨论题目、要求以及相关阅读文献,然后学生自行准备。讨论课开始时,往往将学生分成若干个小组,然后可以在小组内先行讨论,集中论点,然后进行组与组之间的讨论,或者直接进行小组间的讨论。教师在整个讨论过程中的主要作用是引导和控制进度。讨论结束后,教师要对讨论内容进行点评,并进行简短的总结,以供学生参考。通过课堂讨论这种方式,师生之间、学生之间的交流更加密切,思想得到碰撞,培养了学生探究问题的兴趣和逻辑分析问题的能力,学习效果十分显著。由此可见,讨论课使教师由“演员”变为“导演”,由台前走向幕后,成为学生学习活动的支持者、指导者、组织者和促进者。而学生由“旁观者”转变为“演员”,由台下走向台上,成为讨论课的参与主体。

三是重视课后自主学习。

课后学生要花数倍于课堂教学的时间进行自主学习,以更加深入地学习、分析、研究和掌握课堂讲授内容,是国外高校的普遍现象。一方面,教师往往将学生通过自学能够掌握的教学内容、教学内容之外新增的内容、需要学生课前预习的内容等留给学生课后通过自主学习的方式去完成。另一方面,教师在每堂课后,基本上都会布置与课堂教学内容相关的文献阅读、练习实验、分析研究等任务,要求学生在下次课之前必须完成。任课教师与学校图书馆均为学生提供了充足的支持自主学习的纸质和电子版的学习资料、参考文献等教育教学资源,使学生能够灵活地安排时间、自由单独地或与同学一道进行课后自主学习。

四是重视合作学习。

合作学习是国外高校课堂内外学生普遍采取的学习方式。合作学习是以若干名学生自愿结合的小组开展的学习活动,其特点是“组内合作,组间竞争,各尽其能”。对于需要事先准备的课堂讨论题目或学习内容,课前小组成员间在分工的基础上进行合作,课上以小组为一方与其他小组进行交流或展开辩论;对于直接在课堂上讨论或学习的内容,以小组为单位在课堂上既有分工又有配合地进行合作学习;在整个合作学习过程中,小组每位学生充分发挥自己的特长。这种合作学习方式不仅提高了学生的学习兴趣、激发了大家的学习积极性,而且能够提高学习效率、更好地帮助师生完成教学任务。美国大多数课堂教学用于小组学习活动的时间可达总学时的 1/5。

五是重视批判性思维和创新精神的培养。

批判性思维和创新精神的培养是贯穿在国外高校教学活动中的一项重要目的,主要表现在教师课堂上的引导和课程讨论题或作业两方面。在课堂教学上,教师善于设计各种问题,引导学生对问题的反思、从不同的角度分析、对现有知识的质疑、对权威的挑战、产生奇思异想,如采用基于问题的学习方法等,这样在教与学的过程中自然而然地训练学生形成了批判性思维和创新精神。在课程作业上,不论是用于课堂讨论的题目的设计,还是课后作业的布置,往往以具有实际意义的开放式题目为主,既有对知识的应用,也有对问题的研究,但这些题目都没有标准答案,更没有惟一答案,也找不到现成的答案,其目的就是鼓励学生各尽其能、充分发挥自己的特长、激发各自的创新潜能、采取各种方法和手段,创造性地解决问题。

六是注重因材施教和个性化培养。

因材施教和个性化培养在国外高水平大学中得到有效的实施,主要体现在学生学习计划的制定和教师对学生的指导两方面。学生进入大学后,或在每个学年开始时,都能够结合自己的兴趣、爱好、特长,以及职业取向,在教师的指导下,制定适合自己的学习计划,选择需要的课程进行学习,并在学习过程中根据学习情况进行动态调整。如英国牛津大学就采用一种"成绩记录"教学法对学生实施教学,即要求学生根据自身兴趣和特长,设计一份希望通过课程学习来实现能力培养的计划,并据此设计学习进度,在教师的指导下,在学习过程中对学习成绩和学习目标进行对照检查,实时调整下一步的学习计划,以期使能力得到更好的培养。

学生在学习过程中,还可以通过各种方式和途径寻求教师对自己的专门指导。指导教师可以是任课教师,也可以是非任课教师;可以是本学科专业的教师,也可以是其他院系的教师。指导内容可以涉及课程学习的相关内容,也可以涉及其他主题,甚至包括个人发展和职业生涯规划等。应该说国外高校的教师,尤其是任课教师,对于给予学生的个别指导往往表现出极大的热忱。

七是注重对学生的平时考查。

课程的考核方式对学习效果的取得和学生对学习的重视程度的提高有着重要的影响。国外高校普遍重视在课程教学过程中,对学生随机采取多次、多种形式的考查,包括课堂上随机考查和阶段性的考查等,而不是仅在课程结束后对学生进行一次性考核,而且期中考查的成绩占课程成绩的比重大于期末考试的成绩比重。这种注重对学生平时考查的做法的优点有二。一是能够更加客观合理地评定学生的学习成绩,避免学生因为期末一次考试失误而要重修课程的现象;二是能够提高学生在整个课程学习过程中对课程的重视和兴趣,使他们在平时投入更多的时间用于课程学习,实实在在地提高课程的学习效果,而不是平时不努力,到期末考试时再孤注一掷。

## 9.2  研究性学习的基本特征

研究性学习(对教师而言,也可称之为"研究性教学")是指学生在教师的指导下,通过各种研究性的学习方式,主动地发现问题、分析问题和解决问题,从而在知识学习、能力培养和素质形成方面达到学习目标的过程。问题意识是思维的动力,是学生学习兴趣的源泉。研究性学习的本质是以问题为导向,通过培养学生的问题意识,抓住问题,穷追不舍,刨根问底,逐渐达到研究性学习的目的。

研究性学习的核心理念是:注重从问题开始而不是从结论开始,以探索学科知识的产生和发展规律为路径,以剖析工程原理的形成过程为载体,以分析、研究和解决工程实际和工程学科问题的过程为平台,以师生互动和同学合作为形式,将学习知识与研究问题相结合,使学生在学习学科知识、工程原理和在思考、分析和探究问题的过程中获取、应用和更新知识,在解决问题的过程中培养和训练发现、研究和解决问题的能力,在合作学习和团队交流过程中形成和提高了综合素质。

研究性学习具有如下基本特征。

### 9.2.1  学习方式的研究性

研究性学习是以研究问题、探索未知的方式来领会、掌握和应用知识。传统的学习方法以死记硬背为主,对知识产生的背景、知识应用的条件和知识的局限性等不重视。研究性学习则以研究的方式探索知识的产生、形成和发展,学生以质疑性与批判性思维的方式,通过不断地提出问题、分析问题和解决问题的循环,使整个学习过程充满了研究。这样,采用研究性学习的学生不仅能够领会和掌握已知的知识,而且能够对未知领域进行探索,对新知识进行构建,加深对客观世界的认识和理解,同时有利于学生钻研精神的养成和研究能力的培养。

## 9.2.2　学生学习的主体性

研究性学习是以教师为主导、以学生为主体的学习方法,整个学习过程都是以学生为中心,学生由传统学习过程中的被动接受者转变为积极主动学习者。在研究性学习过程中,学生在教师的指导下,自主开展研究性的学习活动,相对独立地进行专题研究,学生的求知欲望和探索未知世界的兴趣使其学习积极性和主动性得到充分的发挥。

学生在研究性学习中的主体作用主要体现在:根据教师提出的问题,主动学习相关的知识;自主寻找解决问题的理论依据;通过分析研究得出解决问题的方案与建议;在与教师和同学讨论过程中改进和完善方案与建议;完成对学习研究成果的评价。由此可见,学生在研究性学习过程中的角色是"演员"。

学生学习的主体性还表现在学生高度的自主性。首先,学生可以在教师预先设计的学习专题中自主地选择感兴趣的内容;其次,学生要自主安排时间进行课外研究性学习,完成规定的学习任务;最后,学生要自主选择研究性学习的方式,以达到预期的学习目标。

## 9.2.3　教师教学的主导性

研究性学习将教师从知识的传授者转变为学生自主学习的主导者。在学习开始时,教师提出学习目的、研究任务和目标要求以及评价学习效果的标准。在教学过程中,教师营造研究式的学习氛围,启发学生的思维,激发学生学习兴趣,为学生自主学习指明方法和路径,鼓励学生自主探索,激励学生不断创新,为学生自我解决学习过程中出现的问题提供思路和途径。在学习结束时,教师对学生学习成果进行评价,既给出明确结论,又指出前进方向。在整个学习过程中,教师注重培养学生的思维方式、批判意识、探究精神和自律能力。

教师在研究性学习方法中的主导作用主要体现在:围绕工程实际问题设置学习研究专题;介绍相关的知识与提出研究的问题;给出分析的切入点与研究路径的提示;提供主要学习资料和参考文献以及获取的途径;提出学习与研究的要求和学习评价的标准;组织学生学习研究和安排进度。由此可见,教师在研究性学习过程中的角色是"导演"。

研究性学习体现了学生的主体作用和教师的主导作用的有机统一。在教学过程中既要注重教师教学的重要性,也要充分调动学生学习的积极性,使教师的主导作用与学生的主体作用相结合,从而取得良好的学习成效。

### 9.2.4 教学活动的互动性

传统的学习是由教师单向地向学生灌输知识信息,研究性学习则是一种互动式的教与学,它强调在整个学习过程中教师与学生的互动。通过互动,教师不断地激发学生的学习兴趣和求知欲,调动学生学习的积极性和主动性,使学生掌握科学的研究方法,培养学生发现、分析和解决问题的能力,使教师的主导作用得到充分的发挥;通过互动,学生的问题和困惑得到老师及时的指导,学生的各种需求得到及时满足,有利于学生的个性发展和学习效果的有效提高。

### 9.2.5 学习内容的开放性

研究性学习的学习内容不局限于教材范围,也没有严格的界限,而是由研究性学习的学习目的和学生的兴趣决定的,因此,学习内容具有开放性。教师通过对教学内容跳跃式设计和知识点的选择,通过学习专题的精心拟定,使得学生能够发挥自己的主观能动性,在开放的空间中学习知识和丰富自己,通过各种可能的渠道获取学习专题所需的信息,按照自己的能力和兴趣开展学习专题的研究,从而训练了学生的自主学习能力、有用知识的选择能力和专门问题的研究能力。

### 9.2.6 师生地位的平等性

在传统的教育教学活动中,知识、经验、地位和身份使得教师作为教育者和管理者处于主动和支配地位,而学生作为受教育者和被管理者处于被动和服从地位,形成了师生关系的不平等。研究性学习需要为学生提供和谐、宽松和自由的心理环境氛围,使学生在学习过程中始终保持着主动探索的积极状态,从而达到最佳的学习效果。因此,研究性学习的过程应该是教师与学生平等对话、相互合作、共同探索真理的过程。在这种情境下,要求教师转变身份,平等地与学生交流互动,平等地参与学习专题的研究,以学生的启发者、引导者、激励者、支持者和合作者的身份与学生相处,尊重学生的人格和自由,启发、引导、鼓励和支持学生开展研究性学习。尤其要指出的是,教师在与学生交换和分享各自对知识生活的情感的同时,要能够尊重、理解和包容学生对知识生活的不同认识,甚至对教师的思想和观点的批评。

## 9.2.7　学习方式的灵活性

能够作为学习专题的内容有着广泛的范畴,教师可以采取的教学组织形式多种多样,学生的兴趣、爱好和潜能又各不相同,这就决定了研究性学习的学习方式是各式各样的,因此,在研究性学习的学习方式的选择上有着很大的灵活性。学生可以根据学习专题研究的内容的性质,在教师的指导下,按照自己的意愿,灵活地选择各种有效的学习方式,以满足学习专题的目标要求。

## 9.3　研究性学习的主要形式

研究性学习强调基于问题、面向实际,凸显自主探究、合作互动,重点体现在"提出问题、自主研究、讨论互动、批判改进"等核心环节。因此,适应研究性学习方法的教学组织形式是小班制教学。以 25～30 人为一个班级的教学能够给予学生更多的参与教学过程的机会,充分调动学生学习的主动性,也有利于教师动态关注学生的反馈,关注学生个体的差异,加强师生间的互动,切实提高教学效果。教师根据课程教学的需要将一个班级分成若干个学习小组,小组内的学生分工合作、相互学习、共同分析、讨论与研究问题,小组间的学生相互比较、相互促进和竞争,从而形成学生自主学习、自由探索,师生互动,同学相互协作的学习氛围。

研究性学习是一种学习方法体系,按照学习专题的内容的性质和学习方式划分,其主要形式有基于问题的探究式学习、基于案例的讨论式学习和基于项目的参与式学习,也就是说,教师是分别按照问题、案例和项目来组织学生学习的课程内容,在简要介绍课程内容和核心知识点后,教师通过精心准备和设计的问题、案例或项目,引导学生循序渐进地完成相关知识的学习与研究的训练任务,从而完成课程大纲规定的教学任务、实现学习目标。

## 9.3.1　基于问题的探究式学习

基于问题的探究式学习(Problem-Based Learning,PBL)是学生在学习过程中以问题为学习研究对象,通过对问题的了解、探讨、研究和辩论,学会应用和获取知识,辨别和收集有效数据,系统地分析和解释问题,获得解决问题的答案,并进行交流、检验和评价的学习方式。教师按照问题的方式组织教学内容,问题可以是短时间内解决的,如仅需要一次课或几次课时间能够解决的单一主题、单一学科的问题,也可以是需要花费整个学期去解决的多学科的问题,但问题应该来源于具体的工程实践。一个好的问题应该能够引导学生去应用课程的内容和方法,有助于理解基本概念、原理及过程,也可以引导学生自己去推理并获得新的知识。通过学习,学生能够有效地训练和提高自己获取新知识以及分析和解决实际问题的能力。

基于问题的探究式学习的学习过程大致如下。

(1)布置问题:教师在简要系统地介绍课程内容和要求后,提出预先设置的问题,列出参考文献和获取相关信息资源的渠道,并按照问题的难度规定每一组学生的人数;

(2)学生分组:学生根据自己的兴趣和小组人数限制选择问题,具有共同兴趣的同学组成问题探究小组;

(3)组内分工:每个小组对问题进行初步讨论并进行任务分工,使每个学生明确自己要探究的重点以及与组内其他同学的合作关系;

(4)文献检索:学生独立地进行资料检索、文献收集和整理,在此基础上对所分工的问题进行初步分析,制定出自己的研究性学习计划;

(5)自主学习:学生自我寻求解决问题的理论、方法和途径,以自学的方式学习和掌握相应的理论、方法和技术;

(6)初步探究:学生对所分工的内容进行探究,提出解决问题的初步方案和建议;

(7)小组讨论:每组学生集中讨论问题,每位学生重点阐述自己对问题的探究结果,以获得同学的认可和批评,同时对同学的探究结果自由地发表自己的意见;

(8)深入探究:学生分头继续对各自分工的问题进行深入的探究,并保持与教师的互动和与同学的讨论;

(9)小组集中:每组学生将各自探究的结果汇总,形成本组对问题的分析、研究和解决意见,这些意见不要求一致,如果本组存在不能解决的因素,可以留在课堂交流时寻求老师和其他小组的帮助;

(10)课堂交流:在教师的主持下,各组选出代表将本组的意见在课堂上进

行交流,组内其他学生可以补充,要求各个小组对其他小组交流的内容批判性地提出自己的不同意见;

(11) 教师点评:教师对各组解决问题的思路和方案进行点评和总结,包括肯定成绩、指出不足、提出希望。

以上讨论的基于问题的探究式学习的整个学习过程可以用图 9.1 表示。

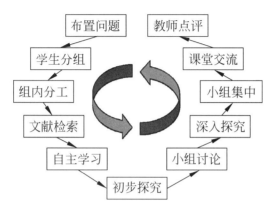

图 9.1　基于问题的探究式学习的学习过程

需要说明的是,教师课前准备用于某次课学生探究的问题基本上是单一的问题。这样,各小组分别探究的问题是相同的,从而形成组内合作、组间竞争的局面。在这种情况下,学生不甘落后的心理将充分调动他们投入学习的积极性,而且,也有利于小组之间的相互比较、借鉴和学习,取得更好的学习效果。单一的问题也有利于教师采用统一的标准对各组进行评价。当然,教师也可以准备一系列的问题,让各小组各自探究不同的问题。在这种情况下,虽然各小组之间的探究结果缺乏直接的可比性,小组之间的竞争弱化,但对学生从其他小组的探究结果中了解和熟悉更多的问题以及扩大视野具有积极的意义,只是教师要找出这一系列问题的共性作为对各小组进行评价比较的基础。

## 9.3.2　基于案例的讨论式学习

基于案例的讨论式学习(Case-Based Learning,CBL)是学生在学习过程中以案例为分析研究对象,通过对案例的分析和讨论,以及对案例中处理事件的原有方案的研究,对该方案进行评价,在案例发生的原有情境下提出改进的思路和相应的方案,或在教师假设的不同条件下提出学生自己处理事件的思路和方案,并进行方案比较、交流和评价的学习方式。教师准备的案例可以是一个完整的实际案例,可以是真实事件的简化,可以是几个不同事件的组合,甚至是一个虚构的案例,但都应该是复杂环境中真实工程实践的反映。完整的案例应该包括:事件本身及其产生的背景,资源和条件的限制,原有处理事件的方案,事件处理的结果及可能造成的影响等。在讨论案例时,学生将了解到作为真正的工程师,将面临的复杂境地和艰难的抉择,不仅加深了对知识的理解,而且掌握了知识的应用。通过学习,有助于训练和提高学生在复杂环境下解决实际工程问题的能力和进行决策的能力。基于案例的讨论式学习与基于问题的探究式学习的主要区别在于:前者构造的案例是完整的,提供给学生的信息丰富,案例中解决问题的思路为学生提供了借鉴和启发,有利于学生以此为基础提高自身分析问题和解决问题的能力;而后者构造的问题往往是不完整的,没有可以借鉴和参考的解决问题的思路,要求学生自主获得需要的各种知识,寻找解决问题的途径的方法。

基于案例的讨论式学习的学习过程大致如下。

(1)描述案例:教师在简要系统地介绍课程内容和要求后,具体描述预先准备的案例,提供相关的资料信息,提出学生进行案例分析和讨论的内容;

(2)学生分组:教师确定每组学生的人数,学生自由组合形成案例讨论小组;教师要给予学生足够的课内或课外小组讨论的时间,以保证每位学生都能够充分发表自己的意见;

(3)文献检索:必要时学生独立地收集和整理与案例相关的资料信息,若有可能,应查找类似案例,并对这些案例与课堂案例的背景、性质和结果进行比较分析;

(4)自主学习:根据案例研究的需要,学生自行寻求需要的理论、方法和途径,以自学的方式学习和掌握相应的理论、方法和技术;

(5)分头准备:必要时学生分头对讨论的内容进行准备,包括对案例的分析,解决案例中问题的思路和具体方案。在这期间,学生可以随时寻求教师的引导和帮助;

(6)小组讨论:每组同学集中对案例进行讨论和分析,每位学生畅所欲言,形成若干条意见或几个方案,这些意见可以相左,方案可以不同,教师可以根据各组的情况自由参加小组讨论;

(7)课堂交流:在教师的主持下,各组选出代表将本组的意见或方案在课堂上进行交流,允许其他小组提出质疑或不同意见;

(8)教师点评:教师对各组对案例的分析和建议进行点评和总结,包括肯定成绩、指出不足、提出希望。

以上讨论的基于案例的讨论式学习的整个学习过程可以用图 9.2 表示。

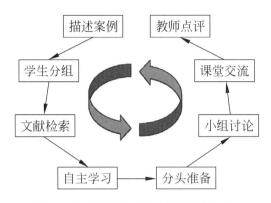

图 9.2　基于案例的讨论式学习的学习过程

教师课前准备的案例必须精心选择和设计以满足课程教学目标的需要。教师一方面需要通过与学生一道分析案例使学生获得新的知识,以及处理事件的思路、经验和教训;另一方面要通过刻意改变案例发生的背景条件或对可用资源的不同限制,鼓励学生吸取案例中的经验教训,在不同情况下对相同事件进行自主处理,培养他们在各种复杂环境下分析问题和解决问题的能力。

### 9.3.3　基于项目的参与式学习

基于项目的参与式学习(Project-Based Learning,PBL)是学生在学习过程中以项目为学习研究对象,通过参与工程项目或工业产品的设计、开发、研究的全过程,学会应用已有的知识,选择有效的方法和技术,拿出解决项目任务的方案,进行方案评价与比较的学习方式。教师提出的项目应该是企业的实际项目或源于工程实际的项目。学生在参与项目的学习过程中,不仅要综合运用所掌握的知识、方法、技术,而且要从系统的角度处理好局部与整体、个人与集体的关系。通过学习,学生不仅对知识理论有更深刻的理解与掌握,认知能力和完成实际项目的能力得到提高,而且能够表现出更好的交流沟通能力和团队合作精神。基于项目的参与式学习与基于问题的探究式学习的主要区别在于:项目具有更广的范围,包含更多的问题;项目的难度大,需要更长的时间、教师与学生和学生之间更多的合作以及更深入的研究才能完成;解决问题主要强调的是知识的获取和应用,而完成项目还要注重对已掌握知识的集成和对知识的创新。

基于项目的参与式学习的学习过程大致如下。

（1）介绍项目：在简要系统地介绍课程内容和要求后，教师详细地介绍项目的背景、研究目标、任务、具体内容和预期的成果，必要时给出项目的研究思路，列出参考文献和获取相关信息资料的渠道；

（2）项目分解：教师根据项目的难易程度，决定是否对项目分解为若干个子项目，并规定参与每个项目组的学生人数；

（3）学生分组：学生根据自己的兴趣和项目组人数的限制选择研究项目，具有共同兴趣的同学组成项目研究小组；

（4）组内分工：每个小组对问题进行初步讨论并进行任务分工，确定研究进度和先后顺序，使每个学生明确自己要研究的重点以及与组内其他同学的合作关系；

（5）文献检索：学生独立地进行资料检索、文献收集和整理，在此基础上对所分工的研究内容进行初步分析，提出研究思路和技术路径，设计出自己的研究性学习方案；

（6）自主学习：学生根据项目研究的需要，以自学的方式学习和掌握相应的理论、方法、技术和计算机软件，必要时可以寻求相关教师的辅导；

（7）初步研究：学生对所分工的内容进行研究，既可以与同学合作，也可以得到教师的指导，在规定的时间拿出解决问题的初步方案和建议；

（8）小组讨论：项目组集中研讨项目，每位学生重点阐述自己对项目的研究成果，其他同学自由地发表自己的意见，鼓励大家逆向思维，批判性地提出自己的质疑和反对意见，以改进和完善每位同学的研究。学生可以邀请教师参加小组讨论，教师也可以根据各项目组的实际情况，选择参加一些项目组的讨论；

（9）继续研究：针对小组讨论同学和教师提出的意见和建议，学生分头继续对各自分工的项目进行深入的研究，并保持与教师的互动和与同学的合作；

第（8）和第（9）要重复进行，即项目组要不定期地多次集中研讨项目，直至大家对互相的研究达到基本满意的程度。

（10）成果集成：将全组每位学生各自研究的成果集成，形成本组所承担项目的初步研究成果，如果本组存在不能解决的问题，可以留在课堂交流时寻求老师和其他小组的帮助；

（11）课堂交流：在教师的主持下，各组选出代表将本组项目的研究成果在课堂上进行交流，组内其他学生可以补充，要求各个小组对其他小组交流的内容批判性地提出自己的不同意见，以达到相互启发、互相学习的作用；

（12）改进完善：各项目组认真分析和讨论教师和其他组同学对本组提出的意见和建议，在原有分工的基础上，进一步改进和完善所承担项目的研究；

根据各项目组的研究进度和课程要求，教师需要决定是否重复第（11）和（12）。

（13）项目评审：在各项目组的学习和研究达到课程要求后，教师组织对各组所承担的项目成果进行评审，可以邀请有关专业的教师和企业专家组成项目评审组，对各项目组的研究成果进行分析和评价，包括研究方法和手段、研究成果与不足、进一步研究的方向等诸多方面，为学生总结学习经验、培养能力、提高素质以及日后学习发挥画龙点睛、指点方向的作用。

以上讨论的基于项目的参与式学习的整个学习过程可以用图9.3表示。

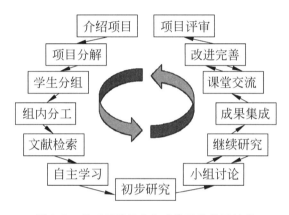

图 9.3　基于项目的参与式学习的学习过程

必须强调的是，在整个研究性学习过程中，不论是在课内还是在课外，学生都可以随时寻求教师的指导和帮助。为了鼓励参与、激发兴趣、启发思考、激励创新，使每一位学生都能够受益，在研究性学习中还要注意以下几点。一是学生应该独立自主地选择自身感兴趣的研究问题，而不应该由教师指派研究任务；二是每位学生在学习小组中的地位是平等的，可以自由发表自己的意见而不受他人的左右；三是每个小组的意见不要求统一，不能够采取简单多数压制少数人意见的方式，允许存在不同的甚至对立的意见；四是教师对各组学生解决问题的思路和方案的点评和总结应该采取商讨或建议的方式，不宜强求一律、简单否定，这是因为，解决任何问题的思路和方案是多种多样的。

此外，按照学习的组织方式，研究性学习可以分为自主式学习、合作式学习、参与式学习、互动式学习等形式。自主式学习是指学生在老师的安排和指导下，自主进行学习，主要适用于学生本人能够独立完成的学习专题；合作式学习是指学生被分为若干个小组,每个小组中的同学对研究专题既有分工又有合作,并在合作的基础上完成整个专题内容的研究,主要适用于大而复杂的研究专题;参与式学习是指学生参与老师设计或负责的研究项目,承担项目的部分工作,主要适用于专业性强的专题;互动性学习是指学生与老师通过互动的方式达到某专题的学习目的,主要适用于需要老师不断引导的专题。在选择研究性学习的形式时,教师应该根据课程教学目的、任务和要求,教学内容的性质和特点,学生的实际情况,教学环境,教学时间,教学技术条件以及教师的自身素质等因素灵活选用适合的形式。此外,要从整体角度考虑研究性学习形式,并注意各种学习形式的有效结合。

还应当指出的是,自主式学习是最基本的单元,合作式、参与式、互动式学习等无不以自主式学习为基础。

## 9.4    研究性学习的作用机理

"卓越计划"通用标准规定了卓越工程师培养在知识、能力和素质方面的明确要求[4],推行研究性学习是达到这些要求的一个有效途径。这是因为,与传统的接受式学习(也可称为传授式教学)仅有的注重知识学习的作用相比,研究性学习的作用可以归纳为四个方面。一是知识的获取、应用和创新;二是工程能力的培养和提高;三是社会能力的培养和提高;四是综合素质的养成和提升。只有充分认识和理解这些作用是如何在研究性学习过程中产生的,采用研究性学习的教师才能根据不同层次卓越工程师培养的要求,选择好工程问题、案例和项目,设计和组织好课程教学,使研究性学习的作用得到充分发挥。

### 9.4.1    知识的获取、应用和创新

接受式学习获得的是结论性知识,它不需要了解知识产生的背景及其发展规律,似乎是一种省时高效的学习知识的方法。然而,通过这种方式获取知识的学生会面临不知如何运用知识的问题,更谈不上对知识的发展和创新,而且,随着时间的推移,这些死记硬背学到的知识也容易被遗忘。

研究性学习是将知识学习作为一种课题研究,引导学生对其进行分析和探究。尽管学生所要学习和掌握的知识可能都是成熟的理论,甚至已经成为经典,但如果要搞清楚知识的来龙去脉,对于学生来说,就是一种研究,它不仅使

学生获取知识,而且能够应用知识以及对知识进行创新。

　　学生获取的学科知识是源于研究性学习过程中对学科知识产生的起因和过程的了解以及对工程原理形成和发展的规律的剖析,是发现和研究过程中的一个既自然又必然的结果,通过这种方式掌握的学科知识不易忘却,而且训练了学生的自主学习能力。学生能够应用所掌握的学科知识,是因为他们研究了学科知识产生的条件、适应面和局限性,这不仅培养了知识的应用能力,而且为分析问题和解决问题能力的培养奠定了基础。学生能够进行知识创新主要是因为他们通过对现有知识的质疑和批判性思维,发现在不同条件下这些知识可能存在的问题和继续发展知识的可能性,并通过科学合理的推理和严密的逻辑分析,探讨和构建出新的知识。此外,为了进行问题探究、案例讨论和项目研究,学生必须以自学的方式获得教学内容之外的知识,这种自学能力的培养是通过自我摸索、教师的指导和同学间的合作逐步完成的。

　　总之,研究性学习在卓越工程师必须具备的信息获取、知识更新、知识创造和终身学习能力等方面的培养上发挥着重要的作用。

## 9.4.2　工程能力的培养和提高

　　研究性学习不仅重视知识的学习,而且重视在知识学习过程中对工程能力的培养和提高。研究性学习将源于工程实践的具体问题、实际案例和来自行业企业的设计和研发项目作为一个载体,将教学内容融入其中,使学生在解决问题、分析案例和研究项目的过程中培养和提高工程能力。

　　研究性学习涉及的问题、案例和项目主要源于工程实践和企业实际,通过对这些问题的研究性学习,学生潜移默化地拥有工程概念、工程常识和工程原理,学会用工程思维的方法思考和分析各种工程问题,掌握对工程数据进行分析处理和对工程问题进行提炼归纳的手段和技能。因此,研究性学习的过程培养了学生的工程素养。

　　不论是问题、案例还是项目,研究性学习都是问题驱动的,学生一开始就要面对源于实际的问题,就要学会从全局和系统的角度发现问题的根源、分析问题的特点、研究问题的本质,就要运用创新性思维和批判性思维寻找解决问题的方法和途径,从而最终解决问题。因此,研究性学习使学生不仅在系统性思维和创新性思维能力,而且在发现问题、分析问题和解决问题的能力等方面得到充分的锻炼和提高。

源于工程实践和企业实际的问题、案例和项目的研究对象是生产及其运作系统、工业产品、工程项目和工程技术,主要涉及生产系统的设计、运行和维护、原有产品的改造升级、新产品的开发设计、工程技术的改造与创新等诸多方面。因此研究性学习能够有效地训练学生的生产系统的设计和维护能力、产品开发和设计的能力、工程项目研发和集成能力和工程技术创新和开发能力。

卓越工程师的工程能力还包括应对危机与突发事件能力,因此,采用研究性学习方式的教师可以选择危机与突发事件作为问题或案例,培养学生解决这方面问题的能力。从根本上讲,他们应该具备处理工程与社会和自然的关系,使之和谐交融和可持续发展的能力。

必须指出的是,创新思维和创新能力是未来工程师必须具备的最重要的一种工程能力,而研究性学习正是在这种能力的培养和提高上具有突出的作用,这一点已得到世界各国工程教育界的普遍认可。

### 9.4.3  社会能力的培养和提高

在培养和提高学生的工程能力的同时,研究性学习的教学组织形式和教学方式使得学生的社会能力得到培养和提高。研究性学习将学生之间的合作,将学生与教师之间的互动,将学生为了完成学习任务而进行的各种活动作为一种工作和社会环境,使学生的各种社会能力得到有效的训练和培养。

研究性学习过程中学生之间的合作和师生之间的互动需要学生学会人际交往、组织管理和团队合作。在人际交往方面,同学之间在进行任务分工、相互合作、意见表达和问题讨论时,学生就要学会善于表达自己的观点、包容和接纳不同的意见、整合同学间不同的看法、协调好各方面的关系,善于尊重他人和欣赏别人,达到求同存异、兼容并包,共同完成学习任务。这就使得学生的交流、沟通和协调能力得到培养。

在组织管理方面,学生在小组和班级内要轮流担任不同的管理和领导的角色,负责相关的事务,包括小组内进行学习专题的分解、小组学习进度的安排、同学间合作研究的开展、小组讨论的组织、班级讨论的组织准备等。这就使得学生的组织管理能力得到很好的锻炼。

在团队合作方面,学生不论是在小组内还是在班级内,需要充分认识团队合作在现代社会发展中的重要性,认清个人在团队中的作用和地位,学会处理好分工与合作、个人与集体、局部与整体的关系,培养自己的全局意识和集体观念,学会处理好同学之间的矛盾与冲突,学会发挥每位同学的优势,调动大家的积极性,共同实现团队目标。这就使得学生的团队合作能力得到培养。

### 9.4.4　综合素质的养成和提升

研究性学习不仅在知识和能力上能够提高学生的水平,而且在学生综合素质的养成和提升方面也能够发挥重要的作用。目前在众多的高校教师和大学看来,教师在人才培养中的作用主要是"教书",而"育人"则应该是党委和学生部门的责任。事实上,在研究性学习中,教师可以在"教书"过程,通过自己的言传身教和教学组织更好更直接地达到"育人"的效果。也就是说,将整个研究性学习的过程作为一种平台,通过教师在这个平台上"表演"、"示范"和"引导",促进学生的综合素质得到有效的养成和提升。

现代工程问题的解决无不涉及到环境保护、生态平衡、社会和谐与可持续性发展,关系到公众安全与健康、国家和社会公共利益等。教师在研究性学习过程中可以通过强调学生在工程问题、案例和项目的研究时重视和处理好这些因素,培养学生日后作为一名工程师所必须具备的社会责任感。

教师对待工程问题认真负责的态度、对教学工作兢兢业业的精神、对工作质量精益求精的追求,将有利于学生工程职业道德、追求卓越的态度和爱岗敬业精神的培养。同时,教师在教学过程中与学生的平等相待、给予学生的无私帮助和指导、对学生获取成绩的鼓舞和激励,对学生不足的宽容,对不同意见的包容等,也将帮助学生学会如何待人接物和为人处世,如何提高自身素质,如何具有宽容精神,如何培养健全的人格。

## 9.5　研究性学习对教师的要求

研究性学习的基本特征、教学组织形式和教学方式,以及研究性学习在学生知识、能力和素质方面培养的作用,使得研究性学习对教师有着专门的要求,主要有以下五个方面。

### 9.5.1　教师要具有更广的知识面和更强的知识应用能力

研究性学习虽然按照问题、案例和项目的方式组织课程规定的教学内容,但学习内容的开放性、学习方式的研究性以及学生学习的自主性使得学生在学习过程中可能涉及的知识将远远超过课程规定的范围,学生寻求教师指导和帮助的问题也将大大超越传统的接受式学习的领域。这些变化要求教师在具有扎实的专业知识的基础上,不仅要扩大自己的知识面,而且要提高知识的应用能力。

研究性学习教师知识面的扩大要从课程领域拓展到课程相关领域。在传统的接受式学习中,教师教授的知识以课程为界限,相互之间避免重复交叉,因此教师只要精通一门课程大纲规定的知识,擅长这些知识的应用,基本上就能够胜任该门课程的教学了。而研究性学习要求教师除了精通课程大纲规定的知识外,还要掌握学生学习专题可能涉及的相关知识以及应用这些知识的能力。只有这样,教师才能应对学生在知识及其应用方面的质疑和困惑。

## 9.5.2　教师的研究成果和造诣是研究性学习的重要基础

研究性学习将知识的学习与问题的研究紧密地结合起来,这与大学课程教学中长期以来一味强调引入本学科领域最新的研究成果存在本质的区别:后者只是在教学中介绍最新进展,并不要求教师具有研究背景;而前者要求教师在与学生讨论研究成果或学术观点的同时,要剖析研究思路、比较研究方法、分析这些成果或观点产生的过程。因此教师自身要具有研究经历并在与课程相关的领域取得研究成果,才能胜任研究性学习的教学。

研究经历不仅使教师积累了丰富的研究经验,而且培养了教师科学的思维方式、坚韧不拔的研究精神、创新意识和能力以及研究问题的手段和方法,这对于启发学生的思维、鼓励学生开展研究、激发学生的研究兴趣、引导学生有效地开展研究性学习是十分重要的。研究成果是教师组织设计用于研究性学习的问题、案例和项目的重要素材,研究成果越丰富,越有利于学生在更广阔的领域探索和研究,取得更好的学习效果;研究水平越高,越有利于学生在更深的层次上发现和学习未知的知识,获得更大的收获。

世界一流大学的经验是:教学推动研究,研究引领教学。具体而言,教师按照自己承担的教学内容,确定自己的研究内容,再将研究成果用于教学之中;在教学中,教师将研究成果作为主要教学内容,按照研究成果产生的过程组织和开展教学。总之,研究性学习与教师的研究密切相关,教师教学水平的高低取决于其在相关领域研究成果和研究水平的高低。

### 9.5.3　教师必须要有比较丰富的工程实践经验

除了研究经历和研究成果外,教师还必须要有比较丰富的工程实践经验,才能胜任研究性学习的教学任务。首先,没有丰富的工程实践经验,教师不可能承担企业委托的工程项目,也就不具有工程项目的研究经历和研究成果;其次,为研究性学习而准备和设计的问题、案例和项目需要源于工程实践,或者是对工程实际问题的真实反映,如果教师没有足够的工程实践经历,对企业的实际情况和真实的工程问题没有充分的了解和直接的把握,就不可能编写和设计出高质量的问题和案例,也接触不到实际的工程项目;最后,只有教师具有丰富的工程实践经验,才能够比较深入地洞察问题、案例和项目的来龙去脉,才能够提出解决问题的思路、有效方法和具体措施,才能够在引导和启发学生时具有说服力和权威性,才能使学生的能力和素质得到有效的培养和提高。

因此,按照"卓越计划"建设高水平工程型教师队伍的要求,教师要定期到企业的工程岗位顶岗挂职,到工程设计与研发部门工作,积累和丰富工程实践经验,提高自己应对和解决实际工程问题的能力。与此同时,教师一方面要经常性地深入企业一线了解、熟悉和掌握工程实践问题;另一方面要重视与工业企业的合作,承担源于企业的工程项目。"卓越计划"参与高校需要制定相关的政策和激励措施,鼓励和支持教师丰富工程经历、加强与企业合作、重视技术服务与专利发明,建设一支胜任卓越工程师培养工作的教师队伍。

### 9.5.4　教师需要对教学热爱、投入和研究

从根本上说,教师的教学水平取决于其研究水平。但是,研究水平高的教师,其教学效果不一定就好。研究的对象,尤其在工程领域,主要是有形的、非生命的物体,因此,研究要讲究的是科学性、逻辑性和严谨性。而教学的对象是智商高、富有创新、个性分明的学生,因此,教学要注重的是艺术性、针对性和启发性。就做好研究性学习的教学而言,教师需要热爱教学工作、在教学上充分投入以及对教学手段和方法的深入研究。

教师对教学的热爱折射出教师的价值取向。面向工业界、面向世界和面向未来培养卓越工程师,是实现"走中国特色新型工业化道路"、"建设创新型国家"和"建设人力资源强国"这一系列国家战略的需要,是高校教师,尤其是工程型教师的首要职责和价值追求。由此应该唤起教师对教学的热爱和重视。

教师对教学的投入受到高校政策导向的影响。教学与科研的关系,教学或科研的中心地位是许多高校长期以来争论不休、悬而未定的议题。不论是何种类型的高校,以人才培养为根本是大学四大职能中的核心,以教学为中心是大学履行人才培养职能的保证。高校应该制定激励与考评政策,鼓励和保证教师在教学上的投入,建立教学科研一体化的机制。

教师对教学的研究应着重在教学手段和教学方法两方面。在教学手段上,要研究比较各种现代教学手段,包括多媒体技术、计算机仿真和网络技术等,选择信息传播量大、教学效果好、学习资源丰富、有利于学生自主学习的教学手段,以提高学习效率和教学效果。在教学方法上,要注重研究不同的学生对象、讲究教学艺术、优化教学组织、采取循序渐进的引导式和启发式教学,调动学生的学习积极性和激发学生的研究兴趣,取得研究性学习应有的效果。

### 9.5.5 要加强教学团队的合作

研究性学习要求教师除了具有扎实的专业知识外,还要扩大知识面,然而在许多情况下,尤其是在进入专业学习阶段,要安排跨学期进行基于项目的参与式学习。对此,多数教师都不可能掌握全部相关的知识,其个人能力和经验也有其天然局限,因而需要组成一个教学团队相互协作,共同承担研究性学习的教学工作。

组成教学团队的教师要有在分工基础上的合作。要按照教学内容和专业背景决定每一位教师的任务和重点,明确教师之间的合作与协作关系,确定教学团队的总协调人,统筹安排和协调整个教学工作。

教学团队的教师要开展经常性的研讨活动。需要跨学期进行的研究性学习不确定因素多,学生会遇到许多不可预见的问题,需要指导和帮助,因此,教学团队应了解和分析研究性学习的进展情况,及时地针对学生在学习过程中可能出现和已经面临的问题进行研讨。

## 9.6 研究性学习应注意的问题

### 9.6.1 重视建立研究性学习的考核评价体系

评价是保证行为取得预期效果的有效手段。研究性学习的基本特征、学习形式和功能作用与传统的学习方式截然不同,因此,需要建立全新的评价体系,以确保研究性学习能够取得预期的效果。

研究性学习是一种参与式学习，它强调学生的自主学习、学生之间的合作学习、师生之间的互动学习，需要在整个学习过程中不断地调动学生的积极性和主动性，因此，研究性学习的评价要具有对学生进行过程性激励的功能。这就需要重视学习过程的评价，将阶段性评价与传统的终结性评价相结合，降低期末考试的权重，减轻学生期末考试的压力，强化平时考核评价的作用，激发学生的学生热情，引导他们在不同阶段取得收获，做到评价阶段的全程化。

学生是研究性学习的主体，他们需要及时地了解自身在知识获取、能力培养和素质提高的过程中所取得的进步，需要清楚地知晓自身存在的不足，以明确进一步努力的方向，这就使考核评价成为一个继续学习的过程，为此，学生应该成为评价的主体，完成自我评价，并参与对同学的评价。这就必须改变过去教师是唯一的评价者的惯例，使教师和学生均成为评价主体，做到评价主体的多元化。

研究性学习要评价的内容包括：全面知识的掌握、各种能力的提高、综合素质的提升，既要强调学生知识和技能的掌握，又要看重学生在探究过程中的具体表现，因此，要针对不同的评价内容采取不同的评价形式，如习题作业、问题讨论、阶段报告、随堂测验、个人展示、项目训练、设计方案等形式，提倡网上答卷、论文答辩、研究报告、项目设计、创新竞赛等多样化的考核方式，多角度、全方位地测量学生知识、能力和素质水平，做到评价形式的多样化。

研究性学习的评价指标应能够全面地反映考核评价的重点并引导学生的努力方向。除了反映知识水平的指标，可以根据课程的学习目标设置能力发展、参与态度、团队合作、综合素质等多项评价指标，以考核学生能力发展情况、参与学习的积极性、团队合作精神以及综合素质水平等。与此同时，评价结果应该是多样的，既可以是定量的结果，也可以是定性的结论；既有对学生学习情况的明确结论，又给学生进一步发展指明方向。

最后，学生学习成绩的构成必须是多成分的，要将学生平时通过各种形式考核评价的成绩与期末考核评价的成绩按照一定的权重比例，综合成学生课程的总成绩。由于平时考核评价的次数多，因此平时的权重总和要高于期末的权重，国外一流大学期末考核的权重往往仅占 30% 左右，这对于提高学生在研究性学习过程的投入和重视无疑是积极的。

总之，研究性学习的评价体系要做到评价阶段的全程化、评价主体的多元化、评价形式的多样化，以及评价指标、评价结果和成绩构成的综合化。

### 9.6.2　必须注重学生学习方法的掌握

学生的知识获取、知识创造和终身学习能力是卓越工程师各种能力的基础,也是研究性学习得以开展的重要的基本能力,而形成这些能力的关键在于学习方法的掌握。因此,在研究性学习过程中,必须高度重视学生对相关学习方法的掌握,使得学生能够获取知识、应用知识和创造知识。

掌握学习方法之前要选择学习方法。选择学习方法要考虑三方面因素。首先是学习对象,因为任何一种学习方法都不是万能的,都有一定的适应面,所以,学生要根据学习的内容选择行之有效的学习方法;其次是学习主体,因为每个人的思维方式、学习习惯以及知识积累都不尽相同,所以,适合某个人的学习方法不一定就适合另一个人,学生要根据自己的特点选择合适的学习方法;最后是学习场景,不同的环境和条件对学习效果产生直接的影响。

学习方法的学习和掌握应该贯穿于整个学习过程。教师可以通过现身说法和实例说明引导学生对学习方法的重视并掌握好学习方法。教师还要根据学生的学习效果及时地分析学生所采用的学习方法的有效性,避免因学习方法不当而影响学生研究性学习的成效。学生应通过与同学的比较或者自我分析,找出自己学习方法的长处和不足,及时地修正、完善或调整自己的学习方法。

### 9.6.3　处理好研究性学习与基本理论学习的关系

研究性学习是建立在已有知识、能力和素质的基础上对新的知识、更高的能力和素质的追求,因此,与学习专题相关的基本理论知识是研究性学习的基础,采用研究性学习方式时要注意处理好这种学习方式与基本理论学习的关系。

对于处于基本知识学习阶段的学生以及首次采用研究性学习方式的学生而言,要通过学生课前预习、教师课堂精讲、学生课后复习巩固等环节,让学生掌握进行研究性学习必须具备的背景知识和基本理论知识。否则,缺乏这些基本理论,将使学生不能顺利地开展研究性学习,进而降低学生的学习积极性,影响学习效果和学习目标的达成。

对于涉及面广的用于研究性学习的学习专题,教师应重点介绍非本专业和跨学科的基本理论知识,而以自学和课后辅导的方式使学生掌握与本专业相关的基本理论知识。

对于掌握了一定的基本理论的学生,教师在研究性学习过程方面要注重学生学习方法的掌握。随着基础知识的积累、学习方法的掌握和自主学习能力的提高,如到了本科高年级和研究生阶段,研究性学习过程中的理论知识学习就应该主要以学生自学的方式完成。

## 9.6.4　研究性学习的教学风格应灵活多样

研究性学习是一种开放的学习方式,对知识的发现和研究过程、能力的培养和形成过程以及素质的养成和提升过程可以有不同的诠释,因此可以形成不同的教学风格。研究性学习也是一种互动的学习方式,教师与学生的互动,教师与学生特性的不同,可以使得教学本身更具有个性和艺术性。研究性学习的学习专题和学习目标往往有较大的差异,因而需要采用不同的教学形式。因此,在研究性学习过程中应该提倡灵活多样的教学风格,形成“百花齐放”的局面。

灵活多样的教学风格有利于营造充满激情的学习氛围和激发学生的学习兴趣。只要能够实现课程大纲规定的学习目标,达到教学互动、合作互助、教学相长,更有效地提高学生的学习效果,研究性学习的教学风格应该不受场地、时间、人数和形式的限制。如在场地选择上,可以在教室、实验室、工地、生产车间等地方;在研讨形式上,可以采取“学生发言、同学评价、教师总结”或“正方报告、反方批判、同学提问、教师点评”等多种方式进行。

## 9.6.5　教学过程中应注重实施个性化学习

因材施教是高等教育的一项重要任务,也是经济社会发展对人才多样化的客观要求。在传统的接受式学习中,教师单方面的课堂讲授使得个性化培养成为不易实施的问题。在研究性学习中,学习形式的多样化、教学风格的灵活性以及学习专题的可选择性,使得个性化培养容易实现,因此教师在教学过程中更应该注重因材施教。

教师在研究性学习过程中,要根据学生在知识基础、能力水平和学习兴趣等方面的差异,在学习任务安排、学习进度要求、课外指导帮助等方面区别对待,使得学生的学习兴趣得到满足、个性特长得到发挥、弱势不足得到帮助。如可以根据学生的能力差异安排难度不同的学习专题,可以将能力不同的学生安排在一个小组以取长补短,也可以给予能力较弱的同学更多的课外辅导等。

### 9.6.6　最适合采用研究性学习的教学内容和课程

研究性学习的学习效果显著,具有广泛的适应面,因此得到世界高等教育界甚至整个教育界的重视和推崇,尤其在对学生的能力和素质提出高要求的现代社会,研究性学习的重要性愈加突出。然而,任何学习方式都不是万能的,都只能在一定的条件下发挥其最大的作用。

是否适合研究性学习主要取决于课程的学习目标和教学内容,然而学习目标和教学内容是密切关联的,教学内容是为学习目标而选择的,因此可以仅从课程中的部分教学内容和整门课程的角度分析研究性学习的适应性。

就课程的一部分教学内容而言,最适合采用研究性学习的是那些能够通过问题、案例或者项目的形式来完成教学任务的教学内容。因此,教师需要围绕教学内容来形成问题、编写案例或设计项目,按照学习目标要求设计研究性学习的教学模式。

就一门课程而言,最适合采用研究性学习的是那些应用性强的专业课和部分专业基础课。这些课程不仅强调知识的学习,更重视知识的应用甚至创新,以及各种能力的培养和素质的养成,因而采用研究性学习是最合适的选择。

教师要注意其他学习方式对研究性学习的互补作用。对大学低年级学生,由于他们的知识积累不足、没有掌握相应的学习方法、自主学习能力不强、课后学习的时间有限,以及课堂学生人数多,因此对于信息量较大的基础知识的学习和基础理论课的学习,应采用以教师讲授为主的学习方法,使学生尽快完成基础理论知识的积累,为过渡到研究性学习做好准备。

## 9.7　研究性学习实例说明

面向卓越工程师培养的课程体系和教学内容改革要求每一门课程在卓越工程师培养方面都有明确的目标,都担负着明确的任务[1],而构成课程的学习专题和组织方式是实现课程目标和完成课程任务的关键。这些目标的实现和任务的完成要通过对课程的组织和实施来达到,采用研究性学习的方式进行教学的课程组织和实施要遵循如下原则:

(1) 根据课程目标和任务要求选择问题、案例和项目。也就是说,每门课程的研究性学习既可以单纯由问题、案例或项目组成,也可以由不同的问题、案例和项目混合构成。

（2）问题、案例或项目的难度要逐渐增加，循序渐进。这不仅使学生逐渐适应研究性学习方式，而且使学生从所取得的学习成果中培养学习兴趣、激发继续学习的热情。

（3）要重视研究性学习作用机理的实现。即要对构成整门课程的问题、案例和项目进行整体的分析和设计，明确每个问题、案例或项目的教学目标，选择有效的学习形式，以达到研究性学习的效果。

例如，一门专业课程是由三个项目组成的，项目难度逐渐增加。第一个项目是一个构建好的封闭的工程问题，第二个项目是一个具有部分条件限制的完整的工程项目，最后一个项目是一个开放的设计项目。一个班级共有学生 35人，教师会根据具体项目的需要将学生分成若干个小组，每个小组有项目管理者、工作人员及秘书三种角色，每种角色均有两方面清晰的任务：技术方面和团队方面，以满足本组工作和团队协调的需要。每个学生在各个岗位上都轮流工作一段时间，获得在不同岗位上所需能力的锻炼。在完成一个项目后，根据新项目的需要重新组织项目小组，项目组成员必须交换、不能固定不变。每个项目的具体情况如下：

第一个项目是在某一工程技术领域上的一个给定的问题，安排在第一周至第四周。

教师主要的准备工作是：设计针对这一问题的详细的课程教学计划，包括目标任务，一至四周的进度安排，将任务分解为五个子任务，提出解决这一问题必须注意的事项，指出可能需要文献资料、方法与技术，根据子任务的工作量将全班分成五个项目小组、每个小组由 6～8 名学生组成，确定小组进度安排及小组讨论时间等。

随后，教师在课堂上进行具体布置，提出本阶段的教学目标并介绍整体要求，解释各项子任务与整个项目的关系，明确项目经理、秘书及工作人员各自的职责。学生根据自己的兴趣自由结合形成小组，而后进行小组内部分工，每位同学按照教师对角色职责的要求开展工作。个人分工负责的技术方面的工作由每位学生单独完成，而每个小组所有的团队工作都安排在教师可以进行指导的工作室中进行，教师将随时提供需要的指导和帮助。

这个项目的主要教学目标是：学生对解决给定工程问题所需的知识的获取、方法和技术的掌握，分析问题和解决实际工程问题能力的培养，以及团队合作意识的形成等。

第二个项目是一个具有部分条件限制的完整的工程项目,安排在第 5 ～ 10 周。

教师主要的准备工作是:给出项目任务书,包括目标任务、规格要求、条件限制、完成期限等;制定针对这一完整工程项目的详细的课程教学计划,包括 5 ～ 10 周的进度安排,项目研究需要注意的事项,将项目分解为 $n$ 个子项目,根据子项目的数量和全班学生数确定每个项目小组学生的人数为 $35/n$ 左右,为学生提供进行项目设计可能需要的设计开发方法和工程技术的指导,确定小组进度安排及小组讨论时间等。

随后,教师在课堂上进行具体布置,提出本阶段的教学目标并介绍整体要求,解释各项子目标与整个项目的关系,明确项目经理、秘书及工作人员各自的职责。学生根据自己对子项目的兴趣自由结合形成研究各子项目的小组,每个小组对各自负责的子项目进行讨论而后分工,然后每位学生分头进行准备,按照规范的要求和条件进行工程项目的设计。学生在时间安排、方法和手段的采用、讨论与合作对象的选择等方面有高度的自主性。学生要处理好个人分工与小组其他同学的关系,小组要处理好子项目与整个工程项目的关系,要注意对学生工程能力和社会能力的培养和锻炼。

这个项目的主要教学目标是:学生对解决给定工程项目所需的知识的获取和应用,工程项目设计和开发方法和技术的掌握,分析和解决实际工程问题的能力的提升,交流沟通和团队合作能力的培养等。

第三个项目是一个开放设计的项目,安排在第 11 ～ 20 周。

教师各个小组自主设定具体目标、期望到达的项目结果,灵活自主地安排整个项目的设计工作。这个项目期望每位学生更独立地工作并显露他们的创造性。对各小组所完成的项目的评价上注重创新性和创造性。

教师主要的准备工作是:仅对项目给出宏观的目标或任务,但没有具体要求,即对所需运用的知识、研究思路、设计方法不作具体规定,团队工作时间不固定,工作进度也不作具体要求。但要针对这一开放设计项目制定详细的课程教学计划,包括 11 ～ 20 周的进度安排,项目研究需要注意的事项,并将全班学生分为四个小组,每个小组由 8 ～ 9 名学生组成,还为学生提供进行项目研究可能需要的文献资料来源、研究方法与工程技术的指导等。

随后,教师在课堂上进行具体布置,提出本阶段的教学目标,要求每个小组独立完成给定的项目并给出评价项目质量的最低标准,鼓励各小组之间开展竞争,明确项目经理、秘书及工作人员各自的职责。学生根据自己与其他同学的合作关系自由组合形成项目小组,每个小组对给定项目进行讨论,提出项目研究的思路、目标和进度,而后对项目进行分解,根据组内同学的特长和兴趣进行分工,每位学生在分工的基础上需要经常性的密切的合作,以保证项目进行的有效性和系统性。

学生在第一、二个项目积累的基础上,在第三个项目上有着更大的自主性和灵活性。他们在合作对象的选择、项目的分解和分工、时间进度安排、研究方法和手段的采用等方面不仅有着高度的自主性,而且能够灵活地处理可能面对的各种问题。与前两个项目最大不同的是,每个小组必须单独负责整个项目的工作,这样学生不仅有来自项目自身的压力,而且还有来自其他小组的挑战。因此,除了其他能力的培养之外,第三个项目对学生独立从事工程项目的能力和竞争能力的培养有着独到的作用。

这个项目的主要教学目标是:学生创新思维和创新能力的培养,工程项目设计和开发方法与技术的选择、比较和掌握,独立地分析和解决实际工程问题的能力的培养,交流沟通和团队合作能力的提升,工程竞争能力和综合素质的培养等。

对研究性学习的研究还需要注意以下两方面问题。

首先,研究性学习对人才培养模式的改革将产生直接的影响。作为人才培养模式中的主要环节,研究性学习产生的影响主要表现在以下三个方面:一是推动了整个专业课程体系的整合重组,即避免不同课程之间内容的交叉重复,将知识学习与知识应用相结合,取得更好的学习效果;二是促进了课程内容,尤其是专业课程教学内容的重新选择,即按照问题、案例和项目选择课程内容,教师在课堂上突出重点、跳跃性地讲授,学生有更多的时间进行自主学习和研究;三是改进了教学质量评价,即从过去仅注重学生学习结果的教学质量评价,转向同时注重学习过程和学习结果的教学质量评价。

其次,教育技术与数字资源对教学方式也产生影响。主要表现在三个方面。一是大学课程网络化,尤其是优质课程资源的网上共享,将对教与学方式产生新的冲击,也对学生和教师在课程教学上提出新的要求;二是基于移动技术的教学方法,使得学生能够随时随地学习,培养学生独立思考的能力,因此,将促进教师作用的重新定位;三是大学教材的数字化,使得纸质教材的缺陷更加显现,通过多媒体多样化的表现形式,教材内容十分丰富,数字化教材传递大量信息。

# 参 考 文 献

［1］林健. 面向"卓越工程师"培养的课程体系和教学内容改革. 高等工程教育研究,2011 年第 5 期.

［2］Higher Education:Students at the Heart of the System. 英国政府商业、创新和技能部白皮书, 2011 年 6 月.

［3］教育部关于实施"卓越工程师教育培养计划"的若干意见. 教高［2011］1 号.

［4］林健."卓越工程师教育培养计划"通用标准研制. 高等工程教育研究,2010 年第 4 期.

# 第10章 胜任卓越工程师培养的工科教师队伍建设

【本章摘要】 "卓越工程师教育培养计划"成功的关键在于建设一支胜任卓越工程师培养的工科教师队伍。本章针对目前工科教师队伍存在的问题,系统地研究如何建设这样一支教师队伍:(1)分析卓越工程师培养对工科教师的要求;(2)讨论工科教师的引进聘任;(3)讨论工科教师的在职培养;(4)探讨兼职工科教师队伍的建设;(5)研究工程教育教学团队建设;(6)分别讨论工科教师队伍建设的制度保证和政策激励,以期为"卓越计划"参与高校开展工科教师队伍建设提供建议和参考。

教育大计,教师为本。"卓越计划"的实施是否取得成功的标志在于能否培养造就出一大批卓越工程师后备人才(以下简称"卓越工程师"),而卓越工程师培养的关键在于建设一支胜任的工科教师队伍。然而,"卓越计划"参与高校目前的工科教师队伍现状与卓越工程师培养的要求之间存在较大差距,主要表现在:重视工程理论掌握,缺乏工程实践经历;重视科研,轻视教学,尤其是本科教育;重视学术论文发表,轻视工程能力提高。出现工科教师队伍普遍存在的这些问题的症结是按科学教育的要求聘任、考核和评价教师,多数高校衡量工科教师的标准是科研项目的等级和经费数额,理论研究成果获奖的层次和排名,在SCI上发表论文的影响因子和数量,以及出版的学术专著等。目前这种与理科教师一样的要求导致:一方面工科教师的选聘未体现工程技术背景,许多教师从学校到学校,缺乏工程实践经验,更有一些学校留校教师比例居高不下;另一方面工科教师注重理论研究和追求论文发表,轻视工程实际问题的研究和解决,忽视工程实践经历的积累。这样的结果是严重地影响工程教育的质量。

本章针对工科教师队伍存在的上述问题,系统地研究如何建设一支胜任卓越工程师培养的工科教师队伍。第一,分析卓越工程师培养对工科教师的要求;第二,讨论工科教师的引进聘任和在职培养;第三,探讨兼职工科教师队伍的建设;第四,研究工程教育教学团队建设;第五,分别讨论工科教师队伍建设的制度保证和政策激励。以期为"卓越计划"参与高校开展工科教师队伍建设提供建议和参考。

## 10.1　卓越工程师培养对工科教师的要求

构成"卓越计划"标准体系的通用标准、行业标准和学校标准分别从国家、行业和高校层面规定了卓越工程师培养在知识、能力和素质方面要达到的基本要求,其中,"卓越计划"通用标准明确表明:卓越工程师不是单纯的某一工程领域的优秀专业技术人才,而必须是在国际化大环境下,处于激烈市场竞争和迅速社会发展中的高素质的综合型人才,他们除了具有某一工程领域的知识和专业能力,如实践能力、设计能力和创新能力外,还必须具有协调沟通、团队合作和组织管理等社会能力,具有处理好工程与生态环境、经济发展和社会进步等关系的综合素质[1]。

"卓越计划"参与高校工科教师的整体素质直接关系到卓越工程师培养的质量。虽然一些工科教师在学生时期已经接受了系统的工程科技教育和基本的工程训练,并在担任教师期间通过科研和社会服务积累了一定的工程实践经验,但是这远远不能满足卓越工程师培养的需要。从事工程教育的教师除了要具备其他工科类高校教师应有的教师素质外,还必须具备工程学科需要的专门素质,也就是说,他们不仅要具备大学教师的基本素质,还要具备基本的行业企业工程师拥有的专业素质。这种"**大学教师 +'准工程师'= 工科教师**"的模式,应该作为对从事卓越工程师培养工作的教师的总体要求。具体而言,为了胜任卓越工程师培养的重任,参与高校必须建设一支知识渊博、工程经历丰富、工程能力强、教学水平高、综合素质好的工科教师队伍。

对承担卓越工程师培养任务的工科教师的要求可以分为教师基本要求和工程能力要求两部分。

## 10.1.1　对工科教师的基本要求

教师基本要求包括广博的知识面、丰富的工程实践经历、卓越的工程教育教学能力和崇高的敬业精神和职业道德等,这些是每一位教师都需要具备的。

(1) 广博的知识面。

要求工科教师具备扎实的知识获取、应用和创新能力,在知识不断更新的基础上,扩大自身的知识面,不仅掌握本工程学科专业领域的专业知识和国内外的最新进展,了解相关的技术标准、政策和法律法规,而且要熟悉相关学科专业领域,包括信息学科、经济管理、人文学科、社会学科等其他学科专业的知识,还要关注一些新兴、交叉、边缘学科,尤其是与本学科专业领域相关的战略性新兴产业的兴起和发展。必须着重强调的是,由于"卓越计划"重点强调课程体系和教学内容的改革,以及大力推行研究性教学等教学组织形式和教学方式,承担卓越工程师培养任务的教师要改变过去那种将自己的知识面仅限于所担任的课程或其他教学任务的狭窄范围内的现象,而应该将知识面拓展到除了课程和教学任务之外的所有的相关课程和学科专业等更大的范围上。

(2) 丰富的工程实践经历。

要求教师熟悉工程现场的运作方式和管理模式,了解先进工程设备和技术的使用,掌握应对实际工程问题的有效方式,积累丰富的解决工程问题的经验,同时与工业企业保持密切的合作关系。丰富的工程实践经历对工科教师的重要性体现在三个方面。一是使教师形成良好的工程素养。教师通过工程实践牢固地掌握了工程概念、工程常识和工程原理,熟悉用工程思维的方法思考和分析各种工程问题,学会选择在工程实践中行之有效的方法解决实际工程问题。二是使教师具备担任工科教师的基本条件。工程实践经历使得教师在课程体系改革、教学内容选择、教学方式的采用,以及在理论联系实际方面更能够从卓越工程师培养的需要入手,从而避免纸上谈兵、理论脱离实际、学非所用等现象的出现。三是为教师拥有各种工程能力和职业素质打下重要的基础。

（3）卓越的工程教育教学能力。

教师的工程教育教学能力主要体现在以下五个方面。一是具有先进的工程教育理念。要树立以学生为中心的教育思想,充分发挥学生的主观能动性,引导学生从继承型学习走向探究发现型学习;要树立以创新为核心的教育思想,把培养和提升学生的创新意识和创新能力作为卓越工程师培养的重要内容。二是具有良好的工程教育研究能力。要善于发现、研究和解决工程教育中出现的理论和实际问题;要善于分析比较、学习和借鉴国内外同类型高校在工程教育方面先进的教育思想、教学理念、教学手段和教学方式;要能够根据工程教育的发展趋势,预见性地提出工程教育的改革思路和具体措施。三是具有显著的工程教学学术水平。要能够将高深的工程原理、工程技术和工程科学理论,通过教学内容的组织、教学方法的选择和教学手段的采用,使学生不仅深刻理解和掌握知识,而且能够运用和创新知识;要善于采用各种研究性教学方法,通过问题、案例或项目将工程实际与理论学习密切结合起来,使学生在知识、能力和素质方面都得到提高。四是具有突出的工程实践教学能力。要能够通过各种验证性、设计性和综合性实验教学,提高学生的实际动手能力;要能够通过运用工程原理和工程技术发现、分析和解决工程实际问题,训练学生的工程实践能力;要能够通过组织学生参加并指导学生完成源于企业的工程项目的研究,培养学生的工程研究能力。五是具有娴熟的教学组织和管理能力。要善于根据课程和教学内容以及学生的具体情况,采用有效的组织形式和管理手段开展教学活动,使学生在教与学的过程中取得理想的学习效果。

（4）崇高的敬业精神和职业道德。

敬业精神和职业道德是教师完成卓越工程师培养任务的意志信念和行为准则,主要反映在四个方面。一是强烈的事业心和责任感。要热忱于工程教育工作,将教书育人作为自己崇高的事业,将完成好卓越工程师培养作为自己神圣的使命。二是严谨求实的科学态度和精益求精的工作作风。对待工程教育工作要一丝不苟、尽职尽责、求真务实,将提高卓越工程师培养水平和质量作为自己永无止境的工作目标。三是勇于探索的治学精神和追求卓越的创新意识。

要乐于奉献、不安于现状、善于批判性思维,密切结合经济社会的发展及其对工程教育的新要求,努力寻求教育教学思想和方式的转变和突破,积极开展人才培养模式的改革和创新。四是为人师表的行为举止和言传身教的育人风范。要有健康的心理素质,高尚的人格品位、宽阔的心胸气量和坚定的理想信念,要成为学生道德品质修养的榜样、精神文明的典范和举手投足的楷模。

## 10.1.2　对工科教师的工程能力要求

教师的工程能力要求是从整个教师团队的角度考虑,包括扎实的工程设计开发能力、超凡的工程技术创新能力和突出的工程科学研究能力三个方面。

（1）扎实的工程设计开发能力。

工程设计开发能力是各类卓越工程师需要掌握的一项基本能力,即使是作为现场一线的卓越工程师,也需要具有工程设计开发的初步能力,因此,培养卓越工程师的教师必须具有扎实的工程设计开发能力,他们需要具备以下五个条件:一是工程实践经历丰富,工程实践能力强,承担过来自企业的实际工程设计开发任务;二是熟悉新材料、新工艺、新设备、先进制造系统和先进工程技术;三是具有现代工程设计理念,掌握先进的工程设计和开发方法和技术手段;四是具有独立主持和承担复杂工程项目的设计或按照市场需要开发新产品的能力;五是能够处理好工业产品和工程项目与环境保护、生态平衡、社会和谐和可持续发展的关系。

（2）超凡的工程技术创新能力。

作为肩负创造未来世界重任的卓越工程师,工程技术创新能力是他们必须掌握的一项关键能力,因此,培养卓越工程师的教师必须具备超凡的工程技术创新能力。教师的工程技术创新能力表现在三方面:首先,具有强烈的创新意识和创新精神,追求标新立异;其次,能够突破思维定势,擅长各种创新思维方式;最后,能够在工程实践、工程技术应用和工程技术开发中不断探索创新,取得显著的创新性成果。拥有超凡的工程技术创新能力的重要基础是教师在本工程学科领域具有高深的专业造诣和坚实的工程实践背景。此外,超凡的工程技术创新能力要求教师做到:一是了解工程实践面临的技术难题和经济社会发展对工程技术的新要求;二是及时掌握工程科技的前沿领域和发展方向;三是具有相关学科专业领域的知识,尤其是交叉学科、新兴学科和边缘学科的广博知识。

（3）突出的工程科学研究能力。

工程科学是随着"大工程"现象的出现，工程活动的结构复杂性程度的提高，而将现代科学技术与工程活动密切结合而形成的独立的学科体系。工程科学具有系统科学、复杂科学、交叉学科和综合学科的特征[2]。教师的工程科学研究能力表现在三个方面：第一，系统地进行过科学研究的训练，主持过一般工程项目或参与过大型工程项目的研究；第二，具有多学科专业领域的广博知识和良好的工程创新能力；第三，能够将现代科学技术应用于解决工程问题，并取得业内认可的成果。拥有突出的工程科学研究能力的重要基础同样是教师在本工程学科领域具有高深的专业造诣和坚实的工程实践背景。同时，突出的工程科学研究能力要求教师做到以下几点：一是，善于结合经济社会可持续发展的需要，提炼和总结现代工程活动具有的普遍性和共性的本质特征和规律，找准工程领域需要研究的主要问题；二是，具有非凡的洞察力，能够根据工程领域的主要问题，在工程科技的前沿领域和发展趋势中，找到教师自身工程科学研究的主要方向；三是，在工程科学的研究中能够将工程作为由多种工程要素组成的复杂综合系统，注重工程活动中的系统集成规律，辩证处理好多个工程目标之间的相互作用和关系；四是，在工程科学的研究中能够注重工程活动与环境友好，强调工程的科技功能、经济功能、社会功能、文化功能、生态功能之间互相协调，体现可持续发展的大协调观。

## 10.1.3　工科教师工程能力的最低要求

根据目前参与高校教师队伍的现状，不要求每一位工科教师同时具备上述三项能力，因此，可以根据每位教师所担任的卓越工程师培养的具体工作的需要，重点提出对某一项能力的要求。但从教师队伍建设的长远考虑，对不同层次教师的最低要求应该是：讲师具备扎实的工程设计开发能力，副教授具备扎实的工程设计开发能力和超凡的工程技术创新能力，教授具备所有三项突出的工程能力。同理，不同类型卓越工程师培养对教师工程能力的最低要求应该是：培养现场卓越工程师要求教师具备扎实的工程设计开发能力，培养设计开发卓越工程师要求教师具备扎实的工程设计能力和超凡的工程技术创新能力，而培养研究型卓越工程师要求教师同时具备所有三项突出的工程能力。以上对不同类型教师工程能力的最低要求和培养不同类型卓越工程师对教师工程能力的最低要求如表 10.1 所示。

表 10.1　不同类型卓越工程师培养对工科教师工程能力的最低要求

| 培养类型 ＼ 教师类型 | 讲　　师 | 副　教　授 | 教　　授 |
|---|---|---|---|
| 培养现场卓越工程师 | 扎实的工程设计开发能力 | | |
| 培养设计开发卓越工程师 | | 扎实的工程设计开发能力<br>超凡的工程技术创新能力 | |
| 培养研究型卓越工程师 | | | 扎实的工程设计开发能力<br>超凡的工程技术创新能力<br>突出的工程科学研究能力 |

卓越工程师的培养需要每位教师的大量投入和整个教师团队的共同努力，教师基本要求为教师从事卓越工程师培养工作和团队合作打下基础；每一位教师所具备的工程能力和自身特长，要通过团队合作机制达到能力和特长的优势互补，从而使得卓越工程师的培养目标得以实现。

总之，承担卓越工程师培养任务的工科教师，不仅应该是在工程教育教学方面具有优异能力和崇高综合素质的教育家，还应该是在工程实践、工程设计开发、工程技术创新和工程科学研究的专家。满足这些要求的教师的培养不可能一蹴而就，而需要"卓越计划"参与高校和教师共同对教师的培养进行认真规划，而后逐步实施和不断积累，最终实现培养目标。

## 10.2　工科专职教师的引进聘任

教师的引进聘任是工科教师队伍建设的首要核心环节，直接关系到参与高校能否在较高的起点上建设一支胜任卓越工程师培养工作的工科教师队伍，因此，应该将卓越工程师培养对工科教师的要求作为教师引进聘任时尽可能满足的条件。

在教师的引进聘任方面，以往高校是按照理科教育对教师的要求：看"出生"、讲"文凭"、重"论文"和"理论成果"，而完全忽略了工程教育对教师的本质要求，更没有意识到工程学科与其他学科在实践性、集成性和创新性方面的显著区别。因此，要彻底改变这种一贯做法，按照卓越工程师培养的需要引进和聘任工科教师。具体而言,高校,尤其是研究型大学,在招聘工科教师时,除了评估应聘者的教学能力、研究水平和品德素质外,对青年应聘者,还要注重他们的工程实践经历,对中年应聘者,不仅要注重工程实践经历,还要考虑他们的工程能力。在实际操作过程中,可以重点从以下几个渠道考虑引进和聘任工科教师。

### 10.2.1　企业博士后工作站出站人员

设有博士后工作站的企业要求是国家重点国有企业,国家试点企业集团或特大型、大型企业、高新技术企业,建有国家认定的企业技术中心或健全的研究与开发机构,具有较好的研究开发条件,能提出具有较好市场前景、较高学术技术水平和有利于企业的技术进步和发展的研究项目。企业博士后工作站为博士后提供了大学博士后工作站不易具备的三个重要的条件。一是研究的项目完全源于企业的实际,是密切结合企业的发展需要提出来的;二是工作的环境是企业真实的工程实践环境;三是合作的导师是企业具有丰富工程实践经验和很强工程能力的高级工程师和管理人员。这三个条件对于在工作站工作的博士后起到至关重要的作用:首先,熟悉企业文化,对企业的组织架构、运行机制、管理模式和企业精神等具有充分的了解;其次,提高工程素养、丰富工程实践经历、有效地培养和提升工程能力;最后,建立起与企业深层的合作关系,为出站后的校企合作奠定重要的基础。这样,通过在企业博士后工作站至少两年的工作后出站的博士后,较大学博士后工作站出站者更具备担任卓越工程师培养的工科教师的条件。因此高校在招聘新教师时,应该优先考虑在企业博士后工作站出站的具有工科背景的博士后。

同理,对于那些获得工程专业的博士学位,毕业后在企业的生产、设计或研发部门实际工作过不少于两年,或者拥有工程师资格证书的中青年应聘者,也应成为高校招聘担任卓越工程师培养任务的工科教师的优先考虑对象。

### 10.2.2　国外著名高校工程专业博士

国外著名高校具有先进的教育理念,在工程教育改革的研究和实践方面积累了大量的成果和丰富的经验,在人才培养模式改革、课程体系改革、教材建设、教学组织形式、教学方式、校企合作、教学质量评价等方面拥有许多值得"卓越计划"参与高校学习和借鉴的地方。引进和聘任这些高校工程专业博士学位获得者,不仅有利于改变教师队伍的学缘结构和建立国际合作关系,而且对于借鉴和吸收国外先进的工程教育改革成果和经验,支持"卓越计划"的实施具有重要的意义。虽然这些人可能在工程经历和工程能力方面不足,但在国外名校接受的教育和训练,将有利于他们入职后通过各种有效方式较快地得到弥补。已经回国的这一类留学回国人员中的大多数,给国内高校带来了新的教育理念和教育思想,促进了所在高校工程人才培养模式的改革,在人才培养、科学研究和社会服务等方面均取得显著的成绩,这一点可以在国内众多高校中得以证实。

## 10.2.3　具有海外工程经历的留学人员

随着留学人员数量的增加,获得国外博士学位者毕业后的走向趋于多元化,除了一部分人在高校谋得职位,相当一些人进入国外的企业工作。然而,由美国次贷危机和欧元区主权债务危机引发的全球金融危机,以及我国经济持续平稳快速增长等因素,加快了留学人员回国的步伐,在这些回国人员中,不乏具有工程或工科博士学位并具有国外企业工作经历者。因此"卓越计划"参与高校应该有针对性地将这些人群作为招聘对象,吸引和聘任条件合格者。

## 10.2.4　具有丰富工程经历的企业高层次人员

企业的成长兴衰以及对人生多重体验的愿望加速了企业中高层次人才的流动。有相当一部分长期在企业工作的高级工程技术人员和高层次管理人员,羡慕高校教师为人师表的职业,希望能够到高校担任专职教师。这些人具备丰富工程实践经验和超凡的工程能力,与高校具有深厚理论功底和研究能力的教师合作,能够很好地胜任卓越工程师培养的工作,因此,他们也应该成为参与高校努力争取和招聘的对象。目前影响高校招聘企业高层次人员的主要障碍是身份的转变和教师资格的认定。由于他们长期在企业工作,虽然具有大量的工程设计开发成果和发明专利等,但缺乏纯理论研究和学术论文,按照目前的职称制度,不容易从高级工程师和教授级高级工程师的身份转换为副教授和教授。同时,对教师教学经历和每年教学课时数的要求也不易使他们短期内获得教师资格。本文随后将讨论解决这类问题的建议。

## 10.3　工科专职教师的在职培养

教师的在职培养是工科教师队伍建设的另一核心环节,直接关系到参与高校最终能否建设成一支胜任卓越工程师培养工作的工科教师队伍,因此,应该将卓越工程师培养对工科教师的要求作为教师在职培养过程中追求的目标。

按照前面卓越工程师培养对教师要求的分析,工科教师需要具备工程实践能力、工程教育教学能力、工程设计开发能力、工程技术创新能力和工程科学研究能力五个方面的能力。不论通过何种渠道招聘的教师,都可能存在某一项或几项能力的不足或缺失,都需要通过在职培养和提高逐步成为满足卓越工程师培养要求的合格的工科教师。参与高校要按照卓越工程师培养对工科教师的要求,对每一位教师,尤其是新招聘的教师进行评估,找出他们在能力上的不足和缺失,结合他们将承担的卓越工程师培养工作的要求,确定需要培养和提高的具体内容,制定出针对每一位教师的具体可行的在职培养计划,并严格按计划实施和落实。以下是对培养和提高这五项能力的途径和方式的建议。

### 10.3.1　工程实践能力的培养

主要培养场所在企业现场一线,包括生产制造、运行维护、维修服务等部门;指导教师由企业现场一线经验丰富的工程师担任;采取顶岗锻炼,到不同的部门定期轮岗,一个部门的工作熟悉后再到下一个部门的培养方式,使教师由浅入深、由感性到理性,逐步了解、熟悉和掌握这些部门的工作流程,以及发现问题的途径、处理问题的方式和解决问题的手段,从而培养和提高教师发现、分析和解决企业实际问题的能力;时间安排上应该以全脱产的方式全职到企业工作。

### 10.3.2　工程教育教学能力的培养

主要培养平台为校内教学团队,在团队内有经验的教师的指导下,通过教学研究、教学观摩、经验交流,以及承担具体的教学活动等方式提高教师的工程教育教学能力。在校外主要通过到国内外高校进修学习、参加教师培训和教学研讨会等方式学习和借鉴先进的教育教学理念、教育模式和教学方法。胜任卓越工程师培养的教师工程教育教学能力的培养重点应该放在更新教育教学理念、重视实践教学、整合重组课程体系、更新教学内容、采取研究性教学方式等方面。

## 10.3.3　工程设计开发能力的培养

主要培养场所为企业设计开发部门,包括产品设计中心(所)、产品开发部、设计院(所)等,通过直接参加企业实际工程项目或产品的设计和开发,从产品性能的改进、产品功能的完善、产品的换代升级、到新产品的研发等由局部到整体、由简单到复杂的过程,逐步培养和提升教师的工程设计开发能力,积累相关的经验。对于高校院系设立的具有专业资质的设计院(所),也可以作为教师能力培养的场所,教师通过参加其他教师承接的源于企业的设计开发项目,在经验丰富的教师的指导下,培养工程设计开发能力。

## 10.3.4　工程技术创新能力的培养

主要培养场所为技术密集型企业、高新技术企业、行业领域的龙头骨干企业和国有大型企业内单独设立的技术研发部门,高校与企业和研究院所合作设立的研究开发机构,以及独立的工程技术研究院所。教师通过参加这些机构对已有技术的改造、新技术的研发、技术成果的转化和技术专利的获取等技术前沿性的工作,训练和培养了工程技术创新能力,了解和熟悉了行业领域工程技术的新成果和发展方向。

## 10.3.5　工程科学研究能力的培养

主要培养场所为独立的工程研究机构、高校的工程研究中心和一些国有大型企业的研究部门,主要研究现代科学技术在大型复杂工程活动中的应用,研究大工程现象中的系统规律和系统方法,研究人工事物的复杂性问题,研究一般交叉科学规律在具体工程对象上的应用和创新,研究在特定工程对象限定下的不同学科的理论和方法的综合问题等。教师通过参与这些问题的研究,掌握了工程科学的特征和规律,形成了正确的工程观,培养和提高了将科学技术成果应用于工程问题以及通过工程问题的解决促进科学技术发展的能力。

在教师工程能力的培养上有四点需要指出。第一,培养和提高教师工程实践能力、工程设计开发能力和工程技术创新能力的主要场所首先是企业,尤其是参与"卓越计划"实施的重点企业,如设立了"国家级工程实践教育中心"的企业。一方面是因为只有企业才拥有真实的工程环境和先进的装备技术,这是提高教师工程能力的基础;另一方面是因为只有企业拥有的氛围和企业先进的文化才能形成提高教师工程能力的最好环境。高校内的各种工程训练中心和实践基地,应该作为教师工程能力培养的辅助场所。第二,教师工程能力的培养最好结合实际工程项目进行,通过参与具体的工程项目研究并承担其中一部分任务,教师能够实实在在地培养和提高工程能力;第三,每一位接受培养的教师需要专门配备经验丰富、工程能力强的指导教师,这些导师应以企业高级工程师为主,这样才能提高培养效率;第四,由于不同工程能力是互相关联的,因此,教师各项工程能力的培养不必截然分开,可以在企业全职顶岗挂职的过程中同时进行。

## 10.4　兼职工科教师队伍建设

对照卓越工程师培养对工科教师的要求,目前高校工科教师队伍中满足条件者凸显不足,其中主要原因和普遍存在的问题是缺乏工程实践经历,而这一问题的根本性解决不可能在短期内完成。为此,"卓越计划"要求参与高校建设一支具有一定工程经历的高水平专职、兼职工程教育师资队伍。也就是说,参与高校在高度重视校内专职教师队伍建设的同时,还要积极建设企业兼职教师队伍,使专职教师和兼职教师优势互补,从而尽快地满足当前卓越工程师培养的需要。兼职工科教师队伍建设的主要工作包括三个方面:兼职教师任务职责的明确、兼职教师的聘任及兼职教师作用的发挥。

### 10.4.1　兼职教师的任务职责

（1）兼职教师的主要优势。

与专职教师相比,兼职教师的主要优势在于其工程实践性和技术先进性。工程实践性是工程学科的本质要求,是工程集成和工程创新的基础,兼职教师的工程实践性表现在他们丰富的工程实践积累和卓越的工程能力。技术先进性是工程学科发展的需要,是工程集成和工程创新的保障,是企业赢得竞争优势的根本要求,兼职教师的技术先进性表现在他们掌握企业或本行业先进的生产工艺和制造技术,了解工程技术的最新发展。

（2）兼职教师的任务职责。

兼职教师的主要优势决定着他们与专职教师在卓越工程师培养上的分工与合作。在培养方案的制定和实施上，专职教师和兼职教师既有合作又有分工：在合作上，他们共同制定各层次卓越工程师的培养目标、培养标准和培养计划，共同设计课程体系和教学内容，最终一起评价培养质量；在分工上，他们分别负责校内培养计划和企业培养计划的制定，分别负责校内学习阶段和企业学习阶段学生的培养和考核。在教学工作上，专职教师主要承担专业基础课和理论性强的专业课的教学任务；兼职教师主要承担实践性强的专业课的教学任务，以及开设工程专题报告。在指导学生上，校内专职教师和企业兼职教师分别担任校内导师和企业导师，构成了"卓越计划"特有的"双导师"制度，他们联合确定本科毕业设计题目或研究生学位论文选题，联合指导本科毕业设计或研究生学位论文。此外，对于具有高深工程专业造诣的高水平专家，还可以聘请他们对校内专职教师进行业务培训和技术指导。

## 10.4.2　兼职教师的聘任

（1）兼职教师的主要来源。

兼职教师所担负培养卓越工程师的任务和职责说明，他们必须是企业工程领域的专家和高层管理人员。兼职教师的主要来源应该是参与实施"卓越计划"的企业，尤其是与本校合作培养卓越工程师的企业。此外，还可以考虑在社会和行业中具有成就和影响力的工程领域专家。

（2）兼职教师的条件要求。

满足承担实践性或专业课程教学工作的兼职教师的条件是：具有丰富的工程实践经验、较强的工程能力、较好的语言表达和交流沟通能力。满足担任本科生指导教师的兼职教师的条件是：工程实践经验丰富、工程能力强、主持承担过工程项目或产品的生产制造和设计开发任务。满足担任研究生指导教师的兼职教师的条件是：工程实践经验丰富、工程能力强、业务水平高，主持负责过工程项目或产品的生产制造和设计开发工作，承担过工程技术研究、开发和创新任务，最好具有博士学位或副高以上专业技术职称。

（3）兼职教师的聘任数量。

聘请兼职教师的数量要满足其所承担卓越工程师培养工作量的需要。除了实践性课程教学、指导本科生毕业设计或研究生学位论文等这些容易测算的工作外,要着重考虑有足够数量合格的兼职教师在企业学习阶段对学生进行具体的指导,不同类型实践教学环节需要配备的教师人数可以参照相关师生比的规定。此外,"卓越计划"还要求在本科层次卓越工程师四年的培养期间,有六门专业课是由具备五年以上工程经历的教师讲授。因此,如果没有足够数量达到条件的专职教师主讲这六门专业课,则要考虑由具有良好教学能力的兼职教师讲授。

(4)兼职教师的聘任与薪酬。

参与高校要高度重视兼职教师聘任制度的建立和薪酬政策的制定,以建立一支稳定的兼职教师队伍,更好地发挥他们在卓越工程师培养上的重要作用。兼职教师一般都是企业的骨干,对他们的聘任应该与所在企业进行协商,征得企业的认可和支持,以利于更好地履行所担负的培养卓越工程师的职责。兼职教师应该实行聘任制,建议聘期与对应的人才培养层次的学制相一致,即担任本科、硕士和博士层次卓越工程师培养任务的兼职教师的聘期分别是 4 年、2 ~ 3 年和 3 ~ 4 年。兼职教师在卓越工程师培养方面做出的工作不应该是义务的,应该得到相应的报酬。高校在制定兼职教师的薪酬政策时一方面不要与兼职教师所在企业的相关政策相冲突,另一方面在薪酬标准上要与兼职教师的职称、经历、在卓越工程师培养中的贡献,以及行业和企业的背景相一致,同时要与校内相同层次专职教师的薪酬水平保持平衡。

## 10.4.3　兼职教师作用的发挥

(1)兼职教师的作用发挥。

如何充分发挥他们的作用是参与高校需要认真研究的问题。第一,要建立兼职教师与相关院系和专职教师的沟通协调机制,以确保卓越工程师培养方案和教学计划能够平稳顺利地实施;第二,要建立有兼职教师参加的定期或不定期研讨的制度,及时地讨论卓越工程师培养过程中出现的问题,交流成功有效的教育教学方法,研究共同关注的问题;第三,要建立兼职教师与专职教师的合作机制,互相学习、取长补短,一方面促进专职教师理论联系实际的能力,另一方面提高兼职教师的教学能力;第四,要注意企业文化与大学文化的差异,将企业文化中的严谨性和规范性与大学文化中的自由性和民主性有机结合起来,在学生的理论学习、工程实践和创新活动中发挥作用;第五,要重视兼职教师的继续教育,为他们更新知识、提高专业理论水平创造条件;第六,要建立行之有效的激励机制,鼓励和支持兼职教师在完成好企业工作的前提下,做好学校的兼职工作。

（2）兼职教师的工作支持。

参与高校还应该为兼职教师履行岗位职责提供积极的支持。首先,配备年轻教师担任兼职教师的助手,一方面为兼职教师与聘请高校的经常性联系建立便利的渠道,另一方面也有利于年轻教师得到兼职教师可能的帮助和指导;其次,在教学计划安排上具有灵活性,以便于兼职教师在不影响其在企业的本职工作的前提下能够安排充足的时间承担校内的兼职工作;最后,提供与专职教师相当的校内教育教学资源,支持他们更好地将工程实践与工程理论结合起来。

总之,参与高校要通过多种方式、多种途径,面向社会、面向企业聘请具有丰富工程实践经验的高水平的工程领域专家和高层管理人员,担任卓越工程师培养的兼职教师,并通过各种制度和机制的建立以及政策的制定,充分发挥兼职教师在卓越工程师培养上的重要作用。

## 10.5　工程教育教学团队建设

在教师教学方面,成功地进行卓越工程师培养的关键在于课程体系和教学内容的改革以及大力推行研究性教学。一方面,参与高校要认真组织相关专业的教师,按照卓越工程师培养标准的需要,整合重组课程体系和精心选择教学内容,为卓越工程师培养目标的实现打好基础[3];另一方面,担任卓越工程师培养课程教学的教师,要根据改革后的课程和教学内容,采取相应的研究性教学方式组织和开展教学,确保学生的知识、能力和素质方面达到卓越工程师培养标准的要求[4]。与传统的课程教学不同的是,以上两方面工作的完成,往往不可能由一位教师单独完成,而需要担任课程教学的教师之间的通力合作和积极配合,因此,工科教师的教学团队建设是卓越工程师培养教师队伍建设的一项重要内容。

教学团队是指根据工程教育各种教学任务的需要,以提升教学效果和人才培养质量为根本目标,由若干名知识、能力和经验互补,彼此分工明确,相互密切配合的教师组成的群体。教学团队中的每位教师在知识结构、教学能力、研发水平和工程经历等方面上既具有优势,又存在不足,因此,教学团队为教师之间提供了相互学习、取长补短、共同提高的平台。现代工程教育,尤其是"卓越计划"对卓越工程师培养在教育教学方面提出的要求,需要教师之间的共同努力才能完成,因此,教学团队更为教师们提供了优势互补、分工合作、团队协作的平台。

### 10.5.1　教学团队建设的重要性

现代工程学科的交叉性、综合性和复杂性使得从事工程教育的教师不仅要拓宽自身的知识面、提高自己的能力水平,而且要加强与不同学科专业背景的教师的合作与配合。现代工程项目的开放性和社会性要求学生不仅是单一工程学科专业的人才,而且是在该学科专业背景下全面发展的高素质人才。因此,对工程人才培养的要求和对从事工科教师的要求,尤其是对卓越工程师培养的要求,使得工程教育教学团队的建设尤为重要,具体表现在以下几个方面:

(1) 有利于卓越工程师培养质量的全面提高。

单个教师在教学方面对人才培养质量的影响主要反映在其承担的课程的教学质量上,在没有教学团队的情况下,人才培养质量的最终结果表现为所有单个教师教学效果的简单叠加,而由于教师之间的交叉、重叠、重复,甚至抵消作用,使得最终结果是 $1+1<2$。"卓越计划"对卓越工程师培养质量的要求是全方位的[1],依靠每位教师各自为政从事教育教学活动后叠加的结果根本不可能满足这种要求。教学团队就能够有效地克服这样的问题,一方面,教学团队注重教师之间的相互协作和优势互补,从而形成合力,提高教学质量,达到 $1+1\geq 2$ 的效果;另一方面,教学团队内的教师可以在合作中相互学习、取长补短,从而进一步提高教师的教育教学能力,更有利于人才培养质量的提高。

(2) 促进教师教育教学能力的提高和专业发展。

教师教育教学能力的提高除了需要大量的教育教学实践外,更需要教师之间的相互学习、交流、借鉴和帮助,教学团队就为教师之间的互助互学搭建了良好的平台。在教学团队中,一方面,年轻教师能够得到经验丰富的老教师的传授、指导和帮助,有效地提高教育教学水平;另一方面,老教师能够在与年轻教师的交流和合作中,更新教育教学观念,学习新的教育技术和手段,更好地提高教育教学效果。随着教师在教学团队中双向交流与合作的融洽和深入,交流与合作的内容会拓展到整个学科专业领域,这样对年轻教师的专业发展,包括研究能力、工程能力、社会能力和综合素质的提高均有重要的意义。

(3) 有利于各种教育教学资源的有效组合。

教学团队是由教学任务驱动的进行教学改革和实践的教师群体,其性质将使得各种教育教学资源的组合更为有效。首先,教学团队中教师的选择是以完成教学任务的需要为依据,要求教师在知识、能力和经验等方面要能够互补,讲究的是团队合作的效率,强调的是教师的优化组合,因此,教师的选择不受学科和专业的限制,不受编制大小和机构数量的限制;其次,教学团队中的教师能够更加合理有效地使用各种教学场地、设备和设施等教学资源,减少和避免这些资源重复配备和闲置浪费的现象;最后,教学团队中每位教师掌握的先进的教学手段、方法技术能够在整个教学团队中得到资源共享和重复利用,从而避免每个教师"另起炉灶"和重复投入。由此可见,教学团队能够使得用于教育教学的各种资源得到有效的组合并得到充分的利用。

(4)促进"卓越计划"参与学科专业的建设。

教学团队不仅是教师分工合作的平台,也是教师交流学习的平台。在教师队伍建设方面,教学团队内部教师的合作与交流,将使得团队中每一位成员都不同程度地受益,尤其是老教师对年轻教师的指导和帮助,将积极地促进年轻教师的成长和提高,因此,教学团队在相关学科专业教师队伍建设方面发挥了积极的作用。在专业改革和建设方面,教学团队要重点进行课程体系和教学内容改革、课程和教材建设、教学方式研究和改革、实践教学与产学合作等方面的工作,这些对相关学科专业的发展将产生直接的影响。由此可见,教学团队对"卓越计划"参与学科专业建设具有积极的推动作用。

(5)有利于教师增强团队观念和加强合作意识。

长期以来,在强调个人绩效考核、追求个人价值实现和学术自由的环境下,大学教师不仅在教学,而且在科研和社会服务等方面十分注重个人的作用,轻视了团队合作的力量,因此团队观念和合作意识淡化。教学团队的建设,尤其是通过受益于团队建设的成果,将有利于大学教师充分认识到,团队建设是学科专业发展的趋势,相互合作是大学教师职业发展的需要。

## 10.5.2　教学团队的主要任务

工程教育教学团队建设的核心目标是整体提高从事工科教育教师的教学能力和水平,提高工程教育教学质量,以满足卓越工程师培养的需要。围绕这一核心目标,工程教育教学团队的主要任务是创新教育思想和教育教学理念,开展课程体系和教学内容的改革,进行教学研讨和教学经验交流,推进教学组织形式和教学方式的创新,促进各种教育教学资源的整合和开发,加强教师整体教育教学能力的培养和提高。

（1）创新教育思想和教育教学理念。

工程教育教学团队需要按照经济社会的发展对卓越工程师的要求而发展和创新教育思想和教育教学理念。目前要注重以下五点。一是要树立以创新为核心的教育思想；二是在整个教育教学过程中，要树立以教师为主导、以学生为主体的教学观，以学生为中心组织教育教学活动；三是教师在教育教学过程中，既要"教书"，更要"育人"，要注重学生的全面发展；四是在注重学生共性培养的基础上，也要重视学生个性化的培养，以适应社会对多样化人才的需要；五是要充分认识到实践教学是提高人才培养质量的重要途径，只有通过实践教学，才能使所学的知识得以巩固和内化升华。

（2）开展课程体系和教学内容改革。

工程教育教学团队应该在课程体系和教学内容改革方面发挥重要的作用。这一方面是由于课程体系涉及到一系列课程的改革，要由承担这些课程教学任务的教师们共同来完成；另一方面是由于课程体系中的课程和教学内容可以不受学科专业领域的局限，更需要相关学科专业教师的参与。教学团队开展课程体系和教学内容改革时，要在分析课程体系价值取向的基础上，研究课程体系结构，对课程体系进行优化和重组，对教学内容进行更新[3]。

（3）进行教学研讨和教学经验交流。

教学研讨和教学经验交流是工程教育教学团队日常工作的主要内容，它既要研究和讨论当前教学改革和教学活动中出现的主要问题，还要从发展的视野，超前研究和分析未来可能出现的教学问题；它既要总结和推广成功的教学经验，也要分析和吸取失败的教学教训；教学研讨的主要目的是引导和指导日后的教学实践，教学经验交流的主要作用在于提高教学团队整体的教学水平和质量。

（4）创新教学组织形式和教学方式。

工程教育的教学组织形式和教学方式直接关系到卓越工程师培养的质量，教学团队要根据不同类型卓越工程师培养的需要，选择或创新教学组织形式和教学方式，以在规定的学制和教学课时内最有效地达到培养效果。适用于工程教育的教育教学方式有合作式学习、互动式学习、参与式学习、自主式学习、情景式学习和服务性学习等。"卓越计划"要求参与高校大力推行研究性教学方式，由此组织学生开展基于问题的探究式学习、基于案例的讨论式学习和基于项目的参与式学习[4]。

（5）整合和开发各种教育教学资源。

用于工程教育的教育教学资源包括纸质和电子版教材、网络教育教学环境、实验教学基地、校外实践教学中心、专业文献数据库等，这些都是卓越工程师培养所必需的重要资源，对于培养学生的学习能力、专业能力、社会能力和综合素质十分重要。这些资源的整合和开发需要紧密依靠教学团队的整体力量，甚至借助教学团队的力量与校外企业和组织共同进行开发建设。如国家级/省级工程实践教育中心的建设就应该以教学团队的教师为骨干，联系校外企业共同进行规划、设计、建设、使用和管理。

（6）培养和提高教师整体教学能力。

提高从事工程教育教学的教师的整体教学能力是教学团队的根本任务之一，也是提高工程教育质量的关键。在教学团队中无论是老教师、中年教师，还是青年教师，都需要借助教学团队这个平台相互学习、互相帮助、取长补短，实现教学能力的普遍提高。鉴于当前中国工科教师的产生途径，在教学团队中要充分发挥老教师的作用，尤其重视对青年教师教学能力的培养和提高。

### 10.5.3　教学团队组织建设

教学团队的类型可以分为学科教学团队、专业教学团队、系列课程教学团队和单一课程教学团队等。在卓越工程师培养中，教学团队应主要按照课程模块来组织建设，同时辅以某门课程的教学团队。虽然不同类型的教学团队在组织建设上存在一定的差异，但主要内容是一致的，大体包括以下几方面：

（1）称职的教学团队带头人。

在整个教学团队建设过程中起核心作用的是团队带头人，为此，教学团队组织建设的关键是遴选出一位在业务能力、个人素质和管理水平三个方面称职的团队带头人。在业务能力上要求教学水平高、工程能力强、专业造诣深，在本学科专业具有影响力；在个人素质上要求学风严谨求实、工作精益求精、为人包容厚德，在教师中具有凝聚力；在管理水平上要求具有良好的组织管理能力、协调沟通能力和团结合作能力。

（2）合理的教学团队构成。

合理的组织结构决定着组织的效能和作用的发挥，合理的教学团队的构成应该重点考虑成员之间的优势互补和教学团队的可持续发展。成员之间的优势互补表现在团队成员要由知识结构、专业水平、教学能力、工程经历和个性特点各具优势,在团队组织中能够彰显出彼此之间的互补性的教师组成。因此,要综合考虑团队成员的学历、经历、职称、年龄、特长、兴趣等方面因素,使团队成员中既有教学实践经验丰富、教学效果优秀的教学名师,又有理论功底扎实、工程领域研究成果丰硕的研究骨干,还有产学合作成果显著、工程实践背景坚实的实践型教师,同时包括善于学习探索、勇于开拓创新的青年学者。教学团队的可持续发展体现在教师队伍的长期建设上,通过老教师的传帮带、中年教师的承上启下和青年教师的迅速成长,培养出一代又一代的教学骨干和教学名师。因此,教学团队的构成还要考虑老、中、青教师的搭配组合,形成有利于中年教师发展和青年教师成长的机制。总之,成员的优势互补和合理搭配将有利于成员之间的分工、交流、合作与互助,实现共同提高,从而发挥教学团队整体的最佳效用。

(3)适当的教学团队规模。

教学团队规模的大小的确定要以有利于团队沟通与合作,提高团队工作效率,从而高效地完成教学团队的主要任务为依据。一方面,团队规模不是越大越好,否则将影响团队个人和整体的效率;另一方面,团队规模必须保持最低限度,否则将影响团队作用的发挥。按照认知心理学中的"心理魔数",人的认知加工广度为7±2,这个数字可以作为确定团队规模上限的参照。同时,由于少于四人的团队又不容易发挥团队应有的作用,因此,一般而言,建议教学团队的规模应在4~9人之间为宜。以按照课程模块组织教学团队为例,团队规模的下限应为模块中的课程门数,而团队规模的上限应为模块中课程门数的1.5~2倍。事实上,具体到某一个教学团队的规模,应根据教学团队主要任务的难易程度来确定,可以采取在先确定最小规模的基础上,而后根据实际情况逐渐增大的方式找到最合适的规模。

(4)共同的教学团队目标。

教学团队不是一个行政组织,缺乏行政约束力,为了使团队成员能够齐心协力地完成教学团队的各项任务,在组织建设时就必须制定一个能够把大家凝聚到一处的共同目标。这个共同目标得以发挥作用的前提是它必须是全体团队成员的共识,因此,它需要在团队成员个人目标的基础上形成,从而体现团队成员共同的愿望和追求,形成成员个人和团队整体共同发展的机制。教学团队共同目标的作用体现在两个方面:一是具有凝聚力,能够使团队成员忽略个体的差异,对教学团队产生一种归属感和认同感,志同道合地聚集到一起,目标一致地努力工作;二是具有合作力,能够使团队成员为了实现共同目标而自觉自愿、积极努力地相互合作、密切配合,从而高效地开展工作,不断提高教学团队的工作绩效。

## 10.5.4　教学团队文化建设

企业或社会组织的文化指的是在一定的社会政治、经济、文化背景条件下,组织在生产与工作实践过程中所创造或逐步形成的组织全体成员共同接受的价值观念、思维方式、团队意识、集体氛围、团体归属感、工作作风和行为准则等群体意识的总称。组织文化主要由物质文化(或称外显文化)、制度文化(或称规范文化)和精神文化(或称隐形文化)三个层次组成。组织文化对组织成员发挥极其重要的功能,包括导向功能、凝聚功能、激励功能、约束功能和辐射功能等。虽然教学团队是由为数不多的教师组成的基层教学组织,但组织文化的这些功能告诉我们,教学团队的文化建设对于高效地完成教学团队的各项主要任务是十分重要的,只是与企业和社会组织不同的是,教学团队文化建设的重点应该在制度文化和精神文化两个层面。

制度文化是指规章制度、共同约定、组织纪律等行为规范形态的东西。教学团队在制度文化方面的建设可以从以下几个方面入手:第一,日常运作模式。明确教学团队各成员在时间和精力投入等方面的要求,制定教学团队日常的工作程序和每位成员必须遵循的工作规范,以保证教学团队正常地运行。第二,成员分工原则。确立根据团队成员各自的知识结构、能力经验和优势特长在教学团队中的相对情况进行责任分工的原则,使得每位成员承担恰如其分的工作和任务,以充分发挥各自的优势。第三,团队合作义务。规定按照团队成员各自在教学团队的特长以及其他成员的需要必须履行的相互间的义务,使大家清楚地意识到在做好各自承担工作的基础上,每位成员,尤其是具有优势特长的教师,具有为其他教师提供支持帮助的义务。第四,交流沟通机制。团队合作、相互支持、优势互补和共同发展是教学团队建设的根本价值,为此,需要建立成员之间定期的交流沟通机制,鼓励和激励大家及时地交流教学研究成果、互相学习成功的教学经验、共同解决教学中出现的问题。第五,工作评价制度。制定团队成员工作业绩的评价指标和标准,确定工作评价的多元化主体,定期对团队成员在团队中的工作进行评价,促进成员工作业绩的不断改进和完善。同时,适时评价团队整体工作业绩与团队共同目标之间的差距,以加强教学团队制度文化其他方面的建设,保证教学团队的健康发展。

精神文化是指价值观念、理想信念、团队氛围、工作作风等精神形态的东西。教学团队在精神文化方面的建设应该注重从三个方面进行：第一，共同的价值观。教学团队成员共同的目标源于他们具有的共同的价值观，共同的价值观体现在团队成员将人才培养作为高等教育的根本任务，将教书育人作为自己的神圣职责，把提高教学质量作为自己的首要任务和长期不懈的追求。共同的价值观使教师凝聚到教学团队中，为了共同的价值追求而共同工作。第二，和谐宽松的团队氛围。教师们在教学团队的工作需要有一个和谐宽松的氛围，这不仅使大家心情愉悦，有利于提高工作效率，而且为教师之间相互学习和取长补短提供良好的氛围，还为教师们在教学研究和开拓创新方面提供宽松的环境。和谐宽松的团队氛围体现在讲究平等、尊重个性、鼓励创新，即强调人人平等、不论资排辈；尊重个性需要、提倡求同存异；鼓励积极探索、支持创新突破。第三，团队合作精神。团队合作精神是教学团队的精髓，是教学团队的主要任务和共同目标得以完成和实现的根本保证。要求团队成员从全局的高度认识团队合作的重要性，正确处理好个人目标与团队目标的关系，提高对教学团队的忠诚度，增强团队合作意识，将为其他成员提供帮助和支持作为自己的本职工作，把共同进步、共同发展和教学质量的整体提高作为团队的共同追求。

## 10.6　工科教师队伍建设的制度保证

参与高校必须建立一系列的制度政策以确保工科教师队伍的建设能够满足卓越工程师培养的要求。这些制度政策涉及专职教师到企业顶岗挂职、专职教师的评聘与考核、兼职教师的聘任与管理、设立"工程型"教师职务系列、教学团队建设等方面。

### 10.6.1　制定专职教师的聘任与考核标准

评聘与考核标准是影响和左右工科教师队伍建设的指挥棒，直接关系到教师的精力投入和努力方向。以往按照科学教育要求聘任、考核和评价教师的做法是目前高校工科教师队伍建设存在问题的症结所在。因此，参与高校要重新制定专职教师的评聘与考核标准，以满足卓越工程师培养的教师队伍建设的要求，具体而言，可以从以下五方面入手：

第一，要改变考核评价的内容和指标。要从过去的侧重考核与评价教师的理论研究成果和发表论文为主,逐步转向最终以教师在工程项目的设计、开发和研究,知识产权和发明专利,以及开展产学合作和技术服务等方面取得的成果为主要考核和评价指标,建立起满足卓越工程师培养要求的专职教师考核、聘任和评价标准。

第二,要重视教师在教书育人方面的业绩考核。参与高校要树立人才培养是高校的根本任务的思想,重新分析人才培养、科学研究和社会服务三大职能之间的相互关系和相辅相成作用,进一步提高教书育人的中心地位,强化对教学的考核和对育人的要求,使专职教师在卓越工程师培养投入更多的时间和精力。

第三,要加强对教学团队的考核。教学团队对卓越工程师培养的重要性需要参与高校通过加强对教学团队的考核来体现。一方面要从过去单纯的考核评价教师个人,转向个人考核与团队考核并重,以此鼓励教师重视团队合作;另一方面要将教师在教学团队的贡献作为评价教师业绩的重要内容,以更好地发挥教学团队的作用。

第四,要提高应用性研究成果的考核比重。为了引导教师重视工程技术的应用,重视企业横向项目的研究,重视解决工程实际问题,以提高专职教师的工程能力,参与高校应该加大对教师应用性研究成果的考核要求和权重。

第五,要对教师聘任提出工程经历的要求。为了推进学校建立的专职教师到企业顶岗挂职的制度的实施,参与高校要对专职教师的聘任和晋升提出明确的工程经历要求,如可以要求工科教师晋升高级职称前应具备至少两年的工程经历。

必须指出的是,目前一些参与高校虽然已经充分认识到按照卓越工程师培养的要求建设教师队伍的重要性,但他们在增加对工科教师的工程实践经历和工程能力的要求后,仍然没有放弃按照科学教育的标准对工科教师的要求。这种现象的根本原因是,这些高校不希望减少本校理论研究成果和发表学术论文的数量,从而降低大学的排名和社会的评价。

除了参与高校在认识和观念上的改变外,要从根本上改变参与高校对工科教师的评价标准,需要政府的支持和社会的共识。对高等教育不同的评价标准和对高等学校水平高低的不同认识对造成目前工科教师队伍现状有直接的影响。如片面地按照世界一流大学的理论研究成果和发表论文数量衡量我国985 大学与世界一流大学的差距,注重科学研究和科学发现对经济社会发展的贡献,轻视工程创造和技术创新对人类社会发展的重要作用等。这些因素是促使高校按照科学教育要求评价工科教师的主要原因。因此,需要从政府层面建立按照学科性质评价高等教育的机制,在社会上形成对工程教育属性的理解和共识,引导高校制定满足工程教育需要的工科教师评价标准。

## 10.6.2 开设"工程型"教师职务系列

参与高校建设胜任卓越工程师培养的工科教师队伍的最根本的制度保证是在现有的教师职务系列基础上专门设立"工程型"教师职务系列。这样一方面能够避免与其他教师系列在学历、能力、成果等方面具体要求上的区别,另一方面能够明确地把卓越工程师培养对专职教师的要求作为对"工程型"教师职务系列的要求,建立起"工程型"助教、讲师、副教授、教授相应的职务标准。这种方式不仅能够把工程实践经历作为对"工程型"教师的一项基本要求,把握好年轻教师的准入关,而且能够对不同职务的专职教师提出不同程度的工程能力要求,把好现有教师的晋升关。更重要的是,"工程型"教师职务系列的开设能够建立一个符合工程学科本质、职务标准逐渐提高、引导专职教师职业发展、促进教师队伍建设的有效平台。

为此,建议有教师职务终审权的参与高校开设适合本校的"工程型"教师职务系列,建议没有教授职务终审权的参与高校通过所在省市的教育和人事主管部门开设适合本地区地方高校的"工程型"教师职务系列,分别明确地建立起"工程型"助教、讲师、副教授、教授相应的职务标准,为建设一支胜任卓越工程师培养的专职教师队伍奠定重要基础。

## 10.6.3 建立专职教师到企业顶岗挂职的制度

参与高校要制定专职教师在企业顶岗挂职以取得工程经历的具体办法。对于没有工程经历的教师,学校要制定刚性的培训政策,安排他们到企业去工作1~2年,参与企业实际工程项目或研发项目,以获得比较丰富的工程实践经历,提高工程实践能力。对于过去具有工程经历的教师,学校要制定到企业轮训的制度,有计划地定期安排他们到企业工作,以更新工程知识、掌握新的实践技能、丰富工程实践经验,并不断强化工程实践能力。教师到企业轮训的周期取决于工程专业的性质,一般而言,传统工程专业的周期可长些,而迅速发展的新兴工程专业的周期则要短得多。教师到企业顶岗工作的岗位或挂职的岗位可以由参与高校与合作企业联合设立,也可以通过教师与企业的联系来确定。

目前,国家制定了优先支持参与高校参与专业的青年骨干教师出国到跨国公司研修的政策。

### 10.6.4　其他制度措施的设立

（1）制定兼职教师的聘任和管理办法。

参与高校要有聘请企业高水平工程师和高层管理人员担任兼职教师的专门条例和管理办法,包括兼职教师的聘任职务、任职条件、岗位职责、聘任周期、工作评价、日常管理,以及学校提供的资源和工作条件等规定。主要目的有二,一是聘请称职且时间投入有保证的企业专家;二是能够最大限度地发挥兼职教师的作用。

（2）建立保障教学团队建设的制度。

教学团队是卓越工程师培养的重要教师组织形式,参与高校要建立起支持和促进教学团队建设的保障制度,以建立起若干个结构合理、各具优势、配合默契、团结协作、效果显著的教学团队。第一,要有吸引和鼓励教师参加教学团队的政策措施;第二,要提供支持和保证教学团队运作的资源和经费;第三,要制定教学团队内部管理和运行的规章制度;第四,要赋予教学团队必要的权力、责任和利益,如对团队成员进行评价的权力和培养团队成员的责任等;第五,学校职能部门和相关院系要为教学团队的日常运行和建设提供必要的服务。

## 10.7　工科教师队伍建设的政策激励

"卓越计划"是对我国工程人才培养长期以来积累的问题在理念、模式和机制上的重要突破和创新,需要参与高校突破长期形成的思维定势、改革多年不变的培养模式、调整平衡稳定的利益格局、并增加人力物力的投入付出。因此,"卓越计划"的实施会面临着各种困难、挑战和阻力,这不仅需要学校层面、教务处等机关部处层面和院系层面三方的共同努力,还需要参与"卓越计划"实施的全体教师,尤其是骨干教师的高度重视、密切合作和共同努力。也就是说,教师观念的改变和重视投入将成为最终能否成功实施"卓越计划"的关键因素。在这方面,除了要建立各种有效的制度保证外,各种激励政策的制定,对于充分调动教师的积极性,转变教育教学观念,提高教师的能力、水平和素质,以确保各项改革措施落到实处也是至关重要的。

从工科教师队伍建设的角度出发,激励教师重视和投入卓越工程师培养的激励政策主要涉及五个方面:开展教育教学改革的研究、丰富工程实践经历、培养工程实践能力、提高教育教学能力、进行教学团队建设。

### 10.7.1 鼓励教师开展教育教学改革的研究

参与高校要制定鼓励教师围绕着本单位在实施"卓越计划"过程中可能遇到的教育教学改革方面的问题开展研究的激励政策,可以从两方面入手。一是校内专项经费支持。学校在年度经费预算中拨出专项经费,通过院系教师申报、评审和立项的程序资助教师开展相关问题的研究。二是鼓励获取校外经费。学校通过制定将获得地方、省部和国家层面的教育教改研究项目等同于获得相同层次的纵向科研项目的奖励政策,鼓励教师申请各级政府的经费,进行相关问题的研究。提高对校内外教育教学研究项目在教师考核与评价中的权重,将教师发表的教育教学研究论文视同为科研学术论文,能够有效地提高教师对项目申请的重视和对教育教学研究的投入。

### 10.7.2 鼓励教师到企业丰富工程实践经历

参与高校除了要明确提出教师要具有工程实践经历的要求外,还应该配套制定行之有效的激励政策,支持和鼓励专职教师主动自觉地到企业挂职锻炼和顶岗工作。虽然工程实践经历对从事工科教师的重要性应该足以使教师有到企业工作的积极性和主动性,但就目前高校实行的岗位绩效工资制度而言,减少教师因为到企业工作而降低绩效工资收入以及减少教师的额外支出应该是制定激励政策的主要出发点。为此可以从三个方面制定激励政策。一是将教师在挂职或顶岗工作期间的工作计入学校对教师的年度考核工作量,并支付相应的绩效工资和福利。二是学校支付教师往返企业的旅费,给予教师在企业顶岗挂职期间相当于国内访问学者的待遇及补贴。三是参与高校还可以根据合作企业所处地域和教师顶岗挂职岗位的工作性质给予教师必要的岗位津贴等。

### 10.7.3 激励教师重视提高工程能力

从提高教师工程能力的角度出发,参与高校可以从两个方面制定相关的激励政策。一是激励专职教师重视和参与源于企业的工程项目和产学研合作项目。长期以来,高校十分重视来自国家和政府的纵向项目,认为其层次高,研究成果代表着学校的科研能力和学术水准,而往往认为源于地方和企业的横向项目仅仅是咨询服务,学术水准不够高。所以,基本上所有高校的激励政策都是向纵向项目倾斜,包括将主持和承担纵向项目作为教师晋升高级职务的必要条件等。事实上,横向项目更加面向企业和工程实际,对经济社会的发展一样重要,国家科技创新和经济发展也依赖于企业技术难题的攻克和行业重大问题的解决,更何况横向项目是提高教师工程能力的重要平台。因此,参与高校应该像对待纵向项目一样重视横向项目,尤其是企业工程项目和产学研合作项目,这对提高教师的工程能力十分重要。二是激励专职教师主动开展面向工程领域的社会服务。虽然社会服务是高校的三大职能之一,高校一般也鼓励教师开展社会服务,但高校并没有将社会服务作为教师考核的硬性要求,更没有激励教师进行社会服务的政策。工程教育的性质决定着专职教师必须把服务行业企业作为自身的一项重要使命,这不仅能够使教师更加了解行业企业的实际,以利于明确人才培养目标和要求、选择和更新教学内容,而且能够使教师在社会服务过程中,不断地提高自身解决各种复杂工程问题的能力。

## 10.7.4　激励教师提高教育教学能力

卓越工程师培养要求专职教师具有卓越的工程教育教学能力。这方面的要求与高校工科教师长期形成和习惯的观念、能力和做法存在较大的差异,甚至在一定程度上成为实施“卓越计划”的阻力。目前,在推进“卓越计划”的过程中面临的主要难点表现在:提高教师工程实践教学能力,按照培养标准的要求改革重组课程体系和更新教学内容,增强合作意识、提高团队合作能力,大力推行研究性教学等。这些关系到卓越工程师培养质量的教师教育教学能力的提高需要参与高校在建立起相应的制度机制的基础上,制定配套的激励政策,以扎实推进本校“卓越计划”的实施。

根据笔者长期从事高校薪酬改革的认识,在目前国内外高校采取的各种教师激励政策中,薪酬激励是一种最有效的激励手段,是高校各种改革成功的重要保障[5]。因此,建议参与高校在目前实行的岗位绩效工资制度中,通过对高校能够自主决定的本单位绩效工资的分配形式和办法的调整或重新设计,制定有效的引导和激励教师重视和提高教育教学能力的绩效工资政策,主要内容可以包括几个方面。一是将教师在开展教育教学研究、提高工程实践教学能力、整合重组课程体系、重新组织教学内容、提高研究性教学能力、教学团队建设等方面的工作作为教师的柔性工作。二是通过科学的测算和广泛征求意见,按照教师的柔性工作在时间和精力的投入量确定教师柔性工作的绩效奖励。三是对于通过认真的整合重组,对进入"卓越计划"专业培养方案的课程,按照新开课的激励制度制定教师的课程薪酬。四是提高采用研究性教学方法组织学生进行研究性学习的教学工作的单位课时绩效薪酬标准,同时包括将真实的工程实际案例、工程实践问题和工程研究项目引入理论教学的课程。五是按照教师在卓越工程师培养上的教学效果和评价质量确定教师刚性教学工作的绩效工资,这部分应该与传统的教学工作的绩效工资有明显的差距[5]。通过以上类似的教师绩效工资分配措施和方案的调整和改革,应该能够在激励教师提高教育教学能力方面产生重要的效果。

## 10.7.5  大力支持教学团队建设

团队合作不仅是现代社会各种工程活动的需要,也是工程教育的需要,但是高校目前对教师的各种激励政策基本上是落在对教师个人教学业绩的激励,而较少考虑对教学团队的激励,因此参与高校需要重视和制定鼓励和支持教学团队建设的激励政策。这个政策的激励重点应该放在两方面:一是教师对教学团队建设的贡献;二是教学团队整体的业绩。制定好该政策的关键在于处理好与参与高校原有的个人业绩激励政策的关系:过多地关注个人激励容易使团队成员只重视自己的工作和任务的完成,而轻视教师彼此之间的合作;过于弱化个人激励也容易使少数教师"搭车"和"充数"。因此,可以采用分级考核评价和分层绩效激励的办法来处理这种关系。首先,由学校或院系层面对整个教学团队进行考核评价,并确定给予该团队的总绩效奖励量;其次,在教学团队内部再对教师个人进行业绩贡献的考核评价,并按照个人对团队绩效的贡献大小分配整个团队获得的绩效奖励。为此,还需要建立科学、公平、可行的分别针对教学团队和教师个人的考核评价指标体系和实施办法,才能够发挥好激励政策在支持教学团队建设中的重要作用。

胜任卓越工程师培养的工科教师队伍的建设是参与高校战略层面的一项系统性、全局性和长期性的工作。如同成功地实施"卓越计划"需要参与高校的学校领导、教务处等部处和院系三方的共同努力一样,成功的工科教师队伍的建设也需要学校领导、人事和教务部门以及教学院系三方的齐心协力,其中,学校要重视保证制度的建立和激励政策的出台,人事和教务部门要重视制度的维护、政策的落实和教师的管理,而教学院系要与人事和教务部门密切配合,做好教师队伍建设各项工作的具体组织和实施。

## 参 考 文 献

[1]　林健.“卓越工程师教育培养计划”通用标准研制.高等工程教育研究,2010 年第 4 期.

[2]　汪应络,王宏波.工程科学与工程哲学.自然辩证法研究,2005 年第 9 期.

[3]　林健.面向卓越工程师培养的课程体系和教学内容改革.高等工程教育研究,2011 年第 5 期.

[4]　林健.面向卓越工程师培养的研究性教学.高等工程教育研究,2011 年第 6 期.

[5]　林健.大学薪酬管理——从实践到理论.北京:清华大学出版社,2010.

# 第**11**章 构建卓越工程师培养的工程实践教育体系

---

**【本章摘要】** 构建满足卓越工程师培养目标和培养标准要求的工程实践教育体系,是培养和造就一大批创新能力强、适应经济社会发展需要的高质量各类型卓越工程师的保证。本章主要从工程实践教育体系的构成要素出发,重点研讨六个方面的内容:(1)讨论如何构建工程实践教育模块;(2)研讨如何开拓工程实践教育的途径;(3)较为详尽地就高校校内工程实践教育的重要平台——校内工程训练中心的建设进行讨论;(4)讨论高校校外工程实践的主要基地——校外工程实践教育中心的建设;(5)研究工程实践教育教师能力的培养;(6)就如何开展工程实践教育质量的评价提出意见。

　　"卓越计划"将强化实践能力作为卓越工程师培养的核心。不论是本科层次还是研究生层次卓越工程师的培养,不论是创新精神和创新能力的培养还是综合素质的培养,工程实践能力的培养不仅是基础而且是关键。因此,构建满足卓越工程师培养目标和培养标准要求的工程实践教育体系,是培养和造就一大批创新能力强、适应经济社会发展需要的高质量各类型卓越工程师的保证。

## 11.1　教育与教学、实践与创新

### 11.1.1　教育与教学的关系

　　现代人才培养教育观认为,学生的培养和成才不仅需要课堂教学,而且需要课堂教学之外的各种活动,甚至包括社会生活。成功人士的经验说明,课堂教学之外的活动,不论是发生在校内还是校外,往往对人才的影响十分深远,甚至超过课堂教学的效果。因此,必须将人才培养作为一个完整的教育过程,而不能看成是一些简单的教学环节。换句话说,人才培养不是单纯的教学的概念,而是教育的概念。因此教育与教学的关系可以用以下不同的方式表达:

　　(1)教育是由教师主导的教学活动和学生自主的各种形式的学习活动组合而成的。

　　(2)教育不仅包括课内教学,而且包括课外各种学习。

　　(3)教育既包括教学计划内的活动,也包含教学计划之外的活动。

　　教育对人才培养的系统性的作用说明,以往的工程实践教学体系需要转换为工程实践教育体系。这不仅是名称上的改变,更是内涵上的拓展和完善,使其更好地适应现代工程人才培养的需要。

### 11.1.2　实践是工程的本质

　　工程的本质是实践,在实践教育受到不同程度弱化的今天必须重新强调实践对工程的重要性。不论是各种层次工程人才的培养,还是工程项目的开发,甚至工程科学的研究,均离不开实践,都必须且只有以实践为基础才能实现预期目标,离开了实践,就谈不上工程。可以想象,一个没有工程实践能力的工科毕业生不能称之为合格的毕业生;一个缺乏工程实践能力的工科毕业生是无法胜任工程岗位的工作的。因此,重视和开展实践教育是工程教育最本质的内涵,是工程教育得以合格的基本前提。

### 11.1.3　实践是创新的基础

实践对学生创新的重要性在大力强调学生创新精神形成和创新能力培养的今天显得尤其突出。首先,实践是创新的平台,只有通过实践才能有创新的条件和机会,创新源于实践,没有实践就没有创新;其次,实践促进创新,只有在实践中才能使创新意识得以显现、创新思维得以启发并付诸行动、创新技能得以培养、创新素质得以提升;再次,实践是检验创新能力和创新成果的惟一标准,只有实践才能判断一个人是否具备创新能力、一项成果是否有创新性;最后,在实践基础上产生的创新反过来又将指导新的实践,实践为了创新,实践按照创新的需要开展。如此不断循环,推动着实践与创新关系的良性发展。因此,实践与创新的关系可以概括为:实践促进创新,创新引导实践;没有实践就不可能有创新,实践是创新的基础。

实践对创新的作用清楚地说明了构建工程实践教育体系对卓越工程师培养的重要性。

完整的工程实践教育体系应该主要由工程实践教育模块、工程实践教育途径、接受工程实践教育的学生、从事工程实践教育的教师队伍以及工程实践教育质量评价体系五个方面构成。在工程实践教育途径中,校内工程训练中心和校外工程实践教育中心是两个最重要的工程实践平台,也应予以重点讨论。本章着重从工程实践教育模块的构建、工程实践教育途径的开拓、校内工程训练中心的建设、校外工程实践教育中心的建设、工程实践教育教师能力的培养以及工程实践教育质量的评价六个方面,探讨如何培养和造就高质量的卓越工程师。

## 11.2　工程实践教育模块的构建

工程实践教育模块的功能在于按照"卓越计划"通用标准和行业标准要求,培养学生的工程实践能力和创新能力以及必备的综合素质和社会能力。工程实践教育模块的构建要彻底改变以往工程教育中重理论轻实践、重课内轻课外、重校内轻校外的现象,充分利用校内外各种教育环节和实践资源,将有利于学生工程实践能力和创新能力培养的各种实践性的课程、教学环节和实践活动整合起来,形成满足卓越工程师培养知识、能力和素质要求的工程实践教育模块。

## 11.2.1 构建工程实践教育模块的原则

在构建工程实践教育模块时要遵循以下两个主要原则：

（1）工程实践能力的培养要贯穿于卓越工程师培养的整个过程。

高校培养卓越工程师的整个过程是始于入学教育，止于毕业离校，工程实践能力和创新能力的培养应该贯穿始终，其中要重点处理好以下两方面关系：

① 通识教育与专业教育的关系。

谈到工程实践教育，尤其是工程实践能力的培养，人们往往只会将它们与专业教育相联系，认为只有在专业教育阶段才有实践可言，而容易忽略通识教育。事实上，通识教育阶段一样存在实践教育，这些实践教育正是培养工程实践能力的基础，如自然科学课程的实验、人文社会科学课程的社会实践，甚至包括入学教育、军训和公益劳动等，对培养学生的动手能力、理论联系实际的能力、社会适应能力和基本的劳动技能等有着重要的作用，而这些恰恰是工程实践能力的基础。因此，在注重通识教育与专业教育融合的同时，要从通识教育阶段的实践教育对专业教育阶段的实践教育的支撑和基础作用的角度重视前者。

② 课内学习与课外活动的关系。

课外活动是大学生学习的重要形式，与课内学习一道形成了现代大学教育的有机整体，在卓越工程师培养，尤其在工程实践能力的培养上具有不可或缺的重要作用。与工程实践教育相关的课外活动包括利用校内外各种资源组织的学科竞赛活动、工程实践活动、创新设计竞赛、创新创业训练项目、工程项目研究等。与以往的通过教学计划安排的以在课内进行的各种工程实践教学环节为主的工程实践教学体系不同的是，课外工程实践教育活动与课内工程实践教学环节具有很强的互补性，二者的有机组合，将共同形成工程实践教育体系。工程实践教育体系与工程实践教学体系的主要区别有三点。一是课外活动与课内学习并重，应均与学分挂钩；二是课外活动中教师的作用是全方位的指导和教育，而不是单纯的教学；三是课外活动的灵活多样性和学生的自主性更有利于学生的个性化发展和全面教育。

（2）工程实践能力的培养要渗透课程体系和教学内容的改革。

课程体系的改革和教学内容的更新要以工程实践能力的培养为主要目标，

重点处理好以下两方面关系：

① 理论与实践的关系。

要从人们的认知规律和工程教育的本质规律来认识和理解理论与实践的关系，即理论是实践的基础，能够引发动手实践的冲动；实践是对理论的检验，会引发对理论的进一步渴望。在此基础上注重改变以往的理论课与实践课截然分开的课程体系设计方式，或者严格按照先理论后实践的方式来组织教学内容的做法。要按照理论与实践的关系将理论教学与实践教学进行有机的整合，在实践教学中学习理论，需要理论对实践的总结和提升；在理论教学中进行实践，需要实践对理论的体验和深入理解，二者相互渗透、达到提高学习效果、减少理论课时的目的。

② 校内学习与企业学习的关系。

虽然"卓越计划"要求累计一年左右在企业的时间主要用于以工程实践为主的学习，但这并不意味着要放弃或弱化校内学习期间应有的实践教学，如在学校基础实验室、工程训练中心开展的实验实训活动。事实上，校内基本的实验实训是企业实践不可缺少的基础和补充，为提高学生在企业的学习效率十分重要，因此，在进行课程体系和教学内容改革时，要系统地考虑校内学习的实践教学与企业学习的实践教育的相互作用和逻辑关系，使二者形成相互支持和相互衔接的整体。

## 11.2.2　工程实践教育模块的构成

按照实践内容由浅入深、实践覆盖面由窄到宽的划分思路，卓越工程师培养中的实践性课程、教学环节和实践活动可以大致分为基础实践模块、专业实践模块、综合实践模块和职业实践模块，从而组成整个工程实践教育模块。

（1）基础实践模块。

基础实践模块主要由基础课程的实验、各种社会实践活动、企业认识实习、工程基础训练等基础实践教育环节构成，旨在培养学生的实际动手能力、基本操作能力、工程意识和工程素质，为学生工程实践能力的培养打下良好的基础。

（2）专业实践模块。

专业实践模块主要由专业课程的实验和设计、企业生产实习、工程实践训练、企业轮岗实习和毕业实习等专业实践教育环节构成，旨在培养学生处理和解决专门问题和实际工程问题的工程实践能力、工程设计能力和工程创新精神。

（3）综合实践模块。

综合实践模块主要由创新创业活动、学生社团活动、毕业设计、工程项目研究、企业顶岗挂职、国际交流活动、社区服务活动等综合性的实践教育环节构成，旨在系统、全面地培养学生的综合素质、工程创新和创业能力、工程岗位适应能力和以团队合作为主的社会能力。

（4）职业实践模块。

职业实践模块是由一组职业技能培训活动构成，旨在促使学生熟练掌握某一工程专业的综合职业技能，以满足行业企业中某一类工作岗位或岗位群对工程人才的要求。高校可以根据企业各种工程岗位对职业技能的需要，有针对性地对学生进行相关职业技能训练，也可以组织学生参加行业机构组织的职业技能培训，获得代表职业应用能力水平的专业技术资格证书。

以上各模块中，基础实践模块是专业实践模块的基础，专业实践模块是基础实践模块的延伸，二者构成了工程实践能力和创新精神培养的主要环节；综合实践模块则在继续提升工程实践能力和创新能力的基础上，为工程实践能力和创新能力的有效应用培养必备的综合素质和社会能力；职业实践模块则是在专业实践模块的基础上，为学生就业后直接上岗工作打通通道。

## 11.3　工程实践教育途径的开拓

工程实践教育模块的实施要通过各种有效的途径才能够发挥其应有的功能，实现预期的目标。这就要求"卓越计划"参与高校一方面要系统全面地考虑校内外各种可能的实践教育资源，另一方面要结合实施工程实践教育模块的需要，将相关的实践教育资源整合和开发成为开展工程实践教育的有效途径。可能的工程教育实践的途径有以下几种：

（1）**普通实习实践**。主要有参加认识实习和公益劳动等形式，实践场地有企业或校外实习基地、校内工程训练中心、社会大型公益活动举办地等地方，学生在普通实习过程中，不仅对本专业能够有广泛的工程认知，而且可以操作简单的设备和基本的工具，对未来所从事专业有基本感性的认识，还能够提高实践动手能力。

（2）**教学实验实践**。主要有与通识课程和专业课程相关联的各种课程教学需要的实验实践以及专门的实验课的实验实践，实践场地以校内的各种基础实验室、工程训练中心和专业实验室为主,除了掌握科学的实验方法外,学生还要对实验原理进行认真的思考,通过对实验现象的细致观察和深入分析,加深了对理论知识的理解和掌握。为了培养学生的工程实践能力和创新思维,这类实践应该强调开发设计性、综合性和创新性实验。

(3)**工程训练实践**。主要是通过一系列的教学安排,在专门的工艺装备和生产设备上进行的现场实习实践,实习场地主要在校内的工程训练中心,学生通过现场实习操作,学习工艺知识,掌握工艺方法,进行一系列独立设计、制作和综合训练,使学生在认知的基础上,通过反复的思考、实验和比较的过程,实现自己的创意,为工程创新能力的培养和企业工程实践打下坚实的基础。

(4)**创新竞赛实践**。主要是通过学科竞赛活动、创新创业训练项目、创新设计竞赛等课外活动的形式,使学生能够综合应用课内学习的知识,以及所具备的基本的工程实践能力和创新意识,在教师的指导下,在对未知工程技术领域探索的欲望和求胜心理的驱使下,充分发挥自己的想象空间,使学生的设计能力、创新能力、团队沟通和合作能力等得到充分的培养。

(5)**社团活动实践**。主要是通过学生社团、文体俱乐部以及由学校或学生自发组织的各种校内外交流活动,使学生在参与活动的设计筹备、组织管理、运行实施的过程中,不仅个人的特长和个性能够得到充分的发挥、自己的知识和能力得到很好的锻炼和提升,而且学生的自我管理、交流沟通、组织协调、团队合作等方面的能力得到充分的提高、全局意识和领导力也得到培养。必须指出的是,社团活动实践是培养卓越工程师综合素质和领导力的重要途径。

(6)**企业工程实践**。主要有在企业进行生产实习、毕业实习、顶岗工作和挂职锻炼等形式,使学生在真实的企业环境、工程背景和生产氛围下,零距离地开展各种形式和内容的工程实习和实践活动,不仅使学生的工程实践能力得到极大的提高、工程创新能力得到培养,而且使学生熟悉企业先进的管理制度、运行模式和企业文化,大大缩短了毕业后到企业工作的适应期。必须强调的是,企业所拥有的各种资源优势,是校内工程训练中心所无法提供的,这正是为什么"卓越计划"强调企业学习的重要性的原因所在。

(7)**研究项目实践**。主要是通过参与企业委托给教师的工程项目或直接到企业参与企业的实际工程项目的研究,为学生提供了分析、研究和解决实际工程问题的机会,使学生能够综合运用所学的知识、所具有的工程实践能力和基本的工程创新能力,在校内导师和企业导师的指导下,与项目组其他参与者分工合作,共同完成项目研究任务,在工程实践能力、团队合作能力,尤其是工程创新能力方面得到实质性的提高。本科生的毕业设计和研究生的学位论文是进行研究项目实践的最常见的一种形式。

（8）**社会服务实践**。主要是通过参加与所学工程专业相关的社会服务活动等形式，使学生一方面能够将自己所学的知识得到实际应用和检验，工程实践能力、创新能力和社会能力得到不同程度的锻炼和培养；另一方面能够了解和熟悉社会、培养学生的社会适应能力、增强对社会和国家的责任感，为日后进入社会做好准备；同时了解社会对工程人才的要求、找到自己的不足、增强学生学习的目的性、明确学习的动机，为日后工程能力的培养和综合素质的提高指明了方向。

在构建工程实践教育体系时还需要摆正实践与创新的关系。在当前强调创新在企业、组织、社会和国家发展中的重要作用的同时，在一些高校出现了重创新轻实践，甚至用"创新"引领实践的现象，从根本上忽视了实践是创新的基础这一本质，使二者的关系本末倒置，造成学生不仅实践教育受到影响，而且缺乏创新的源泉、失去创新的平台。

## 11.4　校内工程训练中心的建设

### 11.4.1　工程训练的教育属性

工程训练最早源自我国高校的金工实习，经过近十几年的演变，它已经从一种单一的工程实践教学方式，拓展成我国一种独具特色的工程教育方式。工程训练不仅具有专业教育属性，而且具有通识教育属性。

工程训练的**专业教育属性**表现在其是专业教育的重要组成部分，是将专业理论付诸实践的重要环节，学生通过现场实习和操作，不仅加深了对专业理论知识的理解和掌握，多学科知识相互交融和贯通的体验和训练，而且培养了实际动手、工程实践、产品开发和设计等方面的能力。

工程训练的**通识教育属性**表现在其对学生工程意识、综合素质和社会能力的培养，包括工程责任、安全、质量、环境保护、竞争等方面意识的形成，工程职业道德、追求卓越的态度、社会责任感、创新精神等素质的养成，以及沟通协调能力、团队合作能力、创新创业能力、组织管理能力和领导能力等的训练和培养。

工程训练的专业教育属性和通识教育属性正是**卓越工程师培养**所需要的，

因此,必须充分发挥其在卓越工程师培养上应有的作用。工程训练的组织和实施是通过校内工程训练中心进行的,目前全国有工科类专业的高校大多都建立了本校的工程训练中心,其中国家级实验教学示范中心 33 个,省级工程训练实验示范中心 100 余个,校内工程训练中心是培养学生实践能力的重要教育资源,它应该与"卓越计划"提倡的建立在企业的校外工程实践教育中心构成一个有机的整体,二者相互衔接、相辅相成。因此,在"卓越计划"强调校企全程合作培养卓越工程师,重视校外工程实践教育中心建设的同时,同样要重视校内工程训练中心的建设。

## 11.4.2　工程训练中心的建设

具体来说,"卓越计划"参与高校应该从以下几个方面做好校内工程训练中心的建设:

(1)在思想认识上,要突破传统工程实践教育思想的束缚,重新认识工程训练的教育属性,摆脱专业教育的限制,重视工程训练的通识教育属性,也就是说,工程训练既可以是专业课,也可以是基础课和通识课。这是因为,忽视通识教育属性是目前我国一些高校工程训练得不到发展、作用得不到充分发挥的症结所在。

(2)在功能定位上,工程训练应该具备工艺学习、工程实践、工程训练、创新实践、工程能力拓展、创新能力提升、素质教育与通识教育等方面的教育功能,成为工程实践教育的主要基地和全校性学生创新活动的支撑平台。校内工程训练中心应该构建融传授知识、培养能力和提高素质为一体,包括实验课、实习课、理论课、探究课和创新课等课程在内的开放式的工程训练课程体系,并将其纳入卓越工程师培养的课程体系,融入不同参与专业的专业培养方案之中。

(3)在机构设置上,目前多数高校工程训练中心的作用不能充分发挥的原因是与学校的关系没有理顺,基本上是将工程训练中心挂靠在教务处或某个工程学院之下,而理想的状态应该是将工程训练中心作为直接隶属于学校的处级单位进行设置,在人事、财务和干部任免等方面接受学校的直接管理。这样不仅使得中心能够从学校获得更多的资源,而且也使得中心能够直接与校方沟通、更好地开展校内外服务与合作。

(4)在服务面向上,校内工程训练中心在以工程学科专业为主要服务对象的基础上,应该发展成为面向本校所有学科专业的实践性公共教育综合平台。

这不仅有利于工程训练中心的功能定位的实现,尤其对工程学科专业的学生在创新思维和创新能力培养、综合素质提升等方面具有重要的作用,而且对于其他学科专业学生更好地认识世界、扩大分析事物的视角、开阔解决本专业问题的途径等均具有十分积极的意义。

（5）在学科交叉上,要避免将工程训练仅仅作为某门课程的实习教学环节,而应该作为知识综合运用、多学科交叉融合、不同专业相互合作、创新能力和综合能力得到有效培养的重要实践平台。因此,要密切与各院系的合作,鼓励不同学科专业学生的共同参与,支持学生跨学科、跨专业的探究;要重视专业教育与通识教育的结合,鼓励学生开展设计性、综合性和创新性的实践活动。

（6）在队伍建设上,要加强工程训练中心专任教师队伍的建设,参与高校应该给予工程训练中心足够的岗位和编制,并制定在薪酬、职务等方面的优惠政策,一方面吸引具有工程背景的高层次人才担任工程训练中心的专任教师,以胜任工程实践教学研究和改革、综合性工程训练课程的开设、工程创新课程的研究等工作;另一方面允许有志于从事工程实践教学的非教师编制人员以更灵活的身份进入实践教学岗位。与此同时,要加强各院系教师与工程训练中心的合作,使院系专业教师更多地参与工程训练项目、开设工程训练课程。对于缺乏工程实践经历的各院系青年教师,还应该建立专门的制度要求他们到工程训练中心接受工程实践锻炼,增强他们的动手能力和创新能力。

（7）在硬件建设上,从学校方面,要重视对工程训练中心的投入,建立中心建设与运行经费拨款的制度,充实工程基础专业设备,加强专业实验室的建设,建设用于工程设计开发的工作室和进行小规模生产的车间,为学生开展创新活动提供足够的场地和空间。从工程训练中心角度,要加大在教学与科研上为专业院系服务的力度,建立互利双赢的合作关系,避免资源重复配置和实验室重复建设,尽可能将吸引各专业院系的部分硬件建设资金投入到工程训练中心相关的建设之中。

（8）在运行管理上,工程训练中心需要重点做好四方面工作。一是要采取有效措施,面向全校学生开放,均衡安排好学生的工程训练计划,充分发挥各种资源的作用,提高中心设备的利用率;二是要在充分发挥每一位专任教师在教学和指导方面的特长的基础上,给予他们足够的时间用于课程建设、教学研究、创新指导和中心建设;三是针对不同学科专业的特点,开设具有针对性、多样性、综合性、挑战性和创新性的课程;四是要充分利用现代信息技术和多媒体手段替代部分重复性、破坏性和验证性的实体性操作,降低运行成本。

（9）在管理制度上，学校层面需要做好三个方面的工作。一是要从本校人才培养目标和定位的角度，确定校内工程训练中心在全校人才培养上的定位、需要承担的责任和发挥的作用，对其实行目标管理；二是要从可持续发展的角度确定校内工程训练中心的发展目标，给予相应的自主权、经费支持和政策倾斜；三是要制定行之有效的激励措施，鼓励各院系参与校内工程训练中心的建设、运行和管理，吸引学生积极主动地参与中心的各种活动。

## 11.5　校外工程实践教育中心的建设

作为"十二五"高等学校本科教学质量与教学改革工程（简称"本科教学工程"）中国家大学生校外实践教育基地建设的主体项目，工程实践教育中心是高校依托企业建立的，为实施"卓越计划"企业培养方案，由高校和企业密切合作开展工程人才培养的综合平台。

### 11.5.1　校企共同建设的内容

工程实践教育中心的建设必须在高校与企业联合成立的校企合作委员会的指导下，由高校和企业合作共同完成。校企共同建设的内容包括：

（1）设置由校企双方相关部门主要领导担任中心负责人的组织机构和管理体系。

（2）筹措充足的建设和运行经费，争取国家和各级政府在政策和资金上的支持。

（3）探索建立工程实践教育中心可持续发展的管理模式和运行机制。

（4）制定工程实践教育中心的日常管理、教学运行、学生管理、安全保障等规章制度。

（5）建设由高校教师和企业专业技术人员、管理人员共同组成的中心指导教师队伍。

（6）提供满足工程实践教育需要的工程实践条件、工程实践内容和工程实践形式。

（7）遵照教育规律和工程人才成长规律，积极推动工程实践教育模式改革，构建有针对性的工程实践教育方案。

（8）在加强对学生的安全、保密、知识产权保护等教育的基础上，提供充分的安全保护设备,保护学生的身心健康与人身安全。

围绕着卓越工程师培养的工程实践教育,校企在工程实践教育中心的建设中要共同制定工程实践教育的教学目标和培养方案,共同建设工程实践教育的课程体系和教学内容,共同组织实施工程实践教育的培养方案,共同评价工程实践教育的培养质量。

## 11.5.2　工程实践教育中心的主要任务

工程实践教育中心的日常运行由企业负责,主要任务有[1]:

（1）参与制定"卓越计划"专业培养方案。组织行业企业专家参与高校培养方案的制定,共同制定卓越工程师培养目标和培养标准,共同建设卓越工程师培养的课程体系和教学内容,尤其是"卓越计划"企业培养方案的制定。

（2）落实学生在企业学习期间的各项教学安排。提供学生实习、实训的场所和设备,安排学生实际动手操作,在条件允许的情况下,接纳学生参与企业技术创新和工程研发。

（3）建设基地指导教师队伍。组织企业经验丰富的具有高级职称的技术人员和高级管理人员担任高校的兼职教师,开设实践性强的专业课程、指导学生的企业实践、本科生毕业设计或研究生学位论文。

（4）参与对学生的考核和评价。与高校共同制定学生企业学习阶段的评价指标体系和评价标准,共同对学生在企业学习阶段的培养质量进行考核和评价。

（5）参与对学生的安全等教育与管理。与高校共同做好学生在企业学习期间的安全、保密、知识产权保护等教育,提供充足的安全与劳动保护设备,做好相关的管理工作。

（6）在满足卓越工程师培养需要的前提下,校外实践教育基地也应该为企业员工的岗前培训、在职学习和继续教育服务,成为企业员工知识学习更新和技能训练提高的重要场所,提高基地的使用效率。

## 11.6　教师工程实践教育能力的培养

### 11.6.1　教师工程实践教育能力分析

作为工程实践教育体系的重要组成部分,担任工程实践教育工作的教师首先必须具备过硬的工程实践能力、丰富的工程实践经历和精湛的工程实践教育能力,在此基础上,还要具备扎实的工程设计开发能力和超凡的工程技术创新能力等[2],从而胜任卓越工程师培养的历史使命。

过硬的工程实践能力是工程实践教育教师重要的基本能力,主要指具备发现、分析和解决工程实践过程中,从产品的生产制造、设备的运行维护、产品的维修服务,到生产运作管理等各方面的企业实际问题的能力。丰富的工程实践经历是对工程实践教育教师重要的素质要求,它与过硬的工程实践能力相辅相成、相互促进,但又由于其"见多识广"、"触类旁通"和"熟能生巧"的特性,使得丰富的工程实践经历成为教师工程实践创新能力的重要基础。精湛的工程实践教育能力是对工程实践教育教师的职业要求,它不仅包括工程实践教学能力,即在工程实践课程教学中教学水平高,而且包括指导学生进行工程实践的能力和在工程实践中对学生的示范作用。由此可见,过硬的工程实践能力和丰富的工程实践经历是教师具备精湛的工程实践教育能力的基础。

在目前"卓越计划"参与高校中,能够满足上述能力要求的担任卓越工程师培养任务的教师十分有限,因此,工程实践教育教师队伍的构成要从校内专职教师拓展到企业兼职教师,这就构成了"卓越计划"提出的"双导师"制度。

虽然,从目前"卓越计划"参与高校教师队伍的现状分析,"双导师"制是十分必要的,是培养卓越工程师所必不可少的有效措施,但是,从未来中国高校教师队伍发展的趋势分析,笔者认为,从培养优秀工程人才的角度考虑,"双导师"制应该在中国长期存在。这主要是因为中国高校的工科教师,不论学校采取何种政策导向和激励措施,教师本人如何努力,均不可能在工程实践能力和工程实践经历上达到企业工程技术人员的水平,工科教师不可能也做不到将其全部精力仅投入工程实践能力的提高以及工程实践经历的积累上。因此,聘请企业中具有丰富工程实践经历和工程能力强的工程师作为兼职教师,应该是高校培养优秀工程人才的长期需要。

## 11.6.2　专兼职教师实践教育能力的培养

校内专职教师在教育教学能力上具备优势,因此,他们的重点应该在工程实践能力的培养和提高以及工程实践经历的积累和丰富上。企业兼职教师在工程实践能力和工程实践经历上具备优势,因此,他们的重点应该放在工程实践教育能力的培养和提高上。

校内专职教师工程实践能力的培养和提高可以采取阶梯型的方式进行。

第一是到校内工程训练中心,在有经验的教师指导下,参与工程项目或协助指导学生工程训练,这对于缺乏工程训练的教师,尤其是青年教师,是十分必要的,也为他们到企业实践打下基础。

第二是到企业现场一线顶岗挂职,通过在企业的生产、运行、服务、管理、经营等不同部门的定期轮岗工作,在企业经验丰富和工程能力强的高级工程师的指导下,全过程参与具体工程实际问题的发现、分析和解决,不断培养和提高工程实践能力。

第三是到企业参加重大工程项目的研究,与企业工程技术人员一道探讨、分析和解决企业生存发展和市场竞争中面临的工程问题,进一步提高教师的工程实践能力。

第四是通过承担或主持源于企业的工程项目,以及担任企业技术顾问等方式,逐渐形成教师过硬的工程实践能力。

校内专职教师工程实践经历的丰富需要一个不断积累和长期努力的过程。

一方面专职教师应该利用一切可能的机会,包括参与学生在企业的工程实践教育活动、与企业开展各种形式的合作等,不断积累自身的工程实践经历。

另一方面"卓越计划"参与高校要建立工科教师定期到企业顶岗挂职的制度,使他们在企业岗位的工作实践中不仅积累工程实践经验,而且丰富工程实践经历。

企业兼职教师工程实践教育能力的培养重点应该在实践教学内容组织、教学形式选择、教学方法采用、理论与实践的结合以及指导学生工程实践上。

一方面要得到教育教学能力强的教师的指导和帮助,通过教学观摩、经验交流和承担具体的工程实践教学活动等实践的方式提高他们的工程实践教育能力。

另一方面要通过教育教学研究、教育心理学研究、学习和借鉴先进的教育理念和教学方法等研究的方式提高他们的工程实践教育理论水平。

工程实践教育教师的培养还需要参与高校建立一系列制度政策和激励措施[2],以调动和激励工科教师提高工程实践能力、丰富工程实践经历和提升工程实践教育能力的主动性和积极性。

## 11.7　工程实践教育质量的评价

判断工程实践教育体系的构建是否成功要通过对工程实践教育质量进行评价,评价标准整体反映在学生接受工程实践教育后,以工程实践能力和工程创新能力为主的工程能力水平的提升上。对工程实践教育质量的评价需要注意三点:

一是评价指标要具体明确、可衡量和可比较。

二是评价主体必须不仅要了解和熟悉评价内容,而且给出的评价意见要具有权威性。

三是评价方法要可操作、简单易行。

本科层次卓越工程师工程能力的评价重点在学生分析和解决实际工程问题的能力、生产系统运行和维护能力、创新意识、新产品开发和设计能力、技术改造和创新能力等[3]。

硕士层次卓越工程师工程能力的评价重点在学生分析和解决复杂工程问题的能力、开拓创新意识、新产品开发和设计能力、工程项目集成能力、工程技术开发和创新能力、处理工程与社会和自然和谐的能力等[3]。

博士层次卓越工程师工程能力的评价重点在学生分析和解决复杂工程问题的能力、新产品开发和设计能力、大型工程项目集成能力、处理工程与社会和自然和谐的能力、工程项目研究与开发能力、工程技术开发和创新能力、工程科学研究能力等[3]。

工程实践教育质量的评价可以集中在两个时间点上。

一是学生完成企业培养方案的学习任务时:这个时候所有的工程实践教育任务基本结束,学生在企业学习阶段完成的实践课程和教学环节的考核成绩可以作为衡量工程实践教育质量的重要参考依据,而且根据需要还可以聘请企业导师、企业其他工程技术人员和校内导师组成工程实践教育质量评价主体,对学生接受的工程实践教育效果进行评价。

二是本科生毕业设计或研究生学位论文评审和答辩时:毕业设计或学位论文是对学生各种知识和能力的综合检验,包含工程实践教育质量评价的内容,论文评阅人和答辩委员会成员对毕业设计或学位论文的评价意见不仅是对卓越工程师培养质量的综合评价,也是对工程实践教育质量的评价。

# 参 考 文 献

［1］ 教育部. 国家级工程实践教育中心管理办法(试行)(征求意见稿). 2011.

［2］ 林健. 胜任卓越工程师培养的工科教师队伍建设. 高等工程教育研究,2012 年 1 月.

［3］ 林健. "卓越工程师教育培养计划"通用标准研制. 高等工程教育研究,2010 年 4 月.

［4］ 孙康宁,傅水根,梁延德,王仁卿. 浅论工程实践教育中的问题、对策及通识教育属性. 中国大学教学,2011 年 4 月.

［5］ 傅水根. 我国高等工程实践教育的历史回顾与展望. 实验技术与管理,2011 年 2 月.

# 第12章  校企全程合作培养卓越工程师

【本章摘要】 "卓越计划"将行业企业的参与作为成功培养卓越工程师的关键,事实上,只有企业的全过程参与,才能培养出满足培养标准要求的卓越工程师。本章试图系统地讨论和研究"卓越计划"参与高校与企业合作全过程开展卓越工程师培养工作这一重要专题,包括校企全程合作是"卓越计划"成功的关键,校企全程合作的主要环节和合作内容,校企合作的主要模式,校企全程合作培养卓越工程师机制的建立,以及校企全程合作教育需要的政策法规支持共5个方面,以期为"卓越计划"参与高校和企业合作开展卓越工程师培养提供建议和参考。

"卓越计划"的实施要遵循"行业指导、校企合作、分类实施、形式多样、追求卓越"的原则,并将行业企业的参与作为实施的前提条件,由此可见,企业参与和校企合作成为"卓越计划"成功的关键。事实上,"卓越计划"将企业作为与高校一道共同培养卓越工程师的主体单位,要求"卓越计划"参与高校与企业在卓越工程师培养的整个过程中进行全面、系统和紧密的合作。因此,需要从卓越工程师培养的角度分析和研究为什么要进行校企全程合作、校企全程合作主要有哪些环节并包含哪些内容、校企合作有哪些模式、如何进行校企全程合作、国家和各级政府应该提供哪些法律法规和政策支持等。

需要指出的是,本章所指的企业不是专指人们常见的生产或制造企业,而是泛指那些从事生产、制造、设计、规划、开发、研究、创新、服务和培训等专业活动并具有独立法人资格的组织,甚至包括工业/工程设计、规划和研究院所。

## 12.1 校企全程合作是"卓越计划"成功的关键

世界各国高校的工程人才培养无不采取与企业合作的方式,以弥补本校在实践教育和职业训练方面的不足。如德国"双元制"模式,毕业生的能力培养计划由行业协会统一制定,学校和企业各为其中一元,学校主要负责传授与职业有关的专业知识,企业主要负责学生职业技能方面的专门培训,使专业理论与职业实践形成有机的对接。又如英国"三明治"模式,是将整个学习分为三个阶段,学生先在学校学习,而后到企业顶岗工作,最后回到学校完成学业获得证书。英国一些企业主要管理者或者在一些教育基金会兼任关键职务,或者直接参与职业资格标准的制定,或者参与对学校的评估工作。再如澳大利亚的"TAFE"(Technical and Further Education)模式,学校与企业行业密切合作,所有"TAFE"学院均有董事会,董事会主席和绝大部分成员都是来自企业一线的专家,企业全程参与人才培养过程,每个学院都建立了实力雄厚的实践教育基地。

我国高校在工程人才培养条件上的不足主要表现在两个方面:一是经费投入不足,造成实践教学条件不能满足工程人才培养的需要;二是工科教师队伍普遍缺乏工程实践经历,不足以胜任工程人才培养的重任。从卓越工程师培养的要求分析,"卓越计划"参与高校在卓越工程师培养条件上的不足远不止以上两个方面,这些不足只有而且只能够通过与企业在卓越工程师培养全过程的合作才能够得以弥补和加强。概括起来,企业在卓越工程师培养上的重要作用主要在于其具备高校所没有的如下条件。

（1）能够准确把握社会对工程人才的需求。

经济社会发展的关键因素在人才,作为处在激烈的国内外市场竞争环境下的用人单位,企业对本行业的当前状况和发展趋势最为了解,不仅最清楚本行业领域当今社会和未来世界对工程人才的需求,包括人才层次、类型、结构和规格等,而且十分清楚目前高校工科毕业生在知识、能力和素质上存在的不足和需要完善的地方。因此,企业能够在卓越工程师培养的整个过程中发挥重要的指导作用,不仅能够为"卓越计划"参与高校提供准确的信息和改进的建议,而且能够参与具体的培养工作,促进和推动工程人才培养模式的改革,使得校企合作培养的卓越工程师能够达到"卓越计划"的培养目标。

（2）拥有最先进的生产设备和制造技术。

高校的实验室、实训基地和工程训练中心所拥有的用于学生实验、实训的各种仪器和设备,在不同程度上存在着与企业脱节的现象,这就使得缺乏校企合作的工科毕业生不能够马上适应企业的工作。而企业为了自身的生存发展和赢得竞争优势,必须拥有最先进的生产线、工艺装备和制造技术,这些是几乎任何高校所不可能做到的。因此,校企合作将使得学生有机会了解、熟悉和掌握企业最先进的生产设备和制造技术,毕业后成为受到普遍欢迎的"上手快"的工程人才。

（3）拥有一批经验丰富的工程技术人员。

高等学校的价值追求和对工科教师的聘任和考核条件,使得目前高校中为数众多的工科教师虽然在工程专业领域上是理论上的"巨人",但是在工程经历和实践经验上是"矮子"。与此相反,企业工程技术人员每天从事各种工程活动、面对各种工程问题、提出各种工程方案、需要各种工程创新,其中相当一部分人逐渐积累了丰富的工程实践经验、具有很强的工程创新能力,成为工程领域的专家。因此,这些企业工程领域的专家与高校工科教师形成优势互补,能够在学生工程实践和创新能力培养上发挥重要的作用。

（4）提供真实的工程实践和创新的环境。

在真实的工程环境下培养卓越工程师是"卓越计划"提出的基本要求,也是世界各国工程人才培养的成功经验。国家、各级政府和高校虽然不断加大投入,改善学生工程实践环境,一些高校甚至在校内设立工厂以满足工科教育的需要,但是这些与企业所能够提供的系统全面、功能完备的真实的工程实践和创新环境仍然有着本质的区别。而且企业所需要解决的涉及生产、技术、研发、创新、市场、管理等方面的问题是"真刀真枪"地训练和培养学生工程实践和创新能力的最好题材,离不开企业真实的条件和环境。

(5)提供完整的学习先进企业文化的氛围。

"卓越计划"要求各个层次卓越工程师的培养均要有累积一年左右的时间在企业学习,企业学习的目的不仅包括学习企业的先进技术、深入开展工程实践活动、参与企业技术创新和工程研究开发,而且包括学习先进的企业文化、培养学生的敬业精神和职业道德。一所高校,即使具有雄厚的实力,既不可能提供像企业一样的完整、系统和全面的学习先进企业文化的氛围,使学生适应企业的各种制度和规范、融入企业的工作和生活之中,也不可能创造学生向企业员工直接学习的机会,使学生从工程技术人员的行为举止中,潜移默化培养自己的敬业精神和职业道德。

总之,企业能够提供高校所不具有的上述五个方面的条件或环境,这对卓越工程师的培养至关重要。因此,需要"卓越计划"参与高校与企业在卓越工程师培养上进行全过程合作,才能确保"卓越计划"的成功实施。

## 12.2　校企全程合作的主要环节和合作内容

校企全程合作培养卓越工程师指的是在整个卓越工程师培养的过程中,"卓越计划"参与高校与一家或多家企业开展全面、系统和密切的合作,充分发挥高校与企业各自在工程人才培养上的优势,共同承担卓越工程师培养的责任,共同设计、制定和实施卓越工程师专业培养方案,以最终实现卓越工程师培养目标[1][2][3]。

校企全程合作应该始于卓越工程师培养目标的制定,贯穿卓越工程师培养的各个环节,止于卓越工程师培养目标的实现。总体而言,高校与企业在培养卓越工程师过程中的合作主要在以下几个环节。

### 12.2.1　共同制定培养目标和培养标准

校企共同制定卓越工程师培养目标是在遵循"卓越计划"的主要目标[4]的要求的前提下,综合考虑和平衡高校的办学条件和社会对卓越工程师的要求,制定既满足人才市场需求又切实可行的卓越工程师培养目标。高校在制定卓越工程师培养目标时主要考虑的因素包括学校的办学层次、服务面向、人才培养定位、办学特色、师资队伍和实践教学条件等。企业在参与制定卓越工程师培养目标时则是从社会对工程人才需求的角度考虑人才的层次、类型和结构等因素。

校企共同制定卓越工程师培养标准时必须在满足三个要求[2]的基础上,以本校卓越工程师培养目标为纲,将其转化为卓越工程师培养标准。高校在制定卓越工程师培养标准时主要根据本校"卓越计划"参与专业的教育教学资源条件和生源状况,着重考虑卓越工程师的知识、能力和素质的系统性和完整性,以及知识结构、能力水平、素质要求及其培养标准实现的可行性等。企业在参与制定卓越工程师培养标准时则会从用人单位的角度,具体地从若干个方面明确地提出卓越工程师必须具备的知识、掌握的技能和应有的素质。

## 12.2.2　共同改革课程体系和教学内容

课程体系和教学内容是实现卓越工程师培养目标的平台,也是落实卓越工程师培养标准的载体,除了要重视课程体系的价值取向、采取模块化课程体系结构和进行课程体系的整合与重组外[5],校企共同改革课程体系和教学内容就是要弥补过去仅由高校教师单方面进行课程体系和教学内容改革存在的不足,从工程师岗位实际要求的角度,充分吸收来自企业具有不同视野和丰富实践经验高级工程师的意见和建议,使课程体系和教学内容改革更加适应卓越工程师培养的需要。

校企共同改革课程体系和教学内容要着重处理好两方面的关系。一是理论教学与实践教学的关系;二是校内学习与企业学习的关系。在理论教学和实践教学方面要着力避免以往的重理论轻实践、重知识轻能力、重课内轻课外、理论教学与实践训练相脱节的现象,使理论教学和实践教学成为相互依存的有机整体,既要使理论教学成为实践教学的基础,也要使实践教学成为理论教学的延伸。在校内学习和企业学习方面要通过明确不同学习阶段的学习重点和找到这两个学习阶段之间的必然联系,进行课程体系和教学内容的改革。校内学习主要完成工程基础教育,以理论教学为主,辅以基本的实验和实训;企业学习主要完成工程职业教育,以实践教学为主,辅以必要的理论专题[2]。校内学习为企业学习打下基础,能够支持或指导企业学习;企业学习是校内学习的强化和延伸,能够促进校内学习的改革;校内学习与企业学习之间的交替作用将有利于学生专业知识的不断巩固以及工程能力和综合素质的稳步提升。上述校内学习和企业学习的重点以及二者之间的必然联系要通过课程体系和教学内容的建设予以充分具体的落实,使得"卓越计划"提出的"校内学习 + 企业学习"的人才培养模式的优势得到体现。

　　在处理好上述两方面关系的基础上,校企双方在进行课程体系和教学内容改革时要尤其重视共同开发那些具有实践性、设计性、创新性、综合性和先进性的课程和教材[3][5],使得开发出的课程体系和教材具有鲜明的时代特色。

## 12.2.3　共同建设工科教师队伍

　　建设一支胜任卓越工程师培养的工科教师队伍是"卓越计划"成功的保证,校企共同建设工科教师队伍的重点在三方面。一是通过安排高校专职教师到企业挂职,参与企业生产、设计、研发、管理等实际工作,在企业真实的工程环境和先进的装备技术环境中,在企业经验丰富、工程能力强的工程师的指导下,培养和提高他们的工程实践能力、工程设计开发能力和工程技术创新能力;二是通过安排企业兼职教师到高校接受继续教育,更新他们的专业知识、提高他们在工程领域的理论水平,以促进他们实践经验与理论知识的结合;三是通过建立高校专职教师与企业兼职教师的合作机制,使二者之间取长补短、相互学习、共同提高,一方面专职教师向兼职教师学习处理和解决实际工程问题的经验,另一方面兼职教师向专职教师学习教育教学方法,了解本工程学科的最新发展。

## 12.2.4　共同研究教学组织形式和教学方法

　　研究性教学(对学生而言,应该称之为"研究性学习")是一种符合工程能力培养规律,符合综合素质形成逻辑的教学组织形式和教学方法,得到"卓越计划"的极力推行。为了充分地发挥研究性学习在卓越工程师培养上的作用,需要高校专职教师和企业兼职教师在两方面的密切合作和共同努力:一是共同研究研究性学习的教学组织形式和教学方法;二是合作开展研究性教学工作。

　　校企双方教师共同进行研究性学习的研究是有效开展研究性教学的前提。作为一种强调以学生为主体的学习方法,研究性学习与专职教师一直沿用的教学方法和兼职教师过去接受的教学方法存在本质的区别,需要专职教师和兼职教师一道认真细致地予以系统深入的研究,研究内容包括研究性学习的基本特征、研究性学习的三种主要形式、研究性学习的作用机理、研究性学习对教师的要求以及研究性学习应该注意的问题等[7]。只有对研究性学习有了深入的研究,才能够灵活自如地开展研究性教学。

研究性学习方法的实施需要校企双方教师的通力合作才能够有效地开展。首先,用于研究性学习的问题、案例和项目的选择和编制需要校企双方教师的合作,企业兼职教师掌握大量源于工程实践活动的问题和案例以及主持和参与过各种工程项目,高校专职教师熟悉教育教学规律并擅长教学材料的组织和编写,因此,校企双方教师的合作不仅能够遴选出满足教学目标要求的具有典型性的工程问题、案例和项目,而且能够将这些素材组织和编写好,以使学生取得最佳的学习效果;其次,采取何种教学组织形式和教学方法开展研究性学习需要校企双方教师一道研究,针对研究性学习所基于的问题、案例和项目的不同,担任同一门课程教学任务的校企双方教师必须综合考虑学习内容的难易程度、教学目标的要求和学生的状况,提出有效的教学组织形式和教学方法;最后,研究性学习的开展需要校企双方教师的分工与合作,一般而言,工程专业理论性的学习内容由高校专职教师主导,工程问题、案例和项目等实践性的学习内容由企业兼职教师主导,而在学生自主学习、小组讨论、课堂交流、课外指导过程中往往由校企双方教师共同负责。师生互动和教学目标的不同决定了所采用的教学方法的差异,需要专职教师与兼职教师的共同研究。

## 12.2.5　共同制定企业培养方案

企业培养方案是"卓越计划"专业培养方案的重要组成部分,是学生在企业学习所执行的方案,需要校企合作共同制定。高校和拟合作培养卓越工程师的一家或多家企业要联合成立由高校领导和企业主要负责人共同担任主任的校企合作工程教育指导委员会(简称"校企合作委员会"),以加强对企业培养方案的制定和实施的领导。校企在制定企业培养方案的合作主要体现在共同制定企业学习阶段的培养目标、培养标准和培养计划,共同确定企业培养方案的实施企业和担任企业学习阶段教学和指导任务的教师。作为企业培养方案的主要部分,校企双方必须认真讨论和详细制定培养计划的主要内容,大体包括部分专业课程、专题报告、实习实践环节和毕业设计/学位论文等部分[2]。

校企在共同制定企业培养方案时应有明确的责任分工。高校的主要责任在于保证制定出的企业培养方案是整个专业培养方案的有机组成,而不是与专业培养方案毫不相关的独立方案,因此不仅要注重与在校内完成的培养方案的联系和衔接,而且要避免培养内容上的重复。企业的主要责任在于要认真分析企业的各种软硬件条件,包括用于实习实训和教学的场地和设备、容纳学生顶岗挂职的岗位数、企业能够担任教学与指导工作的工程师人数以及学生食宿条件等,以保证企业培养方案的有效性和可行性。

## 12.2.6　共同建设工程实践教育中心

详见本书第 11 章"构建卓越工程师培养的工程实践教育体系"第 5 节"校外工程实践教育中心的建设"的第 1 部分,即"11.5.1 校企共同建设的内容"。

## 12.2.7　共同实施企业培养方案

企业培养方案是由高校和企业共同负责实施的。对于设立了工程实践教育中心的企业,整个企业培养方案由该中心具体负责组织实施;对于没有设立工程实践教育中心的企业,则需要成立由高校"卓越计划"参与专业所在院系领导和专职教师与企业教育培训或人力资源管理部门负责人和企业兼职教师共同组成的专门组织机构,全面负责企业培养方案的实施。

在实施企业培养方案过程中,企业主要负责企业兼职教师或企业导师的指派、学习场地和顶岗挂职岗位的安排、实践课程的教学和实习实训的指导、学生敬业精神和职业道德的培养、学生食宿的安排和后勤的保障、学生安全防护设备的提供,以及协调企业内部各方面的关系等;高校主要负责学生在企业学习阶段的日常管理、学生安全、保密和知识产权保护等教育,同时参与对学生的指导、积极配合企业导师完成各项实践教学工作。

在整个企业培养方案的实施过程中,校企双方要保持密切沟通、相互积极配合,共同商议企业培养方案实施的具体细节和进度安排,及时地根据企业当时的实际情况、教学的效果和学生的反馈调整和充实企业培养方案,及时地解决可能出现的各种问题和处理一些突发事件,共同评价学生学习成绩和实践教育质量,并不断地总结各方面的经验和教训,以利于日后进一步改进和完善企业培养方案、提高学生在企业学习阶段的学习效果。

## 12.2.8　共同指导毕业设计或学位论文

校企双方导师共同指导学生毕业设计或学位论文。"卓越计划"提出的双导师制就是为每一位学生均安排一位高校专职教师和一位企业兼职教师作为导师,除了在学生个人培养计划制定和整个学习过程中为学习提供指导外,双导师的一个重要作用就是共同指导本科生的毕业设计或研究生的学位论文,包括毕业设计或学位论文的选题、毕业设计方案和学位论文研究计划的制定、毕业设计和学位论文的具体指导,以及毕业设计和学位论文质量的把握等方面。

从卓越工程师培养的角度考虑,本科生的毕业设计要结合企业实际项目"真刀真枪"地做,硕士生的学位论文选题要源于企业的实际问题或现有课题,博士生的学位论文选题要结合企业的关键问题、重大项目或发展需要[8]。在选题方面,企业导师的指导作用主要在于为学生提出源于企业实际的各种可能的选题,校内导师的指导作用主要在分析和判断选题的难度和深度是否适合作为毕业设计或学位论文,校企双方导师还需针对学生的具体情况共同与学生商讨并最终确定选题。

本科生毕业设计题目的选择要突出两点要求。一是真实性;二是综合性。真实性表现在题目必须源于企业生产实际,是企业急需解决的问题。因此,在校企双方导师指导下,学生毕业设计题目既可以从企业当前的实际项目中考虑,也可以结合自己的兴趣从企业需要解决的实际问题中选择。综合性表现在知识和技能的综合应用、设计方法和手段的综合使用以及能力和素质的综合提高三个方面。为了使得学生的能力和素质能够得到更综合的提高,毕业设计的题目最好来自企业的实际工程项目或需要解决的综合性问题,这样若干名学生可以组成一个项目小组,在分工的基础上合作开展同一工程项目或综合性问题的研究和设计,这不仅使学生的工程专业能力得到训练和提高,而且使学生的沟通协调和团队合作等社会能力也得到培养。

本科生毕业设计方法和手段的采用上需要强调两点。一是注重所在工程学科专业领域新技术、新工艺、新设备、新材料的引入和应用,增强学生对本专业前沿领域的了解;二是注重采用现代信息技术和先进的实验手段和验证方法,开拓学生的视野、提高毕业设计的准确性以及丰富毕业设计成果。

本科生毕业设计成果的表现形式应该更能展现学生的整体水平和综合素质。除了传统的纸质毕业设计报告外,要注重采用多媒体软件、影音文件、图像资料、实物模型、真实产品等形式全方位展现学生的毕业设计成果,充分表现学生独立的工程专业能力、团队合作的社会能力以及完整的综合素质。

本科生的毕业设计方案和研究生的学位论文研究计划也需在校企双方导师的指导下制定完成。在开展毕业设计和学位论文研究过程中,校内导师重点负责理论方面的指导,企业导师重点负责实践方面的指导。由于本科生的毕业设计和研究生的学位论文的相当一部分应该在企业学习阶段完成,因此,企业导师主要负责学生在企业阶段的毕业设计或学位论文的指导,校内导师主要负责在学校阶段的指导,同时注重毕业设计和学位论文最终质量的把关。

## 12.2.9　共同评价卓越工程师培养质量

高校和企业作为实施“卓越计划”的两个主体,需要共同对卓越工程师培养质量进行评价。校企双方应该以“卓越计划”学校培养标准(简称“学校标准”)为评价标准,以卓越工程师培养的质量是否达到学校标准的要求为判断依据,全面审视和检查卓越工程师培养整个过程的各项工作,一方面找出达到学校标准要求的方面,肯定卓有成效的做法和成功的经验,另一方面找出与学校标准要求存在差距的地方,明确需要改进和完善的环节,为专业培养方案的修订和日后卓越工程师培养工作的改进打下基础。

评价卓越工程师培养质量的工作可以从微观和宏观两个层面展开。微观层面是对每个教学环节的效果和质量进行评价,包括教学计划、课程结构、课程设置、教学大纲、教学内容、教学方式、课外活动、实践教学、毕业设计/学位论文等方面,涉及到教师教学能力和水平、教学活动安排、理论与实践的结合等方面。宏观层面是整体上对学生的知识、能力和素质进行评价,涉及卓越工程师培养模式、教师队伍建设、专业培养方案、企业培养方案、校企合作方式、工程实践教育中心建设、教育教学经费的投入以及校企的支持政策等方面。

高校和企业在微观层面上的评价工作应该各自有所侧重,学生在校内学习阶段的教育教学质量的评价应该以高校为主、企业为辅,在学生在企业学习阶段的教育教学质量的评价应该以企业为主,高校为辅。在宏观层面上的评价工作应该由高校和企业一道共同来完成。

校企共同开展卓越工程师培养质量的评价时,应该考虑选择多个评价主体,以保证评价结果的客观性和公正性。除了传统的由本校的学生和教师参加评价外,应当积极引入用人单位、以毕业生为主的校友、兄弟院校的专家和教师、社会非政府组织的独立机构,甚至学生家长参与对卓越工程师培养质量的评价,从而从不同的视野和角度全面审视和评价卓越工程师的培养质量。

校企在进行卓越工程师培养质量的评价时,应该考虑采取多种评价方式,以利于评价主体客观便捷地提供自己的评价意见。除了召开座谈会和评估会等传统的会议方式以及学生课后一次性打分外,要尤其重视充分运用互联网平台收集和获取校外评价主体和社会公众对卓越工程师培养质量的评价,可以从以下几方面入手。一是在高校网站上公布实施"卓越计划"的相关材料和文件,包括"卓越计划"学校工作方案、卓越工程师培养目标和培养标准、专业培养方案、合作企业的情况、教学计划和教学大纲等;二是在高校网站上开辟专门的窗口及时地获取社会和学生家长的意见和建议;三是专门设计简洁明了、以多项选择为主的调查问卷,在高校网站上广泛获取校内外对本校卓越工程师培养质量的评价意见,以及征求校内外对卓越工程师培养工作的建议。

## 12.3　校企合作教育的主要模式

　　校企全程合作培养卓越工程师的核心和难点在于"卓越计划"参与高校企业培养方案的实施完成,除了大型企业或企业集团外,参与高校的企业培养方案几乎很少能够在单独一家企业全部进行,即使那些成立了工程实践教育中心的企业,也不能简单作为高校合作的惟一选择。因此,高校应该重视采用形式多样、灵活有效的模式,而不是简单、单一的方式与多家合适的企业合作开展卓越工程师的教育和培养工作。

　　在讨论各种可能的校企合作教育模式前,需要分析的是"卓越计划"的企业培养方案究竟应该是集中实施还应该是分段实施的问题。基于"卓越计划"累计一年左右企业学习的时间要求和我国不同企业的各种实际情况,虽然存在少数"卓越计划"参与高校有条件集中完整的一年时间安排学生到企业学生完成企业培养方案的要求,但是多数参与高校与企业的合作需要分阶段进行,即将企业培养方案的实施分为几个阶段予以实施。事实上,从知识学习和掌握的规律以及能力培养和提高的规律可知,分阶段实施企业培养方案能够更好地达到学习内容由浅入深、理论与实践交替循环和相互促进、能力和素质逐渐提高的目的。由此可见,较集中实施而言,分段实施能够取得更好的企业学习效果。因此,建议"卓越计划"参与高校按照本校卓越工程师培养目标和培养标准的要求,认真分析和研究专业培养方案中课程体系各个模块和每个教学环节的教学目标,结合合作企业的具体实际,遵循理论与实践交替的原则,分阶段制定企业培养方案的实施计划。

　　高校与企业可以选择的合作教育模式有系统全面的合作模式、模块化的合作模式、基于项目的合作模式、订单式的合作模式、顶岗实习的合作模式、学工交替的合作模式、多专业联合的合作模式以及课程置换的合作模式等。这些模式的具体特点、主要优势、不足以及适应面具体分析如下。

## 12.3.1　系统全面的合作模式

系统全面的合作模式指的是"卓越计划"的企业培养方案基本上是在一家企业或一个企业集团全面系统地实施完成的高校与企业的合作教育模式。开展这种合作模式的一种有效方式是通过校企共同在企业建立国家级、省级或校级的工程实践教育中心或校外实践教育基地,并以该中心/基地为综合平台全面系统地合作开展卓越工程师的培养工作。

系统全面的合作模式具有显著的优势。首先,校企双方能够就企业培养方案制定和实施展开全面、系统和深入的探讨、研究和落实,从而保证企业培养方案实施的连续性、系统性、整体性和有效性,最大限度减少了企业培养方案分散在不同企业执行在工作效率、实施效果、教学安排和学生管理上可能出现的问题;其次,从长期合作的需要考虑,校企双方更有可能在资金、设施和人力上予以集中投入,国家和各级政府也可能在经费和政策予以多方面支持,共同促进校企合作全面、持续、健康地发展;再次,通过企业、高校和学生本人按照平等自愿、协商一致的原则签订三方联合培养协议,有利于企业选拔和聘用优秀人才,也为学生就业开辟新的渠道;最后,校企双方能够建立起长期稳定的战略性合作伙伴关系,有利于双方将合作领域拓展到人才培养之外的其他方面,包括产品研制、项目研究、技术开发、专利发明、协同创新等诸多方面,这种全方面的合作反过来为工程人才培养,尤其是高层次卓越工程师的培养提供强有力的支持和保障。

系统全面合作模式的不足主要是源于对企业条件的要求:一是企业必须要有足够大的规模和经营范围,以覆盖整个企业培养方案规定的实践教育内容;二是企业需要提供专门的场地和设施、必要的经费投入、配备专门的人员和占用必要的生产设备。因此,能够采用系统全面合作模式的企业主要是大型企业和企业集团。加上行业的不同和地域的差异,这种合作模式并不适用于所有的"卓越计划"参与高校,尤其是那些地处工业欠发达地区且缺乏行业背景的地方高校。

## 12.3.2　模块化的合作模式

模块化的合作模式指的是以"卓越计划"企业培养方案中某个教育教学模

块为高校与企业合作基础的合作教育模式。这种模式是基于将校企合作的内容模块化,即按照整体设计、目标明确和循序渐进的原则,模块化设计和组织整个企业培养方案中的教育教学内容,使得每个模块都具有明确清晰的目标功能,并能够按照知识学习和能力培养的规律,以及模块间的相互依存关系由浅入深地排列各个模块的实施顺序,从而使得各个模块能够按照排列顺序在不同的企业中先后实施[3]。

模块化的合作模式使得"卓越计划"企业培养方案可以在不同的企业实施,这不仅减轻高校寻求"大而全"企业的压力,而且能够允许高校挑选软硬件条件均最适合实施某一模块的企业,去完成该模块的教育教学任务,从而使得整个企业培养方案的各个模块均能够在软硬件条件俱佳的企业中实施完成。因此,模块化的合作模式对于处于缺少大型企业的非一线城市的地方高校而言,是一个切实可行的校企合作模式。

虽然不同层次卓越工程师的培养均需要有累积一年左右的在企业学习的时间,但是,相对于更高学历层次卓越工程师的培养,较低学历层次卓越工程师培养的数量大,到企业进行实践教育活动的覆盖面广,因而需要更多的合作企业以提供足够的实践教育场地和岗位。从这个角度分析,本科层次卓越工程师培养较硕士层次更需要采用模块化的合作模式,硕士层次卓越工程师培养较博士层次更需要采用模块化的合作模式。

模块化的合作模式也可以认为是目标驱动的合作模式。这是因为,经过模块化后的企业培养方案中的每个模块均具有与参与高校学校培养标准细化后的指标相吻合的模块目标,而某一模块的实施,事实上就是围绕着实现该模块的目标而展开的。

### 12.3.3 基于项目的合作模式

基于项目的合作模式(也可称为"项目驱动的合作模式"或"项目引领的合作模式")指的是以某项工程项目为高校与企业合作基础的合作教育模式。在这种模式中,校企双方根据"卓越计划"企业培养方案的需要,通过安排和合理组织学生参与实际工程项目的实施和完成,使学生能够将在校内所学的理论知识在项目实践中得到应用,培养学生的工程意识、训练和提高学生解决工程实际问题的能力,从而达到企业培养方案规定的某些培养标准要求。

基于项目的合作模式中的项目主要是源于企业的实际工程项目,要解决的是企业生产、设计、研发、创新、经营或管理活动中面临的重要而具体的问题,因此,这些项目可以是企业自身正在实施或准备启动的项目,也可以是企业与高校共同开发和研究的项目,还可以是企业委托高校完成的项目。

基于项目的合作模式的最大优势在于能够形成校企共赢的互利互惠机制,一方面项目的实施需要大量人力资源的投入,高校的参与不仅能为企业降低项目研发的人力资源成本,而且还带来了具有理论优势的研发力量,与企业研发人员形成优势互补,因而在很大程度上调动了企业合作的积极性;另一方面项目的参与为高校的师生,尤其是为学生不仅提供了参与真实工程项目全过程的体验,而且提供了"真刀真枪"解决工程实践问题的机会,这些正是卓越工程师培养所需要的。

高校在采用基于项目的合作模式时需要注意两方面的问题:一是所参与的项目是否适合本校当前阶段卓越工程师培养的需要,也就是说,一方面要避免将学生作为简单的劳动力或技术工人参与项目,使学生的工程能力得不到培养,另一方面要防止参与的项目不适合学生当前实践教育的需要,与企业培养方案规定的进度要求脱节,如重复相同的项目或项目的难度太大等;二是高校要组织和安排好学生,注重学生团队合作、交流沟通、组织协调等方面能力的培养,不仅使学生的工程能力得到充分的训练和提升,而且使学生的社会能力和综合素质也得到培养。

## 12.3.4　订单式的合作模式

订单式的合作模式指的是高校和企业针对企业未来发展对工程人才的需要或企业所在行业工程人才市场的需要所采取的合作教育模式。这种校企合作模式的主要特点有三。一是卓越工程师培养具有较强的针对性,学生在知识、能力和素质方面的培养要达到合作企业的要求,学生毕业后可以直接进入企业就业;二是合作企业积极性高,愿意为卓越工程师培养提供力所能及的各方面支持,包括安排学生到企业开展实践教育、实施企业培养方案、提供预就业岗位、安排企业指导教师等;三是合作企业需要承担明确的责任和义务,高校通过与企业签订定向培养合作协议,使得合作企业能够积极主动地参与卓越工程师培养的整个过程,从而促进人才培养质量的提高。

由于企业在与高校开展订单式教育合作时将学生作为本企业的"准员工"对待,因此,与其他校企合作模式相比,订单式的合作模式具有两方面的主要优势。一是高校与企业能够开展更为深入和系统的合作,企业出于为本企业培养人才的考虑,会采取更加开放和积极的态度,不仅能够为学生在企业阶段的学习提供先进的设备,创造良好的学习环境,让学生接触先进的工程技术,而且能够就卓越工程师培养所涉及的各种深层次的问题与高校开展密切的全面合作,这十分有利于提高卓越工程师培养的质量;二是学生能够主动地适应和融入企业的工作和生活环境,由于就业去向基本明确,在企业的支持下学生会主动地了解和熟悉企业的管理风格和运行机制、学习先进的企业文化,为日后到企业工作早作准备,从而缩短学生从学校毕业到企业工作的过渡期。由此可见,采用订单式的合作模式培养的卓越工程师应该具有很强的市场竞争力。

高校采用订单式的合作模式要注意处理好两方面的关系。一是企业针对自身需要对工程人才培养提出的要求与"卓越计划"在卓越工程师培养上的基本要求的关系,如果二者之间存在冲突,高校处理这一关系的基本原则应该是,在满足"卓越计划"通用标准和行业标准提出的卓越工程师培养标准的前提下,尽可能考虑合作企业提出的培养要求;二是学生的就业期望和企业提供的就业岗位的关系,高校处理这一关系的主要做法应该是,尽可能安排那些毕业后愿意到合作企业工作的学生参与订单式的合作模式。总之,高校应该按照"卓越计划"对卓越工程师培养的总体要求来制定和实施企业培养方案,以适应高校服务面向地区整个行业的需要。

订单式的合作模式本质上是面向合作企业培养一定数量某一行业领域同一专业的工程人才,因此,从高校的角度,应该重点考虑将大型企业作为采用这种模式的合作企业;从企业的角度,具有行业背景的"卓越计划"参与高校更适合作为采用这种模式的合作高校。然而,在处理好合作企业"个性"要求和"卓越计划"、"共性"要求的情况下,高校可以将这种模式的适应面扩大到中小型企业,以使更多的学生能够从订单式的合作模式中受益。

## 12.3.5 顶岗实习的合作模式

顶岗实习的合作模式指的是高校安排学生到合作企业提供的场所或工作岗位上进行实习的合作教育模式。这种模式的主要特点是,学生能够在相对固定的生产岗位上在企业经验丰富的工程师和高校教师的共同指导下,系统地围绕岗位的工作开展生产实践活动。顶岗实习要求学生在校内专职教师和企业委派的具有丰富工程实践经验的工程师的指导下,从事与企业员工一样的生产实践活动、完成工作岗位规定的生产任务、承担与企业员工一样的岗位职责。这些要求构成了顶岗实习合作模式与其他合作模式的最大区别,也给学生带来了前所未有的环境和工作压力,并从以下三个方面促进并加快对学生各种能力和综合素质的培养。

首先,从事与企业员工相同的生产实践活动的要求将促使学生尽快地熟悉和适应实习环境,更清楚所学专业的性质和需要的能力素质,熟悉所从事的生产实践活动,掌握工作需要的基本技能,能够从事与企业员工一样的工作。

其次,完成工作岗位规定的生产任务的要求将促使学生努力向有经验的企业工程技术人员学习,熟悉生产流程和生产节奏,尽快掌握完成生产任务所需的各种技能,协调好与企业员工的合作关系,以保质保量地完成生产任务。

最后,承担与企业员工一样的岗位职责的要求将促使学生迅速形成对岗位工作的责任感,尽可能快地掌握履行岗位职责所必须具备的各种知识和能力,培养自己独立工作的能力和胜任工作岗位的综合能力,以承担起与企业员工相同的岗位职责。

总之,顶岗实习的合作模式给学生提供了在真实的企业和工程环境下,在生产活动、工作任务和岗位职责的压力下,系统全面地了解和熟悉实习岗位、迅速学习和掌握生产知识和工作技能、有效地培养和提升各种工程能力,以及较全面地养成胜任岗位工作的综合素质的多种机会,有利于学生的快速成长。

此外,顶岗实习的合作模式也为学生与企业之间的相互了解和毕业后的双向选择提供了良好的机会。

顶岗实习合作模式可能出现四个方面的问题,需要引起采用这种合作模式的高校的重视。一是由于学生实习岗位较分散和高校专职教师数量有限,使得高校教师对学生的指导可能无法完成到位;二是担任指导工作的企业导师的责任心和积极性对学生顶岗实习的效果有着重要的影响;三是由于担心影响正常的生产活动,企业提供给学生实习的岗位可能会是简单和基础的,这样学生实践教育的效果也将受到影响;四是学生顶岗实习的效果也取决于学生的自觉性,在缺乏督促和管理的情况下,学习积极性不足的学生容易使顶岗实习流于形式。

## 12.3.6　学工交替的合作模式

学工交替的合作模式指的是在基本保持现有学制不变的前提下,将卓越工程师的培养在企业进行的实践教育用在企业工作来替代,形成校内学习和企业工作交替进行的校企合作教育模式。这种合作模式与其他合作教育模式的根本区别在于用企业工作实践代替企业实践教育,在整个培养过程中多次安排企业工作实践,从而形成学工交替合作模式的以下三方面的主要优势。

首先,通过合理地设计和安排每次交替中的校内学习时间和企业工作时间,学生一方面能够使校内学习的理论知识及时地在企业工作中得到运用和检验,另一方面也增强了学生学习的目的性、选择性、主动性和积极性,这种理论与实践的交替循环,既符合人们对客观事物的认识规律又符合人才培养的教育规律,十分有利于卓越工程师的培养。

其次,相对于其他校企合作教育模式中学生是以学生身份到企业实践,学生在企业期间是以企业正式员工的身份开展工作的,这种"反客为主"的方式要求学生必须遵守企业的规则制度、按照企业员工的标准严格要求自己、承担相应的责任以及适应企业的工作环境,这些要求不仅有利于培养学生的敬业精神、职业道德以及工程师的社会责任感,而且也给学生带来了极大的便利条件和更好的深入学习的机会。

最后,学生在校期间作为学生和在企业作为员工的双重身份,使其成为高校与企业沟通和合作的重要纽带,学生的这种作用以及企业对学生毕业后的期待将有利于调动企业主动与高校开展合作教育的积极性,促使企业全过程参与卓越工程师的培养,从而改进和完善包括"卓越计划"企业培养方案在内的专业培养方案,提高卓越工程师培养质量。

学工交替的合作模式中高校与企业的合作关系比较灵活,既可以是紧密的,也可以是松散的。除了学生到企业工作实践的时间是统一安排的外,学生进行工作实践的企业不必统一由高校联系和集中安排在同一家企业。也就是说,只要能够达到该阶段企业工作实践的目标要求,学生可以自主联系进行工作实践的企业,通过与企业的双向选择,允许学生分散在不同的企业进行。在这种情况下,学校要加强与企业沟通,安排校内专职教师到分散的企业进行指导和巡查,以确保学生在企业的工作实践取得预期效果。这种分散的企业工作实践方式对培养学生的社会适应能力和独立工作能力具有积极的作用,也为学生的就业打下社会基础,同时在一定程度上还扩大了高校与各种企业的接触面。

学工交替的合作模式适用于研究生层次卓越工程师的培养,尤其是工程硕士和工程博士层次卓越工程师的培养。例如,博士层次卓越工程师的培养可以采用"1 + (0.5 ~ 1) + (0.5 ~ 1) + 1"的校内学习和企业工作交替进行的方式完成学业,即入学后先用一年时间在校内集中完成学位课程的学习,然后花 0.5 ~ 1 年时间到企业工作并着手博士论文的选题,之后回到学校用 0.5 ~ 1 年时间对博士论文选题进行文献分析、通过博士论文开题并完成论文的前期研究工作,而后再回到企业工作一年左右时间完成博士论文的研究,这样学生可以用 3 ~ 4 年的时间,其中校内学习和企业工作时间各半,来完成卓越工程师博士层次的培养。

学工交替的合作模式有两方面的问题要予以注意。一是学生在企业工作期间双重身份的管理,作为企业员工,学生必须接受企业与其他员工一样的管理,但其学生身份使得高校要对其在企业工作期间发生的问题承担责任,因此高校、企业和学生本人三方需要签立具有法律效力的协议,就学生在企业工作期间的责任和义务予以明确界定;二是学工交替的性质使得企业往往只能将学生安排在灵活的岗位上工作,以至于学生在返回学校学习期间,企业的正常运行不受太大的影响,这样的工作安排要求将会给目前强调岗位绩效和团队合作的企业增加一定的难度,从而影响企业接受这种校企合作教育模式。

## 12.3.7  多专业联合的合作模式

多专业联合的合作模式指的是高校组织和安排一个以上的"卓越计划"参与专业的学生同时到企业一道进行校企合作教育模式的实践教育。显然,这种合作模式的主要目的是为了提高校企合作教育的效率,将学生人数不足以单独组织到企业学习的若干个专业的学生联合,一道实施企业培养方案某个阶段的实践教育计划。

多专业联合的合作模式中的专业联合有两种方式:一种是相近或相关专业的联合;另一种是互补性专业的联合。究竟采取何种专业联合方式主要取决于学生将参与的企业实践活动的具体条件和要求。对于能够一次性接纳较多学生的企业实践活动,联合的专业必须是相关或相近专业,这样才具有一道开展企业学习的可能性;同时,联合的时机必须是实施企业培养方案的前期阶段,这样才能找到基本一致的实践教育内容。对于需要不同专业学生开展合作的企业实践活动,联合的专业必须是互补性的,这样不同专业的学生才能一道通力合作共同开展企业实践活动;同时,联合的时机往往是实施企业培养方案的后期阶段,这样不同专业的学生在前期阶段掌握的基本工程能力能够更好地支持不同专业间的合作。

从学生人数的角度考虑,这种合作教育模式更适合研究生层次的卓越工程师培养。例如,对于同一工程学科相近专业的博士层次的研究生,由于每个专业的学生数量有限,因此若干个相近专业的学生可以组织起来,一起到合作企业同时参加某项较为基础的实践活动。又如,如果要安排研究生参与企业的某项大型工程项目的研发和设计,那么高校可以根据该项目的需要,将不同工程学科专业或同一工程学科不同专业的博士生、硕士生,甚至本科生组织起来,一起到企业在合作的基础上发挥各自的作用,共同完成该项目的研发和设计任务。

## 12.3.8　课程置换的合作模式

作为大学生职业能力训练和培养的一种方式,一些职业技能培训或认证机构往往通过开设专门的实践性课程,培训和开发大学生专项职业技能。如通过专业职业技能培训,土木工程专业可以获得建筑工程师、结构工程师、建造工程师、监理工程师、造价工程师、安全工程师、房地产估价师、咨询工程师等职业技能证书。因此,除了以上七种校企合作教育模式外,高校可以适当考虑将本科层次专业培养方案中的某些实践性课程或教学环节与校外专业培训机构的职业技能课程进行置换作为一种新的合作模式。

课程置换的合作模式能否采用的核心在于职业技能培训或认证机构的培训资质和条件。高校应该考虑那些有培训资质、师资力量强、实训条件专业、信誉好,并且得到国家工业与信息化部、行业协会或国际专业组织认可或推荐的职业技能培养或认证机构,通过认真的选择和论证后再与其进行合作。对于用于置换的课程,一方面要符合卓越工程师培养的需要,能够替代"卓越计划"专业培养方案中的某门实践性课程,另一方面高校要尽可能与这些机构共同设计课程内容,并提出明确的标准要求,甚至与这些机构一道联合对学生的职业技能进行认证培养,只有这样高校才能认可学生在这些认证机构通过培训获得的职业技能证书,以置换和替代学生原本必须在校内或企业完成的某项实践环节,达到课程与学分的置换。

课程置换的合作模式是利用社会资源合作办学的一种新的方式,不可能在大范围上解决"卓越计划"参与高校在实践教育上的问题,往往只能适合本科层次卓越工程培养的某些实践性环节。这是因为,要考虑经营效益的这些职业技能培训或认证机构,必须将服务对象放在量大面广的本科与高职层次的大学生身上。鉴于此,高校要尤其注意避免与那些只顾收费、随意发证、不重质量的机构进行合作。然而,不容忽视的是,获得具有权威性的认证机构颁发的职业技能证书对于提高毕业生的就业竞争力具有十分积极的作用。

校企合作教育模式的采用一方面要满足卓越工程师培养目标的需要,另一方面要充分考虑合作企业的具体实际,只有这样才能使得所选用的合作教育模式既有效又可行。高校在采用以上各种校企合作教育模式时要认真分析和比较每种模式的特点、主要优势和不足以及适应面,以使所采用的合作教育模式能够在卓越工程师培养上充分发挥作用。必须指出的是,各种校企合作教育模式之间不是相互排斥而是相互包容的,也就是说,各种校企合作模式可以综合运用,或者以一种合作模式为主,配之以其他合作模式,从而更有效地完成卓越工程师的实践教育任务。如高校可以将顶岗实习和基于项目的两种校企合作教育模式相结合,更为灵活和有效地实施企业培养方案;也可以订单式的合作教育模式为主,辅以课程置换的合作模式,以使定向培养的学生掌握更扎实的职业技能。

## 12.4　校企全程合作培养卓越工程师机制的建立

在合作进行人才培养上,目前高校与企业各自均存在不同程度的问题。从企业的角度看,存在着相当一部分企业缺乏参与高校人才培养的积极性。主要原因有三。一是企业自身对高层次人才的需求不足;二是缺乏国家政策法规的激励和支持;三是缺少行业组织的监督和引导。从高校的角度看,在与企业开展全方位、深层次和可持续的人才培养合作上还存在两方面主要问题:一是学校政策和管理制度的不配套;二是缺乏充足的经费来源和保障。站在高校的角度讨论校企全程合作联合培养卓越工程师机制的建立问题,就必须以充分调动企业参与合作的积极性为主线,以建立持久稳定的校企合作机制为目的,分析和研究一系列相关的问题。

在市场经济的环境下,校企合作双方的利益是维系校企合作的纽带和驱动合作深入的动力,要建立校企全程合作联合培养卓越工程师的机制,首先要从分析校企双方的合作动机或利益需求着手,在此基础上提出校企合作的根本原则,随后分别就校企合作的组织保障、制度保证、政策激励、经费保障、校外实践教育基地建设、校内企业研发基地建设、面向企业的校企合作以及校企合作的运行管理等方面进行讨论。

### 12.4.1　校企合作双方的动机分析

高校与企业在人才培养上进行合作的主要目的在于提高卓越工程师培养质量和拓展与企业的合作领域,从而赢得更大的社会影响力。具体表现在以下几个方面。一是企业的直接参与将促进本校工程教育教学改革、进一步完善"卓越计划"专业培养方案;二是获得企业充足的实践教育资源,对卓越工程师的工程素养、实践能力、创新能力和综合素质的培养至关重要;三是为工科教师积累工程实践经验、提升工程能力提供了重要的场所;四是拓宽了学生就业面和高校与社会沟通的渠道;五是促进高校与企业在科研等其他方面的全面合作。

以人才培养上的合作作为切入点,企业可以在更大范围内与高校展开合作,形成长远的战略伙伴关系,形成自身的竞争优势。校企合作能让企业在以下几个方面受益。一是获得满足企业需要的工程科技人才,尤其是通过订单式的合作模式,得到为自身量身打造的人才;二是利用高校的教育资源,对企业员工进行岗位培训和继续教育;三是借助高校的智力和科技资源,解决企业生产、研发、创新、技术和管理等方面的问题;四是享受国家与各级政府在校企合作方面相关的优惠政策,如税费减免等;五是有利于树立良好的社会形象及提高知名度。

### 12.4.2　校企合作的根本原则:优势互补、互惠共赢

校企合作是校企双方以各自的发展和需要为导向,借助对方的条件和资源优势,在平等互惠的基础上开展的合作,因此,优势互补、互惠共赢应该作为双方进行合作的根本原则。

校企合作的根本原则要求双方在合作过程中既要基于自身发展的需要,又要着眼于对方的发展需要,在满足自身要求的同时,要努力满足对方的要求,只有这样,才能使得校企合作能够持续、稳定和健康地发展,最终达到校企共赢的良好局面。

为了实现优势互补、互惠共赢的合作原则,校企双方需要在组织机构、政策制度、经费保障、运行管理等诸多方面进行机制建设。以下从校企全程合作联合培养卓越工程师的角度,分别讨论各个方面的建设问题。

### 12.4.3　校企合作的组织保障：校企合作委员会

为了使校企全程合作联合培养卓越工程师能够顺利进行,首先要建立专门的组织机构,如校企合作委员会,总体指导、协调和管理高校与企业在卓越工程师培养上的全方位、全过程的合作。

校企合作委员会应由高校和企业双方相关人员组成。委员会主任由校企双方主要负责人共同担任,高校方面的参与人员包括校内相关部处,如学校办公室、教务处、研究生院、学生处、科技处,以及"卓越计划"参与专业所在院系负责人,企业方面的参与人员包括企业相关部门,如总经理办公室、人力资源部门、工程实践教育基地、生产管理部门、职工教育部门等单位的负责人。

校企合作委员会的主要职责是:制定卓越工程师培养目标、校企全面合作计划以及年度实施方案,明确双方的责任和义务,研究并制定相关的政策和制度,包括经费投入、激励措施、管理制度和质量监控等方面,负责与政府和社会的沟通和联系,争取政府和社会的政策支持和经费投入,全面指导校企合作并协调解决合作过程中出现的各种问题。

在校企合作委员会下设置办公室,负责处理具体的日常事务和与校内外相关部门的沟通和协调,包括起草校企合作协议,如共建校外实践教育基地的协议,提出校企合作的政策和制度建议等,并定期向校企合作委员会汇报校企合作工作的进展情况及需要研究解决的问题。

在校企合作委员会的指导下,教务处和研究生院要组织"卓越计划"相关院系教授分别与企业专家共同组成各个专业卓越工程师培养指导委员会,如土木工程专业卓越工程师培养指导委员会,各专业指导委员会共同制定本专业卓越工程师培养标准以及"卓越计划"专业培养方案,尤其是企业培养方案,共同建设课程体系和教学内容,共同实施培养过程,共同培养卓越工程师培养质量。科技处则与相关院系一道与企业就项目合作、技术支持、咨询服务等方面组织落实校企全面合作计划并执行年度实施方案,积极配合卓越工程师培养的各项工作。

校企合作委员会、校企合作委员会办公室以及由校企教授专家组成的各个专业卓越工程师培养指导委员会等组织机构共同形成了校企全程合作的组织保障。

### 12.4.4　校企合作的制度保证

高校应该将校企合作落实到学校履行的人才培养、科学研究和社会服务的三大职能中,建立相应的校企合作方面的制度,以使校内各职能部门、教学院系、研究机构/中心、教师与学生在合理的制度环境下,各施其责、相互配合、努力工作,保证校企合作工作的顺利开展。

高校学校层面建立的校企合作方面的制度应该包括学校的目标和规划、校领导明确分工、组织机构设置、经费预算与管理、各个职能部处的工作责任、教学院系的任务与要求以及对院系部处的任期目标和年度考核等方面。

教务处和研究生院要探索适应卓越工程师培养的教学管理模式,建立满足校企合作需要的教学管理制度,如制定:校外实践教育基地建设和管理办法,学生企业学习阶段的管理办法,学生企业学习成绩的评定办法,学生企业学习阶段的安全保密教育条例,专兼职教师的工作分工和责任要求,毕业设计/学位论文选题规定等。

科技处或科研院要建立支持与企业合作科研和开展社会服务方面的制度,如制定:校内研究机构/中心开展与企业合作的规定和要求,教师与企业合作开展项目研究的管理办法,教师科研成果转化的管理办法,教师面向企业开展咨询服务的规定。

在教师方面要建立的制度包括[9]:①专职教师到企业顶岗挂职的制度;②专职教师的评聘、任期和年度考核标准;③兼职教师的聘任和管理办法;④开设"工程型"教师职务系列。

在学生方面要建立的制度包括:①学生到企业学习和实践的规定;②获得学位必须具有的实践学分要求等。

教学院系在学校建立的校企合作制度的框架下,组织教师和学生开展人才培养、科学研究和社会服务的工作,在学校职能部门的配合与协调下,具体落实学校的各项规章制度,按照学校规划分解任务开展校企合作,努力实现学校制定的校企合作目标。

### 12.4.5　校企合作的政策激励

配合校企合作的规章制度,高校在校企合作方面要制定针对性的政策,以激励学校职能部门、教学院系、研究机构/中心、教师和学生积极、主动地投入校企合作的各项活动中。

高校学校层面制定的激励政策主要应该包括以下几个方面：

（1）鼓励和支持教学院系和校内研究机构/中心与行业企业建立长期稳定的校企合作关系并与企业深入开展全方位的合作的政策，如支持成立校企研发基地、平台或中心，给予校企合作专门的人员编制等。

（2）鼓励学校职能部门积极主动地支持、协调和服务教学院系和校内研究机构/中心开展校企合作的政策，如为校内单位提供信息、牵线搭桥，组织跨院系与校企合作，向企业推介科研成果等。

（3）激励教师开展产学研活动、重视面向企业和社会服务，从而提高工程能力的政策[9]，如创造各种与国内外各种企业合作的机会、提供基本的启动经费、配套必要的研究经费、减免科研管理费等。

（4）与学校对院系部处和教师的考核标准相对应的绩效奖励，重点对在校企合作中做出突出成绩的院系部处和教师予以奖励，包括集体荣誉、绩效工资、奖金、评先、提供难得的发展机会等。

## 12.4.6　校企合作的经费保障

高校应该通过各种可能的渠道，包括预算内拨款和预算外筹集和募集经费，设立校企合作的专项资金，以支持和保证校企合作活动的起步和持续发展。校企合作经费主要用于三个方面的工作：

（1）卓越工程师培养。"卓越计划"要求参与高校多渠道筹措经费，加大对参与专业的经费投入，包括校企联合培养、实践教育体系构建、教师培训、学生实训实习补贴、学生在企业学习期间的保险等多方面的经费需求。

（2）校企合作基地/平台建设。虽然在校外实践教育基地或工程实践教育中心、校企合作研发平台等的建设会得到企业的经费支持，但仍然需要高校有必要的经费参与这些合作基地或平台的共建，并更好地开展尤其是卓越工程师培养方面的工作。

（3）校企合作活动的前期准备和启动。本着优势互补、互惠共赢的原则，高校在将与企业合作的各种活动中不仅要有吸引企业合作的优势，还要有资源的整合和成果的包装等方面的准备，因而需要有基本的经费支持用于前期准备和启动，以推动和促进校企合作活动的开始。

### 12.4.7 高校校外实践教育基地的建设

合作基地是校企开展合作的重要平台,需要得到高校和企业双方的高度重视,运用各自的条件和资源优势,共同建设,充分发挥它们在卓越工程师培养上的重要作用。两个最基本的合作基地分别是高校校外实践教育基地和校内企业研发基地。

校外实践教育基地,也可称为工程实践教育中心,是建在企业的以实践教育为主要目的的高校校外基地,是高校与企业密切合作开展工程人才培养的综合平台,在卓越工程师培养上具有十分重要的作用。该基地日常运行由企业负责,主要任务详见本书第11章"构建卓越工程师培养的工程实践教育体系"第5节"校外工程实践教育中心的建设"的第2部分,即"11.5.2 工程实践教育中心的主要任务"。

### 12.4.8 校内企业研发基地/平台的建设

校内企业研发基地/平台,是建在高校的以研发企业重大项目为主的企业研发基地,是企业与高校紧密合作开展企业重大项目研究与开发的综合平台,在研究生层次卓越工程师培养上应该发挥重要的作用。该基地日常管理由高校负责,主要承担企业委托的新产品的设计开发、新技术和新工艺的研究开发,以及企业生产、管理和经营中重大课题的研究,按照项目的难易程度,以高水平的专家为核心,由高校教师、企业工程师和研究生构成研究团队,开展项目研究,在卓越工程师培养上的作用主要有:

(1) 校内导师的安排和企业导师的聘请。安排担任基地项目研发任务的高校具有高级专业技术职务的教师担任研究生的专职教师,聘请在基地与高校教师合作开展研发工作的企业具有丰富工程经历和突出工程能力的高级工程师担任研究生的兼职教师,形成卓越工程师培养的双导师。

(2) 安排研究生参与基地项目的研究。按照"卓越计划"专业培养方案的要求,安排研究生参与基地项目的研究,承担具体的研究任务,提出明确的研究目标,在双导师的联合指导下,培养和提高分析和解决复杂工程问题的能力,在与他人的合作中培养团队合作能力。

(3) 指导研究生学位论文。结合研究生参与的基地项目,双导师与研究生一道确定研究生学位论文的选题、研究内容和研究计划,全过程指导研究生论文选题的研究,突出工程创新能力的培养,按照学位论文的要求进行具体指导。

（4）参与研究生论文答辩。双导师列席或作为答辩委员会成员参加研究生学位论文答辩,按照相应层次卓越工程师培养的要求把握研究生在知识、能力和素质方面达到的情况,评价学位论文的水平和质量,为研究生进一步的研究和发展提出建议,总结研究生学位论文指导的经验和不足。

## 12.4.9　面向企业的校企合作

按照优势互补、互惠共赢的原则,高校在与企业全程合作联合培养卓越工程师的同时,要重视利用自身的智力和优势,根据企业的实际需要,开展面向企业的校企合作,为企业的发展提供力所能及的支持,使企业从中切身感受到校企合作的重要意义,认识到高校是与自己相互依赖的"利益共同体",从而将校企合作作为自己的主观需要和自觉行动,希望从战略的角度与高校建立起长期稳定、互惠共赢的合作伙伴关系。

高校可能与企业合作和提供的服务和支持大致有以下三个方面:

（1）专门为企业培养各种层次和类型的人才、为企业员工提供教育教学服务。高校可以根据自己的学科专业设置情况,采取包括订单式等灵活的培养方式,为企业"量身打造"包括"卓越计划"参与专业在内的、符合企业需要的不同层次和类型的、各种可能学科专业的专门人才。同时也能够根据企业的发展需要,为企业员工的学历教育、继续教育和脱产学习提供各种可能的形式和类型的教育和教学服务。

（2）合作开展技术攻关、项目研究和成果转化。参与企业产业升级、设备改造和技术革新,共同研究企业发展中面临的工程技术与经营管理问题,促进高校科研成果向企业产品和生产技术的转化,提升企业的技术创新能力和竞争优势。

（3）提供技术支持、咨询服务和发明专利。及时提供企业所需的各种技术服务,解决企业在生产、管理和经营等方面遇到的各种问题,培训相关的技术、管理和经营人员,促进企业产品改造和升级换代,保持和提高企业的市场竞争力。

面向企业的校企合作也使高校同时受益。高校在与企业开展上述合作和提供服务的过程中,不仅为学生提供了运用所学知识解决工程实际问题的机会,提高了高校教师解决和处理各种工程问题的能力并丰富了他们的工程经历,而且在一定程度上履行了人才培养、科学研究和社会服务的三大职能。

## 12.4.10　校企合作的运行管理

将以上各方面的工作落实到校企合作联合培养卓越工程师的整个过程,即形成了校企合作的运行管理。为了适应卓越工程师培养这种新的工程人才培养模式,校企合作运行管理机制需要相应的创新,大体从以下几个方面进行:

(1) 建立校企合作活动目标责任制。对于校企在卓越工程师培养的整个合作过程中有着明确目标或任务的各种活动,如一批学生到企业为期四周的顶岗实习、一个项目的合作研究等,需要建立由专人对整个活动进行负责的制度,明确负责人的目标任务,给予负责人相应的资源,设立规范的考核评价指标和程序,以确保该项活动圆满完成、达到预期目标。

(2) 建立卓越工程师培养绩效管理系统。将整个卓越工程师培养过程,尤其是企业培养方案,按照实施进度分为若干个有分目标的阶段,每个阶段设立一个阶段绩效管理系统,均由计划绩效、实施绩效、评价绩效、反馈绩效和改进绩效五个环节构成[10]。各个阶段绩效管理系统的运行是将该阶段的分目标作为计划绩效环节的目标,而后顺序循环经过其他各个环节,经过反复多次循环过程,逐步接近并最终实现该阶段的绩效目标。

(3) 建立校企合作的信息共享和多层次沟通渠道。为了保证校企合作的顺利进行,需要建立起以合作部门为主的高校与企业之间的信息共享和多层次沟通交流渠道,一方面使校企双方相关层面能够及时地共享校企合作的最新信息;另一方面能够使校企双方合作部门及时地了解活动的进程、分析当前的状况、解决可能出现的问题,以更好地推进下一步的工作;同时还能不断地了解行业企业对工程人才的新的需求和变化,以及时地修订和完善"卓越计划"专业培养方案。

(4) 建立校企合作过程中突发事件防范和处理机制。与在校内学习有学生管理系统和学校规章制度的规范和约束不同的是,灵活多样的校企合作模式将使得企业学习阶段学生管理的复杂性和随机性大大增强,因此,包括学生安全在内的各种突发事件的发生率会随之加大,需要学校与企业一道共同建立突发事件有效防范和快速处理机制,以确保校企合作过程安全、顺利地进行。

(5) 建立校企双方利益共享和风险分担机制。要建立保证校企合作取得的成果双方能够共享、校企合作出现的风险双方共同承担的机制,如通过高校、企业和学生三方协议,允许企业优先聘用优秀毕业生;通过相关政策,使企业可以免除非企业因素造成的学生安全事故的责任等。

## 12.5　校企全程合作教育需要的政策法规支持

按照优势互补、互惠共赢的原则开展校企合作,能够充分地调动企业的积极性,然而,仅依靠高校的主动性和企业的积极性来开展校企合作教育是远远不够的,需要营造鼓励和支持校企合作的外部宏观环境,建立鼓励、支持、激励和保障校企合作教育的法律、法规和政策体系。这就要充分发挥国家和政府在校企合作教育中的引导作用,通过国家立法和各级政府制定出台的政策法规,要求各级政府和企业支持校企合作教育,激励企业、高校和学生积极主动地参与合作教育之中。具体而言,支持校企合作教育的政策法规主要包括:国家立法、政府支持、企业责任、对企业的激励、对高校的激励、对学生的鼓励等几方面。

### 12.5.1　校企合作的国家立法和国家政策

国家要通过制定相关法律法规,如制定《校企合作教育法》或《产学合作教育促进条例》,明确产学合作教育在人才培养中的重要地位,将开展产学合作教育纳入法制的轨道,明确政府、高校、企业和学生各方在开展合作教育中的责任、权力和利益,保护各方在校企合作教育中的合法权益,为校企合作教育提供法律基础。

在明确各方在校企合作中的责任权利之后,国家相关各部委,如国家发展和改革委员会、工业和信息化部、财政部、国家税务总局、国有资产监督管理委员会、人力资源和社会保障部、教育部、国家安全生产监督管理总局、中国保险监督管理委员会等部委,在国务院的统一部署和协调下,应该开展校企合作教育相关政策问题的研究,联合或分别制定国家层面的鼓励和支持校企合作教育的政策条文和法规文件。

### 12.5.2　校企合作的政府支持

在法律的框架基础上,各级政府应该多方面支持校企合作教育,可以从以下几个方面入手:

第一,应该将校企合作作为各级政府的一项本职工作和本地区教育发展的一项战略性任务。

第二,要从现有的教育经费中提取适当的比例,或政府单独拨款,辅以多渠道筹集资金,设立国家和各级政府校企合作教育专项发展基金,专门用于高校校外实践教育基地、实验设备、师资队伍的建设。

第三,国家可以规定地方各级政府在年度财政预算中有一定的比例经费用于校企合作教育专项。

第四,通过政府积极引导和有效运作,帮助高校与行业企业建立长期稳定的合作关系。

第五,各级政府可以委托本级政府的教育行政主管部门,成立地区性的校企合作教育指导委员会,统一指导、推进和协调本地区的校企合作教育工作。

第六,建立区域性的校企合作信息交流沟通平台和网络渠道,及时地为高校和企业开展合作教育提供准确的信息。

第七,加强对校企合作教育的指导,制定校企合作教育质量的评价标准,以保证校企合作教育的质量。

### 12.5.3 校企合作的企业要求

在法律的框架基础上,国家和各级政府应该出台要求企业参与合作教育的政策和规定,将参与合作教育活动作为企业应该履行的一种义务和社会责任。如国家可以规定企业必须拿出税后收入的一定百分比用于包括合作教育在内的教育培训中;又如将参与合作教育作为达到一定经营规模的企业必须承担的社会责任,并将是否参与和多大程度参与合作教育作为对这类国有企业负责人的一项考核要求;再如要求参与合作教育的企业有一定比例的高级工程师和管理人员参与校企合作,为他们担任兼职教师创造基本条件,并对他们的兼职工作提出要求。

### 12.5.4 鼓励企业参与校企合作的政策

在法律的框架基础上,国家和各级政府要制定针对企业的政策和措施,以激励和支持行业企业积极参与合作教育活动。建议从以下几个方面制定优惠政策:

(1)制定企业参与合作教育活动的优惠政策,如制定并出台企业参与合作教育的税收优惠政策和相关实施细则,鼓励企业全程参与卓越工程师培养的教育工作。

(2)制定企业参与合作教育活动的补偿政策,如制定按照接受学生来企业学习的人数和时长以及企业所花的费用从企业所得税中予以补偿的政策。

(3)制定鼓励企业捐助合作教育活动的政策,如允许企业将捐助给合作教育的捐助款的一定比例,如 30%～50%,用于抵扣企业所得税,以提高企业向合作教育捐赠的积极性。

(4)研究和制定学生在企业学习期间实习安全责任事故的处理政策,如在企业已尽安全教育等相关责任情况下,对学生个人或教师原因造成的安全事故,免除或减免企业的责任。

教育部在国家的法律和政策下,可以在其职责和职能范围内制定和出台鼓励企业参与合作教育的更为具体的激励政策。除了支持"卓越计划"参与企业的工程师的继续教育的一系列政策以及合作企业可以享有优先聘用优先毕业生的政策[9]外,还应该有鼓励高校与合作企业开展全方位合作的政策,包括:支持高校参与合作企业发展战略层面的人力资源开发规划和实施;支持高校与企业开展有利于研究生层次卓越工程师培养的工程项目研究和协同攻关;支持高校为合作企业提供技术、咨询等方面的服务;鼓励企业工程师担任高校兼职教师并承担学生培养任务。

## 12.5.5 鼓励高校开展校企合作的政策

在法律的框架基础上,国家和各级政府要制定针对高校的政策和措施,以鼓励和支持高校主动与企业开展合作教育活动。建议从以下几个方面制定政策激励政策:

(1)制定支持高校开展与企业合作教育的拨款政策,如根据高校上一年度合作教育的实施情况,按照合作教育的要求和核算规则,拨付专门的补充经费,经费数额可以覆盖超出以往未开展合作教育的费用。

(2)建立校企合作人才培养的成本分担机制,就学生在企业学习期间的安全事故赔偿、实习保险、生活补助以及兼职教师报酬等问题制定合理的政策,通过财政对每个学生的补贴或允许高校多渠道筹措资金,减少高校在开展合作教育上的经费压力。

(3)设立校企合作的专门性或综合性项目,通过财政对这些项目的经费投入,以及高校和企业的联合申请,引导和鼓励高校积极开展与企业的深层次、全过程的人才培养合作。

(4)选择在行业中规模较大、技术水平先进、经营管理规范、影响力较大、校企合作方面具有良好基础且领导重视的企业,建设高校校外实践教育基地,吸引校企以基地为平台开展合作教育。

教育部在国家的法律和政策下,可以在其职责和职能范围内制定和出台支持高校与企业开展合作教育的更为具体的支持政策,包括:增加参与校企合作的专业学生的招收名额和扩大招生自主权;设立高校专职青年教师到国外500强企业研修的基金或专项经费;制定高校工程学科专业教师聘任与考核的指导意见,强调工科教师投入实践教育和参与校企合作教育活动。

## 12.5.6 鼓励学生参与校企合作的政策和措施

在国家法律和政府各项政策的基础上,高校要加强对学生参与校企合作教育意义和重要性的宣传和教育,制定鼓励和吸引学生参与校企合作教育的政策和规定。建议重点考虑以下几方面:

(1)高校设立校企合作教育奖励计划,对在校企合作教育期间取得突出成绩的学生予以奖学金、助学金或优先获得到境外学习交流的机会。

(2)由校企双方联合颁发注明在企业学习科目和时间长短的证书,以利于学生求职就业,调动学生主动参与校企合作教育的积极性。

(3)支持和鼓励合作企业为参与合作教育的一些学生发放生活补贴或基本工资,以鼓励学生在企业学习期间尽快提高工程实践能力,在实习岗位上发挥作用。

(4)要防止少数企业未按合作教育协议进行实践教育,忽视学生实习安全,将学生作为廉价劳动力,侵犯学生的合法权益的行为。

总之,通过国家立法、各级政府制定政策和法规以及与之配套的可操作的实施细则,建立起系统完整的我国校企合作教育的法律、法规和政策体系,从而形成促进和保证我国高等学校与行业企业合作开展教育的长效机制,为我国高层次、综合性、应用型人才培养,包括卓越工程师的培养,营造可持续发展的良好宏观环境。

# 参 考 文 献

［1］　林健. "卓越工程师教育培养计划"通用标准研制. 高等工程教育研究,2010 年第 4 期.

［2］　林健. "卓越工程师教育培养计划"专业培养方案研究. 清华大学教育研究,2011 年第 2 期.

［3］　林健. "卓越工程师教育培养计划"专业培养方案再研究. 高等工程教育研究,2011 年第 4 期.

［4］　教育部关于实施卓越工程师教育培养计划的若干意见. 教高［2011］1 号.

［5］　林健. 面向"卓越工程师"培养的课程体系和教学内容改革. 高等工程教育研究,2011 年第 5 期.

［6］　林健. 胜任卓越工程师培养的工科教师队伍建设. 高等工程教育研究,2012 年第 1 期.

［7］　林健. 面向卓越工程师培养的研究性学习. 高等工程教育研究,2011 年第 6 期.

［8］　林健. "卓越工程师教育培养计划"学校工作方案研究. 高等工程教育研究,2010 年第 5 期.

［9］　林健. 胜任卓越工程师培养的工科教师队伍建设. 高等工程教育研究,2012 年第 1 期.

［10］　林健. 大学薪酬管理——从实践到理论. 北京:清华大学出版社,2010.

# 第**13**章　面向世界培养卓越工程师

【本章摘要】　面向世界培养卓越工程师是"卓越计划"的一项重要历史使命,需要所有参与高校的重视和实施。本章试图系统地讨论和研究面向世界培养卓越工程师这一重要专题,包括这项使命的重要性,卓越工程师培养定位,构建国际化的课程体系,采取国际化的教学方式,改革外语教学,建立国际化的教师队伍,实施多模式国际合作办学,开展国际化产学研合作教育,开展广泛的国际交流,营造国际化的学习环境,国际化中的民族性和本校特色共11个方面,以期为"卓越计划"参与高校开展面向世界培养卓越工程师的工作提供建议和参考。

## 13.1　从战略的高度认识面向世界培养卓越工程师的重要性

"卓越计划"旨在面向工业界、面向世界、面向未来培养造就一大批高素质的卓越工程师后备人才(以下简称"卓越工程师")。在这三个"面向"中,"卓越计划"参与高校在培养卓越工程师过程中容易忽视的是"面向世界"这一目标定位,甚至一些地方院校可能认为,面向世界培养卓越工程师是研究型大学或中央部门高校的事,自己学校的任务是为本地区培养卓越工程师。事实上,面向世界培养卓越工程师是"卓越计划"的一项重要历史使命,所有参与高校均要予以高度重视并具体实施。首先,要从战略的高度认识面向世界培养卓越工程师的重要性,主要体现在以下三个方面。

### 13.1.1　经济全球化的要求

当今世界,生产活动的国际分工与合作、生产资料和要素的全球性配置、跨国公司经营活动的全球化、国际间贸易的广泛与深入、资金流向的无国界、科学技术的国际交流与合作、信息资源的全球共享等,促进了经济的全球化。而经济全球化进程得以推进的关键在于生产要素中劳动力的全球化,这就导致人才的国际化,因此,人才的国际化就成为经济全球化的核心和客观要求。

在经济全球化背景下,一个国家要想在全球化的经济活动中占主导或支配地位,要想发展和壮大自己的民族工业和支柱产业,使本国经济在全球化环境下得以迅速的发展,就需要拥有足够数量的国际化人才。因此,国际化人才成为制约各国经济发展的重要因素。这也是为什么发达国家把培养精通世界经济贸易、擅长跨国企业管理、掌握先进科学技术、兼备技术和管理能力的复合型人才作为国家发展战略。因此,人才的国际化也是在经济全球化环境下推动各国经济发展的根本保证。

经济全球化也改变了市场的地区属性。由于各种生产和经济活动的无国界,以往所谓的某一国家或地区的市场,从广义的角度说,已经不再属于那个国家或地区了,而是属于国际市场的一部分。因此,在经济全球化的背景下,不论是国外市场还是中国市场都应该看作是国际市场,而且从经济发展规模、速度和前景看,中国市场还是国际市场的重要组成部分,受到国际社会的普遍关注。

### 13.1.2 国家"走出去"战略的需要

随着中国经济的发展,越来越多的中国企业走出国门,或者在海外投资设厂、建立分支机构,或者承接国际大型工程项目,或者与境外企业开展合作,积极开拓海外市场,为中国经济全方位、多元化发展带来更大的空间和舞台,对中国企业提高国家竞争力和中国经济持续健康的发展具有十分重要的意义。然而,研究表明,影响中国企业实施"走出去"战略的最大障碍不是资金的短缺,而是所能够拥有的国际化人才,尤其是优秀工程技术人才。也就是说,缺乏国际化人才,包括不同类型、不同层次的卓越人才是中国企业开展海外业务的最大障碍。

### 13.1.3 高等教育强国的需要

高等教育在国家经济发展和社会进步中担负着重要职责,实现民族复兴和国家强盛需要高等教育为国家培养一大批高素质的人才、提供丰富的科技成果、开展全方位的社会服务以及实现民族文化的传承和创新。历史和现实表明,在经济全球化的背景下,世界各国都把高素质人才作为提升本国国际竞争力的战略资源。在高等教育所担负的各项强国使命中,核心是高素质人才的培养,尤其是具有竞争力的国际化人才的培养,从而实现我国由人力资源大国向人力资源强国的战略转变,为创新型国家战略的实现和提升我国的核心竞争力和综合国力提供坚实的基础。

历次国际金融危机的本质说明,实体经济始终是全球经济的主体,作为实体经济发展的重要驱动者,卓越工程师应该成为国际化人才的主体,他们不仅要使所生产的产品或建设的项目满足不断变化的多元化的国际市场的需要,而且要使所在企业在产品质量、技术水平、生产能力和服务水准上具备国际竞争力,还要使所在企业在产品创新、技术交流、国际合作、企业管理等方面成为国际性企业。因此,面向世界培养足够数量的具有国际竞争力的卓越工程师应成为经济全球化的客观要求以及国家经济发展的根本保证。

## 13.2 面向世界的卓越工程师培养定位

### 13.2.1 各种层次卓越工程师培养定位

人才培养定位是有效开展人才培养工作的指南,它直接关系到人才培养工作的成败。面向世界培养卓越工程师首先需要有准确和清晰的人才培养定位，从而形成对面向世界培养卓越工程师各项具体的教育教学和培养工作的指导。"卓越计划"通用标准[1]对各种层次卓越工程师培养予以如下定位。

本科层次卓越工程师：主要从事产品的生产、营销、服务或工程项目的施工、运行，维护，能够完全胜任现场或生产一线的各项工作；

硕士层次卓越工程师：主要从事产品或工程项目的设计与开发，具备设计开发出具有国内先进水平并拥有自主知识产权的新产品或新工程项目的能力，设计开发能力在国内具有竞争优势；

博士层次卓越工程师：主要从事复杂产品或大型工程项目的研究、开发以及工程科学的研究，具备创造出具有国际竞争力的专利技术、专有技术、尖端产品或高技术含量的工程项目的能力，研究开发能力在国际上具有竞争优势。

在发展潜力方面，"卓越计划"通用标准要求各种层次的工程师，尤其是硕士层次和博士层次的卓越工程师，应该能够满足未来发展需要，具备适应和引领未来工程技术发展方向的能力。

## 13.2.2  卓越工程师培养国际化的基本要求

在国际化方面，"卓越计划"一方面要求培养熟悉当地国家文化和法律，具有在跨文化环境下的交流与合作能力，以及能够参与国际竞争的国际化工程师；另一方面要求培养出来的卓越工程师在工程学位资格上能够获得国际互认，以满足国际市场的需要。这两方面的要求具体体现在"卓越计划"通用标准对各种层次工程师在相关知识、能力和素质的明确规定。"卓越计划"通用标准[1]对不同层次卓越工程师在国际化培养上的基本要求如下。

本科层次卓越工程师："具有一定的国际视野和跨文化环境下的交流、竞争和合作的初步能力"；

硕士层次卓越工程师："具有国际视野和跨文化环境下的交流、竞争和合作的基本能力"；

博士层次卓越工程师："具有宽阔的国际视野和跨文化环境下的交流、竞争和合作的能力"。

卓越工程师具有国际视野的前提是要了解各国文化和通晓国际规则。了解各国文化指的是通过努力学习和各种交流活动，广泛涉猎并客观公正地认识、理解、熟悉和尊重世界各国、各地区、各民族的历史、文化、艺术、传统和风俗等，并能够批判地吸收和借鉴当今各国的先进文化。在这里，了解各国文化是与不同国家的人共处的基础。通晓国际规则指的是具备国际性知识，知晓国际通用规则、规范和惯例，了解其他国家的法律法规，熟悉国际事务，掌握必要的国际金融知识等。通过了解各国文化和通晓国际规则，开阔和丰富了卓越工程师的眼界，为其具备国际视野打下基础。卓越工程师具有国际视野主要包括三层内涵。一是具有关注全球的思维意识，能够以开放的心态主动地去关注、了解和认识世界；二是具有广阔的国际视野，能够从全人类的角度处理和解决工程与人类和自然的问题；三是具有深刻的国际眼光，能够以平和的心态看待、认识和分析错综复杂的国际发展形势，洞悉世界风云变幻的实质。

卓越工程师的"跨文化环境"指的是在不同国家和区，与具有不同宗教信仰、不同民族和国籍，不同语言和文化，甚至不同经历和背景的各种类型人员一道交往，共同工作和生活的环境。在这样的环境下，卓越工程师必须具备能够与他人交流、竞争和合作的能力，即要善于交流沟通、具备竞争优势和能够团队合作。善于交流沟通首先需要具有语言表达能力，这就要求掌握合适的国际语言来表达自己的思想观念、工作思路和认识情感；其次需要具有理解包容能力，要求能够准确地理解对方的意图，设身处地地接受和包容对方的意见；最后需要掌握进行交流沟通的技能，要求能够站在对方的角度、采取恰如其分的方式、运用行之有效的方法，取得满意的交流沟通效果。卓越工程师的竞争优势需要通过满足卓越工程师培养标准的要求来达到，除了卓越的专业水平和能力外，还要具有突出的国际社会能力和综合素质，尤其要具有显著的实践能力、创新意识和创新能力。卓越工程师的团队合作能力应该表现在具有大局意识和团队精神，不计个人得失，正确处理好局部与整体、个人与集体的关系，能够与不同国别、经历和背景的同事和睦相处、团结协作，一道克服困难并完成工作任务。

总之，"卓越计划"通用标准对卓越工程师培养国际化方面的基本要求可以进一步统一表述为："了解各国文化、通晓国际规则、具有国际视野，在跨文化环境下善于交流沟通、具备竞争优势、能够团队合作"。虽然不同类型的"卓越计划"参与高校在具体的人才培养定位的表述上会由于各自的服务面向和人才培养目标的差异而有所不同，但以上表述应该作为各个参与高校卓越工程师培养在国际化方面的基本要求。因此，面向世界培养卓越工程师的各项工作的开展，一方面要以前述的"卓越计划"通用标准对各种层次卓越工程师培养的定位为指导，另一方面要具体落实"卓越计划"通用标准对卓越工程师培养国际化的各项基本要求。

## 13.3　构建国际化的课程体系

国际化课程体系是在本国富有特色的教育理念和积淀的课程体系的基础上,吸收国际共同的先进的教育理念和成果,通过人类有效知识和文化的融合,实现学生知识水平和知识结构的先进性和国际性。构建国际化的课程体系是面向世界培养卓越工程师的基础性工作。国际化课程体系的构建就是在面向卓越工程师培养的课程体系[2]的构建中重视和注入满足面向世界的卓越工程师培养定位需要的国际化的课程和教学内容,具体而言,就是从整个模块化课程体系设计开始,到各个课程模块中具体课程的确定,再到每一门课程教学内容的选择[2],都要考虑面向世界培养卓越工程师的需要。也就是说,国际化课程体系的构建可以从国际化课程的设置和国际化教学内容的充实两方面来完成。

### 13.3.1　国际化课程的设置

国际化课程的设置可以有多种形式。一是知识性讲座,集中介绍和讨论其他国家和国际性的问题,如主要国家和地区的历史文化、政治经济和社会发展等问题,使学生了解各国历史文化及其差异;二是专题性报告,专题讨论人类社会普遍关注的环境保护、人口粮食、资源匮乏、金融危机、地区冲突等问题,使学生了解人类社会面临的共同问题,重视未来;三是国际性课程,专门学习和讨论作为国际性工程师需要了解和掌握的国际知识和技能,如国际关系与政治、国际法、国际组织、国际经济与贸易、国际企业管理、国际工程项目管理等课程,使学生通晓国际规则,以利于日后在国际环境下工作;四是研讨性课程,针对国际化的需要开设专题研讨性课程,研究国际经济、世界历史、世界文明,以及世界敏感区域的热门问题或学生关注的问题,如地区研究、非洲文化、中东文化、宗教研究、东西方文化比较等,开拓学生的国际视野;五是前沿性课程,由一系列的学术主题组成,每个主题集中研讨一个与本学科专业领域相关的国际上共同关注的前沿性问题,如环境科学、航天科学、能源科学、宇宙科学、生命科学等,包括国际最新动向和发展趋势,使学生及时了解最新研究成果;六是语言性课程,通过跨学科和跨专业的外语教学或选用能体现学科发展前沿的国外先进的原版教材,使学生在学习外语的过程中,原汁原味地获取其他学科专业或本学科专业的国际性知识及其最新进展;七是实践性课程,将到境内外国际企业实习和顶岗工作或到国外交流实践的学习作为专门的课程要求,开阔学生的视野,提高学生在国际化和跨文化环境下交流和合作的能力。

## 13.3.2 国际化教学内容的充实

国际化教学内容的充实可以分别在现有的通识性课程和专业性课程中进行。通识性课程国际化教学内容的充实的总体要求是:从全球视野下客观公正地取舍和选择教学内容,加大国际知识、比较文化和跨文化内容在整门课程教学内容的比重。具体而言,一方面要重点选择那些对世界历史发展和推动人类文明进程具有重要影响并发挥关键作用的民族文化、历史事件、核心人物和相关知识,另一方面要密切结合当前国际形势和经济社会发展,选择影响和改变世界政治格局、经济形势和文化发展的国际性知识和国外先进的文化。专业性课程国际化教学内容的充实主要从两方面入手。一是把最新的科技成果和学科的发展趋势及时地补充到课程教学内容中,换句话说,就是要及时更新教学内容、淘汰陈旧和过时的知识,以保证教学内容的有效性、先进性和国际性;二是增加与主要教学内容相关的国际知识,介绍不同民族与文化观点或国际上的潮流或趋势,如在产品设计课程中,增加国际当前的潮流和趋势等内容,具体到工业产品设计,还要介绍不同国家和地区在产品功能需求上的差异,而对家庭生活用品设计,还要介绍不同民族和文化所具有的不同审美观和由于生活习性差异而对性能的不同追求等。

课程教材、专著和参考文献的选择也有利于课程教学内容的国际化。本科层次可以通过选择国外出版的再版次数多、众多高校选用并及时更新的教材作为课程教材、课程某些章节的教材或课程的主要参考书;硕士生层次可以指定一些国外教材、经典书籍或权威专著作为课程的参考书,挑选一些国际刊物的论文作为课程学习的参考文献;博士生层次可以指定相当数量的国外权威专著作为课程的参考书,选择一组本学科领域主要国际刊物的论文以及其他发表的文献资料作为课程学习的阅读和参考文献。这样不仅有助于课程教学内容的国际化,而且能够使学生了解和掌握本学科领域国际上的最新成果和发展动向。

此外,在课堂教学中采用发生在国外的案例、国际性问题和国外的工程项目作为研讨对象也是教学内容国际化的一种有效形式。同时,还可将外国留学生作为一种学习资源,使本国学生在与外国留学生一道学习课程的过程中,通过不同民族、文化和教育背景以及不同价值和观念的碰撞和交融,了解和学习他国的政治、经济、文化、历史、风俗等国际性的知识。

国际化的教育教学资源共享也有利于课程和教学内容的国际化。目前,依托迅速发展和普及的信息技术,通过互联网和卫星通信,国际上先进、优质、丰富的教育教学资源,包括具有多媒体视听和多维动画效果的基础性、通识性课程资源等的国际共享,已经由于高等教育国际化市场的迫切需求成为现实。如欧美一些著名大学推出的网络课程和开放课程,又如我国在"十一五"实施的"质量工程"的基础上,在"十二五"期间实施的"本科教学工程"的"国家精品开放课程建设与共享"项目中,将建设 1000 门精品视频公开课程和 5000 门精品资源共享课程。因此,参与高校可以针对性地选择和推荐一些合适的国际共享的数字化课程资源供学生学习、参考和借鉴。

### 13.3.3　国际化课程体系构建要注意的问题

国际化课程体系的构建过程中要注意整个课程体系的系统性和课程之间的连贯性。课程体系的系统性表现在两个方面。一是由各种不同类型和不同形式的课程组成的多个课程模块,不仅各自功能明确,而且相互关联,构成一个独立、完整的课程体系;二是能够动态地根据学科专业发展的需要对课程体系内的课程和教学内容进行调整、更新和充实。课程之间的连贯性表现在课程之间国际知识的呈现是由浅入深、由局部到整体,从而使课程之间构成有利于学生国际视野逐渐开拓的合理的逻辑关系。具备系统性和连贯性的课程体系既能满足面向世界培养卓越工程师的需要,又不至于突破整个专业培养计划对总学时数的限制。

国际化课程体系的构建过程中还要注意避免与欧美大学,尤其是世界一流大学课程体系或课程内容的趋同化。在世界各国高等教育国际化进程中,存在着一些学校从学科建设、专业设置到课程体系构建都向国际著名大学趋同的现象。事实上,近现代以来,我国高等教育先后借鉴和模仿美国、苏联等国的教育模式和体制所带来的负面影响充分说明了为什么要避免课程体系的趋同化。在我国改革开放以来最典型的实例是始于 20 世纪 90 年代的在 MBA(工商管理硕士)培养上的"国际化"现象,当时以我国一些著名大学为代表的一批院校不仅在 MBA 专业设置上,而且在课程安排和教材使用上基本"西化",有些院校甚至在 EMBA 的培养上,全面使用国外著名商学院的原版教材和国外案例,这些也造成了国内一些出版社争相成套影印出版欧美商学院的系列 MBA 教材。课程体系向欧美大学趋同化现象是"顾此失彼"的结果,即"顾"上了"国际化",而"失"去了以下三点。一是忽视了在经济全球化过程中我国国内市场是最主要的国际市场的事实;二是忽略了我国高校人才培养的主要任务是面向国内经济社会发展需要培养人才;三是忽视了教育对象的主体是从小受到中华文化和传统熏陶和接受中国式教育的国内学生,而不是欧美学生。因此,这三点应该在构建国际化课程体系时得到充分的重视和体现。

## 13.4　采用国际化的教学方式

国际化的课程体系需要采用相应的国际化的教学组织形式和教学方法才能达到课程体系构建期望达到的面向世界培养卓越工程师的目标。在我国传统的教学方式中,"教师讲、学生听"仍然是主要形式,学生基本处于被动和从属的地位,他们在主客观上都不会过多地向教师提问或质疑,因此创造性得不到培养。

### 13.4.1　国际化的教学方式及其特点

在国外著名大学所采取的教学方式中,教师是主导但学生是主体,教师以学生为中心设计教学活动,一般采取课堂讲授、班级研讨、小组辩论、案例分析、项目研究等多种形式,鼓励学生各抒己见,在质疑与争辩中寻找问题的答案,将学习与探索、学习与研究相结合,促进学生多种能力的发展。

在选择和采用教学方式上,国际上普遍认可的做法是,教师按照课程教学目标、任务和要求,针对教学对象的整体和个体实际情况,根据教学内容的性质和特点,考虑教学环境、教学条件和可以获得的教学资源,结合教师自身的教学能力和水平,灵活地采用多种有利于学生积极主动、独立自主、相互合作的行之有效的教学组织形式和教学方法。也就是说,国际化的教学方法是由多种功能和效果不同的方式方法构成的教学方法体系,而一门课程教学任务的完成往往需要多种教学方式或几种教学方式的结合。

概括起来,国际化的教学方式应具有以下特点:

一是教师讲授突出要点,重视课堂互动和学生参与。课堂讲授依然是国外著名高校的重要教学方法之一,但教师在讲授时不是照本宣科,而是有选择地对教材的核心内容和教材之外的重要内容进行分析和讲解。教师即使在讲授时都十分关注学生的反应,会根据课堂情况及时调整教学进度。同时教师十分重视在课堂教学中的师生互动和学生主动地参与课堂教学过程,他们会通过课前设计的问题或根据课程情况及时提出问题,引导学生思考、提出问题、发表自己的见解和提出不同的观点。学生则是在宽松的气氛中一面注意听讲,批判性地理解和接受教师讲授的内容,同时可以就个人疑惑的问题随时发问、认同或否定其他同学的观点或介入同学之间的争辩。这种教学方式主要用于理论教学,听课人数可以较多。

二是强调学生课后自主学习和合作学习。在课堂讲授结束前,教师会通过网络平台布置和安排学生课后自主学习的资料、任务和要求,因此,课后自主学习是国外大学学生最主要的课外学习形式,学生往往需要花大量的时间阅读文献资料、自身对课堂讲授的内容进行深入的分析、理解和研究,包括做实验、写报告和短文。有时,教师还会在课上布置学生课后分组学习的内容和共同研讨的题目,这样,学生一样要在课后安排专门的时间合作学习,一起完成学习任务。由于分组学习和研讨的内容往往要在课堂上交流,不甘示弱的心理会驱使各组学生在合作学习上下工夫,以获得理想的学习效果和赢得满意的评价。此外,学生还需要在课前对下次课的内容预先了解和准备。

三是重视以学生为主体的专题研讨。课堂专题研讨是欧美大学普遍采用的重要教学方式之一,它给予学生灵活自主的学习空间和时间,有效地促进学生之间的合作和竞争以及各自优势的发挥。研讨前,根据专题研讨的需要,学生被分成若干小组,形成了组内合作、组间竞争的关系。在这种教学方式中,教师的作用是“导演”,他给出讨论题目、要点和参考文献,在讨论过程中起着引导或主导的作用,并在讨论结束后对各组和整体讨论情况进行点评,成为学生学习活动的指导者和促进者。而学生的主体作用是通过其担任“演员”的角色来表现,他们可以自愿选择研讨专题,课前需要查阅各种相关文献、分工进行各种准备、小组进行充分讨论,课堂上要对所选专题进行阐述、发表和支持小组的论点、接受或反驳其他小组的不同意见。这种教学方式应采取小班制,上课人数一般不超过 25 人。

四是注重学生批判性思维和创新能力的培养。创新能力是卓越人才必须具备的核心能力,而创新能力的重要基础是批判性思维,国际化的教学方法可以从三个方面落实批判性思维和创新能力的培养。一方面,教师在教学过程中通过讲授内容的组织和问题的提出,引导学生进行逆向思维、发散思维和非逻辑思维,从而培养学生的批判性思维和创新思维;另一方面,教师通过精心设计和选择在课程教学中用于引导学生分析和讨论的问题以及布置给学生课后思考和研究的题目,使这些问题和题目是探索式和开放式的,而不是封闭式的,从而开阔学生的思维空间、培养学生的创新能力;第三方面,教师通过选择实际工程项目作为课程教学的研究对象,给予学生富有挑战性和自主性的研究机会,激发和提高学生解决实际工程问题的兴趣,调动学生的主观能动性,以进一步培养和提升学生的创新能力。

### 13.4.2　研究性学习内容的国际化

在国外著名高校采用的各种类型的教学方法中,最适合卓越工程师培养需要的应该是研究性学习(对教师而言,可以称之为研究性教学),它是一种符合工程能力培养规律和综合素质形成逻辑的教学组织形式和教学方式,得到"卓越计划"的大力提倡和着力推行。

作为一种学习方法体系,研究性学习主要由基于问题的探究式学习、基于案例的讨论式学习和基于项目的参与式学习三种形式组成[3]。从面向世界培养卓越工程师的需要出发,其中的问题、案例和项目可以分别选择国际性的问题、国外的案例和国际合作项目作为教学内容以实施相应的教学方法。国际性的问题主要指卓越工程师在未来的国际环境下工作可能面临的各种问题,这些问题可以是当前已经发生的各种问题的重现、演变、放大或综合,也可以是教师根据对未来发展的预见专门设计出的新问题。国外的案例可以选择那些涉及本学科专业领域的专题性、综合性、典型性和前沿性的发生在境外或国际环境下的各种案例。国际合作项目主要是指那些需要不同国度工程技术人员通力合作才能完成的工程项目,尤其是由外方投资或按照国际标准在海外建造或生产的工程项目。通过教师精心选择和设计这些问题、案例和项目,并采取研究性学习方法,就能够在学生知识的获取、应用和创新,工程能力的培养和提高,社会能力的培养和提高以及综合素质的养成和提升等方面发挥重要作用[3]。

### 13.4.3　教学手段和教学评价的国际化

国际化的教学方式还包括采用先进的教学手段,主要是借助现代信息技术,从而使教学组织形式和教学方法更加多样化、教学效果得到有力地改善和提高。多媒体信息技术可以将各种教学信息以文字、图片、动画、声音、视频的形式展示给学生,丰富了学习内容,激发了学生学习兴趣,扩大了教学信息量,提高了教学效果。网络教学与传统课堂教学有机结合,增强了教学的灵活性,提高了学生的参与度,丰富了教学内容和教材资源。网络信息技术为教师和学生提供了丰富的优质课程教学资源,让他们增长见识、开阔视野、随时了解学科前沿信息。网络平台无限制地开拓了本校内、校际间和国际间师生之间交流沟通和学生之间的交流合作的时间和空间,也为教师及时地获得学生的反馈,了解和掌握教学效果提供有效的渠道。

采用国际化的教学方式的教学评价和考核应该是多元化的,包括考核形式、评价主体和评价内容的多元化。在考核形式上,除了传统的平时考查、期中考核、期末考试外,应该通过文字作业、研究报告、课堂讨论、小组合作等方式考核学生和评价教学。在评价主体上,除了现有的教师评学、学生评教外,应该增加学生互评、教师互评和学生自评等不同的评价主体。在评价内容上,除了传统的评价学生对课程教学内容的掌握、学生的课堂表现、教师的教学效果外,应该重视对学生学习能力、实践能力、创新能力、综合素质、团队协作、独立能力等方面内容的考核和评价。

## 13.5　改革外语教学

外语是走出国门的钥匙,是进行国际交流与合作的基本工具,是面向世界培养卓越工程师的最基本要求。外语学习对于了解外国文化,培养对多元文化的理解和认同,开阔国际视野,形成国际意识等具有重要的作用。然而,目前我国众多高校在外语教学上存在不容忽视的问题。一是外语教学的目标和学生学习外语的动机主要是通过国家外语等级考试,高校普遍将通过国家英语四级考试作为获得学士学位的基本条件;二是外语教学中过于强调语法分析和机械记忆,而轻视了外语的实际应用,造成我国大学生在外语学习上投入大量的时间和精力,但学习效果往往是应试能力强而应用能力差。

改革外语教学是面向世界培养卓越工程师需要进行的一项重要的教学改革任务。改革的重点有二。一是要将培养和提高学生的外语应用能力作为外语教学的根本目标;二是要将外语教学与专业教育相结合。

### 13.5.1　重视学生外语应用能力的培养

学生外语应用能力的培养可以分别在课程教学和课外活动进行。课堂教学主要有两种途径：一是从基础/公共外语入手，逐渐过渡到采用全外语教学，强调学生在教与学的过程中的参与和互动，重视学生听说表达能力的训练；二是有条件的高校可以减少外语课时数或者取消基础/公共外语课，在通识或公共基础课中选择若干门开放程度高、国际化背景明显的课程，逐渐提高这些课程直接用外语教学的比例。课外活动主要是通过组织多种外语活动，给学生提供各种类型、多种形式、灵活多样的练习、训练和使用外语的机会和场合，包括组织外语沙龙、成立外语兴趣小组、开设周末外语角、举办外语口语演讲比赛、组织外国学者报告、参加对外交流活动等。在培养和提高学生的外语应用能力时需要重视两点：一是培养学生外语语感，二是培养学生外语思维。外语语感是在外语应用过程中直接辨别语言文字使用是否正确、有无语法语义问题的快捷而有效的办法，需要通过长期和大量的外语实践和应用才能获得，能够取代复杂而慢节奏的语法和词性分析，是外语国家民众日常使用自己母语的最普遍的方法。外语思维是外语使用者直接用外语在脑海中理解、分析和思考国际问题，而不需要在应用外语交流与沟通时预先使用母语思维后再切换到用外语表达，这不仅能够提高外语交流与沟通效率，语言表达脱口而出，而且能够更准确地领会和理解交流对象用外语表达的事物、问题、思想和观点等。

### 13.5.2　将外语教学与专业教育相结合

将外语教学与专业教育相结合不仅使学生的外语应用能力从"通识"延伸的"专业"，而且有力地支持了学生的专业学习。学生外语应用能力不能仅限于基础/公共外语部分，作为要在国际大环境下工作的卓越工程师，需要在所从事的工程领域与外国工程技术人员、企业管理人员以及政府官员等进行广泛而深入的交流、沟通、合作甚至竞争，内容涉及工程专业领域的所有技术、标准、规范、法律，以及与工程项目规划设计、生产建造、运行维护、服务管理等相关的经费造价、生态环保、经济社会、协调发展等一系列问题，因此，需要通过将外语教学与专业教育的结合，培养和提高学生日后在工程专业领域熟练的外语应用能力。外语教学与专业教育的结合对学生专业学习的支持主要有三个方面：一是能够更好地共享国际上优质的教育教学资源；二是能够及时地接触学科专业领域的最新成果和发展动向;三是能够尽快地参与工程专业领域的国际学术交流活动,包括参加国际学术会议、在国际刊物上发表论文以及与外国专家学者的交流等。这三个方面都是需要学生在专业领域具有能够胜任的外语应用能力。由此可见,将外语教学与专业教育相结合具有事半功倍的效果。

将外语教学与专业教育相结合要通过双语教学这样一种特殊的教学方式。双语教学在面向世界培养卓越工程师中具有独特而不可替代的作用,它是指在课程教学中使用除母语之外的其他一种语言进行的教学活动。在我国,双语教学主要指同时采用中文和英文进行教学,其中英文的使用程度可以从仅用英文表述专业术语,到部分采用英语进行课堂口头交流,再到基本全用英语进行课堂口头交流。双语教学的极端形式就是全英语教学,即在整个教学过程中仅用英文进行文字表述和口头交流。

采用双语教学需要注意两点:一是要遵循区别专业、结合校情、因材施教、循序渐进的原则开展双语教学;二是要选好采用双语教学这种教学方式进行教学的课程。首先,"卓越计划"参与高校要区别不同工程专业的特点,结合本校的具体条件,如教师资源,考虑工程专业学生的外语水平,采取由浅入深、渐进式推进的方式开展双语教学。其次,在课程选择上应该注重考虑工程专业中的核心课程,包括重要的专业基础课、专业课,或者主要的学位课和必修课,这一方面是由于这些课程构成该工程专业的主要支撑,是卓越工程师专业能力获取的主要来源;另一方面是因为这些课程能够得到国际同行更广泛的关注,开放程度更高,更具有国际化背景。

外语教学改革还要注意彻底改变以往单一的课堂教学模式,借助计算机信息技术和互联网资源为学生营造良好的外语学习环境,提供适合不同程度学生选择的多种自主学习途径,充分调动学生课外学习的主动性和积极性,使外语教学不受时间和空间的限制,朝着自主式、个性化和多元化的学习方向发展。

## 13.6　建立国际化的教师队伍

### 13.6.1　教师队伍国际化应具备的条件

面向世界培养卓越工程师,关键在于建立一支国际化的教师队伍,这支队伍除了要满足卓越工程师培养对工程教育教师队伍的要求[4]外,在国际化方面应该具备以下条件。

（1）具有宽阔的国际视野和国际化的教育理念。宽阔的国际视野是指能够站在全球的高度和运用战略的视角来看待、分析和认识事物和现象。国际化的教育理念是指在全球视野下对教育本质和规律的理性认识、所持有的思想观念以及对教育活动的价值追求和教育目标的理性期望。因此，担任卓越工程师培养任务的教师要站在全人类发展的高度来看待高等教育，尤其是工程教育的功能、价值和作用，用国际性的眼光来分析和认识高等教育改革和发展中存在的问题，从国际化的角度吸收和借鉴世界各国成功的高等教育理论和实践，将高等教育发展与经济全球化密切结合起来。

（2）熟练地掌握一门外语。为了胜任国际化人才培养工作，教师必须在听、说、读、写方面熟练地掌握一门外语，这不仅是教师开拓国际视野、了解外国历史和文化、不断丰富国际知识、使用外语教育教学资料、参考国外科技文献、掌握学科领域的前沿进展的基础，而且是教师建设国际化课程、采用国际化教学方式、进行双语教学或全外语教学、开展国际交流与合作的必要条件。

（3）具有较强的国际交流与合作能力。主要表现在胜任组织和参与各种国际教育和学术交流活动。教师是高等教育国际化的先行者和推动者，一方面要学习、研究和借鉴外国先进的教育理念、教育思想、教学方式和教学手段，以更新自己的教育理念、改进和提高自己的教学水平和教学效果；另一方面要作为本校与外国高校开展各种类型和形式的教育交流与合作活动的主要策划者、组织者和参与者，为日后组织、指导和带领学生参与各种国际教育交流与合作活动做好准备。与此同时，教师还要重视和参加与所从事学科专业领域相关的各种国际学术交流与合作活动，了解和掌握学科专业的最新研究成果和发展趋势，促进自身学术研究的开展，从而更好地支持教育教学工作。

（4）具有主持或参与国际工程项目的经历。丰富的工程实践经历是从事卓越工程师培养工作的工科教师必须具备的背景[4]，面向世界的卓越工程师培养定位要求工科教师的工程实践经历是国际性的，而不能仅局限于在国内的企业或本国的项目中获得。主持或参与国际工程项目的经历不一定要到国外才能获得，只要在国内完成的项目具备国际性，包括工程技术人员、工程管理人员和项目投资主体来自不同国家，教师一样能够获得主持或参与国际工程项目的经历。

## 13.6.2　建设国际化教师队伍的途径

为了培养面向世界的卓越工程师，"卓越计划"参与高校除了要建设一支胜任卓越工程师培养的工科教师队伍[4]外,还要通过以下几种途径进行这支队伍的国际化建设。

（1）增加教师到国外高水平大学进修的机会。通过政策倾斜和增加经费等方式,提供给"卓越计划"参与专业教师更多的到国际著名工科大学学习和交流的机会,要着力培养一批了解和掌握本学科最新成果和发展动向,拥有宽阔的国际视野、丰富的国际知识和素养,熟悉外国教育理念和教学方式,在本学科领域具有一定的影响力的优秀教师。在派出教师出国进修和交流的过程中,参与高校应该注重与国外高水平的工科院校发展和建立长期、稳定的交流合作关系,通过制定长期的教师出国进修计划,为更多的教师提供出国进修学习的机会。

（2）鼓励和支持教师到境外跨国企业研修。通过本校资源和教育部"卓越计划"支持政策,积极选派"卓越计划"参与专业的教师,通过到国外跨国企业研修,包括顶岗、挂职等形式,参与这些公司企业的技术创新、研究开发、项目设计、生产制造、企业管理等方面的工作,熟悉产品从市场调研、设计制造、生产管理、市场营销到售后服务等整个业务流程,或者工程项目从项目设计、招投标、施工建造、项目管理、交付使用、运行管理到维护服务等整个过程,开阔国际视野,通晓国际规则,丰富国际工程实践经历,以胜任培养面向世界的卓越工程师的工作。

（3）引进和聘请国外高水平的工科教师和工程专家。教师结构国际化对教师队伍国际化具有最显著的作用,因此,采取多种形式和灵活方式引进和聘请国外知名高校工科教师和国外企业高水平工程专家,应该得到有条件的参与高校的高度重视。招聘的形式可以采用面向全球招聘或面向某一国家和地区招聘,聘任的方式可以是长期引进或短期聘请,聘任的性质可以是专职或兼职,每个聘期应该与学制相同。

引进的国外教师有两种类型,一种是外籍外裔教师,另一种是在国外高校工作的华裔教师,前者有深厚的外国文化底蕴,后者交融中外文化,各具优势,随着中国经济的发展,二者均能够长期稳定地在华工作。在引进这些教师时,一方面要明确他们在卓越工程师培养上的任务和目标,提供具有足够竞争力的条件和待遇;另一方面要处理好与先前引进的国外教师的关系,主要在工作条件和待遇的差异,不能厚此薄彼。

对国外著名高校的高水平教师,更多的是采取兼职的方式聘请他们来华担任卓越工程师的培养工作。由于他们在所在大学和国家已经承担着繁重的教学、科研和社会服务工作,不仅来华工作的具体时间是有限定的,而且不可能接受太长的聘期,需要在时间安排上予以认真设计,以充分发挥他们在华工作的作用。可以考虑安排这些教师来华工作的时间段有:中外高校学期安排不交叉部分,高校的第三学期,外国教师的学术休假期以及他们可以自由支配的其他时间。此外,可以将一项教学工作安排在半个学期内完成,即将每个学期分成上半学期和下半学期两个阶段,国外教师可以在完成自己国内的工作后,集中8~10周时间来华完成一些教学工作,如讲授一门课程。

在国外大学退休的高水平工科教师和在国外企业退休的经验丰富的工程专家和管理人员,在其身体健康的情况下,是聘请担任参与专业专职教师的理想人选。一方面,他们有充足的时间来完成他们在知识结构、业务能力和实践经验等方面的培养卓越工程师的工作;另一方面,他们在本国已有充足的退休金和社会福利,只要参与高校提供住房条件和购买基本保险,可以按照与国内教师同工同酬的标准支付薪酬,因此聘用成本比聘请国外在职人员低。国外大学退休教师可以从事包括课程教学、课程建设、指导学生、专业建设以及指导青年教师等方面的工作,国外企业退休专家可以从事包括实践性较强的课程教学和建设、指导学生企业学习以及开展校企合作等。

此外,在华工作的外国企业的经验丰富的工程专家和高级管理人员也是聘请担任参与专业教师的合适人选。对于那些具有在国外企业、跨国公司工作经历的回国留学人员和来华寻求发展的外籍人士,参与高校应该根据本校国际化教师队伍建设的实际情况予以考虑和选择。

## 13.7 实施多模式国际合作办学

不同国家和地区的高校在人才培养上的合作是高等教育国际化发展中日趋常见的形式。随着经济全球化和全球范围内各种形式和内容交流与合作的广泛和深入,多种形式的国际间的合作办学越来越受到国际社会的支持和各国高等教育界的重视。

国际合作办学是高等教育国际化的最有效的形式之一。通过中外合作办学,借助发达国家一流的教育教学资源,国内高校从教育理念、办学特色、课程建设、教材编写、教学方式改革,到教师队伍建设、校企合作、教学管理等各个方面均能够与国外合作院校进行深层次、全方位、面对面的交流和合作,学习、吸收和借鉴国外院校的成功经验,发现、保留和发扬国内高校已有的优势、特色和成功经验,在中外合作办学的过程中不断地提高和完善本校的办学水平、教育质量和国际化程度。同时通过与国外院校的学分互认、学位联授、学位互授或学生获得的国际学历,为国内高校专业的国际互认和培养的人才进入国际市场打通了快捷的渠道。

## 13.7.1　国际合作办学的 3 种模式

"卓越计划"支持高水平的中外合作工程教育项目,鼓励在多种语言环境下培养熟悉外国文化、法律和标准,精通业务又具备跨文化交流、竞争和合作能力的高素质国际化工程师。为了实现这一目标,"卓越计划"参与高校在满足卓越工程师培养标准要求的前提下,大体可以采用以下 3 种模式开展国际合作办学,实施专业培养方案,以实现卓越工程师培养目标。

(1)互派学生模式。

这种模式有计划地组织派遣学生到对方高校学习多门课程、完成培养计划中的某些教学环节、获得相互承认的学分。其作用不仅是为学生提供在国外教育教学环境下学习知识和获取技能的机会,更重要的是为学生了解和熟悉他国文化、增长和积累国际知识、接触外国学生创造条件。这种模式的合作基础是学分互认,对吸引和鼓励中外学生跨国学习具有积极的作用,要求中方高校提高教师教育教学能力,包括能够采用全外语授课,在课程设置、教学内容、教学组织形式、教学方法和教学效果上能够达到对方高校的要求。

(2)合办学院模式。

这种模式是由中外高校联合创建二级学院,如××工程师学院、××联合学院的方式开展合作办学,其特点是强强联合,即双方分别用各自在人才培养上的强项和特长进行合作办学,以培养国际市场急需和紧缺的高素质、复合型专业人才为目标。学院一般设置在中国境内,中外双方各派一名院长,中方的主要职责是:提供校舍、场地,负责学生事务和日常管理,承担通识课程和部分专业课程的教学;外方的主要职责是:派遣教师承担核心专业课程的教学,负责教学质量的评价。为了学生毕业时能够同时获得外方学位,合办学院的人才培养方案和课程体系往往参照外方的培养方案和课程体系由中外双方共同制定。培养方案重视学生外语水平、专业技能、创新能力和国际能力的培养,中方教师实行双语教学,外籍教师采取全外语教学,在主要课堂教学任务完成后,往往安排一定时间送学生到国外实习或到外方高校完成其他教学任务。此外,中外双方还会在教师队伍建设、课程和教材建设、人员交流和科学研究等方面开展合作。这种模式是我国高校在人才培养上与国外高校进行紧密和实质性合作的最好形式之一,对全面提高我国高校教育水平和教学质量,进入高等教育国际市场具有不可低估的重要作用。这种模式的优势是:人才培养国际化程度较互派学生模式高,培养成本较直接到国外留学低,学生能够获得中外合作高校联合授予的学位。因此,能够吸引优质生源并使学生具有就业优势。

（3）分段合作模式。

这种模式采取的是学生在不同学习阶段在不同国家学习的合作办学方式,前一阶段学生在国内学习,达到赴国外学习的资格后,直接进入国外高校完成后一阶段的学习。这种模式主要有"2＋2"、"3＋1"、"1＋3"和"1＋2＋1"等形式,如"2＋2"指在国内学习两年,然后到国外再学习两年;"1＋2＋1"指在国内学习一年,然后到国外学校学习两年,最后回到国内学习一年。这种合作模式需要中外双方共同制定合作培养计划,认可对方的学位课程并相互承认学分,在学生修完培养计划规定的双方各自开设的课程并获得足够的学分后,即可获得双方高校颁发的相关证书。国内高校为学生提供与国外相近的住宿条件和生活环境,采取与国外相似的教学方式,使用国外原版教材和双语教学,为学生开设基础课程和部分专业基础课程,对学生进行外语能力的强化训练,为学生顺利过渡到国外阶段的学习打好基础。国外高校继续国内高校的教育,按照国外的教育模式为学生提供专业方向选择和课程选择的机会,学生需要完成规定门数专业课程的学习并修满足够学分后,方可毕业获得中外合作双方高校各自颁发的学位证书。这种模式的优势在于不仅为学生提供了国际化的教育和在国外学习与生活的经历,而且由于一部分学分是在国内获得的而使教育成本大幅度降低,为众多工薪阶层的子女所青睐。

## 13.7.2　国际合作办学的其他作用

中国经济的又好又快发展吸引了大批国外高校期望与中国高校合作办学,因此,除了采取强强联合的国际合作办学模式外,"卓越计划"参与高校可以考虑将那些生源好、人才市场需求大的参与专业,如战略性新兴产业相关专业,与国外高水平大学联合办学。这不仅因为这些专业在发达国家具有优质的教育教学资源,而且由于国内高校不论在师资条件还是在教学资源上尚处于积累和提高阶段,因此应该通过国际合作办学的模式,借助国外优质教育资源来发展我国新兴学科专业。

国际合作办学对于构建和实施面向世界培养卓越工程师的课程体系同样具有重要的作用。一些院校由于学科设置或其他教育资源的局限性,不能单独开发卓越工程师培养需要的某些核心课程或完成个别课程模块的教学,因此,与国外高水平大学合作办学,由国外高校承担这些课程的建设和教学工作,就能实现资源共享、学科互补和交融。这不仅能够满足卓越工程师培养的需要,而且也能够为日后独立开课在本校教师培养、教育教学资源积累等方面打下基础。

## 13.8　开展国际化产学研合作教育

产学研合作教育是高等教育主动适应经济社会发展需要而进行的重要实践教育教学活动。面向世界培养卓越工程师主要是针对国际公司、跨国企业和全球研究机构等培养优秀的工程师,因此,参与高校要高度重视和开展国际化产学研合作教育,以确保人才培养的“适销对路”,提高卓越工程师在国际人才市场的竞争力。

国际化产学研合作教育是通过与国际公司、企业和机构的合作,运用它们的教育环境和实践教育资源,合理安排学生的课程教学与实践教学,使学生知识学习、能力培养和素质养成更加贴近国际经济社会发展的需求。国际化产学研合作教育的重要性主要源于国际公司、企业和机构所具有的高校不具备的先进的工程实践条件、真实的工程环境、国际化的制度准则和多元文化的工作氛围。国际化产学研合作,对学生的专业能力、国际能力和综合素质的培养和提高具有十分重要的作用。在专业能力方面,学生能够学习企业先进的技术、熟悉先进的生产和工艺装备、深入地开展工程实践活动、参与具有国际水准的企业技术创新与工程研究与开发;在国际能力方面,学生在与多国工程技术人员交流与合作中,了解多国文化、开拓国际视野、适应多元文化环境,在遵守工作规程和质量标准过程中,熟悉国际惯例和国际规则;在综合素质方面,学生能够学习先进的企业文化,在向高水平的工程师和经验丰富的管理人员学习的过程中,培养国际市场竞争需要的职业精神和职业道德。因此,参与高校与国际公司、企业和机构的合作教育,不仅能够达到与国内企业产学研合作同样的目的,而且能够取得与国内企业合作教育难以产生的效果,包括学生国际知识的丰富、全球视野的开拓、国际规则的熟悉、多元文化环境下的交流、竞争和合作能力的提升等。这些对提高学生的国际竞争力,实现面向世界培养卓越工程师的目标定位具有不可替代的作用。

　　除了发挥在面向世界培养卓越工程师方面的作用外，参与高校在与国际公司、企业和研究机构开展合作教育时，还要重视发挥它们在学生创新能力培养上的优势。国际跨国企业，尤其是那些在本行业处于领先地位或产品市场占有率较高的跨国公司和研究机构，高度重视研究与开发、技术创新以及新产品研制，在这方面的投入占总成本的比例居高不下，至少数倍于国内多数企业，能够提供多数国内企业难以提供的在工程技术前沿领域开展研发和创新的机会。作为国家层面挑选出来的具备良好条件参与实施"卓越计划"的高校，不仅更容易获得与这些国际企业合作培养卓越工程师的机会，而且应该在合作过程中，注重学生参与各种类型和形式的创新实践活动，以有效地培养学生的创新能力。

　　与国际公司、企业和机构的合作教育对高校层面在卓越工程师培养的专业设置、目标定位、培养规格等方面的决策同样具有重要的作用。国际化产学研合作教育过程中，将使高校获得与卓越工程师培养相关的大量的国际信息，包括国际经济发展趋势、国际工程技术发展水平、全球行业企业走向、产品国际市场情况、国际专业人才需求状况等，这些信息资源将十分有利于参与高校按照国际经济社会发展需求调整专业设置、培养目标、服务面向、培养规格，改革人才培养模式、课程体系、教学内容和教学方式，从而更好地服务国家战略和经济社会发展的需要。

## 13.9　开展广泛的国际交流

　　在积极利用国外先进的工程教育资源方面，除了多模式的国际合作办学外，开展广泛的各种形式和内容的国际交流活动也是面向世界培养卓越工程师的需要。国际交流可以分为教师的国际交流、学生的国际交流和国际教育资源共享。

### 13.9.1　教师的国际交流

　　教师是推进高等教育国际化的主力军，他们在面向世界培养卓越工程师上起到至关重要的作用。首先，参与高校要制定专门的政策和设立专项经费，鼓励和支持担任卓越工程师培养任务的教师根据所承担培养任务的需要和自身存在的不足,有针对性地出国短期交流、参观访问和参加国际工程教育方面的研讨会。交流的内容可以涵盖工程人才培养的各个方面,从培养标准、培养方案、课程体系、教学计划、教学内容、教学方式、教学手段,到整个人才培养模式、教师队伍建设、产学研合作教育等。参观访问可以到课堂听课、了解教学过程、参观实践基地、访问合作企业等。参加国际工程教育研讨会可以就工程人才培养方面的任何一个问题与各国工程教育专家进行探讨和交流。因此,教师走出国门的国际交流有利于教师及时了解其他国家工程教育的发展动态,学习和借鉴工程教育实践的先进方法和成功经验,交流和吸收国际工程教育研究的最新成果,以更好地完成所担负的卓越工程师培养的任务。

其次,参与高校要积极邀请国际知名工程教育学者、工程专家和国际企业高层管理者来华进行短期访问和讲学,就国际工程教育改革与发展、国外先进的工程教育理念、国际工程科技的发展,以及工程人才培养的热点和难度问题等与本校教师进行报告和交流。同时,参与高校还可以聘请国外著名工程教育学者、跨国企业的 CEO 为本校的客座教授、名誉教授或顾问教授,使他们能够定期为本校"卓越计划"的实施,以及卓越工程师培养中的核心问题予以指导和帮助。

## 13.9.2　学生的国际交流

学生是工程教育的主体,应该通过广泛的国际交流在知识、能力和素质,尤其是国际能力和素质方面得到培养和提高。首先,参与高校要充分利用教育部优先支持"卓越计划"高校参与专业的学生国际合作交流,包括公派出国留学、进修、实习、交换学生等政策,并制定本校的相应政策,多渠道筹集经费,支持本校参与专业的学生赴国外学习交流。学生的国际交流主要是通过学生国际交换项目来实施,每个交换项目为学生提供了短期到国外高校学习和交流,以及到海外企业实习的机会,同时也吸引外国学生来校短期学习、生活和交流。本科生和硕士生进行国际交流的常见方式是通过开设学生暑期国际交流学校,中外交流高校双方分别在暑假期间组织学生交流团到对方学校短期访问、学习和交流,交流内容主要以文化交流为主、专业交流为辅,对方大学往往为来访学生交流团组织安排一系列丰富多彩的交流活动,这对学生亲身体验、感受和系统地了解他国文化、教育和社会,获得国际知识、开阔国际视野具有十分重要的意义。博士生的国际交流往往个别进行,时间从几个月、半年到一年不等,经费较充足,可以到国外高校参与研究项目或到海外企业实习。

其次,获得招收留学生资格的参与高校应该主动走向国际市场,吸引更多的外国学生来华留学,这是一种更广义上的面向世界培养卓越工程师。教育部专门制定了支持参与高校招收留学生的政策:中国政府奖学金项目优先资助外国学生来华接受参与高校的工程教育;按照有关规定适度增加"卓越计划"高校自主招收中国政府奖学金学生的名额。留学生来华后的学习和生活基本上与本国学生融为一体,这不仅为本国学生提供了相互了解、学习和交流的极好条件,而且培养了他们与不同文化背景的人交流和合作的能力。

### 13.9.3 国际教育资源共享

目前,一种新型且受益面广的国际交流方式是通过互联网实现国际间教育资源的共享。可用于共享的国际教育资源主要源于三种渠道:①商业化的国际资源数据库,由国际著名的教育、文化、科技集团开发,并逐年更新、添加的网络数据库;②外国政府和社会公益组织建立的对社会公开的网站,提供了国家历史、文化、政治、经济等多方面信息资源;③国外高校自身拥有的电子期刊、图书和文献数据库。参与高校可以通过购买国外商业化资源数据库的使用权、通过校园网建立与国际公开网站的连接、通过协议与国外大学教育资源库互相开放等途径,使得本校的师生能够通过互联网及时地获得国际优质教育资源。这种方式在国际交流上的最大优势在于资源丰富、形式多样、全天候、可以复制,主要的缺点是基本不能互动。但对于扩大师生国际知识面、及时获取各方面的信息、了解学科专业的最新发展等无疑是经济和快捷的。

## 13.10　营造国际化的学习环境

营造国际化的学习环境对于面向世界培养卓越工程师也是不容轻视的。从学习和生活的关系以及课内和课外的作用分析:学生在大学接受教育期间,生活与学习是密不可分的,他们在生活中也在学习各种知识;正式教育,包括课堂教学和培养方案规定的其他教学环节,不能取代非正式学习,即课外学习和其他课外活动,而学生在课外接触到的方方面面就成为其非正式学习内容的重要组成部分。事实上,大学文化与价值观、大学精神和办学理念、学校管理模式与风格、课外活动和生活氛围等,也即学生在接受教育期间的学习环境,对学生的教育作用及其人生的影响是巨大和深远的。从"走出去"方式的国际化效果分析：由于受到经费等条件制约，限制了到国外学习交流的学生人数、学习时间和交流深度等，为此，在国内营造国际化的学习环境，是补充"走出去"方式不足的一种现实而有效的途径。因此，参与高校在面向世界培养卓越工程师时，要高度重视为学生建设一个支持学习、提高素质、影响终身的国际化的学习环境。

影响学生学习的环境因素主要涉及大学文化、办学理念、运行模式、社会活动等诸多方面。从人才培养国际化的角度，大学文化应突出对多元文化的包容、接纳和认可；办学理念应强调面向全球、服务国家的开放的教育思想和办学方向；运行模式应提倡民主的管理方式和自由的学术氛围；社会活动应包括在校内外开展的涉及国际间的各种文化、教育、科技、体育等活动。大学文化、办学理念和运行模式是大学在长期发展过程中逐渐积累和形成的具有鲜明特色和优势的宝贵财富，不可能一蹴而就，它们对学生学习的影响是潜移默化的，需要参与高校朝着有利于人才培养国际化的方向去不断地努力。而各种社会活动，由于学生直接或间接的参与，对学生国际化的影响往往来的更快捷，可以通过高校的重视和投入，在较短时间内开展起来。常见的有效的国际化的社会活动包括在校内外举行的由中外学生参与的各种活动、国际间的文化体育交流和科技竞赛活动、国际性的学术会议等。

中外学生参与的各种活动与参与高校招收的留学生人数和接收的国外交换生人数直接相关。留学生和交换生是他国文化的携带者和传播者，他们将自己民族、国家和地区的不同文化、传统、理念和思维方式带进了同一所高校，在很大程度上丰富和繁荣了大学校园文化，开阔了本国学生的视野，培养了对多元化的理解、认同和接收能力。外国学生不仅与中国学生一道学习和生活，如同堂上课和交叉住宿等，而且还一起参加由学校、学生社团和学生自发组织的各种活动，从而形成了中外学生紧密接触、交流互动的国际化的学习环境。因此，参与高校应该通过扩大留学生教育的规模，为中外学生共同营造国际化的学习环境。

国际间的文化体育交流和科技竞赛活动主要是通过不同国家和民族文化的交流、群体性体育项目的比赛以及体现创新理念并具有挑战性的科技竞赛活动，达到本校学生与国外高校学生在文化、体育和创新设计方面的专项交流。通过经常性地举办或组织学生参加这类交流活动，对学生深入研究他国文化、建立与外国学生的友好往来关系以及了解外国学生的课外生活，对培养学生在多元文化环境下的团队合作和竞争意识等均具有积极的意义。这类交流活动的受益者不仅仅是亲身参与交流活动的学生,而且还会波及到这些学生所在的班级、年级和院系的同学,也就是说,这类交流活动将使整个国际化的学习环境得到进一步的强化。因此,参与高校可以在与国外高校的往来中重视举办和组织学生参与这类交流活动。

国际性的学术会议能够吸引学生参与学科专业领域的研究,为他们提供接触国际学术前沿和国外专家学者的机会。通过参加国际性的学术会议,能够使学生在多元学术文化氛围中丰富国际知识、开拓国际视野、增长国际交往能力、了解学科专业的最新进展和发展趋势。这对他们进一步明确学习目标、更准确地把握未来发展方向、努力使自己成为具有竞争力的国际化人才一样具有积极的意义。此外,在本校召开的国际性学术会议不仅对参会的学生,而且对参加会议组织和接待工作的学生志愿者以及他们的同学,同样会产生一种身临国际多元文化大环境下的心理感受,他们会自觉地学习国际交往礼仪、热情地面对所有来宾、积极主动地服务会议、努力成为国际化的积极参与者。因此,参与高校可以通过在本校举办不同规模、层次和形式的国际性学术会议,为本校学生创造具有浓厚学术氛围的国际化学习环境。

## 13.11　国际化中的民族性和本校特色

如前面所述,在面向世界培养卓越工程师的时候要强调卓越工程师培养各要素和环节的国际化,广义地说就是强调高等教育国际化。然而,在推进高等教育国际化的时候,人们往往十分容易忽视高等教育国际化的本质内涵,忘却本国和本民族在高等教育方面优秀的东西,把本校高等教育的特色抛到脑后,出现了高等教育国际"趋同"化的严重倾向,造成了"得不偿失"的后果。这些问题概括起来,就是在强调高等教育国际化的同时要认真处理好三方面的关系:①国际化与全球一体化;②国际化与民族性;③国际化与本校特色。

### 13.11.1　国际化与全球一体化

高等教育国际化在认识和实践上存在的主要误区是将它看作是高等教育全球一体化。高等教育全球一体化主要是由发达国家出于其国家在全球的利益和地位的需要而倡导的,建立在全球单一整体市场这样一种信念基础之上的战略动机,指的是世界各国高等教育通过由发达国家向发展中国家的渗透和融合,以形成一个以发达国家为主导的全球高等教育的统一体为目标的进程和趋势。而高等教育国际化强调的是世界各国高等教育之间的相互渗透和融合,以相互学习、双向交流、取长补短、共同发展、服务经济全球化、促进人类社会的共同发展为目标的进程和趋势。因此,高等教育国际化和高等教育全球一体化存在着本质的区别。

造成高等教育国际化和高等教育全球一体化这种误区的原因主要有两方面:一是本国高等教育发展水平与国外发达国家高等教育发展水平的差距;二是国际上有影响力的对高等教育的评价指标体系和评价标准。发展中国家在经济发展过程中,希望通过缩小与发达国家在高等教育发展水平上的差距来促进本国经济社会的发展,往往只注重一味地学习、复制或照搬发达国家高等教育的理念、发展模式和具体做法,而忽略了结合本国的实际情况,批判性地吸收和借鉴发达国家高等教育的成功经验,将高等教育国际化变味成追求与发达国家保持一致的高等教育全球一体化。经济全球化和不断增长的国际交往使得世界各国的高等教育之间有了越来越多的共识,也在发达国家占据十分强势的学术话语权的情况下,在高等教育领域建立起一些国际上的行为准则和评价标准,如一些有影响力的确定世界大学排行的评价指标体系和评价标准,对 SCI、EI、SSCI,甚至对在《Nature》和《Science》上发表论文的追逐等。这些有利于发达国家和英语国家高等教育的评价体系不仅使发展中国家和非英语国家处于劣势,而且也不符合发展中国家经济社会发展对本国高等教育的要求,但的确容易使发展中国家在强调本国高等教育国际化的过程中,将这些评价指标体系和评价标准作为评价本国高等教育发展水平高低的评价依据,以向发达国家高等教育发展水平看齐为目标,从而不知不觉地将本国高等教育国际化转变为高等教育全球一体化。

## 13.11.2　国际化与民族性

高等教育是一个国家经济发展的重要基础和民族文化传承的重要载体,具有显著的民族性。高等教育国际化一方面会给一个国家和民族带来先进的教育理念、教育模式和教育经验,另一方面又会冲击该国和民族独有的丰富的教育积淀和优势。国际化力图使高等教育超越民族文化和政治经济的界限,而民族性是国家和民族必须努力保持的立于世界各民族之林的基础。推行高等教育国际化不应该以牺牲本国丰富的教育底蕴和对本民族传统文化的传承为代价来换取形式上的国际化进程,为此,摆正国际化和民族性二者的位置十分重要。认识和处理好高等教育国际化和民族性的关系可以从以下四个方面入手。

第一,民族性是高等教育国际化的基础。各国在历史文化、宗教信仰、发展水平、现实情况等各方面的巨大差异使得为国家经济、社会和政治服务的各国高等教育具有各不相同的民族性。正是因为这些不同国家高等教育民族性的存在,才有开展高等教育国际化的必要,才能使不同国家和民族可以在高等教育国际化过程中相互学习和借鉴各国高等教育民族性中先进的理念和丰富的积淀。因此,高等教育国际化是以民族性为基础的。

第二,高等教育国际化要与民族性相结合。对一个国家而言,高等教育国际化的主要目的是提升本国高等教育的水平和在国际上的认可度,赢得自身的发展和竞争优势,以更好地为本国和本民族的经济、社会和政治服务。因此,高等教育国际化所学习和借鉴的内容不仅必须是国际上先进的高等教育理念、模式、方法和手段,而且必须与本国的实际相结合、与本国和本民族高等教育丰富的积淀和优势融合,这样既符合国情,又有利于本国经济社会发展。

第三,高等教育国际化和民族性相辅相成。高等教育民族性是国家和民族发展高等教育的宝贵财富,与高等教育国际化有着共同的目标,二者相互依存,并可能相互转换。事实上,高等教育的国际化与民族性相互依存,没有民族性就无所谓国际化,而没有国际化也就不能凸显民族性;同时,高等教育国际化与民族性还可能相互转换,民族性的东西经过长期发展和提炼,可能成为能够进行国际化的东西;而国际化的东西通过不同国家和民族的学习和吸收,再经过长期的积淀也可能成为民族性的东西。

第四,高等教育国际化和民族性对立统一。高等教育国际化是现代高等教育的主要特征之一,是在全球高等教育多元化背景下和民族性之间的"求同"与"存异"的对立统一。其中"求同"是得到全球普遍认可的、先进的高等教育的理论与实践,"存异"是各国自有的丰富的高等教育积淀和优势。在各国高等教育发展的进程中,要重视和处理好二者之间的对立统一关系,不能顾此失彼,这正是高等教育国际化的核心目标。

例如,美国高等教育以重视通识教育闻名,英国高等教育以科学严谨和规范性闻名,法国高等教育以文凭工程师培养模式闻名,德国高等教育以注重实践的工程教育闻名,俄罗斯高等教育以重视专业教育闻名,我国高等教育以学生基础知识扎实闻名。世界各国在高等教育发展过程中形成的这些风格深深根植于本国的历史、文化和价值观之中,是各国高等教育民族性的重要组成部分,是高等教育国际化进程中各国之间相互学习和借鉴的重要内容。又如,在强调卓越工程师综合素质培养时,发达国家在课程体系构建、教学组织形式和教学方法上是值得"卓越计划"参与高校认真学习和借鉴的,但是在通识课程建设和教学内容上就不能简单地用西方文化取代中国特有的历史、文化、哲学,以及对中国国情的了解和历史使命感的培养。这些丰富的民族文化遗产和民族精神的传承不仅在高等教育国际化中要发扬光大,而且作为人类文明的财富,应该传播到国际上作为其他国家高等教育需要学习和吸收的重要内容。

总之,在经济全球化背景下,不同国家和民族在高等教育国际交流和合作过程中,一方面要努力学习、吸收和借鉴国际上先进的高等教育理念、模式、方法和手段,以更好地为本国经济社会发展服务;另一方面要保持、维护和发扬本国和本民族长期积累起来的优秀的高等教育传统、价值观念、成功经验和运行方式,以在本国和本民族文化的土壤上继续更好地服务于国家和民族的发展。

## 13.11.3　国际化与本校特色

高等教育国际化过程中,在重视高等教育民族性的同时,还要注重本校所具有的高等教育特色。一所高校,不论其历史长短、规模大小、所处区域、办学投入、社会声誉等如何,都能够挖掘出本校独有、难以模仿、与众不同、业内公认的办学特色[5]。这些特色是这所高校生存与发展的基础以及在高等教育市场竞争的优势所在,在高等教育国际化中要高度重视,具体可以从三个方面认识它与国际化的关系。

首先,本校特色是高等教育国际化的重要内容。高等教育国际化是在广泛和深入的交流与合作的基础上进行的,整个过程是一种互利互惠的过程,交流合作的双方都希望能够在整个过程中受益,包括学习到对方有价值的东西。一所高校的办学特色就是对方最感兴趣和希望了解和学习的,没有本校特色就难以对等地开展高等教育国际化。因此,本校特色是高等教育国际化的基础,是对高等教育国际化的重要贡献。

其次,高等教育国际化要重视强化和培养本校特色。开展高等教育国际化就是将国外先进的教育理念、教学模式和成功经验,通过学习和借鉴转化为有利于本校高等教育发展的东西。在这样一个过程中,一方面要密切结合校情,选择符合学校的发展需要的东西;另一方面要重视对这些东西的消化和吸收,尤其是重视对本校原有的特色的进一步强化以及培育和发展学校新的办学特色。因此,在高等教育国际化过程中,不仅要注意本校特色的保护,还要重视强化特色以及培育新的特色。

最后,形成具备竞争优势的本校特色是高等教育国际化的终极目标。高等学校的一切工作,归根结底是为了形成具备竞争优势的办学特色,以使高校在日趋激烈的竞争中立于不败之地。高校开展的国际化工作也不例外,其在博采众长的基础上,在不断深入的国际交流与合作过程中,应该重点围绕或集中在若干有限的已有或潜在的本校特色方面,通过集中本校各种教育教学资源,逐渐形成具备竞争优势的本校特色[5],这也就是高等教育国际化的终极目标。

面向世界培育卓越工程师是一项系统而全面的工作,需要"卓越计划"参与高校学校领导层面的高度重视和支持,需要以教学管理部门为主,包括外事、学生等职能部门的通力合作,更需要参与专业所在院系全体教职员工的全心投入。参与高校的目标不仅是培育大批的本土学生成为国际市场需要的卓越工程师,而且要吸引和招收大量的外国留学生参加"卓越计划",甚至到海外建立基地,与国外高校合作或独立办学,培养出反映中国工程教育水平,深受各国欢迎的卓越工程师。

# 参 考 文 献

[1] 林健. "卓越工程师教育培养计划"通用标准研制. 高等工程教育研究,2010 年第 4 期.

[2] 林健. 面向卓越工程师培养的课程体系和教学内容改革. 高等工程教育研究,2011 年第 5 期.

[3] 林健. 面向卓越工程师培养的研究性学习. 高等工程教育研究,2011 年第 6 期.

[4] 林健. 胜任卓越工程师培养的工科教师队伍建设. 高等工程教育研究,2012 年第 1 期.

[5] 林健. 战略视角下的大学管理. 北京:高等教育出版社,2005.

拓展篇

# 第**14**章 卓越工程师领导力的培养

【本章摘要】 "卓越计划"不仅要求卓越工程师在各自的专业领域是高水平的专家,更要求他们能够全面发展,综合素质高,成为所在行业企业的领军人物。工程师领导力的培养多年来一直得到美英等世界发达国家的高度重视,也是卓越工程师培养的一项重要任务。本章试图系统地讨论和研究当前国际高等工程教育界高度重视的这一重要专题,包括卓越工程师领导力培养的重要性,卓越工程师领导力的构成要素,卓越工程师领导力培养的 L-A-R 模式,卓越工程师领导力培养的课内学习,卓越工程师领导力培养的课外实践,以及卓越工程师领导力培养的教师选择共 6 个方面,以期为"卓越计划"参与高校开展卓越工程师领导力培养的教育教学工作提供建议和参考。

世界各国政府、教育界以及其他组织逐渐认识到领导力是当代大学生必须具备的一项基本能力,对学生领导力培养的兴趣与关注日益浓厚,美英等国对大学生领导力的培养从以往的主要在商科学生拓展到工科学生。美国工程院在《2020 工程师:新世纪工程学发展的愿景》中明确提出:"工程师必须理解领导力的原理,并且能够在个人职业发展中不断实践这些原理"。我国 2010 年启动的"卓越计划"的通用标准[1]对各行各业各种类型卓越工程师培养在宏观层面上提出了基本要求,为参与"卓越计划"的各类高校培养出的卓越工程师勾画出清晰的轮廓,不仅要求他们今后在各自的专业领域是高水平的专家,更要求他们能够全面发展,综合素质高,成为所在行业企业的领军人物,这就使得领导力的培养成为卓越工程师培养工作中的一项重要任务。本文根据"卓越计划"通用标准对卓越工程师培养提出的要求,结合作者多年从事领导力的研究和培训以及在清华大学进行领导力教学的实践,专题讨论卓越工程师领导力培养这一具有开拓性和创新性的问题。

## 14.1 卓越工程师领导力培养的重要性

### 14.1.1 对领导力本质的基本认识

领导力是指一个人所具有的在特定的情境中吸引和影响群体或组织内部成员与利益相关者,在实现群体或组织目标的过程中所发挥的能力和影响力。领导力的作用主要取决于三方面因素。一是群体或组织中的成员享有共同的核心价值取向,认同群体或组织的使命、愿景与目标;二是领导力拥有者善于沟通与协调,与他人建立起良好的相互信任、相互尊重的合作关系;三是领导力拥有者掌握有效的方式、方法和手段,能够充分调动他人的积极性,自觉自愿地共同为实现群体或组织的目标而不懈努力。

从国家的竞争、政府的效能、企业的发展、个人的进步乃至人们的交往等,都离不开领导力的巨大作用。领导学界一度提出的"领导危机"是对全球各类组织曾经普遍存在的"管理过度、领导不足"现象的警示。领导力的重要性自 20 世纪 90 年代以来几乎具有全球性的效应,被看作是一种有效地促进社会变革、推动社会进步的力量,是一种未来社会所不可或缺的能力。

领导力与一个人是否在领导岗位无关,是群体或组织中所有层次和类型的人都需要的。简要地说,领导是一种人际合作关系,是领导者与追随者或合作者之间的关系,而这种关系不是一成不变的,随着所处场合、目标任务、合作对象等的变化,领导者可能转变为追随者或合作者,而追随者也可能转变为领导者或合作者。因此,处理好这种变化的人际关系,使自己在和谐融洽的合作关系之中充分发挥作用,就需要每一个人都掌握领导力。

领导力不是与生俱来的,它是能够挖掘和培养的。领导力不是少数人独有的,任何人都具备领导力的潜质,只不过大多数人的潜质没有被开发出来,也就是说,一个人的领导力需要通过后天的各种教育和非教育途径的挖掘和培养。只有那些领导力的潜质被挖掘出来,并通过培养使领导力得以提升的人,才能成就卓越的事业。

## 14.1.2　大学生领导力培养的重要意义

领导力作为未来人才的必备素质应成为高等学校人才培养的重要内容。大学生作为国家未来的建设者,对他们进行领导力的培养和教育具有四个方面的重要意义。第一,从公民素质教育的角度,领导力的培养有助于培养大学生的公民责任感,使他们主动参与社区服务和民主社会的建设并发挥积极的作用;第二,从社会变革需要的角度,领导力的培养将有利于大学生应对各种环境的变化和社会变革的挑战,并能够积极引导社会变革;第三,从专业发展的角度,领导力的培养将使大学生在所从事的专业领域,能够凝聚、团结和引领更多的力量,发挥更大的作用,取得更大的业绩;第四,从领袖人才培养的角度,领导力的培养将使得大学生能够在任何需要领导角色的时候承担起领导者的使命,并通过长期的领导实践,成长为未来社会需要的领袖人物。因此,从对国家和民族负责任的角度,重视和加强对大学生进行领导力的培养和教育,使之成为推动社会经济发展的中坚力量,无疑是当今世界各国高等教育的一项重要的使命。

## 14.1.3　卓越工程师领导力培养的重要性

卓越工程师领导力培养的目标就是培养卓越工程师成为未来工程发明、工程创新和工程实践的领军人物,从而最终增强我国在工程领域的国家竞争力。因此,对于参与"卓越计划"的高校工科学生,除了上述领导力培养的重要意义外,卓越工程师领导力培养的重要性还表现在以下几个方面:

（1）提升在劳动力市场的竞争能力。

在当今竞争的世界中，善于沟通协调、能够团队合作、胜任组织领导，已经成为社会对高素质人才的一项新的要求。因此，一些学科专业已经开始重视学生领导力的培养，如工商管理、公共管理等学科领域的教育中有专门的领导力开发计划。这就会使得缺乏领导力培养的工程学科专业的毕业生相比之下处于不利的竞争地位，从而降低了他们在劳动力市场的竞争能力。因此，作为未来工程领域卓越后备人才的培养，除了重视本学科专业领域的教育外，还要重视领导力方面的培养。

（2）卓越工程师走向成功的重要素质。

现代社会中，一个人的成功仅靠自己单打独斗是不可能的，而越来越依赖于团队的力量。因此，卓越工程师仅仅在工程能力上卓越是不够的，他们必须能够与人合作共事、会帮助他人和获得他人支持，才能取得事业上的成功，换句话说，一位成功的卓越工程师要学会既成为他人忠实的追随者，又是受欢迎的团队成员，还是优秀的领导者。

（3）中国企业参与国际竞争的需要。

中国企业实施"走出去"战略，推进经济全球化，将承担越来越多的国际性的大型工程项目，需要中国的工程师在这些工程项目中担负起组织、管理和领导的职责。这就要求卓越工程师具备在复杂的国际环境下、在不同的社会背景和经济发展水平下、在跨文化团队合作中拥有更强烈的民族与文化差异意识、出众的解决各种工程问题的能力、娴熟的驾驭各种复杂局面的艺术和调动各种积极因素的技能，成为国际工程界的领导者。

（4）卓越工程师参与重大决策的基础。

工程师在社会进步和经济发展中的突出贡献主要表现在基础设施建设、制造业发展、技术发明创新、资源开发利用和生态环境保护等方面，长期以来，他们是工程任务的接受者，被认为是"如何"解决问题的人，普遍不重视"为什么"要解决问题和解决"什么"问题。因此，在日常的重大战略决策，包括国家层面的宏观决策上，往往是由没有或缺乏专业教育背景，尤其是工程技术背景的政治家或政府官员做出。因此，在世界各国，由于工程师领导力的缺失而不能参与重大决策，从而造成重大经济损失和环境灾难的现象时有发生，所以，需要重视卓越工程师领导力的培养，为其日后参与政府、企业或其他组织的重大决策打下基础。

### 14.1.4 发达国家工程人才领导力培养情况

在世界范围内,不少国家将"培养 21 世纪的工程领导者"作为本科层次工程人才培养的一个使命,虽然多数国家并没有正式或明确的机制来实现学生领导力培养的目标,但在一些发达国家中,将提升或维护国家的全球竞争地位作为工程人才领导力培养的主要目的,并制定了具体的实施计划。在美国,最具代表性的培养工程领导力的计划有:密歇根大学的"工程全球化领导力荣誉计划"[2],重点培养学生在跨文化的国际环境下的领导能力;宾州州立大学的"工程领导力开发辅修"计划[3],通过课堂讨论、国际旅行和情境学习相结合的方式开发学生的领导技能;爱荷华州立大学的"工程领导力计划"[4],是一个以学生为主导的合作课程计划,整个课程结构分为团队建设和个性化培养两个阶段;麻省理工学院的"Gordon-MIT 工程领导力计划"[5],为本校所有工科学生提供了基于项目的学习和成果导向的领导力训练,为本校多数工科学生提供了高级课程和跨学科项目培养工程创造、创新和实践能力,为本校少数工科学生提供了高密度的联合强化课程以使其成为未来工程创造、创新和实践的领导者。英国是欧洲最积极推行工程领导力培养的国家,如英国皇家工程院的"本科生工程领导力先进奖"[6],通过年度培训、周末社交、安排导师、海内外工作实习、境外语言学习和参观、参加会议等方式,为英国各大学一些最出色的工科学生提供领导力开发机会,以培养新一代工程师领袖;拉夫堡大学土木与建筑工程学院的"团队合作和领导力模块"[7],为学生在协调沟通、团队合作以及领导力开发上提供机会。此外,加拿大多伦多大学的"未来领导者"计划[8],采取课程、联合课程和课外活动的方式开发学生的领导力;澳大利亚莫纳什大学的"技术环境下的领导力"计划[9],通过研讨会、专题模块、企业实习、社交活动等方式培养优秀学生的领导力。

通过以上分析可见,领导力的培养应该作为卓越工程师培养的一项重要而不可或缺的内容,需要参与高校在实施"卓越计划"过程中予以充分重视并得到落实。

## 14.2 卓越工程师领导力的构成要素

基于长期的领导实践和领导学研究,作者认为领导力不是单独存在的,在分析领导力的构成要素时首先要考虑领导力形成的基础和领导力作用的条件。

领导力形成的基础就是领导力拥有者所具有的特殊的个人品质，或简称个人特质；领导力作用的条件是指领导力作用的发挥所必须依赖的背景或支撑条件，主要指领导力拥有者在特定情境中所具有的知识和经验，即其坚实的学科专业背景，以及由领导力拥有者的个人特质所创造的氛围。

领导力的研究本质上是影响他人能力的研究，与被影响对象的文化背景、价值取向和道德观念以及领导力产生作用的社会环境等密不可分。因此，不同国家在领导力研究方面的成果只能作为参考和借鉴，而不能照搬硬套，卓越工程师领导力的分析必须在中国文化的大背景下，在现代社会的大环境中进行。也就是说，要认真分析与卓越工程师有潜在工作关系的人群的人生追求和不同发展阶段的各种需要，掌握吸引和影响他们的主要因素，在此基础上才能确定哪些是形成卓越工程师领导力应具有的个人特质，哪些是卓越工程师领导力产生作用的条件，哪些要素构成了卓越工程师领导力。限于篇幅，本文仅给出以下结论性研究结果。

### 14.2.1　卓越工程师领导力应具有的个人特质

形成卓越工程师领导力应具有的个人特质应该主要包括以下九个方面：

（1）尊重他人。

尊重他人是赢得领导力的前提，对他人尊重谦逊，尤其是对那些不论是在知识、能力和经验，还是在经历和地位上不如自己的人的尊重，是赢得人心，获得广泛支持的基本品质。

（2）理解包容。

理解是对他人设身处地和换位思考的理解，而不是主观上的排斥；包容有两方面内涵：一是对有不同意见、反对自己的人或有过失的人的宽容和理解；二是对能力比自己强的人的容纳和接受。这样才能团结各种人才，共同实现组织目标。

（3）诚实正直。

诚实包括对他人和组织的诚实守信、言行一致，对工作的公开透明；正直是指对事物和工作的公平公正、坚持正义。这是获得高可信度的重要基础，不仅能够获得组织的信任，而且能够赢得大批忠实的追随者。

（4）严于律己。

严格遵守法律法规，按照规章制度办事，恪尽职守，严格要求自己和家人，规范自己的言谈举止,自觉接受他人的监督,赢得公信力。"公生明、廉生威",这是赢得领导力的重要因素。

（5）勇担责任。

勇于承担责任是形成领导力必需的基本素质,这也是领导力拥有者与普通群众的不同之处。强烈的责任感就会使人慎思、慎言、慎行,把实现组织目标、维护群众利益作为自己义不容辞的责任。

（6）乐观自信。

一个人的乐观自信对他人有着十分积极的影响,不仅在日常工作中带来轻松的氛围,使大家充满信心,工作起来充满激情,而且在遇到困难时,能够稳定人心,使大家看到克服困难的希望,给人以力量和勇气。

（7）坚韧不拔。

成大事者与他人的区别往往就在于最后的坚持。领导力拥有者要有顽强的意志,坚韧不拔的毅力,不折不挠的态度,不达目的誓不罢休。

（8）忧患意识。

不论是居"庙堂之高",还是处"江湖之远",都应该"先天下之忧而忧",这种居安思危的危机意识在当今动荡和变化的国际环境下尤为重要,是堪当大任,能够得到众人托付的基本素质。

（9）谦逊好学。

领导力的获取和提升需要时刻保持谦逊的态度,虚心地学习一切他人优秀的品质、不断地提高和完善自己的能力。

上述卓越工程师个人特质的养成应该贯穿于"卓越计划"实施的整个过程,并先于卓越工程师领导力的培养。

## 14.2.2　卓越工程师的专业优势

卓越工程师领导力的作用得以发挥的条件主要由卓越工程师在工程领域的专业优势和卓越工程师的个人特质所创造的氛围组成。卓越工程师在工程领域的专业优势包括坚实的专业领域知识、良好的工程素养、处理复杂工程问题的能力、丰富的工程实践经历以及卓有成效的工程成就等。可想而知,一个在自己的工程专业领域上能力不强、缺乏造诣、业务水平得不到同事和同行认可的人,即使具有一定的领导力,也不可能在本专业领域去影响或引领他人、发挥其领导力的作用。卓越工程师的个人特质所创造的氛围为领导力作用的发挥提供了良好的环境。

卓越工程师在工程领域的专业优势需要长期的积累、形成和保持。首先，需要在参与"卓越计划"的整个过程中打下坚实的基础，成为卓越工程师后备人才；其次，从高校毕业后需要在工程实践中通过不懈的努力，不断积累、逐渐形成自身的专业优势；最后，还需要通过终身学习，不断地更新知识、完善自己，从而保持自己在专业上的优势地位。在以上三个过程中，在校期间的学习是日后专业优势形成的基础，因此，卓越工程师领导力的培养应该以重视满足"卓越计划"要求的工程人才培养模式改革以及重视参与高校专业培养方案的设计和实施为前提。

### 14.2.3 卓越工程师领导力的构成要素

就领导力的构成要素而言，目前存在着各种不同的认识。由于看待领导问题的多视角和影响领导因素的多重性，导致了领导力概念的复杂性，因此对领导力要素的构成有着各种不同的认识。例如，有的将领导力归结为具备四种品质和五种行为，即具备真诚、有前瞻性、有能力和有激情四种品质，以及注重以身作则、共启愿景、挑战现状、使众人行和激励人心等五种行为[10]；有的认为领导力主要由五个要素构成，即决断力、创新力、沟通力、影响力和危机处理能力[11]；也有人认为高效领导者的领导力由九种要素构成：支配性、精力充沛、自信心、内控力、情绪稳定、正直、高智力、灵活性以及对他人敏感[12]；还有人认为领导力是由五种能力组成的，即前瞻力、感召力、影响力、决断力和控制力[13]。

作者认为，以个人特质为基础形成的一个人的领导力是由一组能力构成的，而这组能力要素与领导力拥有者所从事的工作性质和专业领域相关。从卓越工程师培养的目标定位[1]看，卓越工程师领导力的构成要素应主要包含七种能力，即战略预见能力、批判思维能力、沟通协调能力、激励授权能力、团队合作能力、创新决策能力和危机处理能力。

（1）战略预见能力。

主要指能够站在行业企业或社会发展的战略高度着眼，看待和预见未来的能力。这种能力能够使其拥有者了解事物发展的规律和趋势，如企业所在行业的发展规律、企业所处的宏观环境的发展趋势，因而能够较好地处理当前与长远、现实与发展的关系，是企业重大决策的科学决断和企业发展方向的正确把握所必须具备的。

（2）批判思维能力。

主要指能够批判性地认识和理解客观事物、分析和评价各方面的意见、看待和分析自己的成就、学习和借鉴他人的成功的一种思维能力。人类对未来世界的创造是永无止境的，任何工程项目、工业产品、发明创造均没有最好，只有更好，不断推陈出新，因此，卓越工程师要能够不断地否定自己已取得的成就，站在前人的肩膀上不断创造新的世界。这就需要卓越工程师能够不断创新，而这种能力正是创新的基础，是区别于他人的一项重要能力，它能够赋予其拥有者独到的见解、与众不同的认识、独辟蹊径的发展途径、柳暗花明的解决问题的方案，从而获得众人的认可和追随。

（3）沟通协调能力。

主要指与上级领导、同级同事和下级人员之间的交流沟通和关系协调能力。具有领导力的卓越工程师需要能够了解和统一众人的各种思想，统筹各方面的局部利益和相互矛盾，带领企业内部各部门、众多下属，处理好各种复杂的外部关系，营造和谐融洽的工作和生活氛围，齐心协力，克服困难，共同完成企业的各种大型和复杂的工程设计、开发、生产和服务任务。

（4）激励授权能力。

主要指通过有效的激励措施和手段，以及各种正确的授权方法，充分地调动下属的积极性、主动性和创造性的能力。卓越工程师未来肩负着重大的历史使命，需要发挥重要的作用，因此，需要发挥下属各自的聪明才智，积极主动地做好本职工作。这就要求卓越工程师善于运用各种激励方法、充分授权下属，抓大放小，把自己从繁杂的事务性和重复性的工作中解脱出来，集中精力抓大事、重决策、把方向。

（5）团队合作能力。

主要指团队精神以及在团队中与他人合作共事的能力。在当今和未来的社会中，一个人，哪怕是他再有能力，也不可能单独完成一项复杂的工程任务，因此，形成团队，合作攻关将是各种组织的主要工作方式。作为卓越工程师，他们不仅将涉及多部门合作，而且还将面临多企业和跨行业的合作，甚至与不同文化背景的人合作共事。因此，培养自己的全局观念、摆正自己的位置、处理好各种合作关系，将成为卓越工程师的一项重要的能力。

（6）创新决策能力。

主要指创新性地进行决策的能力。决策是领导力的重要组成部分，对于卓越工程师而言,他们在未来经济社会发展中的作用使其所要进行的决策不是简单的重复过去,而是对过去未发生的未来事件的决断,如新时期企业竞争战略如何制定,企业新产品如何推向市场,多国合作项目如何开展等。事实上,卓越工程师将面对着大量层出不穷的新问题,这些都需要他们提出突破常规、切实可行的解决途径,即进行创新性的决策。因此,这种能力是卓越工程师领导力的核心部分。

(7)危机处理能力。

主要指危机意识和处理重大突发和危机事件的能力。人类社会发展所积累的资源、环境、生态、气候和安全等方面的问题将使卓越工程师面临着日益增多的不可预见的突发和危机事件,而经济社会发展也要求卓越工程师在处理与工程相关的、涉及人民生命财产安全和国家经济安全的突发和危机事件方面发挥关键的作用。毫无疑问,这种能力的重要性在不断地得到凸显。

## 14.3 卓越工程师领导力培养的 L-A-R 模式

### 14.3.1 领导力培养的最佳方式

实践表明,正规教育和实践经历是领导力培养的两种最佳方式,领导力的培养要注重这两种方式的有效结合。正规教育主要指大学的领导力课程、领导力计划和领导力开发项目等,实践经历主要源于专门针对领导力培养设计的实践活动。由于"卓越计划"参与学生主要接受的是工科的教育方式,其分析问题的思路、逻辑思维的方法,特别是强调工程实践教育等不同于其他学科,尤其是社会学科的学生,因此应采用与工商管理、公共管理、教育学以及其他社会科学不同的领导力的教育方式,进行卓越工程师领导力的培养。

卓越工程师领导力培养的教育方式与其他社会学科学生领导力培养的教育方式不同之处主要表现在两个方面。一是领导力的实践环节不仅包括专门的领导力实践活动和其他常规的课外活动,而且包括大量的工程实践活动,也就是说,工程实践活动是卓越工程师领导力实践经历的重要来源;二是在正规教育的设计上,要注重工程教育的特点,注重与工程实践活动的结合,发挥各种工程实践活动,包括在企业学习阶段的各种活动对卓越工程师领导力培养的作用。

在重视实践经历对卓越工程师领导力培养的作用时,要认识到以工程教育为目标的实践与以领导力培养为目标的实践之间存在着重要的区别。以工程教育为目标的实践目的在于工程理论知识的应用、实践能力的培养和工程能力的提高。而以领导力培养为目标的实践十分注重学生在实践过程中对领导行为结果的观察和对观察结果的反思，从而潜移默化为自身的观念和行为准则的一部分。

## 14.3.2  卓越工程师领导力培养的 L-A-R 模式

注意到以工程教育为目标的实践与以领导力培养为目标的实践之间存在的上述区别，考虑到将正规教育与实践经历有效地结合，笔者提出"学习讨论—行动观察—反思内化"（learning&discussion—action&observation—reflection & internalization model, L-A-R）这样一种模式，以此作为学生在大学期间进行卓越工程师领导力开发和培养的教育模式（简称 L-A-R 模式）。

L-A-R 模式表现的是学生领导力得以开发的过程。在"学习讨论"中，学生参加领导力课程或领导力专题的学习，对领导力的概念、要素、理论以及领导专题进行学习和讨论；在"行动观察"中，学生通过参加与领导力相关的课外活动、社团活动、社区服务等的具体行动，对行动后果进行观察以及对发生在自己身边的人和事的观察和了解，对"学习讨论"学到的知识有了进一步的感性认知和深入的发现；在"反思内化"中，学生通过对"行动观察"结果的反思，使自身对领导力的内涵或某要素有了更加深刻的理解和认识，领悟到其中的本质与核心，并转化为个人特质、处事风格和行为规范的一部分。经过这样一个循环，学生的领导力得到一定的提升，然后进入下一个 L-A-R 循环。

在新的 L-A-R 循环中，在"学习讨论"阶段，学生继续领导力课程的学习或加入与其当前领导力水平相应的领导力项目或领导力专题的学习，进行更高层面领导力的研讨；在"行动观察"阶段，学生通过在课外的各种行动实践当前水平的领导力，对行动后果进行认真的观察以及对他人行为的观察和了解，使他们对领导力及其相关内涵有更深入的发现；在"反思内化"阶段，学生对观察到的各种结果进行反思，强化或加深对领导力某些内涵的认识，从根本上理解或领会其中的精髓，从而内化为个人根深蒂固的品质或行为准则的一部分。至此，学生的领导力在这一循环过程中继续得到了提升。

例如，一位有主见的学生干部在领导力课程的学习中知道，"尊重他人"和"理解包容"是形成领导力的重要个人特质，但以往一些较为顺利的经历和对个人能力水平的过于自信,使得他对这两个特质的重要性仅有一定程度的认识;带着这样的认识,他尝试着在组织课外活动中,采取与以往主要按照自己意见开展活动的不同的方式,注意听取其他同学对如何组织课外活动的意见,并对同学与自己不同的行为采取包容的态度,同时仔细观察同学们对自己新的工作方式的反应,有了较为惊讶的发现:同学们的积极性和主动性得到一定程度的调动,一些以往不大配合他工作的同学更愿意与他合作,同学们较过去更加支持他的工作;这件事给了他心理上不小的触动,促使他反思自己过去开展工作的方式方法,促使他分析过去工作上遇到阻力或不成功的根源,从而较深刻地认识到"尊重他人"和"理解包容"不是一个简单的口号,而是提升自己领导力的两个既基本又重要的个人素质。

每一个 L-A-R 过程构成一个领导力提升的循环,反复多次这样的循环,形成了领导力提升的螺旋曲线,螺旋曲线的螺旋式上升意味着学生领导力的不断提升,直至最终实现卓越工程师领导力培养的目标。

在 L-A-R 模式中,习惯于传统教育模式的教师和学生往往对"学习讨论"予以高度重视,而容易轻视"行动观察"和"反思内化"。事实上,领导力的培养仅靠课堂上的学习和讨论是远远不够的,与其他实践性课程不同的是,需要学生不仅要有行动,还要对行动可能产生的结果细心观察,从而对行动结果有意想不到的发现,而这些发现对学生理解和掌握领导力的本质是至关重要的。在"行动观察"的基础上,对观察发现的结果进行反思也是领导力培养与其他实践性课程的不同之处,没有反思,就不可能对行动进行重新审视,就不可能找出行动的不足或需要完善的地方,就不可能领悟到领导力诸要素的本质和真谛,从而内化为学生自身的特质,从根本上改变学生的自己的不足,而逐步使自己的领导力水平得到开发和提升。

在 L-A-R 模式中,最重要也最容易被忽视的部分是"反思内化"。作为最后阶段,"反思内化"是对前面过程的提升,它为学习者提供了多种方式和多种视角认识和理解各种领导情境和领导问题,能够对学生的领导力产生质的升华。"反思内化"容易被忽视的原因主要有三。一是学生没有意识到在领导力开发中"反思内化"的价值所在;二是学生习惯于按照其他课程的学习方式参加领导力培养课程的学习,因为前者不注重或不需要反思;三是学生没有足够的时间思考他们"行动观察"的各种结果,也没有时间去反思他们应该以何种方式更好地进行某一行动。

"反思内化"的重要价值需要通过采用批判性和多视角的反思形式得以显

现。批判性的反思形式是通过鼓励学习者质疑甚至否定自己对他人的见解、对自己和事物的认识、对问题的理解和看法,以及自己所采用方式方法的有效性等,学会改变自己的领导方式和领导风格。多视角的反思形式是通过各种不同的角度看待和分析问题,如换位反思、逆向反思和系统性反思等,使对领导问题的认识更为客观、全面和深入,从而纠正自己的领导行为和提高自身的领导力。

### 14.3.3 学生个体因素对 L-A-R 模式的影响

在对学生进行领导力开发的过程中,其个人的认知水平和主观因素对知识的提炼、经验的总结和认识的提高均有很大程度的影响,即会影响到 L-A-R 模式中的行动、观察和反思。

首先,个人预期和偏好会对行动的结果产生影响。一个人对他人的预期,可能会影响到他对其他人采取何种行动,而其他人为了对他的行为做出反应,会以某种方式行动,从而验证了他的预期。例如,担任领导力课程教学的教师在对学生进行分组以便进行团队训练时,被指定为组长的学生会以某种方式感受到教师对他们的预期,这些学生就会做出相应的反应,以证明他们胜任被教师指定的组长的工作。因此,在进行领导力开发时,可以通过预期或偏好强化对学生某方面的领导力要素的培养。

其次,个人的认知和偏见会对观察的结果产生影响。一个人对某一事物固有的看法或不全面的认识,可能会导致他主观地或片面地观察和看待领导力的现象和事实,从而影响领导力的培养。例如,如果一个学生认为穿着不讲究的人通常不是好的领导者,那么当领导力课程授课教师(对学生而言是领导者)不注意穿着时,由于存在偏见,这位学生可能会对教师讲授的关于领导力的内容不感兴趣,或者存在抵触情绪。这种将衣着与毫不相关的教学能力相联系的偏见将影响学生的学习效果。当一个人的经历使他只看到某件事负面的一面时,一旦该事件发生,他只会寻找和发现该事件的消极因素,而忽略其积极的因素。例如,如果学生看到成功的领导者在学生时代都是学生干部,那么他会将是否担任学生干部作为能否提升领导力的关键,而轻视正规教育对领导力培养的作用。因此,在进行领导力开发时,要重视对学生片面的认知和偏见的纠正。

最后,主客体原因分析的差异对反思的结果产生影响。反思是对行为观察结果的解释,但这种解释会因为观察结果是否源于主体或客体而出现区别。一般而言,人们更可能将他人的失误归结于他人的主观因素,如智力水平、人格、素质、相貌或其他其所无法控制的因素,而将他人的成功视为情境等客观因素或好运气的结果。相反,人们倾向于将自身的失败归结于情境等外部因素,如准备不够充分、他人不配合、教师平分不合理等客观因素,而将自身的成功视为自身智力水平、人格、能力或经验等主观因素。例如,对于某一学生在处理人际关系的失败,他本人容易将原因归结于他人的低素质和过于自我,而其他同学则更倾向于将他的失败归结于自身缺乏沟通和协调的能力。因此,在进行领导力开发时,要正确引导学生对观察结果的反思。

## 14.4　卓越工程师领导力培养的课内学习

卓越工程师领导力的培养应采用课内学习与课外实践相结合的方式进行,旨在培养上述形成卓越工程师领导力需要具备的九种个人特质和构成卓越工程师领导力的七种能力。课内学习主要使学生获得有关领导力的知识与基本的领导技能,为在课外多种情境中进行领导实践提供理论依据与支持。教师课堂教学的方式多种多样,不仅有与工程专业课教学类似的传统的教学方法,还可以根据领导力形成的特点和规律设计专门的教学方法。

### 14.4.1　适用于卓越工程师领导力培养的传统教学方法

适用于卓越工程师领导力培养的传统的教学方法包括课堂讲授、专题研讨、分组讨论、工作坊和多媒体演示等。

(1)课堂讲授。

课堂讲授主要是由教师对领导力的概念、原理、理论、技巧等在领导学界已经形成普遍共识的知识集中地向学生讲授,使学生更好地从理论上理解领导力。学生在课前往往要完成教师布置的相关文献资料的阅读,以配合教师的讲授。这种教学方式能够提高教育的效率和覆盖面,仍是目前国内外广泛采用的一种传授领导力知识的有效方法。

(2)专题研讨。

专题研讨是以领导力培养中需要重点关注和深入分析的内容作为主题,在课堂上以教师主导、学生参与、师生互动的方式对该主题进行广泛深入的分析和探讨。这种教学方式要求教师对该专题已有透彻的研究,以应对课堂研讨时学生可能提出的各种问题,要求学生课前做好充分的准备并形成对该专题内容初步的认识或观点。在领导力教育方面需要研讨的问题较多,因此专题研讨是最主要的一种课堂教学方式。

（3）分组讨论。

分组讨论是将参加领导力开发的学生分成若干组,共同就一个或几个领导力问题展开讨论,其目的是使得每位学生都能够开口、畅所欲言、发表自己的见解、相互间进行争论。在这种教学方式中,学生是主角,而教师仅起着引导的作用,因此适用于那些观点不统一、认识不一致的领导力问题的探究。

（4）工作坊。

工作坊是一种互动体验式学习方式,它以一名在领导力领域富有经验的主讲人为核心,指导 10～20 名学生,通过活动、讨论、简述等多种方式,共同探讨领导力方面的某个话题。工作坊的主要特征有二：一是探讨的话题往往更有针对性;二是组织形式更为灵活,包括时间和地点的选择。因此可以选择在真实的领导情境中进行工作坊,以提高领导力开发的效果。

（5）多媒体演示。

多媒体演示是借助多媒体技术,通过给学生播放真实的历史影像资料,或者通过图文声像创设形象逼真的情境,使学生身临其境,能够从难于言表的细微表情和细小动作、简单的对白、形象的说明以及复杂的场面中,深刻地了解各种典型复杂的领导事件,感受人物个人特质的作用,感悟领导力的重要影响,从而培养自身的领导力。因此可以作为研究复杂领导事件和说明复杂领导现象的有效方法,也可以作为其他课堂教学方式的补充。

在传统的领导力教学方法中,**案例教学**具有十分重要的作用。领导力的性质决定着实践性教学在领导力教育中的重要作用,而最典型的实践性教学方式就是案例教学。案例教学通过精心挑选发生在真实领导情境中的各种复杂的成功或失败的领导案例,为学生提供一个学习处理和解决实际领导问题的十分有效的方法。教师应该注重结合学生的工程专业背景,从真实的工程实践中选择用于领导力教学的案例。一个完整的案例包括领导问题、领导情境、领导条件、各种领导关系以及可能的领导方案,它需要综合运用领导知识和理论,要求学生以当事人的角色,领导者、追随者或同级人员,参与整个领导问题的解决过程,培养包括分析问题、协调关系、影响激励、判断决策和解决问题等方面的领导能力。案例教学在领导力教育中的重要作用还表现在其功能的多样性上,教师可以根据教学目的的不同需要,修改或调整构成领导问题的要素或条件,针对性地培养学生某一方面的领导能力。因此,案例教学应该在领导力教育过程中予以充分的运用。

## 14.4.2　根据领导力形成的特点和规律设计的教学方法

根据领导力形成的特点和规律设计的教学方法包括角色扮演、问题模拟、自我反思、团队训练、导师配备和领导者研究等。

（1）角色扮演。

角色扮演是在特定的情境中安排多位学生分别扮演各种不同的领导角色，训练和培养学生的领导技能和领导能力的一种教学方法。比较抽象地在课堂上讲授领导知识和领导问题，这种方法的最大特点是能够使学生设身处地地体验到不同角色的差异，包括心理感受、行为举止、个人需求和责任目标等，通过实际的演练使学生的领导知识得到实际应用、领导技能得到训练、领导水平得到提升和巩固。因此是一种十分有效和流行的领导力培养方法。

（2）问题模拟。

问题模拟是专门针对实际工作环境中经常面对的一些富有挑战性的决策问题，如提高绩效、危机处理等进行模拟，让学生担任问题中的各种领导角色，对问题进行分析和判断，提出解决问题的思路和方法，培养自己的领导能力。这种教学方法的优势在于能够专门针对具有一定难度的领导问题进行深入的探讨，针对性地培养学生解决这一类问题的能力。

（3）总结反思。

总结反思是要求学生总结和反思领导力学习过程中的经验和教训，定期提交个人领导力的进展报告，从而提高学生对领导力本质的把握，促进领导力的提升。总结反思的方式有两种。一是学生定期通过评估性测试，自主对接受领导力教育的进展情况进行分析和评价，取得结论性的反思意见；二是学校定期组织学生与同学、教师和来自工业界有经验的领导者交流，讨论和思考在领导力教育过程中所学到的知识和经验，获得同学、教师和工业界领导者的反馈意见。

（4）团队训练。

团队训练是将学生分成若干小组或团队，要求每个小组在复杂的条件下完成一定的工作任务，每位学生在团队中依次或分别担任不同的角色，如组长、工作人员、办事员、秘书等，通过共同解决问题和合作完成任务的过程，培养学生的团队精神、责任意识和集体荣誉感，训练学生的表达交流、沟通协调、团队合作、组织管理和领导决策等方面的能力。这种教学方法提供了接近真实生活的领导情境,学生不仅能够充分展现其个人特质、领导风格、领导能力和领导艺术,而且能够使自己的领导力在团队训练过程中,通过相互启发、借鉴和学习得到改进、提升和完善,因此在领导力教育中被广泛采用。

(5)跟踪学习。

跟踪学习是指给每一名学生配备一位有经验的领导者作为导师,导师定期,如每周一次,与学生会面,指导学生领导力的学习,回答学生的各种问题,而学生将导师作为自己跟踪或尾随学习的榜样或行为参照的对象。这种教学方式的优势在于学生可以将跟踪导师学习过程中出现的问题和困惑向导师请教,而导师能够深刻细致地将自己领导行为的缘由和动机分析告知学生。这种师徒式的教育方式在领导力教育中具有十分直接的效果。

(6)领导者研究。

领导者研究是要求学生去分析和研究一位当今知名的领导者或者一位历史领袖人物的领导力,以帮助学生学习和理解所研究的领导者如何在特点的背景和领导情境下,运用自身的特质和超凡的领导力成功地解决各种复杂的领导问题,进而实现领导目标。学生选择的领导者最好是在所学的工程领域中卓有成就并被师生所接受的领导人物,这不仅对学生今后职业生涯发展中领导力作用的发挥具有更好的学习和借鉴作用,而且也利于引起其他同学对该领导者的兴趣而相互交流、从中受益,同时也能够更多地得到教师的指导。

### 14.4.3　领导力教育与通识教育和专业教育的结合

不同类型的"卓越计划"参与高校对卓越工程师领导力培养的课程设置会存在较大差异,这与卓越工程师培养的目标定位、参与高校人文社会学科的整体结构、学生的层次和卓越工程师培养类型、担任领导力教学任务的教师对领导力的理解等密切相关,因此,在卓越工程师领导力培养的课程设置上不可能也不必要予以硬性要求。但是,按照领导力教育的特点,从提高领导力教育效果角度考虑,应该特别强调领导力教育与通识教育和专业教育的紧密结合。

(1)领导力教育与通识教育相结合。

充分发挥通识教育在领导力教育中的作用,为卓越工程师领导力培养奠定基础。通识教育主要是对学生进行人文、社会、自然科学等基础知识的教育,它对于学生正确的世界观和人生观的形成有着重要的作用,能为领导力教育提供良好的基础。具体而言,可以通过整合通识教育课程资源、改革通识教育的教学组织形式和教学方法、在通识教育的课程中强化素质教育内容和渗透领导力教育的内容等措施,从三个方面发挥通识教育在领导力教育中的作用。一是提供领导力教育所需要的基础知识和基本技能,如心理学、管理学、演讲口才、思维方法、人力资源管理、组织行为学、公共关系等;二是进行卓越工程师领导力培养必需的学生公民道德、奉献精神和集体观念等的教育,以及重视卓越工程师领导力必备的学生社会责任感、历史使命感和全球化视野的培养;三是重视形成卓越工程师领导力应具有的个人特质的教育和形成,注重学生领导力意识的提升。

领导力教育与通识教育的结合还可以通过在通识教育中设立专门的领导基础课程来实现,这种跨学科的课程着重探讨领导的本质和领导力的基本原理等领导力教育中的基础性问题。

(2)领导力教育与专业教育相结合。

在专业教育中融入领导力教育,为卓越工程师领导力开发和培养提供实践平台。卓越工程师在专业教育上能够从两个方面继续领导力的教育,为卓越工程师领导力的提升创造条件。首先,在教学组织形式和教学方法上,"卓越计划"大力推行研究性学习,尤其在专业教育阶段,各种研究性学习的教学组织形式和研究性学习的作用机理说明:研究性学习方法的采用对于学生工程能力、社会能力和综合素质的培养和提高均有重要的作用[14],而这些正是卓越工程师领导力的基础和组成部分,因此,教师在推行学生研究性学习的过程中,在重视完成专业教育任务的同时,可以将领导力的培养作为推行研究性学习的一项重要目标。其次,在实践性教学上,"卓越计划"强调学生实践创新能力的培养,重视企业学习阶段的学习,这不仅涉及到大量的实践性教学活动的计划、组织、实施和管理,而且涉及到师生之间的配合协调、同学之间的交流沟通、自我组织和相互合作,还涉及到学生如何适应企业环境、学生与企业导师关系处理,更要注重在企业中学习和提高学生处理和解决各种复杂工程问题的能力,所有这些均为卓越工程师领导力的开发和培养提供了难得的实践平台,因此,教师在组织学生进行实践性教学的过程中,可以把领导力的培养贯穿始末。

图14.1简洁地说明了领导力教育与通识教育和专业教育的关系。

必须指出的是,卓越工程师领导力教育可以采取多种形式、分为不同层次,灵活地适应学生的不同需求。在形式上,可以设立自成一体的领导力开发计划、专门的领导力培养项目或纳入卓越工程师培养学位课程体系的课程;在层次上,可以模块化设计不同层次的领导力开发模块,如初级领导力模块、中级领

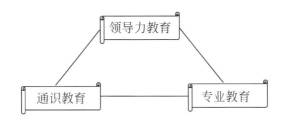

图 14.1　领导力教育与通识教育和专业教育相结合

导力模块和高级领导力模块等。此外，"卓越计划"参与高校可以开设领导力系列专题讲座，广泛聘请校内外，尤其是工程界成功的领导者为主讲嘉宾，为全校范围内的工科学生提供亲身凝听和交流互动的机会。

## 14.5　卓越工程师领导力培养的课外实践

领导力教育的效果与进行教育的氛围和环境直接相关，也就是说，领导力开发和培养应该在更接近真实生活的背景和领导情境中进行。以成功培养领袖闻名的耶鲁大学主要采用课外活动的方式培养学生的领导力，该校校长理查德·莱温(Richard Levin)指出，耶鲁大学培养领袖的秘诀是："鼓励学生参加课外活动，在课外活动中培养学生的领导能力"。他还认为："课外活动小组是培养未来领导者素质的实验室"。课外活动不仅能够使学生在课内学习的领导力知识得到应用，使学生对领导力知识的领悟和掌握更加深刻，而且能够使学生的领导力在实践中得到训练和提升。由此可见，课外领导力实践活动对卓越工程师领导力的培养至关重要。

与卓越工程师领导力培养相关的课外实践主要包括课程实践活动、党团班会活动、学生社团活动、企业实践活动和社区服务活动等形式。

### 14.5.1　课程实践活动

课程实践活动是指专门设计或安排的与领导力教育课程相互衔接与融合的课外实践活动，作为课内学习在实践领域的延伸，通常被视为领导力教育课程的组成部分。课程实践活动的目的是使学生在课内学习到的领导力知识得到应用和巩固，使领导力得到进一步的开发、强化和提升。课程实践活动可分为校内实践活动和校外实践活动。

校内实践活动的形式多样，大致可分为三类。一是专门设计的综合性项目,让学生的领导特质和领导能力在项目中得到系统性的训练;二是安排在校内一些部门或院系的实际岗位上挂职锻炼,如在学生处、就业办、团委、保卫处、教务部门、院系办公室等单位参与具体的工作;三是依托各院系已有的教学项目和组织活动,有针对性地让学生在这些项目或活动中练习担任领导者或其他不同角色,培养他们的领导力。

校外实践活动主要是通过安排学生到政府或企事业单位的一些部门的管理岗位上参加具体事务的运作或作为某位领导的助手或秘书,并以某位有经验的领导者作为自己跟踪学习的对象。这类活动主要有两方面作用:一是学生熟悉各种领导环境,了解这些部门工作流程和规范,培养学生的服务意识;二是学生学习处理和解决各种领导问题的方法和技能,验证和充实课内学习的领导力知识。

在各种课程实践活动中,学生参与或负责的工作任务的类型、性质以及工作环境对卓越工程师领导力的培养效果有着重要的影响。开发型的工作任务比常规型的工作任务更复杂、更需要思维和创新、更需要创造性的解决方案,因此能给学生领导力的培养带来更好的效果。能够给学生带来高度压力的工作任务会促使学生竭尽全力、"绝处逢生",取得"柳暗花明又一村"式的领导力提升效果;复杂、动态、随机和不可预测的工作环境将给学生带来种种难以把握的不确定因素,使得工作任务的完成极具挑战性,因此提供给学生领导力开发和拓展的最好机会。

课程实践活动需要配备在领导力上有经验的导师对学生进行及时的指导。学生在整个活动过程中,对自己的感受、认知、收获等要经常性地进行思考和总结,并及时得到同学和导师的点评和指导。

### 14.5.2　党团班会活动

大学的校团委、校学生会、研究生会、院系分团委、院系学生分会、班级学生党支部、班团支部、班委等(简称党团班会)是在大学学生工作部门领导下的学生正式组织,在大学学生管理中发挥重要的作用,也是学生干部培养和学生领导力实践的重要组织。

党团班会活动对参与的学生和学生干部在个人素质提高、人际关系处理、管理能力培养和领导技能的掌握上均起到重要的作用。首先,党团班会的运作、学生活动的组织和学生工作的开展是在大学负责学生工作的教师的指导下,以及高年级同学的传帮带下进行的,因而党团班会是学生课堂之外的另一个重要的学习场所;其次,作为大学的正式组织,党团班会有规范的组织架构、明确的职位设置、清晰的职责分工、有效的工作机制,这些将有利于在其中工作的学生学会摆正自己的位置、处理好上下级和同事的关系、培养团队合作意识;再次,党团班会的各项学生工作主要针对的是同龄同学在学习、思想、生活、就业、情感等方面的问题,这一方面会促使做工作的学生规范自身的行为、提高自身的素质、率先垂范,另一方面也有利于培养和提高这些学生交流沟通、分析问题和解决问题的能力;最后,党团班会各种学生活动的开展需要组织者做好人员组织、各方协调、资源获取、计划安排等方面的工作,因而系统地锻炼了参与活动的学生的计划、创新、协调、合作、组织、指挥等方面的能力。

事实上,担任学生干部对于学生领导力的提升具有不可忽视的作用。实践证明,在大学期间担任过学生干部的学生,不仅增强了自信心、服务意识和社会责任感,开阔了视野和提高了自身素质,而且在人际关系处理、社会交往、团队合作、创新决策等方面的能力都得到了不同程度的提升。有抽样调查表明,担任过学生干部的大学毕业生不论在就业单位的选择、用人单位的满意程度,还是在职业生涯发展、成为成功领导者等方面都较其他学生更具有潜力和优势。因此,"卓越计划"参与高校要重视党团班会在卓越工程师领导力培养上的作用。

### 14.5.3　学生社团活动

学生社团,如志愿者协会、英语协会、管弦乐队、长跑协会、舞蹈俱乐部等,是学生在大学期间根据各自的兴趣、爱好和特长,自愿参加、组织和开展特定活动的团体组织。加入学生社团,犹如进入一个与所在院系无关的社会群体,学生的特长能够得到充分发挥、潜能能够得到充分挖掘、能力能够得到充分展示、成就感能够得到较好的满足。由于学生社团对年轻一代青年学生兴趣、爱好的培养、全面发展和心理健康起着越来越重要的作用,因此,在一定程度上得到学校的鼓励和支持。

学生社团的非正式组织和自愿参加的性质决定着社团活动的开展需要更多地依赖社团成员,尤其是社团领导者和社团活动组织者的吸引力、影响力、组织能力和管理水平,这就使得学生社团活动的组织较党团班会的活动难度更大。然而,正是这种难度,为学生领导力的锻炼提供了重要的平台。

学生社团活动对学生领导力开发和提升的作用主要源于社团以下三方面的工作。首先,在社团组织建设上,需要寻求学校认可、设计组织结构、招募社团成员、制定发展计划、策划组织活动;其次,在社团的管理上,需要与来自不同院系,有着不同目的、背景和特长同学的协调沟通,以及管理制度和运行机制的建设,调动社团成员的积极性,充分发挥各自的作用;最后,在社团的生存与发展上,需要寻求各种资源、开拓生存空间、通过社团活动的成功举办,获取广泛认可,增强社团的影响力和赢得声誉。

以上学生社团的工作对于学生交流沟通、自我认知、团队合作、为人处世、开拓创新、组织管理、指挥协调、公共关系等方面能力的培养和提升均具有重要的作用,国内外高等教育实践也充分证明,学生社团是学生领导力培养的沃土。因此,"卓越计划"参与高校要重视和支持学生社团,将其作为卓越工程师领导力培养的重要平台。

## 14.5.4　企业实践活动

企业是卓越工程师未来工作和领导力作用发挥的真实场所,应该成为卓越工程师领导力培养和实践的最佳场所之一。"卓越计划"要求参与专业的学生有一年左右的时间在企业学习,包括在国家级/省级工程实践教育中心和其他"卓越计划"参与企业,这为学生到企业通过实践,学习和提升领导力提供了制度保证。

"卓越计划"参与高校应该利用安排学生到企业学习的机会,根据企业学习的特点,结合各种工程实践活动,从三个方面使学生的领导力得到学习锻炼和有效提升。首先,学生要利用各种机会,熟悉和了解企业的运作模式和管理方式,分析和研究主要领导的影响力、领导风格和领导方式;其次,每位学生要确定一位在企业负有领导职责的工程师,对其进行跟踪学习,并就领导力的问题与其进行交流和沟通;最后,对学生在企业一年左右的学习实践活动,采取学生自我管理的方式,每位学生轮流担任不同的领导或管理角色,定期接受同学和导师的评价和建议。

就提高卓越工程师领导力开发的效果而言,建议参与高校尽可能将学生送到规模大的企业进行学习实践。这是因为较小企业而言,大型企业能够从三个方面提供给学生更好的领导力学习和开发的条件。一是企业能够提供更为丰富的学习实践活动,学生能够更为系统全面地经历各种类型领导问题的解决;

二是学生能够接触到各种类型和不同风格的领导者,有利于学生学习各种不同的领导经验;三是企业面对的领导问题更为错综复杂,学生能够学到更有效的领导方法和更高超的领导艺术。

除了企业规模外,参与高校还要注重选择跨国企业作为学生领导力实践锻炼的场所。多元文化已经在当代领导情境中得到显现,对多元文化的理解和适应将直接影响卓越工程师在未来多元文化的交流、冲突和融合中领导效能的发挥。因此,学生在跨国企业的学习实践,将有利于培养卓越工程师在多元文化情境下的领导能力。

此外,应该鼓励参与高校与企业合作,专门开展卓越工程师领导力开发和培养的活动,使学生直接受益于具有丰富领导实践经验的企业领导者的报告、交流和指导。

## 14.5.5　社区服务活动

社区服务活动就是学生作为志愿者参加社区公益项目、参与社区工程项目、开展服务性学习、帮助解决社区问题。与校内和企业实践活动不同的是,社区服务活动充分利用社区资源,给学生提供了直接面对社会、接触各种人群、了解社会万象、参与社区建设的机会。

虽然社区服务活动似乎与课堂学习没有直接关系,但是,"卓越计划"参与高校应该从两个方面发挥社区服务活动在学生个人素质提高和领导力提升上的作用。一方面要求学生以服务学习的方式参与社区服务活动,广泛学习课堂上所学不到的知识,提高自身素质;另一方面要聘请具有丰富领导经验的社区领导者担任学生的社区导师,以更有效提升学生的领导力。

社区服务活动对卓越工程师个人良好素质的养成具有两方面的作用。一是培养学生的公民意识和参与意识,这是成为合格领导者必需的公民基本素质;二是培养学生的社会责任感、奉献精神和服务意识,这是成为合格领导者必备的基本要求。

社区服务活动对卓越工程师领导力培养的作用表现在三个方面。首先,学生在社区服务活动中可以亲身感受和体验各种不同角色,通过与他人的相处与合作,学会尊重他人、摆正自己在组织中位置、处理与各种类型的人的关系,从而提升自身的影响力,为日后融入社会、发挥领导力的作用打下基础;其次,学生在社区服务活动中通过负责具体的工作或配合他人完成某项任务,需要进行项目规划、沟通协调、项目实施、团队合作,甚至处理各种复杂或不可预见的问题,能够学习和实践领导技能,丰富领导体验;最后,学生在社区服务活动中能够接触到社会各类机构的工作人员和社区领导者,通过与他们的交往直接或间接地得到他们的指导,能够使自己的领导力得到切实的改善和提高。

在积累一定的社区服务活动经验之后,参与高校应该与社区组织进一步合作,或者通过挂职锻炼的方式安排学生在社区的一些部门担任一定的职务,相对独立地负责一定的工作,或者通过负责项目的方式安排学生独立地运作和完成一个项目,在更高层面上培养和拓展学生的领导力。

## 14.6 卓越工程师领导力培养的教师选择

与大学一般课程的学习显著不同的是,卓越工程师领导力的培养是以工程专业领域为背景、以开展工程活动的相关人员为主要研究对象,培养卓越工程师实现企业目标的领导能力的实践性很强的教育活动。因此,它要求教师不仅具有人文社会学科的深厚底蕴,在领导力研究上有较深的造诣,而且应有领导实践经历、善于总结和反思各种领导经验与教训、富于领导创新和领导力开发。鉴于目前"卓越计划"参与高校教师队伍的现状,担任卓越工程师领导力培养任务的教师可以由若干名教师组成专门的教学团队,他们或者是领导学的研究者,对领导力原理和内涵有精深的把握,或者具有丰富的领导实践经历,善于总结和分析各种领导问题,从而胜任卓越工程师领导力培养的课内教学工作和课外实践指导。总体而言,担任卓越工程师领导力教育工作的教师可以来自校内专任教师、工业企业的领导者、政府官员、本校成功校友、校内领导干部以及社区领导者等方面。

### 14.6.1 校内专任教师

目前我国大学领导力的课程主要是在如商学院、管理学院等人文社会科学院系开设,选课的学生一般限于本院系,因而,教师采取的是针对这些学生的领导力教育方式。虽然,这些从事领导学研究并担任领导力教学的专任教师可以作为卓越工程师领导力培养课内教学的主要承担者,但是,他们必须做好两方面的工作以完成好卓越工程师领导力培养的教学任务。一是注意教学对象的转变,注意文科学生与工科学生在思维方式和学习方法上的差异,研究并采取适合工程专业学生的领导力教学方式；二是要将教学内容与学生主修的工程学科专业紧密结合起来，开展领导力的教学活动，如注重选取源于工程实践的领导力案例、注重重点研讨工程领域的领导问题等。为此，校内专任教师还需要预先开展卓越工程师领导力教育的研究。

## 14.6.2　工业企业领导者

工业企业领导者基本上都是本工程专业领域业务上的杰出人士，负责或主持完成过大量的工程项目，在长期的工程实践中积累了丰富的领导经验，具有很强的领导力，因而，他们应该成为卓越工程师领导力教育首选的校外专家或嘉宾。由于工业企业领导者不是领导学的理论研究者，而是领导力的实践者，参与高校应该聘请他们以自己丰富的领导经历为素材，举办领导力专题报告、专题研讨、工作坊等，并指导学生领导力的课外实践。聘请工业企业领导者担任领导力教学任务的优势有二。一是他们掌握了本工程专业领域最具权威的领导力素材，而这些素材往往与重要的工程项目或工程活动密切关联，能够使学生受益匪浅；二是他们与擅长理论教学的校内专任教师形成优势互补，弥补了后者缺乏领导经历和工程背景的不足。

## 14.6.3　政府官员

各级政府具有严格的组织结构的领导秩序，政府官员虽然不一定是某一行业领域的专家，但他们需要有效地运用职位赋予的权力，处理好各种宏观层面的、涉及面广、错综复杂的管理和领导问题，从而在运用法定权力处理和解决领导问题上积累了十分丰富的经验。聘请政府官员参与卓越工程师领导力教育活动的主要作用有二。一是通过政府各种不同领导问题的报告和讨论，学生能够从政府层面开阔领导力问题的视野，学习丰富的领导技能并为日后触类旁通地应用打下基础；二是学生能够真实地了解到政府内部的运作规律和官员权力的影响作用，以利于日后更好地处理和解决与政府的领导问题，包括与政府交往、获得政府支持以及影响政府决策等。

## 14.6.4　本校成功校友

本校优秀工科专业毕业生在社会上取得成就之后十分容易成为在校工科

学生学习的楷模,这不仅是因为这些成功校友的人生轨迹与在校生有着共同的起点,还因为成功校友是所有人群中最容易在心理上和情感上得到在校生接受的群体。因此,在校生对本校成功校友在领导力开发和提升上的经验和教训具有浓厚的兴趣,期待着从成功校友的领导力讲座、报告和座谈中获得"真金白银"。邀请本校成功校友回母校参与卓越工程师领导力教育活动的主要作用表现在。一是能够为在校生提供极具学习和参考价值的领导实践经验;二是能够通过回溯分析,为在校生提供在大学期间有效开发和培养领导力的建议。

### 14.6.5  校内领导干部

大学的校内领导干部,主要指学校领导和具有领导实践经验的院系部处负责人,在市场经济环境下,面临着内外部竞争压力,要处理和解决各种各样的管理和领导问题。作为学生的师长和领导,校内领导干部具有的影响力和他们贴近学生的领导实践,也使得他们适合参与卓越工程师领导力的教育活动。校内领导干部在领导力培养的作用可以是作专题报告、参加研讨会和指导学生课外实践,如安排学生在校内一些部门锻炼并给予学生常规性的指导。

### 14.6.6  社区领导者

社区领导者面临的问题主要涉及居民生活、社区服务、小区建设、社区安全、人口管理等,因此,他们在处理社区层面、贴近百姓生活的领导问题上具有丰富的经验。聘请社区领导者参与卓越工程师领导力教育活动的主要作用如下:一是安排并指导学生在社区一些部门的学习锻炼;二是培养学生解决社区各种领导问题的能力。

为了使学生能够从工业企业领导者、政府官员、本校成功校友、校内领导干部以及社区领导者等负责的卓越工程师领导力的教育活动中,如专题报告、专题讨论、工作坊等获得最大的效果,参与高校需要做好三项工作。首先是事先准备:学生在参加某项教育活动前,应该做好相应的准备,包括基本知识和相关概念的掌握以及个人对该项教育活动的期待等,这样学生才能跟上教育活动的主题,从中取得最大收获;其次是安排顺序:在拟聘请的这些教师中,领导经验较少的教师的教育活动,如专题报告、专题讨论等,应该安排在最前面,而最有领导经验的教师的教育活动应该安排在最后,这样才能做到由浅入深、循序渐进,使学生领导力的培养不断深入;最后是多样性:为了能够提供给学生尽可能完整和全面的领导力信息,聘请担任卓越工程师领导力教育工作的教师在年龄、性别、经验、资历、单位和行业上应该多样性,这不仅使学生能够从多角度学习各种领导经验、掌握丰富的领导技能,而且可以帮助学生理解领导力的发展需要终生不断的努力。

需要指出的是,除了专任教师外,上述其他担任卓越工程师领导力教育工作的教师可能缺乏教育教学经验,为了使他们的领导力教学取得更好的效果,参与高校需要做好两方面工作。一是让学生事先充分地了解他们的领导经历和专业背景,以利于提高学生的学习兴趣和交流的针对性;二是让他们了解其教学的对象和目的,在需要的情况下帮助他们准备和制作教学材料,以便清晰地表达他们的领导经验和领导成果。

值得一提的是:每位学生的指导教师对学生领导力的培养都会产生潜移默化的重要影响。导师与学生的关系事实上就是一种领导与被领导的关系,指导教师与学生的关系一旦建立,导师对学生的影响就开始,这种影响不仅在学生在校学习期间,而且将延续到毕业后,甚至持续终生。导师对学生领导力开发的影响源于三个方面。一是导师个人的品格,包括世界观、人生观、价值观、职业道德和奉献精神等对学生个人特质的养成有着直接的影响;二是导师的行为准则,包括待人接物、各种关系的处理和办事风格等容易得到学生的效仿;三是导师的能力水平,包括处理各种问题的方式、方法和技能等将成为学生的示范。因此,在"卓越计划"要求给每个参与专业的学生配备"双导师"的情况下,参与高校应该从卓越工程师领导力培养的角度配备好学生的校内导师或企业导师。

在将领导力作为未来人才的必备素质的现代社会,通过对卓越工程师领导力的培养过程,"卓越计划"参与高校可以不断积累经验、寻找有效模式,为本校其他学科专业学生领导力的培养提供示范、借鉴和参考。

# 参 考 文 献

[1] 林健."卓越工程师教育培养计划"通用标准研制. 高等工程教育研究,2010 年第 4 期.

[2] Engineering Global Leadership Honors Program. University of Michigan(http://www.engin.umich.edu/egl/).

[3] Engineering Leadership Development Minor. Penn State University(http://www.sedtapp.psu.edu/leadership/index.php).

[4] Engineering Leadership Program. Iowa State University(http://www-archive.engineering.

iastate. edu/leadership. html）.

[5] Gordon-MIT Engineering Leadership Program. MIT（http：//web. mit. edu/gordonelp）.

[6] Engineering Leadership Advanced Award Scheme for Undergraduates. Royal Academy of Engineering（http：//www. raeng. org. uk/education/undergrad/ela/default. htm）.

[7] Teamwork and Leadership Module，Civil and Building Engineering. University of Loughborough （http：//luis. lboro. ac. uk/epublic/WP5015. module_spec？ select_mod = 11CVD017）.

[8] Leaders of Tomorrow. University of Toronto（http：//www. lot. engineering. utoronto. ca/Page4. aspx）.

[9] Leadership in a Technological Environment. Monash University（http：//www. eng. monash. edu. au/current-students/merit/leadership/）.

[10] 詹姆斯·库泽斯,巴里·波斯纳. 领导力. 第 3 版. 北京：电子工业出版社,2004.

[11] 史蒂芬·迪夫. 领导力. 延吉：延边人民出版社，2003.

[12] 克里斯托弗·F·阿川,罗伯特·N·罗瑟尔. 卓越领导力. 第 4 版. 北京：清华大学出版社,2010.

[13] 中国科学院"科技领导力研究"课题组. 领导力五力模型研究. 领导科学,2006 年 9 月.

[14] 林健. 面向卓越工程师培养的研究性学习. 高等工程教育研究，2011 年第 6 期.

# 第15章　卓越工程师创新能力的培养

【本章摘要】　创新能力是一个优秀工程技术人才的基本特征,是卓越工程师之所以"卓越"的重要标志。本章以研究卓越工程师创新能力的培养为主题,重点讨论卓越工程师创新能力及其要素分析,卓越工程师创新思维能力的培养,改革课程与教学内容以满足创新能力培养需要,推行适应创新能力培养的研究性学习,开展创新实践教育教学活动以实现创新能力提升,构建创新实践教育教学平台以支持创新能力提升,以及营造促进卓越工程师创新能力培养的校园氛围共7个方面的问题。

"卓越计划"的主要目标是：面向工业界、面向世界、面向未来，培养造就一大批创新能力强、适应经济社会发展需要的高质量各类型工程技术人才，为建设创新型国家、实现工业化和现代化奠定坚实的人力资源优势，增强我国的核心竞争力和综合国力。在这个目标中，培养造就一大批创新能力强的各类型卓越工程师，是提高我国的自主创新能力，降低关键技术和核心技术的对外依存度，增强国家的核心竞争力，将"中国制造"转向"中国智造"或"中国创造"，实现创新型国家的战略目标的根本任务。

创新能力是一个优秀工程技术人才的基本特征，是卓越工程师之所以"卓越"的重要标志。本科层次卓越工程师应该能够在工程现场创新性地从事产品的生产、营销和服务或工程项目的施工、运行和维护，成为优秀的应用型创新工程师。硕士层次卓越工程师应该能够创新性地从事产品或工程项目的设计与开发，或生产过程的设计、运行和维护，具备设计开发出拥有自主知识产权的新产品或新工程项目的能力，成为优秀的设计开发型创新工程师。博士层次卓越工程师应该能够创造性地从事复杂产品或大型工程项目的研究、开发以及工程科学的研究，具备创造出具有国际竞争力的专利技术、专有技术、尖端产品或高技术含量的工程项目的能力，成为优秀的研究型创新工程师。[1]由此可见，创新能力是各种层次和类型卓越工程师的核心能力。

本章以研究卓越工程师创新能力的培养为主题，重点讨论卓越工程师创新能力及其要素分析、卓越工程师创新思维能力的培养、改革课程与教学内容以满足创新能力培养需要、推行适应创新能力培养的研究性学习、构建创新实践教育体系以实现创新能力提升以及营造促进卓越工程师创新能力培养的校园氛围七个方面的问题，以期为"卓越计划"参与高校开展卓越工程师创新能力培养的教育教学工作提供建议和参考。

## 15.1 卓越工程师创新能力及其要素分析

### 15.1.1 创新及其主要特征

创新是人才必须具备的核心素质，是企业组织发展的竞争优势，是一个民族进步的灵魂，是国家兴旺发达的不竭动力。创新具有三个层面的内涵：一是对现实事物当前状况的更新；二是对现实事物当前状况的改变；三是创造新事物替代现实事物。创新的本质是突破，即突破思维定势和陈规旧律；创新的目

的是发展,即满足人类社会不断发展的需要。与人类的其他活动相比,创新具有以下主要特征:

(1)继承性。任何创新都是在保留现实事物优点的基础上,根据经济社会发展的需要,对现实事物所进行的改进、完善和再创造,因此是对前人各种优秀成果的继承。

(2)求异性。求异是创新的本质特征,是对现实事物缺点的扬弃、不足的完善和优点的超越,是追求标新立异,追求前所未有,追求与众不同,追求自我超越,因此创新是发展的根本。

(3)超前性。创新使得所产生的新事物前所未有,是首创,它超越他人的成果,超前于人们的认识,因此创新推动了社会的进步和发展。

(4)灵活性。创新寻求的是对现实事物的发展和突破,提倡根据不同的对象和条件采取灵活变通的思路、途径和方法以取得创新性成果,它反对一成不变的教条,避免被常识所束缚,鼓励"不择手段"和"穷尽一切办法"。

(5)风险性。对现实事物的质疑、否定和超越使创新面临着巨大的挑战,充满了无数的不确定性;物质条件和科技水平的制约,以及社会观念意识的滞后性也使创新充满着各种变数。因此创新充满着风险,创新行为可能成功,更可能失败,而真正的成功往往是建立在大量失败的基础上。

(6)实践性。创新是一个实践活动,只有进行实践才能发现新问题、提出新思路、检验新方法、产生新产品、评价新成果,因此实践是创新的平台。

## 15.1.2 创新能力的内涵

创新能力是指人们在丰富的知识和开阔的视野的基础上,通过创新性的思维活动,发现新问题,提出解决问题的新思路、新途径,并通过创造性的实践活动,产生新产品、新技术或新方法的能力。具体而言,创新能力至少应该包括发现新问题和新事物的能力,提出解决新问题的思路或方案的能力,将思路或方案付诸实践并取得创新性成果的能力。

具体到工程领域,创新能力是指工程人才在大量的工程实践中发现新的工程问题,根据经济社会发展需要发现社会对产品、技术、工艺和装备等方面的新需求,以及由自身的理想和愿望形成新的工程目标,提出解决这些新问题、新需求或新目标的思路、方案、途径或手段,并通过创造性的工程实践活动解决这些工程问题,研究、设计和开发出新的产品、技术、工艺和装备,以及实现新的工程目标的能力。

创新能力是一种复杂能力，是主要由知识视野、创新意识、创新思维、创新技能和创新素质等要素构成并相互作用而形成的综合能力。

### 15.1.3　知识视野

丰富的知识和开阔的视野是具备创新能力的基础。知识是人们发现未知世界、改造自然和创造未来社会中获得的规律和原理以及经验教训的总结，体现了人类对自然界规律和外部事物本质的认识水平。视野是人们认识自然和了解世界的维度、高度、宽度和角度，知识能够开阔人们的视野。丰富的知识能够使人深入了解外部世界和事物、洞察和发现新问题；开阔的视野才能够开拓创新思路、开辟创新空间，提出解决问题的思路，找到解决问题的方法。

在工程领域开展创新活动不仅需要掌握扎实的工程原理、工程技术和本专业的理论知识，了解新材料、新工艺、新设备和先进生产方式以及本专业的前沿发展现状和趋势，而且还需要具有相关学科甚至边缘学科和人文社会科学的知识，同时具备战略视野和系统观念，能够高瞻远瞩地看待事物的本质。

### 15.1.4　创新意识

创新意识是人们在认识、思想、意念上不断追求进步、追求革新、追求卓越的一种持之以恒的精神态势，是在充分认识创新的重要性的基础上，对待创新的一种自觉的、主动的态度。形成创新意识的因素有理想愿望、价值追求、兴趣爱好、求知欲望、好奇心态等，这些因素是唤起创新需要、产生自觉性行为、激发创造性潜能的重要推动力量，是引发创新思维的前提和条件。

在工程领域形成创新意识的基础是良好的工程职业道德、坚定的追求卓越的态度、强烈的爱国敬业精神和社会责任感。在此基础上，强烈的工程创新意识可以通过三个方面的努力来形成。一是通过对本学科专业的发展过程、对经济社会的贡献和国内外最新进展的了解，开拓学生的工程视野，培养学生对本工程学科专业的热爱和兴趣；二是通过安排学生参与各种工程创新活动，提高他们运用所掌握知识改造现实工业产品和创造新产品的欲望；三是通过对未知事物的分析和探索，培养学生的好奇心，增强他们求变创新的激情。

## 15.1.5 创新思维

创新思维是从独特的视角发现新问题,用新颖的思路解决该问题,以期获得创新性成果的思维活动。具体而言,创新思维是以创新人才已掌握的知识和经验为基础,在强烈的创新意识的驱使下,对各种信息进行处理、分析和提炼,从与众不同的角度发现或提出问题,并综合运用各种思维方式,分析构成问题诸多因素间的相互关系,抓住错综复杂问题的主要矛盾,提出解决问题的前所未有的思路、途径或方法的复杂的思维过程。

需要指出的是,创新思维本身并不构成单独的思维方式,它是寓于各种思维方式之中或是多种思维方式的有机组合,从而产生创新性成果的综合的、高级的思维。

## 15.1.6 创新技能

创新技能是指运用已有的知识经验,通过反复的实践而形成的能够将创新思维的成果转化为创新成果的动作系统,也可以称为创新实践能力。创新活动的开展不仅需要创新思维,而且需要创新技能,否则创新就成为空中楼阁,可望不可及。

创新技能与创新能力的其他构成要素之间存在着相辅相成的关系,一方面,创新技能需要在创新意识的驱动下,在创新思维的引导下,运用所拥有的知识和视野,并在创新素质的作用下,通过对工程项目或工业产品的改造、研究、设计、开发等的反复的实践和不断的尝试,逐步地得到形成和发展;另一方面,缺乏创新技能将使得创新者力不从心或无从下手、知识无法得到应用、创新意识难以实现、创新思维的发展受到限制、创新素质得不到提升。

创新是一个不断实践的过程,是一种创造性的实践,只有在实践中运用创新技能才能发现事物的本质规律,产生、检验和实现创新思路和方案,形成新理论、提出新方法、开发新技术、创造新产品,因此,实践是创新的土壤,创新实践是创新能力形成和发展的关键。

在工程领域获得创新技能不仅要有丰富的知识和开阔的视野,具有开拓创新意识和创新思维能力,而且要有丰富的工程实践背景、分析和解决工程实际问题的能力、生产或工程系统的运行和维护能力、产品或工程项目开发和设计的能力,以及工程项目集成的基本能力。

### 15.1.7 创新素质

创新素质是创新实践得以成功开展所必须具备的能力和品质,是获得创新技能、培养和提高创新能力的保障。构成创新素质的能力主要包括信息获取、知识更新和终身学习能力,组织管理能力、交流沟通能力、团队合作能力和关系协调能力。这些能力对创新的作用主要在于协调好各方面的关系、调动各方面的积极因素、集中各种优势资源、营造良好的创新氛围。

构成创新素质的品质主要是批判性精神、敢于探索的勇气、持之以恒的态度和坚韧不拔的毅力。对现有知识的质疑和批判是发现新问题的基础;对现实事物的否定存在着极大的失败风险,需要有大胆的勇气;任何创新均需要经过长期不懈的努力,需要有持之以恒的态度;每项创新成果都是在反复多次的失败和挫折之后产生,需要有坚韧不拔的毅力。

### 15.1.8 创新能力构成要素之间的关系

在上述构成创新能力的诸要素中,知识视野是创新思维和创新技能的基础,创新意识是创新思维和创新实践的驱动,创新思维是创新实践的引导和关键,创新技能或创新实践是取得创新性成果的根本,创新素质是获得创新性成果的保障,而其中创新思维和创新实践是创新能力的核心,如图 15.1 所示。

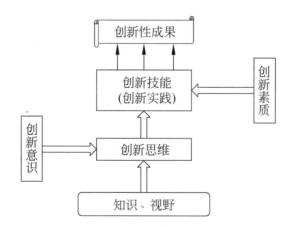

图 15.1 创新能力构成要素之间的关系

卓越工程师创新能力的培养需要在掌握其构成要素之间的相互关系的基础上进行。图 15.1 中的五个要素不是截然分开的,在卓越工程师创新能力的形成过程中存在着密不可分的关系,它们之间的有机结合和相互作用的结果才形成了完整的卓越工程师的创新能力。因此,这些要素的培养不仅要在"卓越计划"专业培养方案的制定过程中进行系统的考虑,而且需要有机地融入专业培养方案的整个实施过程中。

除了上述构成创新能力的内在要素外,卓越工程师创新能力的培养离不开外在因素,即创新环境。良好的创新环境是创新能力培养的温室,它既能够促进学生求知欲望和好奇心的培养,鼓励学生的思维在开放、无际的空间中自由飞翔,为学生创新素质的形成营造积极的氛围,又能够提供必要的硬件条件和技术支持,具有包容和允许失败的宽松环境,支持学生根据自己的思路进行各种探索和尝试,为学生开展创新实践活动提供坚实的平台。

## 15.2  卓越工程师创新思维能力的培养

在创新能力的各种构成要素中,创新思维能力和创新技能是其中最核心的两个部分,需要贯穿于"卓越计划"的专业培养方案之中,在卓越工程师培养标准的实现过程中得到不断的培养和提升。其中创新思维能力的培养还要在掌握创新思维特征的基础上,加强对构成创新思维的主要方式的训练和实践,并突破影响创新思维能力培养的思维定势等,这些是创新思维能力培养的重点。

### 15.2.1  创新思维的特征

创新思维是指以独特的视角、新颖的思路和超常的方式,发现、分析和解决问题,从而创造出新事物的一种综合性的思维模式。创新思维具有求异性、灵活性和开放性的主要特征,分析和掌握创新思维的特征是培养创新思维能力的基础[2]。

(1)求异性。求异性也可称为新颖性或突破性,是创新思维的最本质的特征,体现出与其他常规思维方式所不同的独到的创新意义。也就是说,不论是思维过程,还是思维结果,创新思维都与常规的思维活动存在着不同的新颖之处。在思维过程中,创新思维所采用的思维方式、方法、程序和途径等方面没有固定的模式,它既可以从一种思维跳到另一种思维,也可以从一种意境进入另一种意境,还可以全方位、多角度地思考问题。在思维结果上,创新是建立在对现实事物不满意的基础上的怀疑、批判、否定和超越,因此,创新的本质就是追求与现实事物的不同,追求标新立异、追求前所未有、追求与众不同、追求自我超越,追求在现实事物基础上的突破和发展。

（2）灵活性。灵活性也可称为变通性,体现在根据不同的对象、条件和状态的变化,灵活地应用各种不同的思维方式、灵活地变换思考问题的角度,而不固执于已有的成见之中。创新思维的灵活性主要表现在三个方面。一是能够灵活地应用各种不同的思维方式,即以追求创新和突破为目的,根据思维对象及其状态,选择合适的思维方式或综合几种思维方式,以获得独特的创新性成果;二是能够及时地变换对问题的思维角度,即从一种思路或方向变通到另一种思路或方向,从而形成多角度、多方位的思维态势,达到独辟蹊径、"柳暗花明又一村"的境地;三是能够及时地抛弃一些旧的思维观念、不合适的思维方式或显然是错误的假说,转向运用新的思维模式。

（3）开放性。开放性也可称为发散性或多向性,体现在创新思维没有条条框框限制,不墨守成规,反对教条主义,可以从不同的角度、不同的方向、不同的侧面和不同的层面上去思考和分析事物,进而提出尽可能多的解决问题的思路和方案,以期获得理想的创新性成果。

## 15.2.2 创新思维的构成

高校学生富有想象力,对新事物充满好奇,随着知识的丰富和经验的积累,他们的思维更加敏捷,更容易迸发出创新灵感的火花。但是面对新事物,高校学生的思维方式往往是直线式和平面式的,而不是立体式的和全方位的;而他们在课堂上学习的思维方式主要是逻辑思维和集中思维,因此在创新思维能力培养上缺乏系统的训练和实践。

创新思维是立体式、全方位的思维活动,是多种思维方法和思维模式相互作用、灵活运用和有机结合的产物。它既要有逻辑思维,也要有形象思维和直觉思维;既要有正向思维,也要有逆向思维和批判性思维;既要有集中思维,也要有发散思维,还要有超前思维和灵感思维。因此,创新思维是一种综合的、复杂的、高级的思维活动。以下是创新思维能力培养中需要重点训练和实践的几种主要思维方式。

（1）逆向思维。逆向思维又称反向思维,是朝着与人们正常的、习惯的、合乎情理的思维相反的方向进行的思维,是有悖常理、与正常思维背道而驰的一种思维方式。

逆向思维在创新中的作用主要表现在改变常规的思维模式,用截然相反的新的思路、新的视野和新的方式,发现、分析和解决问题,以求获得创新性的成果。例如汽车节能减排问题的解决,如果一味从降低油耗、减轻车身自重、提高燃油效率的正向思维去考虑问题,则解决问题的空间会越来越小;但是,如果从节能减排这一目标开始逆向思考,不受单一能源的限制,人们就容易想到用电能来部分或全部替代燃油的解决方案。

（2）批判性思维。批判性思维是用挑剔的眼光、以试图否定事物的方式、从批判事物的角度看待、思考、分析和研究问题的一种思维方式。

批判性思维对于追求不断进步、追求创新、追求卓越具有十分重要的意义。创新人才只有通过否定、再否定的方式看待自己的工作成就,以永不满足的态度对待各种现有的工业成果,才能够创造性地提出各种创新的思路、发展的目标和行动的方案,获得创新性的成果,赢得持续竞争优势。

（3）超前思维。超前思维又称预见性思维,是对事物未来发展可能出现的趋势、状态和结果进行推理,进而对事物的未来发展做出预见,并调整对当前事物认识的一种思维方式。

超前思维在创新中的作用主要表现在其具有的远见卓识和推陈出新的特点上,即用发展的眼光和求新求变理念发现事物存在的问题、分析问题的根源并解决好问题,进而取得创新性的成果。例如,在工业产品的研究开发中就需要运用超前思维,考虑人们对未来产品的变化需求,以扩大产品的市场份额;在工程项目的开发设计中也需要运用超前思维,满足项目使用者日后对项目功能可能的期待。

（4）发散思维。发散思维又称扩散思维,是从一个问题出发,充分发挥想象力,沿着各种不同的方向思考该问题,以寻求多种解决问题的思路、方法和答案的一种思维方式。

发散思维是创新思维中最基本和最主要的思维方式,集中体现了创新思维的本质和特征,广泛存在于人们的创新活动中。发散思维能够使人们海阔天空地全方位思考、浮想联翩、触类旁通、产生灵感,探索出新颖独特的解决问题的思路和办法。例如,在资源的利用上,可以通过功能的发散思维,寻求最大限度发挥某项资源可能具有的各种功能;在产品结构的设计上,可以通过结构的发散思维,找到能够获得理想的性能且成本经济的最佳的产品结构;在新产品的开发上,可以通过组合的发散思维,将不同产品的相关要素组合起来,形成崭新的产品。

（5）灵感思维。灵感思维也称顿悟思维，是一种突然产生的、突发性的灵机一动、"计上心来"的思维方式。这里的灵感既指突如其来的对事物规律的认识，也指瞬间闪现的解决问题的创新性途径。

灵感是创新性成果的来源之一，灵感思维是创新思维的精华。阿基米得原理和牛顿万有引力定律的提出是灵感思维的最典型的实例，这两个例子也进一步说明，没有长时间对问题的苦苦思索，没有对问题本质深入的把握，没有逻辑思维对问题的分析探究，就不可能出现非逻辑思维的飞跃形式，灵感就不会不期而至。

创新思维的培养一方面要综合运用上述几种思维方式为主的思维方式，对新事物进行不断的分析、比较、综合和推理，另一方面要注重对事物的本质和规律的认识，抓住错综复杂事物中的主要矛盾，探求诸多要素之间的相互关系，只有这样才能卓有成效地产生创新性的成果。

### 15.2.3　思维定势的突破

思维定势是指人们在日常思维活动中所形成的习惯的方向、模式、方法和路径[3]。虽然思维定势在处理日常事务和重复性的问题上能够大大减少人们的思维负担，提高工作效率，但是当面对新事物和新问题时，思维定势就容易产生负面甚至破坏性的影响。

高校学生受思维定势束缚的现象仍然明显存在。由于长期接受应试教育，习惯于被动接受，按照教师课堂分析问题的思维方式理解事物，不少高校学生往往缺乏主动思考和对问题的质疑，加上在一些学生中存在的浮躁心理，将获得学分作为学习的主要目标，使得这些学生缺乏求异、求新的积极性，而乐于随波逐流，长此以往，在这些学生中就形成了思维定势。由此可见，卓越工程师创新思维的培养，还要突破思维定势的束缚，可以从以下几方面入手。

（1）突破书本型思维定势。

书本知识的学习应该采取探究式的方法，而不是死记硬背，也就是说，在学习过程中学生要清楚知识产生的背景和来龙去脉，了解知识应用的条件和局限性，以及明白知识有待完善的地方，而不是简单地将知识背得滚瓜烂熟，将其视为放之四海而皆准的真理，只有这样，才能突破书本型思维定势，使知识成为力量，成为创新能力形成的重要基础。

（2）超越权威型思维定势。

使学生超越权威型思维定势的根本在于解决他们对权威的认识问题。首先,权威是人而不是神,任何一个权威都是在一定的经历背景和时代环境下形成的,因此他们的"权威"具有经历和时代的局限性,对新时期新事物虽然具有指导和借鉴意义,但不能按部就班。其次,一个人的时间、精力、能力和客观条件等是有限的,往往只能在一个或少数几个专业领域成为"权威",而对于多数领域却是知之甚少或全然不知,因此他们只是某方面的专家,而不是万事通的全才。

（3）避开从众型思维定势。

使学生避开从众型思维定势的关键在于处理好稳定和发展的关系。从维护群体稳定的角度,一方面当个人利益与众人利益发生冲突时,需要更多地考虑群体中多数人的意见;另一方面对于非原则性的问题,可以不必坚持己见,而接受群体的决定。在这两种情况下,应该采取从众型的思维方式。但是,当涉及到群体的未来发展时,就不能明哲保身、人云亦云、附和多数,而必须树立责任意识,大胆地提出与众不同的新理念、新思路和改革发展的方案,以确保群体的健康发展。

（4）跳出自我型思维定势。

使学生跳出自我型思维定势的方式有二。一是换位思考。即从他人的角度考虑和看待事物,用多元的眼光审视自身的缺陷和不足。每个人都倾向于肯定自己、美化自己、坚持己见,而不容易看到自身的不足;但从不同的角度出发,他人却容易发现自己的缺点。因此,站在别人的立场,从怀疑自己的角度考虑和分析问题,不仅能接纳他人的意见和建议,而且能改进和完善自己的想法,进而获得创新性的成果。二是博采众长。即要发扬民主,广开言路,运用各种不同渠道集思广益,倾听不同的声音,启发自己的思维,拓宽自己的思路,从而增强自己的创新思维能力。

（5）跨越经验型思维定势。

使学生跨越经验型思维定势的有效办法在于充分认识经验对创新思维的影响。首先,经验具有时空局限性。任何经验的产生都有其时代和环境背景,往往只适用于一定的时空范围。正如国外的企业管理经验只能够为我国企业所参考借鉴,而不能照搬硬套。其次,经验具有主体狭隘性。一个人的经验不论多么丰富,相对于大千世界无尽的事物而言,其经历是十分有限的。但是,随着经济社会的发展进步,新的事物、新的事件层出不穷,这些是人们前所未见的,也没有经验可以借鉴。因此,对于新的事物,除了要借鉴以往的经验,更要在新的条件和环境下,从新的角度,用新的观念、新的思维去发现、分析和解决问题。

## 15.3 改革课程与教学内容 满足创新能力培养

### 15.3.1 课程体系和教学内容需要具备的特点

课程体系和教学内容决定着人才培养对象所具有的知识、能力和素质的结构和内涵,因此,需要构建科学合理的课程体系并改革教学内容,以满足卓越工程师创新能力培养的需要。满足卓越工程师培养需要的课程体系和教学内容应该具有四个方面的价值取向,即满足培养目标需要的根本价值,体现学科专业领域整体的继承和发展价值,反映参与高校人才培养的特色价值以及体现学生主体发展的最终价值[4]。在这四个方面的价值取向的基础上,满足卓越工程师创新能力培养需要的课程体系和教学内容具体要具备以下特点:

（1）为学生打下宽广坚实的知识基础。创新能力的培养需要创新主体在知识的广度和深度上具有坚实的基础,这种基础应该由包括人文学科、社会学科、自然学科以及所学工程学科在内的各类学科的基本原理、核心理论以及看待事物、分析问题和寻求答案的思路和方法构筑而成,浓缩了人类知识文明的精华,有利于学生从各个学科的角度认识变化的世界、采取不同学科的理论解释各种未知问题、用不同学科的方法对待新的事物,从而最大限度地拓宽学生发现问题、认识世界和处理事物的视角、思路和途径。这样的基础无疑为学生创新能力的培养提供宽广坚实的平台。

（2）体现学科专业的交叉性和综合性。学科间的交叉渗透、相辅相成、综合发展是现代工程学科的重要特征,是从工程学科专业的角度对卓越工程师应具有的知识、能力和素质的基本要求的依据所在。相对于传统的仅由单一学科体系构成的课程体系和教学内容,跨学科交叉融合形成的课程体系和教学内容不仅扩大了学生专业学习的视野和好奇的未知空间,而且增强了学生专业学习和探索新事物的兴趣,学生在多学科的交叉、渗透、融合和碰撞的过程中,迸发出新的火花、形成新的观点、产生新的答案,从而开拓了创新的空间、提供了创新所需的新视角、新思路、新途径和新方法,这些正是创新能力培养所需要的。

（3）满足学生学习兴趣和个性化发展的需要。好奇心和兴趣是创新的源泉,创新能力的培养必须与学生的兴趣爱好和个人的优势和特长密切结合起来,否则,学生就会缺乏创新的原动力,更谈不上去培养他们的创新能力。因此,课程体系和教学内容不仅要满足而且要培养学生的学习兴趣爱好和对未知世界的好奇心,鼓励和支持学生的个性化发展,使他们能够在自身好奇和兴趣的未知空间中任意翱翔,运用自己独特的个性去发现和探索新事物,最大限度地培养他们的创新能力。这就要求具有足够的课程资源和灵活的教学管理方式,以支持学生按照自己的愿望和要求选择课程和学习内容。

（4）支持创新能力构成要素的培养。课程体系和教学内容的改革要有利于和支持学生创新意识的形成、创新思维的训练、创新技能的获得和创新素质的养成。在创新意识的形成方面,课程教学内容要能够引发学生探索新事物的冲动,形成常态化的创新激情;在创新思维的训练方面,课程教学内容要能够开拓学生的创新思维空间;在创新技能的获得方面,课程教学内容要能够为学生开展创新实践活动提供素材;在创新素质的养成方面,课程教学内容要能够影响并促进学生创新素质的养成。

对应以上课程体系和教学内容在满足卓越工程师创新能力培养上要具备的四个特点,建议参与高校在专业平台和教学团队的基础上,在课程体系和教学内容的改革上采取以下五项措施:

（1）重构通识教育课程模块,精选通识教育教学内容。

（2）重视多学科的交叉融合,构建综合性的专业课程模块。

（3）注重学生个性发展需要,最大限度地加大选修课程的比重。

（4）开设专门研讨工程学科专业前沿发展的课程。

（5）建立教学内容更新机制,及时提供创新教育素材。

## 15.3.2　重构通识教育课程模块　精选通识教育教学内容

首先,要更新教育教学理念,以有利于学生创新能力培养为主要依据,扩大通识教育所涵盖的学科领域,重构通识教育课程模块。具体而言,就是要认识到不同学科的知识对于扩大思维空间、开阔视野、启发思路和培养创新能力具有十分积极的作用,突破以往的仅由几门简单的人文社会科学课程作为通识教育课程的做法,认真研究、比较和分析各个学科门类中的主要学科,在通识教育课时允许的情况下,尽可能多地选择那些与学生所学工程学科看似毫无关系但却对创新思维具有重要影响的学科作为通识教育课程研讨的对象。

其次,从所选非工程学科领域的有效性和稳定性知识中,精心选择对学生创新能力的培养具有重要启发、参考和借鉴意义部分,作为通识课程的教学内容。具体而言,就是要从所选学科领域中,考虑那些不可替代、不易老化且长期有效的知识,如基本原理、价值观念、逻辑思路、核心思想、主要方法等,尤其是在看待世界的视角、分析事物的思路、解决问题的方式和方法等方面与工程学科存在较大差异,从而在创新能力培养上产生更好效果的知识,作为通识教育课程的教学内容。

这项措施旨在以通识教育为平台,使学生能够从不同学科专业门类,尤其是非工程学科中,博采众长,学习、研究和领悟其他学科的精髓,并受到点拨、启迪和开拓,为创新能力的培养奠定坚实的基础。

### 15.3.3 重视多学科的交叉融合 构建综合性的专业课程模块

首先,“卓越计划”参与专业的教师要牢固树立“大工程”的理念,认识到多学科的交叉和融合是卓越工程师创新能力培养的必由之路。一方面,现代工程是由一门或多门核心技术与其他技术按照一定的规律有机集成的、为人类和社会提供产品和服务的学科;另一方面,大量新事物的出现表现为多方面因素综合作用的结果,许多新工程问题的解决无法仅靠狭窄的工程专业知识;同时,众多的工程领域的创新性成果依赖于跨学科、跨专业的合作和共同努力。因此,要从现代工程学科发展的基本特征、社会发展的需要以及创新性成果产生的基本规律认识到多学科的交叉、融合和综合的重要性,将工程教育从狭窄的专业教育转向系统的“大工程”教育,并引导和教育学生正确认识和处理具有多学科交叉渗透的综合性的专业教育对人与自然和谐、工程与社会相适应、工程学科的发展以及自身专业发展的重要性和关系。

其次,增加多学科融合的综合性的专业课程,构建涵盖多学科的综合性的专业课程模块。主要包括专业课程模块设计、专业核心课程建设和非核心专业课程重组三方面工作。在专业课程模块设计上,要在卓越工程师培养的课程体系的设计要求的基础上[4],一方面从本工程学科专业发展和学生创新能力培养的需要出发,尽可能多地挑选相关学科的主要内容作为专业课程模块的内容;另一方面要在专业课程中经过认真比较和分析,确定少数几门作为本专业的核心课程。在核心课程建设上,要在“卓越计划”参与专业课程体系整体设计的基础上,重视在核心的专业课程中有机地融入其他学科的知识,既避免了不同课程之间内容的重复,又使学生能够从更高更广的角度应用该门专业核心课程知识,探索未知世界,解决新问题。如在产品设计课程中,将信息技术的应用、低碳经济的理念、用户心理的分析甚至市场竞争的原理等融入,将直接影响学生设计理念的形成和产品价值的追求以及设计方法的选用。在非核心专业课程建设上,要将在专业课程模块设计中挑选的其他相关学科的主要内容和本专业其他非核心的专业课程进行整合重组,设置跨学科的、由多门非核心专业课程组成的综合性的专业课程。通过以上三个方面的工作,使得专业课程模块是由少数几门专业核心课程和多数非核心专业课程组成的涵盖多学科的综合性的课程模块。

### 15.3.4 注重学生个性发展需要 最大限度地加大选修课程的比重

卓越工程师的培养要处理好专业共性要求和学生个性发展的关系,其中专业共性要求是"卓越计划"参与专业对卓越工程师的基本要求,而个性发展是卓越工程师创新能力培养的需要,也是满足社会要求卓越工程师多样化的需要。表现在课程体系改革上,按照模块化设计课程体系结构[4],共性要求和个性发展的关系实际上就是必修课和选修课的关系,具体而言,就是必修课与选修课之间的学分或课时比例关系。

从卓越工程师创新能力培养的角度出发,在满足专业共性要求的基础上,参与高校应该尽力为学生个性发展创造条件,也就是说,在满足学校培养标准的前提下,要尽可能地精选和减少必修课,最大限度地加大选修课的比重。精选和减少必修课的有效方式是通过在"卓越计划"的学校培养标准中找出最基本、最本质、最共同的要求作为确定必修课的课程和内容的依据。选修课课程和内容的确定要综合考虑四个方面的影响因素,即高校服务面向区域的大小,服务面向地区社会对卓越工程师需求的多样性程度,学生的个性化水平和参与高校所能够提供的课程资源[4]。因此,参与高校需要对这些影响因素进行充分的调研和分析,为学生提供充足的选修课程。

"卓越计划"参与专业的学生应该在导师的指导下,充分利用充足的选修课课程资源,制定满足个性发展需要的学习计划。不论是本科层次、硕士层次,还是博士层次的卓越工程师培养,"卓越计划"均要求为每位学生配备由校内专职教师任校内导师和企业兼职教师任企业导师的"双导师"制。因此,每位参与专业的学生均要在双导师的指导下,根据学校培养标准、个人兴趣爱好、未来发展需要以及社会需求等,自主选择选修课程,制定既满足卓越工程师培养目标的要求,又满足自身个性发展需要的学习计划。参与高校还可以通过实行双学位和主辅修等制度,为学生的个性发展拓宽空间。

### 15.3.5 开设专门研讨工程学科专业前沿发展的课程

卓越工程师的创新领域主要是指所从事的工程学科专业,而该学科专业的前沿发展状况更是卓越工程师专业培养和创新训练必须掌握的。因此,应该专门开设研讨工程学科专业前沿发展的课程,用以下四方面的素材作为课程教学内容。一是包括所学工程学科专业在内的相关学科专业的发明创造和最新成果;二是重大工程创新活动过程中的成功经验和失败教训;三是工程学科专业领域长期悬而未决的问题;四是经济社会发展对工程学科专业在产品和项目上的新要求和新期待。

以上四个方面的课程教学内容能够对学生产生三个方面的积极效果。首先,能够激发学生的创新欲望,培养学生的创新意识,调动学生创新的积极性;其次,能够让学生了解创新的思路和过程,熟悉创新的方法和途径,从而启发学生的创新思维,为创新实践做好准备;最后,为学生开展创新实践活动提供素材和参考借鉴,并潜移默化地促进学生创新素质的养成。

与此同时,在课程体系构建中应该注重在低年级开设创新方法方面的课程,一方面结合实际讲授创新的基本原理和基本方法,另一方面充分利用校内外各种资源开展形式多样、内容丰富的创新训练活动。

### 15.3.6 建立教学内容更新机制 及时提供创新教育素材

科学、技术、工程等的迅速发展,使得知识更新的周期越来越短,因此,要建立教学内容更新机制,使之成为一项制度性的工作。要根据不同工程学科的发展速度以及行业企业对相关学科知识的要求,确定教学内容的更新周期,及时地淘汰过时的知识,将先进的工程理念、最新的工程技术、最新的研究成果充实到课程教学内容之中,保持教学内容的有效性、先进性和开放性,使学生了解所学工程学科的发展动向、掌握新的工程技术、接触新的研究成果。

在教学内容的更新中,需要尤其重视选择创新能力培养所需要的内容。一方面,要注重工程领域的创新性成果,如新技术、新产品、发明专利等,根据学生的层次和需要整理这些成果的创新思路、创新过程、创新方法,总结和归纳出具有启发和借鉴意义的经验和教训；另一方面，要注重那些有待发现、潜在的和尚未解决的工程问题，提出发现、分析和解决这些问题的思路和途径的建议或意见，启迪学生运用已经掌握的知识自主探究、创新性地应对这些问题。总之，教学内容的更新，要为学生提供与时俱进的创新教育素材，以利于他们创新意识的形成、创新思维的训练、创新技能的获得和创新素质的养成。

## 15.4　推行适应创新能力培养的研究性学习

满足创新能力培养的课程和教学内容需要与之相应的教学方式才能实现卓越工程师创新能力的培养。在各种各样的教学方式中，研究性学习得到世界各国知名大学的普遍推崇，它不仅是一种十分适合卓越工程师培养的教学组织形式和教学方式[5]，而且在卓越工程师创新能力培养上具有不可替代的作用。研究性学习是一种学习方法体系，是一类学习方法的总称，以基于问题的探究式学习、基于案例的讨论式学习和基于项目的参与式学习为主要形式[5]。

### 15.4.1　研究性学习在创新能力培养上的作用

研究性学习在卓越工程师创新能力培养上的作用具体表现在以下几个方面。

首先，研究性学习有利于学生创新意识的形成。研究性学习中所要探究的问题、分析的案例和研究的项目对学生而言可以认为是未知的世界，这能够激发学生的好奇心，引发他们刨根问底的兴趣，进而形成他们改变这些未知世界的坚定意志和强烈愿望，即创新意识。

其次，研究性学习有利于训练学生的创新思维。研究性学习要求学生自主学习、独立思考、开展创新性思维，一方面倡导学生用质疑的眼光、批判性地看待现实事物，另一方面鼓励学生综合地运用多种思维形式，积极地探索未知的事物，追求标新立异，追求与众不同。

再次，研究性学习有利于日后创新实践的开展。用于研究性学习的问题、案例和项目均应主要源于工程实践和企业实际，在对问题的探究、案例的讨论和项目的研究过程中，学生的工程素养得到培养，发现、分析和解决工程问题的能力得到了锻炼[5]，为日后开展工程创新实践活动打下了基础。

最后，研究性学习有利于学生创新素质的养成。在能力素质上，研究性学习不仅在学生的信息获取、知识更新和终身学习能力等方面的培养上具有重要的作用,而且在包括交流沟通、团队合作、关系协调和组织管理在内的社会能力的培养和提高上也产生积极的效果。在品质素质上,研究性学习能够培养学生广泛的兴趣、敢于探索的勇气、锲而不舍的态度和不畏挫折的精神。

通过以上分析可知,研究性学习是卓越工程师创新能力培养的有效途径。为了使研究性学习在卓越工程师创新能力培养上的作用得以充分的发挥,在开展研究性学习时必须重视做好以下五项工作:

(1)研究性学习的选题应是具有挑战性的开放式问题。

(2)要鼓励学生独立思考、突破思维定势、求新求异。

(3)组织好课堂讨论,鼓励学生畅所欲言、发表不同意见。

(4)培养学生的兴趣爱好,发挥学生的个人特长,注重学生个性化发展。

(5)建立注重学习过程、强调创新能力提升的教学评价制度。

## 15.4.2　研究性学习的选题应是具有挑战性的开放式问题

为了提高学生主动进行研究性学习的兴趣,采用研究性教学的教师要精心准备用于教学的问题、案例、项目或专题,使其具有挑战性。研究性学习的效果首先取决于学生是否具有主动学习、探究问题的动力,而展现给学生的源于工程实践和企业实际的问题的挑战性是学生动力的主要来源。试想,一个轻而易举、不费吹灰之力就能解决的问题会让学生不屑一顾,而具有一定难度的问题将引发学生解决问题的兴趣和跃跃欲试的冲动。然而,这种挑战性应该是"可望可及",而不是"望尘莫及",对于超越学生能力所能解决的问题,也同样会使学生失去研究的兴趣。究竟用于一门课程的问题的挑战性应该多大,主要取决于该门课程的教学目标的高低以及课程中允许用于解决该问题的时间长短。

除了具有挑战性,用于研究性学习的问题应该是开放式的,以拓展学生获得创新性成果的空间。一个封闭式问题的求解空间是有限的,会使学生创新思维的空间受到打压,而开放式的问题将提供给学生广阔的创新思维空间,学生就能够充分发挥他们的想象力,就可以灵活地实践和运用各种思维方式,通过各种可能的途径、采用各种可能的手段发现问题、分析问题和解决问题,获得高质量的创新性成果。

### 15.4.3　要鼓励学生独立思考　突破思维定势　求新求异

研究性学习的关键是学生的自主学习和独立思考,只有在自主学习的基础上,相对独立地对问题进行探究和分析,取得自己初步的见解后,才能开展合作学习、课堂讨论和与教师互动。事实上,独立思考是创新思维的前提,没有独立思考,就不可能对问题有深入的认识,更谈不上创新。

在培养学生对研究性学习的问题进行分析思考时,要重视三个方面的工作,以培养和提升学生的创新思维能力。一是培养学生突破思维定势,不受前人思维的影响、不局限于教师对问题的认识;二是增强学生思维的启发空间、想象空间、发现空间、关联空间和创新空间;三是训练学生以求新求异为目的,大胆地尝试、综合地运用各种不同的思维方式。

### 15.4.4　组织好课堂讨论　鼓励学生畅所欲言　发表不同意见

课堂讨论是研究性学习的重要环节,是学生在一段学习后相互交流、相互借鉴、共同提高的机会。首先,要重视课堂讨论的设计和组织,包括确定讨论题目、讨论形式、时间要求、主讲方、批判方、教师点评等。讨论题目应是源于研究性学习的问题、案例或项目,每位学生对该题目具有一定深度的见解和充分的准备。讨论形式灵活多样,如先由一组学生作为主讲方阐述主要观点和思路,然后由另一组学生作为批判方提出批判性的意见和观点,再由其他学生自由发表意见,在反复争论之后,由教师进行最后点评,并提出意见建议,供学生进一步深入研究时参考。

其次,要鼓励学生畅所欲言,充分发表不同意见。研究性学习除了要求学生自主学习和独立思考外,还要求每一位学生积极地、平等地、无拘无束地参与小组讨论和课堂交流,充分发表自己对问题的理解和认识,交流各自的观点和想法。这样的讨论交流具有两点重要的作用,一是使得每位学生的创新观点或思路等能够得到同学和老师的评价和批评,在大家"千锤百炼"和"百般刁难"之下得到不断改进、充实和完善;二是在大家的交流、争执、辩论甚至批判中,不同的构思和设想容易碰撞出火花,困惑不解的问题容易茅塞顿开,能够获得启迪诱导、拓展学生的思维、产生灵感和创新。

### 15.4.5　培养学生的兴趣爱好　发挥学生的个人特长　注重学生个性化发展

学生的兴趣爱好是创新的基础,个人的优势特长是通往创新的捷径,学生的个性化发展是获得创新性成果的重要方式。因此,培养学生的兴趣爱好、发挥其优势特长、注重他们的个性化发展是采用研究性学习培养卓越工程师创新能力时需要重视的问题。

学生兴趣爱好的培养可以通过以下几方面实现。一是精心挑选和准备研究性学习的专题,并从激发学生的好奇心和培养学生兴趣爱好的角度描述和展现给学生,允许学生自主选择感兴趣的专题开展研究性学习;二是允许按照同学间的关系和个人意愿自由组成研究性学习小组;三是允许学生根据自己的爱好自主选择探究问题的理论、方法和方式;四是允许学生在完成研究性学习规定的学习任务的前提下,对某些关注的问题继续进行深入的探究。

学生个人特长的发挥可以通过以下几种方式。一是学生所选择的研究性学习的专题的研究深度和广度可以突破课程学习目标的规定,使得他们的特长在老师的指导下能够淋漓尽致地发挥;二是学生可以根据自身的特长,按照优势互补的原则与其他同学组成学习小组,使自身的特长在小组学习的分工与合作中得到发挥;三是鼓励学生按照自己的特长选择探究问题的理论、方法和手段,使得问题能够得到更加深入的探究,取得的成果更具有创新性。

学生的个性特征和特殊需求需要教师的特殊关注,并在研究性学习过程中因人而异地采取针对性的措施,实现其个性化的发展。第一,需要教师在教与学的过程中关注和发现学生的个性特征和特殊需求;第二,教师应该尽可能地为这些学生设计个性化的研究性学习计划;第三,教师在课外学习期间对这些学生予以针对性的指导,提供必要的帮助;第四,鼓励和支持这些学生按照个性化的学习计划开展别开生面的富有创意的学习活动,以最终实现个性化的发展。

### 15.4.6　建立注重学习过程　强调创新能力提升的教学评价制度

教学评价是根据一定的教学目标,运用科学可行的方式方法,对教师的教学活动和学生的学习活动的过程和结果进行客观评价,以促进教学质量提高,实现教学目标的行为或过程。研究性学习是一种强调学生参与、注重学习过程、支持个性发展的学习方式,因此,相应的教学评价应该注重学习过程而非仅仅是学习结果,才能保证产生良好的学习效果。对学生而言,研究性学习的教学评价应该使他们在学习过程中了解自己在知识的获取、应用和创新,工程能力的培养和提高,社会能力的培养和提高,以及综合素质的养成和提升等方面的进步[5],从而在教师的帮助下改进和完善学习方法,提高学习效果。对教师而言,研究性学习的教学评价应该使他们掌握学生在学习过程中整体和个体的学习情况,进而反思教学组织形式和教学活动的开展,从而调整和改进教学方法,提高教学质量。

评价研究性学习对卓越工程师创新能力培养的作用和效果,就应该以学生创新能力及其构成要素作为教学评价的主要指标,以创新能力及其构成要素的提升幅度作为教学评价的主要标准,以研究性学习的过程性评价为主,以研究性学习的结果性评价为辅,以促进和激励学生创新能力培养为目标,构建评价形式多样化和评价主体多元化的开放式的教学评价制度。具体而言,这种教学评价制度具有以下内涵。

教学评价指标体系主要由创新能力的 5 个构成要素,即知识视野、创新意识、创新思维、创新技能和创新素质,以及创新能力自身这个综合要素共 6 个指标组成,其中创新能力的 5 个构成要素应该作为研究性学习的过程性评价指标,在学习过程中对学生和教师进行评价,而创新能力应该作为研究性学习的结果性评价指标,在学习结束时对整个学习结果进行评价。教学评价主要标准应是这 6 个指标的提升幅度,即学生自上次教学评价以来在这六个方面的发展和进步情况,因此它们是相对值,而不是绝对值的概念,这样才能客观地评价出研究性学习对某项教学评价指标产生的影响。不同阶段的教学评价可以有所侧重,但评价内容应能够全面、准确地反映评价指标的内涵,评价内容的难度应有助于衡量评价标准的高低。

以过程性评价为主、辅以结果性评价,应该成为研究性学习教学评价的重要特征。首先,过程性评价能够及时地发现教师和学生在教与学的过程中存在的问题,使得他们可以尽快地纠正不足,在连续多次的评价中不断地提高学习效果,从而避免了传统的在学习结束后一次性的结果性评价这种“事后”评价造成的“于事无补”的局面。其次,重视过程性评价,如在学习过程中注重对学生平时的考核,多次进行阶段性测试,提高平时考核成绩占课程总成绩的比重,例如达到 70% ~ 80%,就能够有效地促进学生在平时投入足够的精力、重视全过程的学习,取得更好的学习效果。最后,以过程性评价为主能够通过平时多次考核,更加客观、准确、全面地评价学生的学习效果,从而改变以往的课程结束后,一次考核定乾坤的片面做法。

评价学生创新能力的提升,需要注重采取多样化的评价形式。根据评价目标的不同,创新能力的评价形式可以多种多样,如开放性问题的探讨、给定案例的分析、创新性实验报告、课堂辩论竞赛、研究性专题论文、新产品开发设计、工程项目的构思等。必须注意的是,不论采取何种形式,考核的题目应该是开放的,即没有一个标准答案,这样才能够使学生灵活地运用所学的知识、在广阔的空间中独立分析思考、充分展现自己的创新能力及其构成要素。

在评价学生创新能力时,要形成多元化的评价主体,使教学评价过程成为学生创新能力提升的机会。可以采取学生自评、小组评价、学生互评、教师评价、师生共评等多种方式,重视学生参与教学评价过程,通过学生自我评价、对他人的评价、听取同学对自己的评价、聆听教师对自己和其他同学的评价和分析等,使得学生在创新思维、途径、方法和素质上得到影响、借鉴、启迪和提高。与此同时,要重视教学评价结果的建设性,使其对学生创新能力的进一步提升具有指导意义。也就是说,在对学生创新能力进行过程性的考核或考查时,应该淡化评价等级,避免用百分制给学生成绩,最好对学生的创新能力进行定性评价,并对学生日后创新能力的发展提出尽可能具体明确的建议和意见,以指导学生后续的学习。

## 15.5 开展创新实践教育教学活动 实现创新能力提升

创新实践是在创新意识驱动下,在创新思维引导下,运用所拥有的知识和视野,并在创新素质的作用下,通过对工程项目或工业产品的改造、研究、设计、开发等的反复的实践和不断的尝试,使得创新能力得到培养和发展的过程。事实上,创新实践过程对继续丰富知识和开阔视野、强化创新意识、训练创新思维、熟练创新技能、提高创新素质具有至关重要作用,是创新能力形成和提升的关键,因此,需要"卓越计划"参与高校在构建工程实践教育体系的基础上[6],高度重视卓越工程师的创新实践教育。

创新实践教育的本质是以学生作为创新性实践活动的主体,以教师作为创新性实践活动的指导或辅导的教育教学活动。学生的主体性表现在整个创新实践教育过程中,即他们是从选题、计划、组织、实施到评价等一系列教育活动的主体,以尊重他们的兴趣爱好、充分发挥其主观能动性、促进他们的个性化发展,更好地实现创新能力提升的目标。教师的指导作用表现在他们在参与创新实践教育过程中,适时地对学生遇到的问题和困难予以指导和帮助,以推动创新实践教育活动有序高效地开展,支持学生的创新能力的提升。

为了更有效地提升卓越工程师的创新能力,"卓越计划"参与高校应该系统地构建完整的创新实践教育体系。创新实践教育体系中的教育教学活动主要由创新性实验、创新训练项目、创新竞赛活动、参与研究项目和社会创新实践五方面组成,它们构成一个有机的整体、形成一个完整的系统,各方面之间相辅相成,从不同的角度共同为卓越工程师创新能力的培养发挥作用。

## 15.5.1　创新性实验

创新性实验主要是指开放性、探索性和研究性实验,它是在基础性、验证性和演学性实验(此类实验通过对实验现象的观察和分析,加深对理论知识的理解和掌握)的基础上,使学生的新的想法、创意和思路得到验证或付诸实现的一类实验活动。广义的创新性实验还可以包括设计性、综合性和集成性实验,也就是说,只要在实验的手段、途径和结果上出现新元素的实验,均可以认为是创新性实验。狭义的创新性实验主要指那些产生显著变化的新成果的实验,如新产品的开发和设计、新工艺的创造和使用、新技术的发明和应用、产品新功能的开发以及复杂产品或项目的集成等。从对不同层次卓越工程师培养的区别而言,本科层次学生的创新性实验应该是广义的,而研究生层次学生的创新性实验应该是狭义的。

创新性实验的推行需要做好以下四方面工作。一是改革实验性课程教学内容:除了必要的基础性、验证性和演示性的实验外,要注重从工程学科专业领域的最新成果和新近发展中凝练实验内容,将先进的工程思想和创新理念引入实验教学中,鼓励学生自主提出富有新意的实验题目,增加开放性、探索性和研究性的实验;二是改革实验性课程教学方式:教师要重视激发学生通过实验探究未知世界的兴趣爱好,变被动的、循规蹈矩的封闭的实验方式为学生自主、教师引导的开放型实验,充分调动学生自主构思、自主设计、自主创新的积极性和主动性;三是将实验教学与工程实践和社会需要相结合:要注重与企业的合作和社会的联系,将企业工程实践中出现的生产、技术、管理等方面的新问题,将社会对工程项目、工业产品和工程技术等提出的新要求进行整理和提炼,转化为实验教学项目,提高学生解决实际工程问题的创新能力;四是鼓励学生自主进行专业培养方案之外的实验：要允许和支持学生按照自己的兴趣和对工程问题的关注，不受专业培养方案的限制，自主开展实验性课程教学大纲规定之外的实验，使学生在主动学习的过程中成为求新求异的探索者。

### 15.5.2　创新训练项目

教育部和财政部"十二五"期间实施的"高等学校本科教学质量与教学改革工程"（简称"本科教学工程"）中的创新训练项目是本科生个人或团队，遵循"兴趣导向、自主实施"的原则，在导师指导下，自主完成创新性研究项目设计、研究条件准备和项目实施、研究报告撰写、成果（学术）交流等工作[7]。"卓越计划"参与高校应该充分发挥创新训练项目在本科层次卓越工程师创新能力培养上的作用。具体而言，就是要在创新思维能力培养和创新方法等课程的基础上，制定适合本科层次卓越工程师创新能力培养的创新训练内容和教学计划，将该项目作为选修课程列入"卓越计划"专业培养方案，对参与的学生实施导师制，并免费为学生提供实验场地和实验仪器设备，同时重视导师队伍建设，制定相应的激励政策，鼓励校内教师担任大学生创新训练项目的导师。

研究生层次卓越工程师创新能力培养上的创新训练项目应该是本科教学工程中创新训练项目的延续和提升。第一，"卓越计划"参与高校应该设立专门的适合研究生层次卓越工程师创新能力培养的创新训练项目，并予以必要的经费保证；第二，建议将创新训练项目作为学生的必修或限选课程，使每位学生的创新能力都能在更高层次上得到综合训练；第三，在创新训练内容上，学生应该更加关注所学工程专业领域当前的创新问题，强调新颖性、创新性和探索性，注重产生具有更高价值的创新性成果；第四，在指导教师上，学生可以寻求除自己的校内外导师之外的其他教师，以及企业创新能力强的高级工程师的指导，参与高校也可以成立专门的指导教师小组；第五，要鼓励学生形成创新团队，开展团队合作，完成创新活动，以提高创新训练成果的水平，提升学生的创新素质。

### 15.5.3　创新竞赛活动

创新竞赛活动是效果十分显著的创新实践活动，是培养学生创新能力的最佳途径之一。创新竞赛活动具有三个主要特点。①挑战性，能够唤起青年学生迎接挑战、追求突破的热情；②竞争性，容易激发学生不愿服输、参与竞争、夺得名次的巨大激情；③自主性，学生完全可以根据自己的兴趣和爱好，选择参加感兴趣的竞赛活动。因此,创新竞赛活动能够给予参与学生不懈的动力,使他们在教师的指导和团队的合作下,一方面要强化各种知识的综合运用,了解和熟悉相关领域的最新成果,开拓自身的视野;另一方面要穷尽一切办法,构思出各种可能的创新方案,在反复的尝试和实验过程中设计和制作出最具创意的作品。不论最终创新竞赛作品是否得奖,创新竞赛活动本身使得参与学生在主动学习、积极探索和追求创新的过程中,实际动手能力和创新能力均得到很好的提高。

创新竞赛活动有国家级、省级和校级三个层次。具有代表性的国家级创新竞赛活动有:由共青团中央、中国科协、教育部和全国学联共同举办的“挑战杯”大学生课外学术科技作品竞赛;全国大学生电子设计竞赛;全国大学生结构设计竞赛;全国大学生机械设计创新大赛;以及以“节能减排、绿色能源”为主题的,体现新思维、新思想的实物制作(含模型)、软件、设计和社会实践调研报告等作品的大学生节能减排社会实践与技能竞赛。各省市在国家级竞赛的基础上,结合本省市的实际,开展了各种形式的创新竞赛活动。“卓越计划”参与高校应该在国家级和省市级竞赛活动的基础上,结合本校“卓越计划”参与专业在卓越工程师创新能力培养上的需要,自主组织形式多样、内容各异的创新竞赛活动。

## 15.5.4　参与研究项目

学生参与研究项目不仅能够使得所学的知识得到实际应用并予以巩固,掌握各种研究方法和手段,而且能够形成创新意识、训练创新思维、开发创新潜能、提升创新素质,培养分析问题能力、实际动手能力和创新性地解决问题的能力。因此,参与研究项目是培养学生创新能力的重要平台,应该成为创新实践教育活动的重要内容。

“卓越计划”参与高校应该积极地支持、鼓励和组织“卓越计划”参与专业的本科生参与研究项目,使学生在参与项目的研究过程中,在研究团队的合作氛围中,创新能力得到提升。在参与项目的类型上,适合本科生的项目有两类。一是教师主持的源于企业的解决实际工程问题的横向项目,这有利于学生在参与真实的工程问题的解决过程中培养创新能力;二是参与高校专门设立的针对本科层次卓越工程师培养需要的创新性研究项目,这些项目形式多样、具有必要经费支持,这样能够吸引学生根据自己的兴趣爱好自主选择参加。在参与项目的时间上,应该组织和安排学生早进课题、早进实验室、早进团队,可以在研究项目中按照重要性和阶段性设置不同的角色或岗位,适合从低年级到高年级学生的共同参与,使学生在从辅助性角色到核心角色的逐步转换过程中,不仅经历了项目研究的全过程,而且创新能力得到系统的培养。在学生参与研究项目的制度建设上,一方面要积极地为每一位本科生配备指导教师;另一方面要制定激励教师指导本科生参与研究项目的政策和措施;同时要将本科生参与研究项目作为一门课程对待,不仅有考核检查,而且有相应的学分。

"卓越计划"参与高校需要从以下4个方面进一步发挥参与研究项目对研究生层次卓越工程师在创新能力培养上的重要作用。第一,研究生一入学,就应该介入研究项目,感受研究团队氛围,参加研究项目活动,熟悉研究方法和技术路径;第二,研究生应该尽可能参与多个不同项目的研究工作,在不同的项目背景、不同的研究团队和不同的角色定位中增长见识、扩大视野、开拓思路、提升自己,而避免仅参与单一项目可能造成的知识面窄、思路局限的现象;第三,要发现研究生的特长,尊重他们的个性发展,与他们一道制定培养计划和职业发展规划,使各自能够在自己感兴趣的研究项目中投入主要精力,从而更好地发挥主观能动性在提升其创新能力上的作用;第四,研究生学位论文的选题要源于行业企业真实的研究、设计、开发等创新项目,解决关系企业发展的,在生产、技术、管理、市场等方面的重大问题,或行业面临的共性问题,进而更好地提升研究生的创新能力。

### 15.5.5　社会创新实践

社会实践是高校人才培养的必须环节,是教育与实践相结合的具体体现。学生在社会实践过程中,通过投身各种服务、参与社会活动、进行社会调查等,能够增长见识、增强创新意识、获得创新技能、提高创新素质。注重和强化社会实践在学生创新能力培养上的作用,使之成为社会创新实践,成为创新实践教育体系的组成部分,是"卓越计划"参与高校应该研究、设计和实施的一项内容。

社会创新实践是指学生在参与解决实际问题的过程中,提升创新能力的实践活动。第一,社会创新实践是以提升学生的创新实践能力为目标,因此,构成社会创新实践的活动必须具有开展创新的条件或要素,能够组织成为学生创新实践能力培养的平台;第二,社会创新实践的内容应该与学生所学工程专业相关,这样更具备进行创新的基础,学生在课堂所学的知识就能够得到更好的运用,在校内培养的能力能够得到继续提升;第三,要重视社会创新实践活动与校内其他创新实践教育活动的关系,使前者成为后者不可或缺的有效补充,而不是可有可无,随意走过场的形式;第四,要注重社会现实环境对学生创新意识、创新思维、创新技能和创新素质的影响,充分利用和调动各种积极因素,增强学生的创新意识;第五,在社会创新实践过程中,应着力引导学生积极主动地发现问题,突破思维定势、开拓思维空间去分析问题,创造性地运用所学知识和技能,创新性地解决实际问题。

## 15.6 构建创新实践教育教学平台 支持创新能力提升

以上五个方面的创新实践教育活动的开展需要有与之相适应的平台,适应卓越工程师创新能力培养的创新实践教育体系应该至少包括高校自主建设的开放式实验室和高校与企业或工程科研院所共建的创新实践基地两个平台。

### 15.6.1 开放式实验室

开放式实验室是指那些向"卓越计划"参与专业的学生开放,作为学生校内课外创新平台,并为这些学生的创新实践活动提供专门支持的校内各级各类实验室。这些实验室应该包括国家重点实验室、国家开放实验室、国家工科教学基地、国家实验教学示范中心、国家工程中心、国家级和省级重点实验室以及参与高校校级各类实验室等。

为了更好地发挥上述开放式实验室在卓越工程师创新能力培养上的作用,"卓越计划"参与高校学校层面、开放式实验室、"卓越计划"参与专业所在院系、"卓越计划"参与专业的学生等各方面需要共同努力、协调配合、目标一致地完成卓越工程师创新能力培养的任务。首先,学校层面每年要制定专门的经费预算,为开放式实验室提供足够的经费安排,以满足一定比例的"卓越计划"参与专业的学生到开放式实验室进行创新性实验活动的基本需要。其次,开放式实验室要在满足实验室自身承担的主要实验任务需要的前提下,主动做好两方面的工作安排:一是制定具体的开放计划,包括时间、场地、仪器设备、辅助条件和指导教师等,为"卓越计划"参与专业的学生免费提供尽可能方便的创新性实验服务;二是每学期面向全校所有"卓越计划"参与专业开设系列的创新实验活动,吸引和招收学生自愿参加。再次,"卓越计划"参与专业所在院系需要与开放式实验室密切沟通与协调,一方面创造条件鼓励和支持学生积极主动地到开放式实验室进行各种创新实验活动,另一方面有计划地组织和安排学生到开放式实验室开展有组织的创新性实验活动,如在相关课程结束后,安排学生到开放式实验室按照自主选题或参加小组创新课题进行实验活动。最后,"卓越计划"参与专业的学生要结合自己的专业兴趣和爱好专长,独立地或在教师指导下提出创新性实验题目,或者自主选择参加创新性实验课题,积极主动地到开放式实验室,在浓郁的创新氛围中培养自己的创新能力。

必须指出的是,创新性实验与其他实验的主要区别在于前者只有实验目标或实验课题,而没有具体的实验原理和实验步骤要求,学生在实验过程中出现的问题可以寻求教师的指导,这样就给学生留出了独立思考和发挥创造性的巨大空间。因此,开放式实验室或院系组织的创新实验活动应该只有实验要达到的目标,至于通过何种途径、采取什么方式、使用那些手段实现创新目标则应该全部留给学生独立地思考和选择。这样学生就能够结合所掌握的工程专业知识,无拘无束地提出自己富有创意的思路,必要时得到教师的指导和启发,进行实验方案论证设计、安装测试、数据采集、结果分析等基本过程,逐步使自己的创造性设想转变为现实,在切身体验工程创造和技术创新的历程中,丰富了知识、积累了经验、开阔了视野、训练了创新思维、熟练了创新技能,从而提升了创新能力。

## 15.6.2　创新实践基地

校企全程合作培养卓越工程师是"卓越计划"成功的关键[8],除了高校拥有的各种类型的开放式实验室外,"卓越计划"参与高校应该加强与行业企业或工程科研院所的合作,建立满足卓越工程师创新能力培养需要的创新实践基地。适用于本科层次卓越工程师创新能力培养的创新实践基地既可以是设立在企业的国家级或省级工程实践教育中心,也可以是高校与企业针对卓越工程师创新能力培养专门建设的创新实践场所。适用于研究生层次卓越工程师创新能力培养的创新实践基地既可以利用高校与行业企业、工程科研院所或地方政府为卓越工程师创新能力培养专门建设的创新实践平台,也可以利用以高校为实施主体建设的2011协调创新中心。后者包括两种类型。一是通过高校与工程科研院所,特别是与大型骨干企业的强强联合,以工程技术学科为主体,以培育战略性新兴产业和改造传统产业为重点的面向行业产业的2011协同创新中心;二是通过推动高校与当地支柱产业中重点企业或产业化基地的深度融合,以地方政府为主导,以切实服务区域经济和社会发展为重点的 2011 协同创新中心[9]。创新实践基地为学生提供了在真实的工程环境下开展创新实践活动的绝佳场所,是面向工业界培养卓越工程师创新能力的必经途径,也缩短了学生从学校到社会的过渡期。

创新实践基地与开放式实验室具有很强的互补性,在前者进行的创新实践内容主要来自于行业企业面临的真实的创新问题,直接关系到行业企业的生存与发展,而在后者开展的创新实验虽然也可以源于企业,但主要是根据学生个人兴趣而提出和设计的创新问题。这样学生在按照自己的兴趣爱好选题、经历了开放式实验室的训练、创新能力得到较大的提升之后,就能够到创新实践基地迎接真实的创新问题的挑战,使自己的创新能力得到进一步的提高。

"卓越计划"参与专业的学生到创新实践基地开展活动的最佳时间应该是本科层次卓越工程师培养过程中的毕业实习和毕业设计阶段以及研究生层次卓越工程师培养过程中的学位论文阶段。为了最大限度地发挥创新实践基地的作用,"卓越计划"参与高校应该做好以下四项工作。第一,设立创新基金项目,从经费上鼓励和支持学生到校外创新实践基地从事创新实践活动;第二,与校外合作组织密切交流与沟通,共同从行业企业发展的重要创新问题中挑选和制定学生进行创新实践活动的项目;第三,为每位学生安排创新能力强的一位校内教师和一位企业高级工程师或工程科研院所的研究员作为创新实践指导教师,以保证学生的创新实践活动的顺利进行;第四,建立创新实践活动绩效评价体系,以引导学生的创新实践活动、客观地评价学生创新实践活动的成效,促进学生创新实践活动的不断地完善。

## 15.7　营造促进卓越工程师创新能力培养的校园氛围

高校的校园氛围无时无刻地熏陶着学生,对他们的学习、生活和成长起到潜移默化的重要影响,大学精神、学校运行模式与管理风格、大学文化与价值观等,对学生的教育作用及其人生的影响是巨大和深远的,有些研究甚至认为,这些影响远远超过课堂教学的作用。在每一位高校毕业生身上,都会深深地留下母校的烙印,带着母校独有的风格、精神和传统走向社会,进入经济建设与社会发展的大潮中。因此,校园氛围对学生知识的学习、能力的培养和素质的养成的作用不容忽视,尤其是对学生创新能力的培养具有至关重要的作用。"卓越计划"参与高校应该努力从以下几个方面营造良好的校园氛围,以促进卓越工程师创新能力的培养。

## 15.7.1 浓郁的创新文化

促进创新能力培养的校园氛围首先要有浓郁的创新文化作为营造校园氛围各个组成部分的导向和基础。创新文化的本质就是在观念、制度、组织、管理和行为等层面上形成提倡创新、鼓励创新和支持创新的氛围,因此,在校园内形成浓郁的创新文化就需要"卓越计划"参与高校从大学精神、制度建设、机构设置和管理方式等方面予以高度重视。

在大学精神上,不论是大学的使命,还是大学所担负的人才培养、科学研究、社会服务和文化传承与创新四大职能,创新人才培养、创新性科研成果的产生、创新性服务和文化创新等都是大学必须履行的神圣职责,因此,创新必须是大学精神的核心内涵,是在观念、意识和行为层面上全校教职员工都应该具备的。

在制度建设上,高校应该制定专门的政策、出台专门的措施,引导、鼓励和支持教职员工将创新贯穿于教学、科研、服务等各项工作之中、积极开展和参与各类创新活动、追求创新性的成果。在机构设置上,高校应该要求主要职能部门和教学院系,将创新作为一项重要的管理职能,或者设立专门的机构负责教师和学生创新活动的组织、管理和评价。在管理方式上,高校应该将创新作为评价教师业绩和学生成绩的一项内容,研究和制定激励创新的具体措施,包括专项经费保障和绩效奖励,出台衡量创新成果的评价体系。

## 15.7.2 宽松的文化氛围

宽松的文化氛围环境就是要打破各种陈规戒律、突破学科专业的界限,允许学生在一个灵活自由、兼容并包、不受限制的校园文化环境下学习思考、发现真理、实践动手、探究未知。换句话说,宽松的文化氛围是提高学生的学习兴趣、培养学生对未知世界的好奇心、鼓励学生发现问题和解决问题、提升学生改变现状和创造未来的信心的基础。

具体而言,形成宽松的文化氛围至少需要从三个方面做起。一是鼓励学生跨学科、跨专业甚至跨校学习课程、参与课外活动和开展交流活动,以丰富学生的知识、开拓学生的视野、发现五彩斑斓的世界,提高对交叉学科的兴趣、对未知世界的好奇;二是支持学生在完成专业培养方案规定的学习任务的前提下,积极参加或自主组织各种创新实践活动,同时提供必要的经费支持和教师指导,并允许学生失误、宽容学生失败,在反复的尝试中获得成功,培养学生乐于探索、毫不气馁、坚持不懈的品质;三是提倡学生不"安于现状"、批判性地学习前人的知识和经验、用质疑的眼光看待人类以往的成就、积极探索超越前人的创新性成果,培养学生勇于创新、追求卓越的精神。

### 15.7.3　平等的教学氛围

平等的教学氛围就是要在整个课堂教学中,改变过去那种教师一言堂,学生被动听课的局面,使师生处于平等的地位上,教师注重学生的反应、引导学生主动学习,学生能够平等地与教师展开对话和交流、积极主动地参与整个教与学的过程,以达到最佳的学习效果。

要营造平等的教学氛围,首要责任在教师。首先,教师要树立以学生为中心的教育教学理念,要认识到学生的教育和培养是教学的根本目的和教师的首要职责,在整个教学过程中要以学生为主体、以教师为主导,激发学生的求知欲望,培养学生的学习乐趣,调动学生的学习热情;其次,在教学组织形式和教学方法采用上,教师要结合教学内容和学生的个性特点,灵活地采取启发式、讨论式、探究式、参与式、合作式等教学方式,变学生过去的被动学习为主动学习,鼓励学生大胆地提出问题、独立思考、参与生师互动和课堂讨论;再次,教师要重视学生在学习过程中的实际需要,努力为学生提供生动活泼、兴趣盎然的教学环境,留给学生足够的时间和空间进行自主学习和自由思考;最后,在课堂教学中,教师要培养学生的批判性思维方式,用挑剔和质疑的眼光看待经典理论、学习课堂教学内容、理解教师的见地,甚至挑战学术权威,从而培养学生的创新意识和创新思维能力。

平等的教学氛围离不开学生积极主动的学习态度和探究未知的不懈精神。一方面,学生要在课前对拟学习的内容有基本的了解,在课后对已经讲授的内容要进行深入的探究,包括相关文献的检索和阅读,为积极参与课堂教学做好充分的准备;另一方面,学生要认真上好每一堂课,包括跟进教师的思路、虚心地请教、积极地思考、主动地提问、积极参与每一个互动环节。

### 15.7.4　自由的学术氛围

高校是一个崇尚学术自由、开放民主,强调百花齐放、百家争鸣的殿堂,自由的学术氛围是高校区别于其他组织机构的重要特征之一,也是卓越工程师创新能力得以培养所必需的土壤,它不仅有利于各种学术理论和思想的交相辉映和相互交融,更有利于不同学术观点的碰撞以及创新思路的萌芽、形成和产生。

自由的学术氛围需要"卓越计划"参与高校至少通过以下四方面的工作来形成。第一,要提高学术权力的影响力和作用,为学术自由创造条件:一是加强和优化校院两级学术组织建设,发挥学术委员会在学科建设、学术评价、学术发展中的重要作用;二是推进教授治学,发挥教授在教学、学术研究和学校管理中的作用。第二,鼓励和支持各院系经常性地举办各种类型、不同层次、主题各异、内容广泛的学术讲座和报告会,使其成为学生在课外进行学习、开阔视野、增长见识的重要形式;第三,结合参与专业学生教学进度和课程内容安排或由学生自己组织各种形式的论坛和辩论会,为学生提供在课外对课堂学习内容进行深入讨论、自由发表意见、相互学习借鉴、启发思路的重要机会;第四,鼓励学生不受学科专业限制,对感兴趣的问题主动与相关教师开展讨论和交流,同时要求教师在课外有一定的时间用于与学生的讨论交流。

### 15.7.5　和谐的师生关系

师生关系不仅是高校学生在校期间,也是人生中最重要的关系之一。在人才培养上,教师的职责不仅仅是教书,而且还是育人,和谐的师生关系对学生,尤其是研究生顺利地完成学业,成为德智体全面发展的人才十分重要。就创新能力的培养而言,和谐的师生关系不仅使得学生在课内,而且在课外能够得到教师更及时、更有针对性的指导和帮助。

在教师方面,建立和谐的师生关系需要做好几方面工作。第一,要放下架子,使教师成为学生的良师益友,这样能够缩短与学生的心理距离,更清楚地了解学生的个性和特长,更有的放矢地指导和教育学生;第二,要克服学生中存在的浮躁心理和急功近利的心态,帮助他们认识到创新是一个富有挑战、充满艰辛的过程,需要不懈的努力和长期的坚持;第三,要尊重学生的个性特点、培养学生的兴趣爱好、挖掘学生的创新潜力,个性化地培养学生的创新能力;第四,要尽可能早地安排学生参与各种创新实践活动,包括教师主持的研究开发项目,使学生在创新实践的过程中提升创新能力;第五,要包容学生在创新能力培养过程中的失误,勉励和鼓励他们克服可能遇到的各种困难和阻力,最终取得创新性的成果。

和谐的师生关系需要学生尊重教师、虚心好学、勤奋努力。尊重教师能够帮助学生走近教师,虚心好学是学生的基本品质和获得教师教导的基础,勤奋努力是学生赢得教师青睐的必需和获得创新能力的保证。

## 15.7.6　多样化的创新活动

促进创新能力培养的校园氛围需要有多样化的创新活动作为载体,为学生提供开展创新实践、实现创新愿望的条件和机会,形成创新能力培养的良好环境和气氛。

"卓越计划"参与高校组织和开展形式多样的创新活动需要重视以下几方面问题。第一,在创新活动的宗旨上,要以增长学生的知识,培养学生的创新意识、创新思维、创新技能和创新素质为目标,并以此要求创新活动的形式、内容、规模和对象;第二,在创新活动的内容上,应提倡跨学科专业的交叉与融合,以吸引多院系、不同学科专业、不同层次的学生的积极参与,从而对创新能力的培养产生更好的效果;第三,在创新活动的组织上,由于创新活动的设计、组织、开展和管理本身对学生而言就是一个崭新的尝试、一种创新的经历,因此应该尽可能以学生为主体进行;第四,在创新活动的实施上,要鼓励不同学科专业、不同层次的学生组成创新团队,以培养学生的创新素质,尤其是团队精神和合作意识。

## 参 考 文 献

[1]　林健. "卓越工程师教育培养计划"通用标准研制. 高等工程教育研究,2010 年第 4 期.

[2]　杨信礼,屠春友著. 现代领导战略思维. 北京:中共中央党校出版社,2003.

[3]　李小三主编. 现代领导哲学思维. 北京:研究出版社,2009.

[4]　林健. 面向卓越工程师培养的课程体系和教学内容改革. 高等工程教育研究,2011 年第 5 期.

［5］　林健. 面向卓越工程师培养的研究性学习. 高等工程教育研究,2011 年第 6 期.

［6］　林健. 构建工程实践教育体系,培养造就卓越工程师. 中国高等教育,2012 年第 13/14 期.

［7］　教育部关于做好"本科教学工程"国家级大学生创新创业训练计划实施工作的通知. 教高函［2012］5 号.

［8］　林健. 校企全程合作培养卓越工程师. 高等工程教育研究,2012 年第 3 期.

［9］　教育部,财政部关于实施高等学校创新能力提升计划的意见. 教技［2012］6 号.

# 第16章 形成具备竞争优势的卓越工程师培养特色

【本章摘要】 卓越工程师培养特色直接关系到"卓越计划"的主要目标能否实现。在分析卓越工程师培养特色的重要性的基础上,首先讨论了形成卓越工程师培养特色的前提,其次分析了卓越工程师培养特色的主要特征,接着研究了卓越工程师培养特色的内涵,最后较为系统地分析了如何有效地形成卓越工程师培养特色,以期为"卓越计划"参与高校培养造就一大批适应经济社会发展需要的高质量各类型卓越工程师提供建议和参考。

"卓越计划"设计的一个显著特点在于仅为各种类型的参与高校提出了一个培养卓越工程师的宏观框架,而没有作出具体详尽的尤其是数量指标上的微观限定。不论是教育部"卓越计划"的实施意见[1],还是"卓越计划"通用标准[2]等,均只是在指导思想、主要目标、基本原则、组织实施和基本标准等方面提出要求,而不限制参与高校在具体实施"卓越计划"上自主性、灵活性和创新性的发挥,从而更好地调动"卓越计划"参与各方的主动性和积极性,最大限度地落实分类实施、形式多样、追求卓越的基本原则。事实上,"卓越计划"提出的宏观框架为各类高校提供了培养卓越工程师的良好机制和政策环境,使所有参与高校能够在这样一个宽松的环境下,充分地挖掘本校的各种教育教学资源、发挥自身的办学优势、逐渐形成具备竞争优势的卓越工程师培养特色,满足各行各业对卓越工程师多样化的要求。因此,在卓越工程师培养过程中,形成具备竞争优势的特色,不仅是"卓越计划"倡导的方向,而且是参与高校必须追求的目标。

任何一所高校办学水平的高低,不在于其办学规模大小,不在于其办学层次高低,而在于其办学特色,尤其是人才培养特色。每一种类型和层次的高校,不论其历史背景和现实状况如何,都能够办出一流,都能够培养出出类拔萃的高素质的卓越人才,关键在于能否在科学、理性、准确、可行的人才培养定位的基础上,办出特色,形成本校的人才培养优势。因此,特色就是水平,就是一流,就是质量,就是竞争优势,每一所"卓越计划"参与高校,尤其是地方本科院校,都必须把形成本校的卓越工程师培养特色作为贯穿于实施"卓越计划"整个过程的主线。

本章试图系统地分析和研究卓越工程师培养特色这一直接关系到"卓越计划"的主要目标能否实现的关键专题。在分析卓越工程师培养特色的重要性的基础上,首先讨论了形成卓越工程师培养特色的前提,其次分析了卓越工程师培养特色的主要特征,接着研究了卓越工程师培养特色的内涵,最后较为系统地分析了如何有效地形成卓越工程师培养特色,以期为"卓越计划"参与高校培养造就一大批适应经济社会发展需要的高质量各类型卓越工程师提供建议和参考。

## 16.1 特色是卓越工程师培养的本质追求

### 16.1.1 卓越工程师培养特色是人才市场的需要

卓越工程师培养特色是国家地区、经济社会、产业体系、行业企业等对工程人才提出的要求。

（1）经济社会发展对工程师类型要求的多样化。

在经济社会发展的进程中,需要大量的各种类型的工程技术人才。从工业产品和工程项目的全寿命周期看,需要有胜任研究、开发、设计、生产、运行、服务与管理等组成生命周期各个环节工作的各种类型的工程师,可以分为服务工程师、生产工程师、设计工程师和研发工程师等[3]。从工程人才所具有的专业知识和工程能力的深度和广度看,既需要有在某一工程领域掌握专深的专业知识和很强的工程能力的工程师,也需要有专业知识面广而丰富,并能够处理各种基本工程问题的工程师。从工程人才所具有的社会能力的高低和综合素质的水平看,既需要在单纯的工程环境下能够与其他工程技术人员一道交流沟通、密切合作、共同完成工程项目的工程师,也需要在复杂的社会环境下能够与各行各业人员沟通协调、合作共事、处理好工程与社会等方面关系的工程师。

（2）产业发展和升级对工程人才要求的专门化。

发展战略性新兴产业以及推进传统产业升级对工程人才提出专门的要求。现阶段国家将节能环保、新一代信息技术、生物产业、高端装备制造、新能源、新材料、新能源汽车等产业作为战略性新兴产业,要求经过十年左右的努力,这些产业的整体创新能力和产业发展水平达到世界先进水平,在局部领域达到世界领先水平,以加快经济发展方式转变、推动传统产业升级、调整优化产业结构、建设高起点现代产业体系。这就要求高校要关注和研究这些战略性新兴产业的特点和传统产业升级的需要,改革工程人才培养模式,建立企校联合培养人才的新机制,培养适应各种战略性新兴产业发展和传统产业升级的创新型、应用型、复合型和技能型人才。

（3）不同性质的企业对工程人才要求的特殊化。

企业的属性、所在行业、经营规模和发展战略会在一定程度上影响对工程人才的要求,包括提出特殊的要求。就大型企业与中小企业比较而言,大型企业需要的工程人才既强调专业分工,又重视彼此合作;而中小企业往往需要工程人才不仅在本专业上有深度,而且在专业覆盖面上有广度,也就是说,既能独挡一面,又能多方面兼顾。就本土企业与外资企业比较而言,后者更强调工程人才要接受西方的管理模式和企业文化,具备在多元文化环境下的交流沟通和团队合作能力。

（4）不同地区发展水平对工程人才要求的差异化 。

区域间发展的不平衡,尤其是推进全国主体功能区的形成,使得不同地区对工程人才的要求有所侧重。我国不同地区间经济发展水平存在较大差异,各地区具有的资源优势和支柱产业不尽相同,国家根据不同区域的资源环境承载能力、现有开发密度和发展潜力,统筹谋划未来人口分布、经济布局、国土利用和城镇化格局,进行全国主体功能区规划,确定主体功能定位,明确开发方向,引导优化开发区域增强自主创新能力,提升产业结构层次和竞争力;引导重点开发区域加强产业配套能力建设,增强吸纳产业转移和自主创新能力;引导限制开发区域发展特色产业,限制不符合主体功能定位的产业扩张。这就使得不同区域对工程人才在层次和类型上有着不同的要求。

以上分析可见,各种类型的"卓越计划"参与高校需要根据本校人才培养服务面向区域的经济社会发展状况、产业发展和结构调整的需要、各种企业的性质和特点,结合本校的行业背景,形成卓越工程师培养特色。

### 16.1.2 卓越工程师培养特色是学校优势的体现

(1)人才培养是各种类型高校的根本任务。

任何一所高等学校的首要职责是培养高层次人才,这也是我国高校办学的根本出发点和落脚点。我国作为高等教育大国,尽管高校类型多种、办学层次不同、办学水平各异,但是,人才培养始终应该是所有高校首当其冲的中心任务,这也是高校与科研院所的根本区别。例如,清华大学具有重视人才培养的优良传统,在建设综合性、研究型、开放式的世界一流大学的进程中,始终强调"一个根本,两个中心"的办学理念。"一个根本"就是把人才培养作为学校一项根本任务,而"两个中心"就是强调学校既是教学中心,又是科研中心。清华大学长期以来毫不动摇地坚持以培养又红又专、德智体全面发展的人才为根本,始终将教学工作作为学校工作的基础,要求教师以培养学生作为第一学术职责,广大教职工认真做好教书育人、管理育人、服务育人的各项工作。作为研究型大学,清华大学十分强调教育与科研的紧密结合,强调人才培养与学术研究的结合,强调研究型大学在培养拔尖创新人才和卓越工程人才上的重要作用。

(2)每一所高校都应该拥有自己的人才培养特色。

不论是相同类型的高校还是不同类型的高校,由于各自的历史积淀、办学理念、地缘优势、行业背景、学科积累等的不同,都具备培养出特色鲜明的工程人才的基础和条件。就不同类型的高校而言,研究型大学的人才培养特色应该突出具有坚实的基础理论、较强的创新能力和研究能力;而教学型高校的人才培养特色应该强调具有良好的理论基础、较强的应用能力和创新意识。就同一类型,甚至同一办学层次的高校而言,应该注重避免人才培养模式趋同、人才培养特色缺失的现象,可以通过比较、分析和研究,培育、强化和形成各自独有的人才培养特色。对于新建本科院校,要尤其避免简单模仿或照搬其他院校,尤其是研究性大学的人才培养模式,机械地学习外校的人才培养经验,追求高水平大学的人才培养特色,而应该树立特色意识,通过对人才市场的需求分析和本校具有的优劣势比较,挖掘和发现潜在的、可以培育的在人才培养方面的特点和长处,经过一段时期的努力,形成本校的人才培养特色。

（3）人才培养特色是高校竞争优势的重要组成部分。

办学特色作为高等学校的竞争优势,可以由人才培养、科研成果、学术水平、师资队伍、大学文化、社会影响等诸多方面的优势构成,然而,人才培养特色是高校办学特色的核心,是衡量高校办学水平高低的重要标志,是高校赢得竞争优势的根本。一方面,人才培养的优势是高校各种优势的集中表现,反映出高校的整体办学优势;另一方面,卓越人才对母校的影响具有广泛性、持续性和长远性,因此,人才培养优势成为社会评价和认可高校、高校获得良好社会声誉以及获取更多社会教育资源的最主要的要素。牛津大学之所以作为全球顶级大学为世人所追捧的主要原因是由于其培养出为数众多的国家元首和顶尖科技人才,包括 7 个国家的 11 位国王,6 位英国国王,47 位诺贝尔奖获得者,19 个国家的 53 位总统和首相,包括 25 位英国首相。哈佛大学为世人所称道的主要原因是其为美国及世界培养了大批的政治家、科学家、学者,包括 8 位美国总统,36 位诺贝尔奖金获得者,32 位普利策奖获得者等。清华大学和北京大学为国人所仰慕的关键在于为我国的政界、科技界、企业界、文化界、金融界等社会各界培养出大批的领军人物和杰出人才。

由以上分析可知,任何一所"卓越计划"参与高校都必须抓住实施"卓越计划"的机遇,高度重视本校卓越工程师的培养特色,培养出体现本校竞争优势、具有鲜明的特征和良好的素质、适应经济社会发展需要、深受行业企业欢迎的卓越工程师,以进一步提高本校在本地区和同类型院校中的竞争优势、促进学校整体跨越式发展。

## 16.1.3　卓越工程师培养特色是人才质量的保证

人才培养特色是大学的竞争优势所在,体现出大学的人才培养水平和质量,因此重视人才培养特色,就是重视人才培养质量。

（1）社会的欢迎程度是人才培养质量的客观表现。

衡量一所高校人才培养质量的高低，不能仅仅采用高等教育系统内部评价的方法，更不能由本校自我评价来决定，应该通过实践来检验，而社会对这所高校所培养人才的欢迎程度正是对该校人才培养质量最直接、最真实和最客观的反映。一个企业组织市场竞争优势的获取源于其采取的竞争战略，主要是差异化战略和特色化战略，而这些正是需要具有鲜明特色的人才来实施，才能够最终赢得满足组织发展和市场竞争需要的优势。因此，人才培养特色是经济社会发展的需要，是社会对高等学校人才培养的本质要求，是衡量人才培养质量的标准，换句话说，社会对一所高校毕业生的欢迎程度，反映出该校人才培养特色是否鲜明和人才培养质量的高低，高等学校必须通过人才培养特色的形成来提高人才培养质量。

（2）不同类型的高校有着不同的人才培养质量标准。

不同类型的高等学校在服务面向、办学定位和办学目标上均不相同，需要有不同的评价标准和评价体系对其办学效益和人才培养质量予以评价，才能引导和促进这些学校朝着多元化和多目标的方向发展，办出特色和办出水平，形成门类齐全、风格各异、特色鲜明、各具优势的高等教育人才培养体系，以最大限度地满足动态变化的经济社会对人才需求的多样化的要求。多样化的人才培养标准应该出自不同类型高校的人才培养特色，一所高校的人才培养特色正是构成该校与其他高校在人才培养质量标准上的主要区别，也就形成了评价该校人才培养质量标准的核心内涵。因此，人才培养特色是高等学校的精华所在，是一所高校有别于其他高校的显著标志，是该校人才培养质量的集中表现。

（3）密切与行业企业合作是提高人才培养质量的重要途径。

"闭门造车"是以往一些高校的毕业生不能满足社会需要的原因之一。高校通过与行业企业的密切合作，一方面能够系统深入了解行业企业对工程人才在知识、能力和素质上的具体要求，明确本校人才培养的目标和质量标准，有针对性地培养满足社会需要的"适销对路"的人才，另一方面能够在人才培养上加强与行业企业的紧密合作，结合高校拥有的教育教学资源，充分发挥行业企业在人才培养所具有的实践资源和环境优势，实现优势互补，在已有或潜在的人才培养比较优势的基础上，通过有的放矢地培育、培养和不断积累，逐步形成本校的人才培养特色，从而有效地提高本校的人才培养质量，赢得在高等教育人才培养市场上的竞争优势。

总之，"卓越计划"参与高校要以形成本校的人才培养特色为目标，针对经济社会发展的需要，准确把握本校人才培养定位，密切与行业企业的合作，发挥自身的教育教学优势，从而为行业企业培养出高质量的卓越工程师。

## 16.2　准确的人才培养定位是形成特色的前提

人才培养定位是人才培养努力的目标，准确的人才培养定位为高等学校人才培养特色的形成指明了努力的方向，是任何一所高校在培育和形成本校人才培养特色前必须明确的。因此，卓越工程师培养特色形成的前提条件是"卓越计划"参与专业均要具有客观准确的人才培养定位。

### 16.2.1　影响卓越工程师培养定位的因素

工程人才培养定位要满足服务面向原则、办学层次原则、自身优势原则和未来需求原则[4]。结合"卓越计划"的要求，参与高校在满足这4项原则的基础上，还需要综合考虑学校所属的类型、人才培养的层次以及学校的行业企业背景等影响卓越工程师培养定位的因素。

第一，学校的类型。学校的类型在相当程度上影响或决定着本校卓越工程师培养的类型和目标。"卓越计划"参与高校共194所，可以分为研究型（"985"大学）、研究教学型（非"985"的"211"大学）、教学研究型（非"211"省部属重点院校）和本科教学型（省属其他本科院校）共4种类型。研究型大学卓越工程师培养的主要类型应该是具有研究和创新两大特征的复合型人才，如清华大学明确提出"致力于培养'研究型、管理型、创新型、国际型'的卓越工程人才，培养各工程领域帅才"；研究教学型大学卓越工程师培养的主要类型应该是创新能力强的研发型人才；教学研究型院校卓越工程师培养的主要类型应该是具有创新意识和实践能力强的开发应用型人才；本科教学型院校卓越工程师培养的主要类型应该是实践能力强的应用型人才。图16.1说明了卓越工程师培养类型与学校类型之间的对应和变化关系。

第二，人才培养的层次。"卓越计划"实施的层次包括工科的本科生、硕士研究生和博士研究生三个层次。各个层次卓越工程师应该具有的知识、能力和

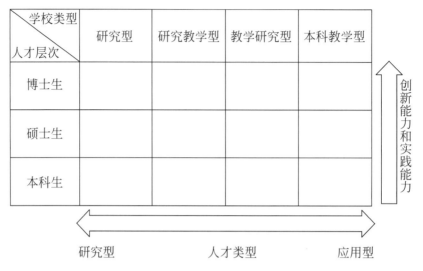

图 16.1　考虑学校类型和人才层次的卓越工程师培养定位分析

素质可以分别进一步分为通识知识和工程知识、工程能力和社会能力以及工程素质和综合素质。随着培养层次的提高,卓越工程师在这些方面的知识、能力和素质应该随之相应地提高。就工程实践能力和工程创新能力而言,本科层次的卓越工程师应该具有较强的工程实践能力和初步的工程创新能力,硕士层次的卓越工程师应该具有扎实的工程实践能力和较强的工程创新能力,博士层次的卓越工程师应该具有扎实的工程实践能力和很强的工程创新能力,图 16.1概括说明了学生的实践能力和创新能力随着卓越工程师培养层次的提高而上升。

　　第三,学校的行业企业背景。"卓越计划"十分注重参与高校的行业企业背景,以更好地发挥在卓越工程师培养上的作用。首先,不同的行业对卓越工程师有着不同的行业要求,这些要求是从整体层面上提出本行业卓越工程师必须达到的基本要求,往往反映在由行业部门牵头制定的"卓越计划"行业标准上,因此,行业标准为相应行业各个工程专业卓越工程师培养定位指出了明确的方向。其次,与参与高校建立起长期合作关系的工业企业会在具体层面上对卓越工程师培养的能力和素质提出专门或明确的要求,这些要求不仅反映出该企业市场竞争和发展的需要,而且也在一定程度上表现出所在行业未来对工程人才的要求,因此,进一步确定了相关专业卓越工程师培养定位。最后,合作企业在卓越工程师培养上所能够提供的教育教学资源,不仅是成功实施"卓越计划"的关键,也是卓越工程师培养定位能否实现的重要保证。由以上分析可知,参与高校的行业企业背景对于卓越工程师培养定位是否准确和可行具有重要的作用。

## 16.2.2　卓越工程师培养定位的过程

结合工程人才培养定位四项原则和上述三个影响因素,可以通过以下四个步骤依次进行卓越工程师培养的类型定位、需求定位、优势定位和背景定位,从而完成从方向把握到准确定位的某个工程专业的卓越工程师培养定位的整个过程。

第一步:类型定位。根据参与高校的类型和工程人才培养定位的办学层次原则,结合卓越工程师培养的层次,从方向把握的角度较为宽泛地确定本校某一"卓越计划"参与专业卓越工程师培养的类型。

第二步:需求定位。按照工程人才培养定位的服务面向原则和未来需求原则,在类型定位的基础上进一步明确参与高校服务面向地区未来对卓越工程师培养在类型、层次和其他方面的需求。

第三步:优势定位。按照工程人才培养定位的自身优势原则,通过对为相同服务面向地区培养卓越工程师的其他高校的市场调研和比较分析,在需求定位的基础上,进一步明确卓越工程师培养定位,使本校的人才培养优势在卓越工程师培养上得到充分发挥。

第四步:背景定位。根据参与高校的行业企业背景,尤其是合作企业在实现卓越工程师培养定位上能够发挥作用的大小,在优势定位结果的基础上,进一步明确并最终确定参与专业卓越工程师培养定位。

在以上各步骤中,后一步骤的定位是在前一步骤定位的基础上,对卓越工程师培养定位的进一步深入和明确,这样经过四个步骤后,准确的卓越工程师培养定位得以获得,整个过程可以用图 16.2 予以描述。

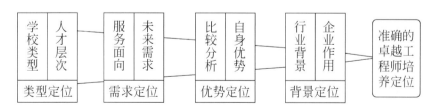

图 16.2　获得准确的卓越工程师培养定位的过程

## 16.3　卓越工程师培养特色的特征

准确的卓越工程师培养定位为参与高校卓越工程师培养特色的凝练、积累和形成确定了清晰的方向。卓越工程师培养特色是"卓越计划"参与高校在原有的或初步形成的工程人才培养特色的基础上,结合"卓越计划"的要求,在追求工程人才培养模式的突破、创新和卓越的过程中,经过进一步的提炼和发展得以形成的在卓越工程师培养上明显区别于其他高校的、被社会认可的、不易模仿的优良特性。在这个定义中突出了卓越工程师培养、长期积累、本校独有、社会认可、不易模仿等特点,这些特点构成了卓越工程师培养特色必须具备的主要特征[5]。

### 16.3.1　异质性

异质性,也可称为独特性,是卓越工程师培养特色的最主要的特征,是在该校与其他高校的分析比较中显现出来的,具有三个方面的特点。一是本校独有:即人才培养特色是一所高校独自拥有的、明显区别于其他高校的,反映出特色的鲜明个性,是特色的基本要求;二是难以模仿:即人才培养特色具有学之不像、移之不活的特点,其他高校不容易通过模仿或复制轻易地学到或获得,反映出人才培养特色相对于所拥有高校而言的不易移植的固有特性;三是不可替代:即其他高校不能够用自己学校的其他特色要素来替代这一特色,反映出人才培养特色在众多高校中的相对惟一的特性。

卓越工程师培养特色的异质性要求一所高校在与其他高校一道共同履行人才培养基本职能的条件下,寻求、发现、提炼或培育与众不同的个性——特长、优势或强项,逐步形成学校在卓越工程师培养上的特色。事实上,高等学校之间在办学历史、大学文化、办学定位、综合实力、学科优势、办学条件、服务面向、区域经济、行业背景等内外部环境和条件上均存在这样或那样的差异,这些差异为卓越工程师培养特色的异质性特征的形成提供了重要的基础,"卓越计划"参与高校应该在此基础上寻找具备异质性的潜在的人才培养特色。因此,一些参与高校,尤其是地方院校,要切实避免在向其他高校学习的同时,简单地复制或照搬外校在工程人才培养上的经验和做法,或将其他高校的特色作为本校的特色去培育,而忽略了本校在工程人才培养上自身独有的潜在的特色的挖掘。事实上,任何一所高校,包括新建本科院校,都能够在人才培养上找到相对于其他高校的比较优势,而后培育、发展成为本校的竞争优势,即卓越工程师培养特色。

## 16.3.2　有限性

有限性是对卓越工程师培养特色在内涵和范围上的限定要求,主要源于三方面原因。一是教育资源的有限性:即高等学校有限的教育教学资源决定着任何一所高校只能在有限的几个方面形成自己的卓越工程师培养特色;二是人才市场的竞争性:即日趋激烈的工程人才市场竞争使得任何一所高校不可能在卓越工程师培养的各个方面都具有绝对的竞争优势;三是人才需求的多样性:即社会对工程人才需求的多样性造成任何一所高校只能在有限方面满足人才市场提出的需求。有限性说明,一所高校在工程人才培养上可能有很多的特点或与众不同之处,但只能是有限的特点才能成为本校卓越工程师培养特色。

卓越工程师培养特色的有限性要求高校坚持"有所为、有所不为"的原则,在研究比较存在竞争关系的高校在工程人才培养优劣势的基础上,认真分析本校可支配的教育教学资源、在卓越工程师培养上可能的竞争优势,以及本校可能达到的卓越工程师培养标准等,本着科学、理性和可行的态度,选择若干个有基础、有潜力、有个性、具优势的特长、优势或强项作为本校潜在的卓越工程师培养特色。

## 16.3.3　公认性

公认性是指卓越工程师培养特色必须具备广泛的社会认可度,体现了卓越工程师培养特色的社会价值,是卓越工程师培养特色得以存在和发展的根本。一所高校的卓越工程师培养特色不应该是本校自己认定的,也不应该是自身与一些高校简单比较而得出来的,而应该是在卓越工程师培养的实践过程中,逐渐地为外界所认可和接受的。具体地说,一所高校的卓越工程师培养特色不仅要得到具有竞争关系的兄弟院校的一致认可,而且要得到行业部门和工业企业等用人单位的普遍认可。只有能够形成具备公认性特征的工程人才培养方面的特长、优势或强项,才能作为卓越工程师培养的特色去培育和培养。

卓越工程师培养特色的公认性要求高校在选择本校潜在的卓越工程师培养特色时,要进行充分的市场调研、分析比较和预测判断,不仅要了解兄弟院校卓越工程师培养特色的情况,而且要了解用人单位对卓越工程师培养特色的要求;不仅要掌握当前人才市场对卓越工程师培养特色的需求,而且要预见未来人才市场对卓越工程师培养特色的期盼。只有这样,才能使得本校选择的卓越工程师培养特长、优势或强项具有培育和发展的价值,从而赢得在工程人才市场上的竞争优势。

### 16.3.4  稳定性

稳定性是指卓越工程师培养特色需要在长期的办学过程逐步积淀形成,包含形成过程的稳定性和时间检验的稳定性。工程人才培养特色的内涵一旦确定,高校就必须为特色最终的形成坚持不懈地做出长期的努力,否则,如果特色内涵在不断变化,那么特色就永远不可能形成,这就是形成过程的稳定性。工程人才培养特色形成后,一方面,需要经过一段时间才能得到社会的认可和接受;另一方面,需要在高校的发展和参与市场竞争的过程中发挥竞争优势的作用,需要在相当一段时间内经得起时间和历史的考验,这就是时间检验的稳定性。然而,工程人才培养特色并非绝对一成不变,它的形成和发展是一个相对稳定的过程,既需要不断积累,也需要不断完善。随着内外部办学环境和教育教学条件的变化,以及社会对工程人才要求的变化,高校必须及时地修正、完善和丰富本校的卓越工程师培养特色,以保持和增强竞争优势。

卓越工程师培养特色的稳定性对高校提出两点要求,一是要从本校在工程人才培养上已有的积淀和特色的基础上认真慎重地确定卓越工程师培养特色,这是因为,特色不可能一蹴而就,如果没有过去的积累和基础,要在短期内形成一项卓越工程师培养特色是不可能的;二是特色的内涵一旦确定,就必须为之形成而长期坚持、不懈努力,不能随着人事变动、机构调整等主观人为因素的出现而随意改变或调整,更不能随着高校领导的调整而终止或变更。

### 16.3.5  工程性

工程性是卓越工程师培养特色的职业特征,反映出工程类型人才培养与其他类型人才培养特色的根本区别,主要包含三方面内容。一是突出工程的实践性;二是强调工程能力的培养;三是注重校企合作。工程的实践性是工程教育的本质,是工程人才培养能否成功的关键,可以体现在从教育教学理念更新、课程体系改革、教学方式改革、实践教育体系建立到本科生毕业设计或研究生学位论文选题等各个方面。工程能力的培养是工程教育的核心,是工程人才培养是否合格的标志,既可以表现在从工程问题的发现能力、分析能力和解决能力,也可以表现在工业产品或工程项目的研究、设计、开发、生产、维护和管理等各个方面,还可以表现在工程实践能力、工程设计能力、工程集成能力和工程创新能力等方面。校企合作是工程人才培养的重要平台,是培养满足社会要求、高质量工程人才的保障,可以从校企合作机制建设、校外工程实践教育中心建设、校企合作模式创新等方面着手。

卓越工程师培养特色的工程性要求高校重视工程教育的本质特征,彻底改变以往按照科学教育方式开展工程教育,按照科学教育要求聘任、考核和评价工科教师的状况,建立支持工程教育改革的制度环境和政策机制,激励和要求教师重视学生工程实践、重视学生工程能力培养和重视开展校企合作。

### 16.3.6　导向性

导向性是指卓越工程师培养特色对高校行为和师生行为的潜移默化的影响和支配作用,这是由卓越工程师培养特色作为校内外普遍认可和共同追求的价值取向所决定的。首先,卓越工程师培养特色应该成为高校战略规划的重要内涵,即高校的战略规划要围绕着本校的卓越工程师培养特色而制定和实施,只有这样才能保证卓越工程师培养特色的最终形成。其次,卓越工程师培养特色影响着教育教学资源的走向,一方面,高校内部各种资源的配置要围绕着如何有利于本校的卓越工程师培养特色的形成而进行;另一方面,卓越工程师培养特色能够有效地吸引校外的各种教育教学资源的投入,从而为这些资源产生最佳的投入产出效益。最后,卓越工程师培养特色将引导相关专业的教师和学生在时间和精力上的投入,使他们自觉自愿地朝着一个目标,共同为卓越工程师培养特色的形成而努力。

卓越工程师培养特色的导向性要求高校在确定特色内涵时注意三个方面的问题。一是卓越工程师培养特色的确认要得到高校内部和社会的广泛认可和接受,这样才具有导向性;二是卓越工程师培养特色与高校战略规划的一致性,即战略规划要保证卓越工程师培养特色的实现;三是高校能够获得足够的教育教学资源用于卓越工程师培养特色的形成。

## 16.4　卓越工程师培养特色的内涵

在准确地确定卓越工程师的培养定位,并了解卓越工程师培养特色应具有的各种特征后,"卓越计划"参与高校需要对卓越工程师培养的各个环节进行系统全面和认真细致的分析、比较和研究,谨慎地提出参与高校卓越工程师培养特色的内涵,为本校最终形成的卓越工程师培养特色给出准确的表达和具体的描述。

特色是在共性基础上对个性化的追求。卓越工程师培养特色就是参与高校在实现卓越工程师培养的共同目标和完成大量相同相似的教育教学工作的基础上,本校所具有的符合上述特色特征的个性化的内涵。卓越工程师培养特色的主要内涵不仅涉及面广,而且内容十分丰富,包含在卓越工程师培养的整个过程之中。具体而言,卓越工程师培养特色的内涵可以涉及从教育教学理念、学科专业建设、专业培养标准、课程体系改革、教育教学方式、教师队伍建设、国际化教育、校企合作教育、实践教育体系、领导力培养、创新能力培养到大学文化建设等诸多方面,也就是说,参与高校可以从以上诸多方面中的一个或多个方面提出卓越工程师培养特色的内涵。以下仅就本书前面章节未进行专题探讨的内容,即教育教学理念、学科专业建设、专业培养标准和大学文化建设等方面展开讨论。

## 16.4.1 教育教学理念

教育教学理念指的是教育工作者在思想、认识、观念上存在的关于教育、教学、教师、学生、质量等方面的信念和理论,是人才培养特色的思想认识基础。教育教学理念和人才培养活动的关系实质上就是理论与实践的关系,只有先进的教育教学理念才能指导人才培养特色的形成。

卓越工程师培养特色应该是在先进的教育教学理念指导下形成的。先进的教育教学理念既要有体现当代经济社会发展的共性要求,又要有反映时代特征和学校自身办学特点的个性要求。不同的高校应该有不同的教育教学理念,"卓越计划"参与高校需要通过创新的教育教学理念来明确本校的价值取向和卓越工程师培养目标,引导教师的教书育人和学生的学习行为,进而形成本校的卓越工程师培养特色。

"卓越计划"对教育教学理念的变革主要表现在以下五个方面:树立高等教育主动服务国家战略需求的观念;树立工程教育服务行业企业人才需求的观念;强调在不同类型工程人才的培养上追求卓越;创立高校与行业企业联合培养人才的新机制;改革教学方法全面提高学生的工程能力。

从卓越工程师培养的角度,参与高校在教育教学理念上的创新可以着重从以下几个方面入手。

（1）重新认识实践在工程教育中的重要性。实践是工程的本质，是培养学生工程创新能力的基础，是保证卓越工程师培养质量的关键。加强实践教育的措施有以下几种：处理好理论教学与实践教育的关系；将实践教育贯穿整个人才培养过程；丰富工科教师工程实践经历；建立工程实践教育体系；加强校企合作教育；建设校外工程实践教育基地等。

（2）教师与学生在教学过程中角色的重新定位。要树立以学生为中心的教育教学思想，在整个教学过程中应该以教师为主导、以学生为主体。教师在教学过程中扮演着导演的角色，教师的作用在于激发学生的学习动机、唤起学生的学习欲望、调动学生学习的主动性和积极性，在于授人以渔，而不是授人以鱼。学生在教学过程中扮演的是演员的角色，由以往的被动学习转变为主动学习或自主学习，使学习目的不仅在于掌握知识，还在于应用知识、创新知识、培养能力和提高综合素质。

（3）工程师在经济社会发展中角色的重新定位。在现代社会中，工程问题已从过去的专业问题转变为一个复杂的社会问题，因此，工程师在经济社会发展中的角色也从单纯的专业技术人员转变为具有坚实的专业背景的社会人，即现代工程师不仅要是工程专业领域的专家，而且还要是能够处理协调包括人际之间、组织之间、人与自然、经济与社会等复杂关系的行家。因此，除了专业教育外，要重视学生社会能力和综合素质的培养。

（4）对工程教育教学质量的正确评价。工程教育教学质量的评价应以培养出来的卓越工程师能够满足行业和企业多样化的需求为主要评价标准，而不是代之以教育系统内部单一的评价标准。一方面要求"卓越计划"参与高校要改变过去重知识学习、轻能力培养和素质提高的做法；另一方面要求"卓越计划"参与高校要针对行业企业的实际需求制定本校卓越工程师培养标准；第三方面要鼓励不同类型和层次的高校追求卓越工程师培养质量上的卓越。

（5）对工程人才培养国际化的再认识。经济全球化使得工程活动的开展呈现国际化的趋势，也就是说，不论一项工程活动是在工程师的本土还是在境外实施，这项工程活动均可能是一项国际工程项目，这是因为，该项工程的投资主体、实施企业、参与的工程技术人员、采用的装备技术或受益方等均可能来自不同的国家。由此可见，卓越工程师培养的国际化是所有"卓越计划"参与高校的共同使命和任务。

## 16.4.2　学科专业建设

学科专业是高校的基本单位,是卓越工程师培养的载体。国家产业结构的调整和升级以及创新型国家战略的实施,一方面加速了传统学科的发展,另一方面需要发展大量的新兴学科,这就要求高校在自己优势学科专业的基础上,将这些学科专业的发展作为自身的重要任务,其中的工程类专业是"卓越计划"鼓励参与高校选择实施的重点。然而,在高等教育市场竞争日趋激烈的今天,一所高校不可能在某个学科的所有领域独占鳌头,而只能通过特色使得该学科的个别或少数专业让同行刮目相看、博得头彩,彰显学校的办学水平,这就如同企业需要建立自己的品牌一样,高校也需要通过特色建设自己的学科专业品牌。因此,具有特色的学科专业建设不仅是高校发展的战略选择,也应该在确定卓越工程师培养特色时予以重点考虑。

特色学科专业的选择要从学校内外两方面综合考虑。首先,特色学科专业必须是高校服务面向地区经济社会发展所急需的。为此要进行服务面向地区工程专业人才社会需求和供给调查,一方面根据区域经济社会发展,尤其是地区支柱产业、战略性新兴产业和特殊行业发展的需要,预测分析在未来一段时期该地区对工程人才的需求,包括学科、专业、层次、数量等;另一方面对兄弟院校能够为同地区培养提供的工程人才的情况进行调查分析。其次,特色学科专业必须是学校中基础较好、初步形成特色、具有行业企业背景的。为此,要在综合分析本地区工程人才需求和供给情况,结合本校的办学层次和人才培养定位,选择那些既是社会所急需的,又是本校具有发展潜力和竞争优势的学科专业作为重点建设的特色学科专业。

特色学科专业建设的目标应该有两点:一是学科专业具有满足社会需求的鲜明的特色;二是学科专业的整体水平和卓越工程师培养质量得到提高。事实上,学科专业特色是学科专业整体水平提高的关键,而卓越工程师培养质量的提高是特色学科专业建设的必然结果。

特色学科专业建设需要注意两个方面的问题。首先,特色学科专业建设的内容涵盖与该学科专业相关的多个方面,在建设过程中要从整个专业特色建设的需要出发,而不是考虑专业的局部特点,即注重 $1+1 \geq 2$ 的原理,使得各方面建设的成效,能够在特色学科专业建设的整体结果上得到放大。其次,要根据学校规模、学科背景和发展需要,注重学科间的相互支撑和协调发展,合理地布局和选择拟重点建设的特色学科专业,使得学校可支配的教育教学资源得到优化配置,最大限度地提高办学效益。

## 16.4.3　专业培养标准

"卓越计划"的标准体系中,通用标准和行业标准可以理解为是分别在国家层面和行业层面对卓越工程师培养质量标准上提出的共性要求,而作为参与高校在通用标准和行业标准基础上制定的本校各个"卓越计划"参与专业的卓越工程师培养标准,不仅要包含通用标准和行业标准规定的共性要求,而且要突出体现本校人才培养优势或特色的卓越工程师培养标准上的个性要求。这些学校层面制定的专业培养标准中的个性要求,就是专业培养标准特色(简称"特色标准"),是一所参与高校与其他参与高校在卓越工程师培养质量标准上的差异所在,应该在确定卓越工程师培养特色时予以考虑。

特色标准体现出不同类型、不同层次、不同服务面向参与高校在卓越工程师培养定位上的不同,它既是经济社会发展对卓越工程师类型多样化的需要,也是学生个性化培养的需要,主要应该涉及专门能力、特殊技能和特定素质等方面。特色标准对于卓越工程师培养特色的形成具有重要的引导和保证作用,具体表现在特色标准的制定和实现上。

在特色标准的制定上,为了凸显卓越工程师培养特色,参与高校需要做好以下三方面工作。一是调研分析服务面向地区对工程人才的规格要求,尤其是反映行业特点和该地区企业注重的专门要求;二是分析掌握本校参与专业学生的特征和个性化要求,包括学生构成、家庭背景、生源地情况、兴趣爱好、学习目的、就业取向等;三是研究本校在卓越工程师培养上具有的优势,结合前两方面的要求确定本校卓越工程师培养特色,并制定成特色标准。

特色标准的实现除了与专业培养标准中的其他标准一样,要经过"卓越计划"专业培养方案中要求的实现过程外,还要从特色标准的内容上采取富有特色的针对性措施,大体有以下四种途径可以考虑。一是寻求与服务面向地区具有特色要求的一家或多家企业合作,共同实现特色标准中相关专门能力和特殊技能的要求;二是通过高校内部跨院系部处合作、资源重组设立专门机构或增加教育教学资源的投入,以满足实现特色标准中某些条目的需要;三是与社会上专业的职业技能培训机构合作,以达到特色标准中一些特殊技能的要求;四是与国内外其他高校或社会组织合作,进行资源共享和优势互补,实现特色标准中某些特定素质的要求。

## 16.4.4　大学文化建设

大学文化,也称大学校园文化,高校学生每天置身其中,并受到直接的、不间断的陶冶和熏陶,是影响高校人才培养的环境因素,它对学生耳濡目染的教育作用及其人生的影响是巨大而深远的,往往超过课堂学习的效果。不同学校由于其办学传统、文化积淀、校风学风等的不同,形成了各具特色的大学文化,这些大学文化潜移默化地影响着该校人才培养特色的形成,培养出带着深刻母校烙印的独具风格的人才。因此"卓越计划"参与高校可以通过具有特色的本校大学文化的建设,形成本校的卓越工程师培养特色。

大学文化拥有人类文化所具有的共性,即是由物质文化、制度文化和精神文化三个层面组成。物质文化,即校园、校舍的建筑及其风格等,是校园文化建设的载体,是校园文化的外层部分,往往折射出学校的办学目标、教育理念、校风学风、价值观、道德风尚等。制度文化,即学校教学制度和管理制度等,是校园文化建设的保障,是校园文化的中间部分,是学校教职员工在共同的教学、科研、管理和生活活动中应遵循的行为准则。精神文化,即体现学校特色和精神的优良传统、共同理想、价值追求、人文精神、科学精神和行为理念等,是校园文化的核心部分,是全校师生在长期的教育教学实践和学校的建设和发展过程中逐渐积淀和形成的。

大学文化在人才培养中的作用是以物质文化为条件,以制度文化为手段,以精神文化为核心,通过潜移默化、润物无声的情感陶冶、文化启迪、思想感悟和道德教化,培养学生健全的人格、高尚的品质、健康的思想、执著的追求和坚韧的个性,具备强烈的社会责任感、百折不挠的敬业精神和全面发展的潜力与素质,更好地承担经济社会发展赋予的历史重任。

为了形成基于本校大学文化的卓越工程师培养特色,参与高校可以考虑做好本校大学文化特色的挖掘、大学物质文化建设、大学制度文化继承和创新、现代大学管理制度建立、大学精神文化传承和发展等方面工作。

(1)大学文化特色挖掘。从卓越工程师培养需要的角度,充分挖掘和整理本校的发展历史、办学积淀、办学传统和价值追求,总结和提炼出不同于其他院校的大学理念、大学精神和价值观念,尤其是在工程教育中日益重要的人文精神、创新精神和社会责任感等方面的内涵,着力打造一系列校园文化品牌,形成本校独有的大学文化特色。

（2）大学物质文化建设。通过校园规划建设、标志性景点设立、富于启迪雕塑的摆放、历史碑文的篆刻以及其他自然人文景观建设等，充分表现大学文化特色，使学生每天身临这样的物质文化的环境和氛围之中，就能够不自觉地感悟到本校文化特色的深刻内涵和所蕴涵的真谛，就能够受到启迪、感染和陶冶，就能够自觉地规范和引导自己的行为。

（3）大学制度文化继承。大学制度文化是卓越工程师培养的各项工作能够按照"卓越计划"专业培养方案的要求稳步推进并形成特色的制度保障。一方面，参与高校多年形成的被师生员工接受的常规的教学制度和管理制度需要完善和继续执行，以确保人才培养工作的正常运行；另一方面，参与高校在工程人才培养改革和创新过程中或多或少地积累的本校独有的教学制度和管理制度需要进一步总结和提炼，以支持人才培养特色的形成。如一些高校已在实施的第三学期制、弹性学分制、学分互认制、本科生导师制等，这些制度对学生个性化培养和学生创新能力的培养具有重要的作用，形成了制度保障。因此，高校在总结多年人才培养经验的同时，一方面要注重将已经成熟的经验进行制度化，另一方面要结合学校的实际，注重将制度化的文化特色化，只有这样才能有效地传承具有特色的制度文化。

（4）大学制度文化创新。一所高校的大学制度文化要保持特色，应该重视在继承的基础上对本校制度文化的创新。"卓越计划"在制度创新上对参与高校提出了明确的要求，包括将学生学习分为校内学习和企业学习两个部分；创新高校与企业联合培养机制；加强学生实践能力和创新能力的培养；要求工科教师有一定的工程实践经历；改革对工科教师的评聘、考核和培训制度；整合重组课程体系和更新教学内容；改革教学组织形式和教学方法；制定学生遴选和退出机制以及灵活学籍管理制度等。参与高校在继承本校大学制度文化的基础上，可以结合本校的具体实际，在上述各个方面开展制度文化创新，设计和提出具有本校特色的新的大学制度文化，以形成自身的卓越工程师培养特色。

（5）现代大学管理制度建立。在大学制度文化创新方面值得特别指出的是，现代大学管理制度的建立对卓越工程师组织管理能力的培养具有潜在和深远的影响。大学管理与企业管理虽然有许多类似或相通的地方，但前者的难度和复杂性却远高于后者，主要由大学的组织结构、人员构成和主要职能等因素造成。大学的组织结构是带事业部制的矩阵结构，这种结构只有大型企业或企业集团才采用；大学的人员构成主要有四类，包括教师、管理人员、教辅人员和附属人员,其中教师的职业性质决定着不能简单采取企业管理员工的方法管理教师,而要充分尊重他们的学术权力;大学的主要职能有四项,即人才培养、科学研究、社会服务和文化传承创新,而企业主要职能是生产。大学是学生接触的第一个社会组织,现代大学管理制度的建立及其高效运行为他们带来了真实的感受和体验,也为他们组织管理能力的培养和日后在企业工作产生重要的作用和长远的影响。

一项好的教学或管理制度,能够给人才培养带来重大和深远的影响。如发端于14世纪牛津大学和剑桥大学的导师制,对因材施教、培养创新型人才具有重要作用,至今成为世界各国大学普遍采用的人才培养尤其是研究生培养的主要制度;又如起源于15世纪剑桥大学的住宿学院制,对于不同学科间的交流以及学生创新能力的培养意义重大,长期以来一直被众多世界一流大学所采用。因此大学制度文化对人才培养特色的形成有着直接的影响。

(6)大学精神文化传承。大学精神文化是大学文化的精髓,总体表现为渴望知识、探索科学、追求真理、包容批判、崇尚创新,以及对促进经济社会发展和造福人类社会的使命感和责任感。每一所高校在长期的人才培养过程中形成的大学精神文化均有着与众不同的特色,最适于支持本校人才培养特色的形成。目前,在市场经济环境下,社会上出现的追求名利、道德缺失的现象在一定程度上反映在少数学生的浮躁表现和缺乏责任感上。这更需要高校重视大学精神文化的影响作用,在卓越工程师培养过程中,注重对本校特有的大学精神文化的凝练、总结和氛围的营造,加强学生大学精神文化的学习和熏陶,提高学生的思想境界、道德水平、科学精神、创新意识、社会责任感和历史使命感,有效地实现本校大学精神文化的传承和弘扬。

(7)大学精神文化发展。面向未来培养卓越工程师是"卓越计划"的一项使命,这就要求参与高校从未来社会的需要出发,注重本校大学精神文化的发展,以促进卓越工程师培养特色的形成。未来社会对卓越工程师的要求突出表现在两个方面。一是创新能力,这是因为创新是社会发展的不竭动力,创新能力是工程师创造未来世界的前提;二是包容态度,未来社会应该是更加开放、自由和民主,人们的各种需求将更能够得到满足,因此,未来社会的建设更需要博采众长,未来的工程项目更需要众人合作,未来社会的发展将是多样化,这就要求卓越工程师具有包容的态度,能够海纳百川,善于团队合作,胜任时代赋予的使命。

大学是以其特有的精神文化成为社会道德的典范和行动的楷模,引领社会的核心价值观,引导人类社会的发展方向,推动经济社会的不断发展。因此,大学精神文化的弘扬和发展能够在满足未来社会对卓越工程师创新能力和包容态度的要求上做出重要贡献。一方面,参与高校可以通过进一步营造民主和自由的学习氛围来激发学生的创新意识、培养学生的创新精神,这些正是创新能力的基础;另一方面,参与高校可以通过更加民主、开放和宽松的校园环境建设来培养学生兼容并包的思想和团队合作意识,这些正是包容态度所必需的。

## 16.5　卓越工程师培养特色的形成

虽然卓越工程师培养特色内涵的确定为参与高校培育和形成本校卓越工程师培养特色提出了清晰的目标,但是这只是卓越工程师培养特色形成之前必须进行的重要一步,而整个卓越工程师培养特色的形成却是一个不断努力、逐步积累、逐渐完善的过程。这个过程的长短取决于参与高校在工程人才培养特色上已有的积累,如果已有较好的积累,那么卓越工程师培养特色的形成过程相对较短,否则,需要一个更为完整的过程。完整的卓越工程师培养特色的形成过程是一个不断优化、自我完善的过程,是一个由潜在的人才培养优势转化为显现优势的过程,是一个难度大、需要持之以恒,但却至关重要的过程。

卓越工程师培养特色的形成应该是参与高校实施"卓越计划"工作的重点,它要求学校围绕特色目标的实现,制定政策、配备资源、采取措施、开展一系列系统、具体而切实有效的工作,以确保相关专业卓越工程师培养特色的最终实现。一所高校卓越工程师培养能否具有特色的关键在于其政策、措施和工作的有效性,这不仅需要学校领导战略性眼光、系统性思维和高度重视,而且需要全校上下的整体意识、务实精神和齐心协力。具体而言,一所高校卓越工程师培养特色的形成大致需要通过以下各项工作的完成来实现。

### 16.5.1　高校规划的重点

学校规划:将卓越工程师培养特色的形成作为参与高校学校规划的重点。

高等学校的办学目标需要通过制定相应的规划来体现,而后通过规划的有效实施保证办学目标的实现。任何一所高校在每一个发展时期都要制定与该时期发展目标相一致的发展规划,作为当前学校的一项富有挑战性且意义重大的工作,参与高校应该将形成卓越工程师培养特色作为本校规划的重点内容,使之进入学校的战略管理体系,从而在学校战略实施阶段,不仅能够得到学校的政策支持以及在人力资源、经费资源和物力资源上的充足投入,而且能够得到系统、有效的执行、控制和实现,这样才能确保卓越工程师培养特色的形成落到实处。

本着"有所为、有所不为"的原则,高等学校的战略规划应该也只能将规划的重点放在有限的几个方面,这样才能使得高校的有限资源足以支持规划重点的最终实现。在任何一所参与高校的规划中,"卓越计划"的实施应该成为规划的重点,而其中的核心就是卓越工程师培养特色的形成。只有在有限目标、集中资源、突出重点的思路下制定参与高校的学校规划,才能确立卓越工程师培养特色的形成在学校规划中的地位,使之成为学校规划的重中之重,进而得到全校上下的高度重视。

### 16.5.2　学校工作方案

政策保障:"卓越计划"学校工作方案为卓越工程师培养特色的形成提供制度和政策保障。

"卓越计划"学校工作方案是从学校工作层面为成功实施"卓越计划"而制定的具有创新性和各自特色的工作计划,该方案从指导思想、培养目标、组织机构、专业领域、培养模式、教师队伍、政策措施到国际化培养等方面为本校卓越工程师的培养在组织制度和政策措施上提供了根本的保障。

学校工作方案的制定应该注意三点。一是制度设计和政策制定要以满足卓越工程师培养特色的需要为出发点,以保障卓越工程师培养特色的形成为落脚点,尤其是在学校有限的教育教学资源的配置和使用上,要做到以卓越工程师培养特色为驱动和导向;二是要在实施"卓越计划"前,系统整体地完成相关工程教育改革措施和制度政策的制定,一方面可以避免因制度和政策的滞后使得卓越工程师培养工作未能取得预期的效果,另一方面可以减少缺乏全局性考虑的制度政策对卓越工程师培养工作整体效果可能带来的不利影响;三是改革措施和制度政策必须是可操作且可行的,这一方面需要密切结合学校的实际情况,可以在本校能够创造的条件和环境下付诸实施,另一方面必须广泛征求师生员工的意见和建议,通过反复的座谈、对话和沟通,吸取各方面好的意见和建议,使得最后确定的改革措施和制度政策不仅为大家所接受,而且能够规范和激励本校教职员工行为和精力的投入。

### 16.5.3　专业培养方案

实施方案："卓越计划"专业培养方案为卓越工程师培养特色的形成提供实施方案。

人才培养方案是实现教育教学理念和人才培养目标的有效载体,是保证人才培养标准得以实现和人才培养质量的法规性文件,是统领学生学习进度、组织教学活动和安排教学的重要依据,也应该是卓越工程师培养特色得以落实的重要途径。因此,"卓越计划"专业培养方案应该成为卓越工程师培养特色形成的实施方案。

卓越工程师培养特色可以体现在专业培养方案的各个方面,包括课程体系和教学内容、教育组织形式和教学方法、校企合作培养模式、实践能力培养、创新能力培养、领导力培养、国际化教育、课外学习、社会实践等多个方面。然而,一所参与高校的卓越工程师培养特色只能是在其中一个或少数几个方面,而不可能在所有方面。

为了确保专业培养方案成为形成卓越工程师培养特色的行之有效的实施方案,需要注意三方面问题。一是卓越工程师培养特色内涵要能够分解到课程教学大纲或对教学环节的目标要求上,使得培养特色的形成能够落到实处;二是要从系统和整体的角度处理好培养特色相关教学环节与其他教学环节的关系,使得后者成为卓越工程师培养特色形成的重要支撑和平台;三是要根据学校拥有的教育教学资源,如教师队伍状况、校企合作条件、实践教育体系等,制定切实可行的专业培养方案,以保证卓越工程师培养特色的形成。

### 16.5.4　干部任期目标

任期目标:参与高校相关院系部处干部的主要任期目标是实现卓越工程师培养特色。

高等学校对校内教学院系和机关部处的中层干部应该实行任期目标责任制的管理办法,这种办法是在干部任命伊始,学校确定每个处级单位任期内要完成的工作目标,到干部任期届满时,根据任期目标对每个处级单位进行考核评价。与传统的干部管理办法相比,任期目标责任制有两个显著优点。一是学校层面的发展目标能够得到分解和落实;二是给予中层干部开展工作充分的自主权和灵活性。

卓越工程师培养特色的形成是学校规划的重点，"卓越计划"参与高校应该将其通过任期目标责任制分解落实到相关院系和机关部处，作为这些处级单位干部任期内的主要工作目标来完成。卓越工程师培养特色的目标分解可以通过两步来完成。一是处级单位提出任期目标初稿，即由各相关院系和机关部处，根据任期内学校规划中卓越工程师培养特色形成的目标任务，结合本单位的具体实际，创造性地提出各单位任期目标的初稿；二是学校综合平衡定稿，即学校在各单位提出的任期目标初稿的基础上，通过与各个处级单位讨论协商，并从整体上平衡各个单位之间的任期目标后，确定相关院系部处在任期内必须完成的与卓越工程师培养特色形成相关的目标任务。

对于每个承担了卓越工程师培养特色形成的目标任务的院系部处，还需做两方面的工作。一是将本单位的任期目标进一步分解落实到单位内各个处级干部，使每位干部都有明确清晰的任期目标责任，从而有的放矢地开展工作；二是将本单位的任期目标分解到任期内各个年度，以便于在学校每年的工作部署下，逐年分期地推进开展工作。

### 16.5.5　教师岗位职责

岗位职责：参与高校相关院系骨干教师聘期的主要岗位职责是实现卓越工程师培养特色。

教师在教育教学的第一线，担负着人才培养的重任，卓越工程师培养特色的最终形成需要相关院系每一位教师，尤其是骨干教师的高度重视和积极投入，因此，"卓越计划"参与高校应该在实施教师聘任制时，将实现卓越工程师培养特色作为相关院系骨干教师的主要岗位职责。

具体来说，参与高校相关院系要将学校规划中分解到本单位的与卓越工程师培养特色形成相关的目标任务进一步分解落实到单位内的骨干教师，使得每一位骨干教师都明确在聘期内必须完成的工作。需要指出的是，每位教师在聘期内的岗位职责应该是可评估检查的，这不仅有利于教师履行岗位职责，而且有利于对教师的考核评价。

目前高校对教师在教学方面的要求存在三种现象。一是仅有数量要求：即相当一些高校在将教学作为教师岗位的职责时，仅仅以每一学年完成的课时数或课程门数作为对教师的要求，而几乎没有在教学质量、教学改革、教书育人上提出要求。二是要求缺乏刚性：虽然教育部要求教授要为本科生开课，但是授课学时规定往往只对未来有技术职务晋升愿望的副高及以下职务教师起作用，而对已经晋升为教授的教师而言，教学要求对他们不具有约束力。三是要求底气不足：在"卓越计划"参与高校中存在着一些学校，它们既希望在卓越工程师培养上取得优异成绩，又不希望在科研的可比性指标上，如科研经费、SCI 文章、国家级科技奖项等落伍，在这种两难境地下，对参与专业的骨干教师在卓越工程师培养上不敢提出过高要求。

出现上述三种现象的根源在于对人才培养的重要性和教学中心地位的认识不足，这些学校要从高校的本质属性以及教学与科研的相互促进关系来认识到卓越工程师培养是骨干教师必须承担的主要岗位职责。

## 16.5.6　高校年度工作要点

工作要点：参与高校学校年度工作要点保证卓越工程师培养特色的逐步形成。

参与高校每年的学校工作要点对于卓越工程师培养特色的形成具有重要的保证作用，主要通过工作要点的制定、分解、检查和总结等几方面工作来做到。

（1）工作要点的制定。参与高校要将形成卓越工程师培养特色作为每年学校工作要点的主要内容来制定。具体做法是：将学校规划中形成卓越工程师培养特色的目标任务按规划期内的年度进行分解，而后把分解到相应年份的任务作为该年度学校工作要点的内容。

（2）工作要点的分解。参与高校负责卓越工程师培养工作的校长，负责将年度工作要点中与卓越工程师培养特色相关的内容，逐条分解到其分管的机关部处和相关教学院系，并对每条要点提出明确的完成时间和详尽具体的要求等。

（3）工作要点的检查。参与高校可以以参与专业为单位，按照工作要点分解时规定的时间和要求，组织对该专业卓越工程师培养特色相关工作的进展和完成情况的检查。为了提高检查对工作的促进作用，应该重视"事中"而不是"事后"检查，即在年度期间，如每个学期期中开展一次检查工作，这样能够在实施过程中及时总结经验、发现问题和改进工作，以保住本年度工作要点的顺利完成。

（4）工作要点的总结。每年放寒假前，即年度工作要点实施结束时，参与高校要自下而上组织各相关院系部处,对年初分解给本单位的本年度卓越工程师培养特色相关工作任务进行总结,然后按照参与专业或卓越工程师培养特色的类型进行汇总并报到学校层面。工作要点的总结应该是对成绩、经验和不足的全面总结,一方面是对本年度卓越工程师培养特色形成工作的全面盘点,另一方面是为下一年度工作要点的制定和实施提供借鉴和参考,起到承上启下的作用。

经过以上过程,参与高校年度工作要点就能够保证本校卓越工程师培养特色的形成扎实地往前推进一步,年复一年,在上一年度工作的基础上开展下一年度学校工作要点的工作,参与高校卓越工程师培养特色就能够逐渐得以形成。

### 16.5.7　高校年度经费预算

年度预算:参与高校学校年度经费预算要满足卓越工程师培养特色形成的需要。

"卓越计划"是对工程教育的重大改革,足够的经费是保证成功培养卓越工程师的必要条件,因此,参与高校在"卓越计划"学校工作方案中政策措施部分提出的经费保障要通过年度经费预算予以兑现。

制定形成卓越工程师培养特色所需的年度经费的依据有二。一是学校年度工作要点,即当年工作要点中列出的与形成卓越工程师培养特色相关的工作任务;二是相关院系部处任期目标责任书中分解到当年的与形成卓越工程师培养特色相关的工作目标。因此,这部分预算的制定往往是先由相关院系部处根据当年将要承担的工作任务的实际情况提出预算草案,然后报给负责卓越工程师培养工作的校领导进行统筹和平衡,最后分别报给学校预算制定部门和校长进入学校总的预算予以考虑。

如果将高校内部每年申请经费预算的项目按其对实现学校发展战略的重要性分为必保项目、支持项目和一般项目三类,则卓越工程师培养特色相关项目应作为必保项目进行经费预算。为了避免由于预算经费被搁置在常规科目中下拨而被有意或无意地挪用,建议为卓越工程师培养特色相关预算经费设立专项,以保证经费的专款专用。同时,为了提高经费的使用效益,应该加强对专项经费的日常和年度审计。

### 16.5.8　高校教育教学资源

资源配置：参与高校教育教学资源的配置和使用要为卓越工程师培养特色的形成提供基础和平台。

除了经费需要外，卓越工程师培养特色的形成还需要参与高校在教育教学资源上予以倾斜和支持。形成卓越工程师培养特色所需要的教育教学资源大体可以由物资资源、人力资源和组织资源三部分构成。物资资源包括实践教学资源和创新教育资源，校内有各种实验室和工程训练中心等，校外有工程实践教育基地和企业研发机构等。参与高校在物资资源配置方面，不仅要重视仪器设备的添置配备，而且要加强对相关实验室、基地和中心的建设。

人力资源包括校内专任教师和企业兼职教师，学校一方面要吸引和聘任具有一定工程实践经历的教师担任校内专任教师，另一方面要聘请企业具有丰富工程实践经历的工程师担任兼职教师。参与高校在人力资源配置方面不仅要重视高水平工科教师的吸引、培养和聘任，而且要重视对参与卓越工程师培养工作的教师的激励，使他们更加积极主动地投入卓越工程师培养特色的形成工作中。

组织资源是指学校层面能够获取或拥有的支持卓越工程师培养特色形成的条件或机会，如参与高校的行业背景、参与高校的创新训练项目、参与高校与企业之间的合作关系、参与高校拥有的国际交流与合作机会等。参与高校在组织资源配置方面不仅要积极充分地整合各种现有的组织资源，而且要努力挖掘和开拓新的组织资源，为卓越工程师培养特色的形成提供和创造更好的条件和更多的机会。

参与高校在资源配置方面要重视资源的整合重组、优化配置和高效使用。整合重组的目的在于将分散或闲置的教育教学资源集中或组合起来，以发挥更大的作用。优化配置强调的是教育教学资源的组合和配备应该能够最大限度地发挥它们的作用。高效使用注重的是教育教学资源的使用效益，使得资源的投入能够获得高的产出。

### 16.5.9　高校教学督导

学校督导：参与高校学校教学督导组负责对相关院校部处培养特色形成工作的监督、检查和指导。

高校教学督导组是协助校领导在全校范围内对教学工作进行经常性的监督、检查、指导和信息反馈的工作机构。教学督导组主要由具有丰富的教学经验、较高的管理水平、高度的责任感以及工作认真和治学严谨的退休教授组成,应该在参与高校卓越工程师培养特色的形成过程中发挥特有的不可替代的作用。

第一,督促工作计划的实施。教学督导组应该对学校年度工作要点、参与专业培养方案、院系部处年度工作计划等涉及卓越工程师培养特色形成方面的工作的落实、实施和执行情况,开展经常性的督促和检查,保证这些工作按计划顺利地推进。

第二,发现实施过程的问题。教学督导组应该认真听取参与专业师生的意见和建议,包括深入专业培养方案实施过程,及时发现卓越工程师培养特色形成过程中出现的各种问题,进行认真的调查和分析,与有关单位进行沟通,向学校领导和相关部门反馈信息,提出解决问题的方案和建议。

第三,提供必要的指导和帮助。教学督导组应该发挥各位成员在人才培养上的专业特长,对相关院系部处的卓越工程师培养特色相关的工作提出建议和改进意见,指导和帮助青年教师提高教学能力和实践能力,以促进卓越工程师培养特色的形成。

第四,协调各方面关系。卓越工程师培养特色的形成需要相关院系部处的密切配合与通力合作,为此,教学督导组应该在部门间信息沟通、教学院系和机关部处的关系协调以及学校和院系部处间的上传下达上发挥重要的作用,形成各单位目标一致、相互配合的氛围。

## 16.5.10　教职工年度考核

年度考核：参与高校相关院系部处干部和骨干教师年度考核的重点在于培养特色形成的进展情况。

保证相关院系部处在卓越工程师培养特色形成方面的工作能够稳步推进的一项有效措施是加强对相关院系部处干部和骨干教师的年度考核工作。考核的内容分别是干部任期目标责任书和教师聘期聘书中分解到考核当年要求完成的目标任务,考核的重点均是卓越工程师培养特色形成的进展情况。

院系部处干部的年度考核建议以处级部门为单位,采取年度工作经验交流的方式进行。一般在年底寒假前,学校召开处级单位年度经验交流会,每个单位根据当年的目标任务,在规定时间内介绍这些目标任务的完成情况、取得的成绩、积累的经验、存在的不足和教训,然后由参加会议的所有处级以上干部对照该单位当年的目标任务对该单位进行无记名打分评价,再将大家的评分的均值作为该处级单位当年的考核结果。每个处级干部的考核成绩是依据所在单位的考核结果和个人所分管工作的完成情况作出的。这种考核方式的优点在于:消除了干部对考核的抵触情绪,降低了干部的心理压力,在考核中相互交流、在交流中相互学习,在学习中总结经验。

相关院系骨干教师的年度考核也是以当年的目标任务为评价指标、以目标任务的完成情况为评价标准进行。建议采用工作研讨或工作交流的方式开展年度考核,使得考核不仅是对当年工作的总结反思和相互学习,而且是对来年工作的促进和推动。考核主体应该多元化,应该包括参与专业的教师和学生、所在院系负责教学的干部、合作企业的兼职教师以及学校相关部门的职员等,从而使得考核结果尽可能客观、全面和公正。

要使得年度考核能够在卓越工程师培养特色的形成上发挥重要的作用,参与高校必须将年度考核结果与绩效奖励或绩效薪酬密切挂钩[6],相关的激励政策应该是“卓越计划”学校工作方案必须包含的内容。

经过多年的努力,“卓越计划”参与高校的卓越工程师培养特色应该主要落实在四个方面。一是卓越工程师的能力水平;二是卓越工程师的综合素质;三是卓越工程师的个性特点;四是卓越工程师的社会欢迎程度。

仅凭办学规模和资源投入已经不能适应高等教育发展的要求,多样化和特色化是当前世界高等教育发展的基本趋势,追求包括人才培养特色在内的办学特色已经成为各国高等学校在国际化的高等教育市场中赢得竞争优势的发展战略。参与高校充分利用实施“卓越计划”的机遇,培养出具有本校鲜明特色的卓越工程师,不仅是成功实施“卓越计划”的标志,而且是本校工程教育水平的质的飞跃,将为我国从高等教育大国迈向高等教育强国做出重要的贡献。

# 参 考 文 献

[1]  教育部关于实施“卓越工程师教育培养计划”的若干意见. 教高[2011]1 号.

[2]  林健. “卓越工程师教育培养计划”通用标准研制. 高等工程教育研究,2010 年第 4 期.

[3]  林健. 工程师的分类与工程人才培养. 清华大学教育研究,2010 年第 1 期.

[4]  林健. 高校工程人才培养的定位研究. 高等工程教育研究,2009 年第 5 期.

[5]  林健. 战略视角下的大学管理. 北京:高等教育出版社,2005.

[6]  林健. 大学薪酬管理——从实践到理论. 北京:清华大学出版社,2010.

# 第17章　卓越工程师培养的质量保障

【本章摘要】　卓越工程师培养质量是"卓越计划"参与高校能否培养出合格的卓越工程师的标志，是"卓越计划"的主要目标能否实现的根本。本文试图从8个部分系统地分析和研究卓越工程师培养质量保障这一重大核心专题：影响卓越工程师培养质量的因素分析，人才培养全面质量管理的核心内涵，构建卓越工程师培养质量保障体系，卓越工程师培养质量的过程监控，卓越工程师培养质量的持续改进，卓越工程师培养企业学习的质量保障，大学质量文化建设，以及质量保障需要处理好的若干关系，以期为"卓越计划"参与高校培养满足专业质量标准要求的卓越工程师提供建议和参考。

人才培养质量是当今各国政府、国内外高校和社会各界高度重视和普遍关注的问题,它不仅关系到个人、企业、组织的发展和成败,而且关系到一个国家和民族的复兴、强盛和国际地位,显然,其重要性不言而喻。卓越工程师培养质量是"卓越计划"参与高校能否培养出合格的卓越工程师的标志,是"卓越计划"的主要目标能否实现的根本。人才培养质量保障是一项始于市场调研、专业设置、招生,止于毕业答辩、离校就业的长期、认真、细致的工作,需要高校尽早开始、坚持不懈。因此,"卓越计划"参与高校必须高度重视卓越工程师培养的质量保障,从准备申请加入"卓越计划"伊始就必须着手卓越工程师培养的质量保障,从而保证既定的卓越工程师培养专业质量目标和质量标准的最终实现。

本章试图系统地分析和研究卓越工程师培养质量保障这一重大核心专题。全文共分为 8 个部分,包括影响卓越工程师培养质量的因素分析、人才培养全面质量管理的核心内涵、构建卓越工程师培养质量保障体系、卓越工程师培养质量的过程监控、卓越工程师培养质量的持续改进、卓越工程师培养企业学习的质量保障、大学质量文化建设以及质量保障需要处理好的若干关系,以期为"卓越计划"参与高校培养满足专业质量标准要求的卓越工程师提供建议和参考。

## 17.1　影响卓越工程师培养质量的因素分析

影响"卓越计划"参与高校卓越工程师培养质量的因素主要有以下几个方面。

### 17.1.1　人才培养定位

人才培养定位是影响人才培养质量的首要因素[1]。从社会对人才的需求角度看,各行各业对工程人才在层次、类型、规格等方面均有着各自不同的要求,而且随着经济社会的发展,这些不同的要求也在不断地发生变化,形成了行业和社会对工程人才需求的多样性和发展性。因此,能否满足用人单位的要求是衡量人才培养质量高低的关键指标。从"卓越计划"参与高校的特点看,存在着学校类型不同、学校的服务面向不同和学校的行业背景不同三个显著特点。因此,参与高校必须根据本校与众不同的特点,在卓越工程师培养上选择最适合自己的定位,即培养层次、类型和目标,充分发挥本校的人才培养优势,按照服务面向对人才的需求,密切与相关行业企业的合作,培养出高质量的卓越工程师。

人才培养定位要通过相应的人才培养标准来具体展现。人才需求的多样性和高校各自的特点使得不同高校有着不同的人才培养定位,从而形成了满足社会需求的完整的卓越工程师培养结构和体系,也就构成了卓越工程师培养质量标准的多样化,即多层次、多类型和多规格。这就说明,衡量卓越工程师培养质量的标准不是惟一的,不同类型"卓越计划"参与高校的卓越工程师培养质量标准是不同的,相同类型"卓越计划"参与高校的卓越工程师培养质量标准中,既应该有反映这类高校人才培养上共同的质量要求,也应该有体现各个高校人才培养特色的质量要求。因此,任何一所"卓越计划"参与高校都具备在同类型院校中追求卓越,培养出高质量的一流卓越工程师的条件和可能性。

## 17.1.2　学科专业确定

"卓越计划"参与专业的确定是保证卓越工程师培养质量的前提因素。从有利于保障卓越工程师培养质量的角度分析,"卓越计划"参与专业的确定应该着重考虑以下因素:①教育理念:具有先进的教育教学理念,高度重视教育教学工作,勇于开展人才培养模式改革,积累了丰富的教书育人成果;②教师队伍:该专业要有一支满足或通过建设能够达到"卓越计划"要求的教师队伍,不仅要求教师队伍的知识和年龄结构合理,而且要求他们具有必要工程实践经历或工程背景;③校企合作:该专业不仅要有良好的行业背景,而且要有良好的产学研合作基础,从而满足"卓越计划"企业培养方案实施的需要;④国际合作:该专业具有开展国际合作教育的充分积累,能够面向世界培养卓越工程师,通过与国际实质等效的工程专业认证。

## 17.1.3　专业培养方案

专业培养方案是实现卓越工程师培养质量标准的实施方案[2]。在专业培养方案中,卓越工程师培养质量是通过学校培养标准的具体落实来达到的,具体通过以下四个环节。首先,将"卓越计划"学校标准细化到知识能力大纲,以便与具体的课程和其他教学环节相关联;其次,根据知识能力大纲对整个专业的课程体系进行改革重组,使得知识能力大纲中的各要素成为课程或课程模块的目标;再次,根据实现课程目标的需要,对课程教学内容进行调整和更新,制定出每门课程的教学大纲;最后,针对课程教学内容和教学环节,进行教学组织形式和教学方法的改革,以有效地完成教学任务、实现课程目标。

与以往不同的是,"卓越计划"专业培养方案中还要专门制定安排学生到企业学习的企业培养方案和卓越工程师培养国际化的计划和举措。

## 17.1.4　课程体系改革

课程体系是卓越工程师培养质量标准得以实现的桥梁[3]。满足卓越工程师培养需要的课程体系具有四方面的价值取向:满足卓越工程师培养目标的价值取向;体系学科专业领域整体的继承和发展价值;反映参与高校人才培养的特色价值;体现学生主体发展的最终价值。卓越工程师培养的课程体系应该采用模块化的结构,以突破学科专业领域的界限,灵活地设计和构建具有不同作用的课程模块,满足学生的全面发展和个性发展的需要。在课程体系的改革中,要注重知识结构的系统性和知识点布局的全面性,处理好必修课与选修课的关系,注重实践课程模块的建设,将能力的培养贯穿于整个课程体系,重视课外学习不可或缺的作用。

## 17.1.5　教学方法改革

教学方法是卓越工程师培养质量标准得以实现的方式[4]。不同的教学组织形式和教学方式对学生知识学习、能力培养和素质养成将产生截然不同的效果。以往的接受式教学方法忽略了学生的主体地位,忽视了学生的个性需求,课堂上教师与学生之间缺乏互动和沟通,学生难以积极主动地参与教学活动,而往往成为知识被动的接受者和机械的应用者,造成实践能力不足、创新精神缺乏、团队意识淡化等。为了更好地实现卓越工程师培养学校质量标准的要求,"卓越计划"大力推行研究性学习方法,即基于问题的探究式学习、基于案例的讨论式学习和基于项目的参与式学习,以实现学生知识的获取、应用和创新,工程能力的培养和提高,社会能力的培养和提高,以及综合素质的养成和提升。

## 17.1.6　行业企业合作

与行业企业的密切合作是培养高质量卓越工程师的关键[5]。企业在卓越工程师培养上的重要作用主要表现在其具备高校所没有的条件：能够准确把握经济社会对工程人才的需求，拥有最先进的生产设备和制造技术，拥有一批经验丰富的工程技术人员，能够提供真实的工程实践和创新环境。参与高校与行业的合作关系有二。一是在"卓越计划"通用标准的指导下，在行业组织制定的行业标准的基础上，制定本校相关行业领域参与专业的学校标准；二是接受行业组织或协会对相关专业卓越工程师培养质量的监督和检查。参与高校与企业的合作主要通过建立在企业的工程实践教育中心进行，重点在于：共同制定卓越工程师培养目标，共同建设课程体系和教学内容，共同实施培养过程，共同评价培养质量。企业培养方案包含了校企合作的详细内容和具体计划。

## 17.1.7　教师队伍建设

教师队伍的整体素质直接关系到卓越工程师培养的质量[6]。承担卓越工程师培养任务的工科教师应该达到教师基本要求和工程能力要求两方面的要求。教师基本要求包括广阔的知识面、丰富的工程实践经历、卓越的工程教育教学能力以及崇高的敬业精神和职业道德。整个教学团队的工程能力要求包括工程设计开发能力、工程技术创新能力和工程科学研究能力。然而校内专职教师普遍存在的问题是工程实践经历缺乏，这一核心问题的根本性解决需要较长的时期，因此，聘请企业中具有丰富工程实践经历的工程技术人员和管理者担任兼职教师，建设一支具有一定工程实践经历的高水平的专、兼职工科教师队伍，是顺利实施"卓越计划"、确保卓越工程师培养质量的一项重要而关键的工作。

## 17.1.8　学校内部管理

对于任何一所高校，教学是中心工作，人才培养是根本任务，因此，人才培养质量的保障是高校内部管理的重点。在卓越工程师培养质量保障方面，参与高校内部管理工作主要在5个方面：①建立全校性的卓越工程师培养质量保障体系；②建立健全各种规章制度，规范卓越工程师培养的质量管理活动；③开展学校质量文化建设，提高教职员工的质量意识；④对卓越工程师培养过程中的教育教学活动进行质量监控；⑤改进和提高卓越工程师培养过程中的教育教学质量。以上工作与高校内部管理的其他工作的显著区别在于它是一项全面而系统的管理工作，不仅需要学校领导的高度重视和引导，更需要校内各部门、各类人员在质量保障体系内的积极参与、沟通协调、通力合作和相互支持。

### 17.1.9　政策机制导向

政策和机制的导向是保障卓越工程师培养质量的根本。卓越工程师培养质量能否达到质量标准的要求主要取决于教职员工,尤其是全体教师的高度重视和积极主动的参与。这就需要高校在对本校情况进行充分调研和深入分析的基础上,制定和出台相应的政策措施,一方面在政策上引导教师对教书育人工作的重视、保质保量地做好教育教学工作;另一方面在考核和管理上强调对人才培养质量的要求,同时在职务晋升和绩效薪酬上以教育教学质量为主要依据,向在教书育人方面做出突出成绩的教职员工倾斜。这样,在学校政策措施的导向作用下,形成全体师生员工重视质量、讲究质量、追求质量的机制和氛围,从而卓有成效地实现卓越工程师培养质量标准的要求。

## 17.2　人才培养全面质量管理的核心内涵

卓越工程师培养质量保障是指“卓越计划”参与高校为确保既定的卓越工程师培养质量目标的实现而开展的有组织、有计划、有步骤的一系列质量管理活动。人才培养全面质量管理的思想应该贯穿着卓越工程师培养质量保障的整个过程,并指导着各项质量管理活动的设计、组织和实施。人才培养全面质量管理的核心内涵主要包括以学生为中心、全员性、全过程、全方位和多方式等,这些可以概括为以学生为中心的“三全一多”。

### 17.2.1　以学生的培养需要为中心

以学生为中心是提高人才培养质量的保证。以学生为中心包含两层含义,一是以人才培养目标为中心,满足经济社会对人才培养质量的要求;二是充分尊重学生的个体需要,注重因材施教,满足社会对人才需求的多样化。以学生为中心对提高人才培养质量的作用有二:一是学生个人的需求和兴趣爱好得到充分的满足,能够充分地调动学生学习的积极性、主动性和自觉性,这无疑会大大提高学生的学习效果;二是能够针对学生各自不同的情况制定个性化的培养计划,开展个性化的培养工作,使学生的知识结构更合理、能力素质更完备、优势特长更明显。

人才培养质量全面管理必须以学生为中心。人才培养质量全面管理不能简单地关注知识的传授,以知识为中心,而是要以学生为中心,以学生为本,以学生的发展需要和经济社会发展对学生的未来要求为依据,制定人才培养目标,根据人才培养目标确定人才培养全面质量管理的目标,按照人才培养标准制定出人才培养的质量标准,围绕着人才培养质量标准的实现构建人才培养质量保障体系、组织开展教育教学质量管理活动,不断提高人才培养质量,从而实现人才培养目标。

教师要以学生为中心,满足多样化人才培养的需要。在整个人才培养全面质量管理过程中,教师要完整准确地了解和掌握学生的知识基础、学习能力、兴趣爱好和个性特长;注重人才在知识、能力和素质上的共性需要和个性特点;根据人才培养质量标准的要求,以学生为主体,以自身为主导,组织教学内容、选择教学方法、实施课程教学和进行学生指导,从而保证教育教学质量。

## 17.2.2 贯穿人才培养始末的全过程

人才培养质量是在人才培养过程中逐渐形成的。从严格意义上说,高校的人才培养始于市场调研、专业设置、招生,止于毕业答辩、离校就业。在专业设置之前,需要对服务面向地区对人才的需求进行充分的调研,以确定人才培养类型、培养目标和培养标准。一旦人才培养标准确定,与之相应的人才培养质量标准就应该开始影响人才培养过程的各个环节。学生入学后,从入学教育和军训开始,要经历从通识教育到专业教育,课堂学习和课外学习、理论学习和实践训练、校内学习和社会实践、专业学习和文化生活等各个环节,直到毕业实习、毕业设计(论文)和毕业答辩等。整个过程是一个由诸多教育教学环节组成的螺旋式上升的过程,每经过其中一个教育教学环节,人才培养质量就能够得到一定程度的提升。

人才培养质量管理贯穿于人才培养的整个过程。人才培养质量最终表现在毕业生所具有的服务社会的各种能力和综合素质上,但这不是靠最后的质量评估检查出来的,而是要靠在人才培养整个过程中持续不断地实施的对各个教育教学环节的质量管理,保证各个环节的教育教学质量,使人才培养质量在整个培养过程中逐步提高,才能保障人才培养质量的最终实现。每个教育教学环节都应该有各自的质量目标和质量标准以衡量其质量水平,对每个环节实施过程中的质量评价和监控结果应该及时地反馈给相关的实施主体,以促进他们对后续工作的改进和质量水平的提高。

事实上,即使在学生毕业后,也需要密切与用人单位的联系,对毕业生质量进行追踪调查和分析,以改进和完善下一轮的人才培养工作和人才培养质量管理工作。

## 17.2.3　从各个不同角度入手的全方位

人才培养质量涉及高校内部的各项工作[7]。除了教学质量外,影响人才培养质量的工作包括如办学定位、学科建设、教师队伍建设、学生管理、课外学习、校企合作、社团活动、社会实践、校园文化、学校管理模式等诸多方面。高校作为一个完整的系统,校内各个职能部门、教学院系、研究院所、教辅单位、后勤部门等虽然各有分工,但都直接或间接地从不同的角度围绕着人才培养这一总目标而工作,因此,全校各个部门和单位的工作质量都将影响到人才培养的整体质量。

按照人才培养的功能,可以将全校各个部门和单位分为教学育人、管理育人和服务育人三类。教书育人的单位以教学院系、研究院所和教辅单位为主;管理育人的单位以学校和院系的职能部门为主;服务育人的单位以后勤部门为主。人才培养全面质量管理要求校内各个部门和单位以实现人才培养质量标准为共同目标,加强彼此间的协调、支持和合作,从课程设置、课堂教学、教学管理、课外活动、校园文化、社会生活等各个方面重视、监控、评价和提高人才培养质量。

除了人才培养之外的高校其他职能也应该服务于人才培养质量的提高。要建立科研与教学之间更紧密的互动关系,建立健全寓教于研的人才培养模式,以人才培养推动科学研究,以科学研究支持人才培养,以高水平科学研究支撑高质量的人才培养。要加强产学研紧密合作、扩大社会服务途径,让学生在参与社会服务的过程中,增强服务意识和责任意识,培养和提高实践能力和创新能力。要通过文化的传承与创新,提升学生的思想、道德和文化素养,树立正确的世界观、价值观和人生观,全面提高综合素质。

从环境和资源的角度,影响人才培养质量的因素包括:高校的管理制度、激励政策、组织建设、质量文化、人力资源、经费支持、物质资源等,这些也将从各自不同的角度冲击着一所高校的人才培养质量。

### 17.2.4　全体师生员工参与的全员性

人才培养全面质量管理目标的实现需要全体师生员工的共同努力。传统质量观念将质量管理看成是管理者和管理部门的责任,而忽视了作为实现质量目标的主体——教师的关键作用。虽然目前我国高教界已认识到教师的重要性,但还没有完全意识到:如果没有其他教职员工的参与和付出,要保障人才培养质量也是不可能的。高校的教职员工可以分为四类,即教师、管理人员、教辅人员和附属人员,他们分别在自己的工作岗位上为人才培养全面质量管理目标的实现发挥着不同的作用。为此,有必要在高校树立"全员育人"的教育理念,让每一位教职员工都重视和参与到人才培养全面质量管理的过程中。

与此同时,应该重视学生在人才培养全面质量管理中不可替代的独特作用。学生是各种教育教学活动的主体,是人才培养质量的受益者,他们对人才培养质量的保障作用主要在两方面。一是对人才培养质量的客观评价,即根据自己的亲身经历和感受,能够客观地对教育教学活动进行分析、比较和评价,并提出改进的意见和建议;二是直接参与人才培养质量的改进和完善,即参加教育教学质量问题的研讨,参与质量改进方案的制定,配合教师以及其他教职员工开展人才培养质量管理活动。

全体师生员工分别组成人才培养全面质量管理中的教学、管理和服务三个体系。教学体系主要由教师、学生和教辅人员组成,他们的工作表现主要在教学质量和育人效果上。管理体系主要由管理人员组成,他们的工作表现主要在保证人才培养过程的规范合理和质量监控上。服务体系主要由后勤等附属人员组成,他们的工作表现在提供优质的教学过程服务和营造良好的校园育人环境。人才培养全面质量管理工作由三个层次组成,即学校层次、院系部处层次和员工个人层次。为了保证人才培养全面质量管理目标的有效实现,应该采用目标管理方法将学校的总体质量目标分别分解到教学、管理和服务体系中的院系部处层次和员工层次,达到层层落实。

从现实需要和发展趋势看,人才培养全面质量管理的全员性要从校园内部拓展在外部。也就是说,一所高校不仅要鼓励和要求校内全体师生员工参与卓越工程师培养的质量保障活动,而且还应该重视吸引、调动和组织校外一切力量和积极因素,如学生家长、企业等用人单位、行业组织、社会中介机构、政府部门等,参与本校的人才培养全面质量管理活动。

### 17.2.5　采用多种质量管理方法的多方式

教育教学活动类型的多样性和质量管理主体的多元化要求采用多种质量管理办法。在人才培养过程中主要的教育教学活动类型可以按照课内与课外、理论与实践、通识与专业、校内与校外等进行区分。就参与人才培养质量管理的主体而言，有教师同行、学生、教学管理人员、教学督导组成员、用人单位代表等。因此，可以选择和采用各种行之有效的质量监督、质量控制、质量评价、质量改进和质量认证等质量管理办法，如质量评价办法有：网上评价、问卷调查、现场评议、会议讨论等。总之，要针对不同的教育教学活动、不同的质量管理主体、不同的质量影响因素以及不同的具体情况，采取不同的质量管理办法，从而达到质量管理效果的客观、准确和公正。

## 17.3　构建卓越工程师培养质量保障体系

按照人才培养全面质量管理的核心内涵，卓越工程师培养质量保障体系可以定义为是一个由参与卓越工程师培养的全体师生员工参与的，以学生为中心，通过多种质量管理方法，开展对卓越工程师培养的全过程、全方位的质量管理活动，促进教育教学活动的持续改进和人才培养质量的持续提高，以保证实现卓越工程师培养质量目标的管理和运行系统。

### 17.3.1　卓越工程师培养质量保障体系的构成要素

从构成要素的角度，卓越工程师培养质量保障体系是一个在全面质量管理思想指导下，为实现卓越工程师培养质量目标而建立的由质量标准体系、组织结构、保障主体、运行机制四个要素构成的有机整体。

（1）质量标准体系。

为了实现质量保障的目的，对卓越工程师培养过程中开展的各个主要的教育教学活动均要设定质量目标和质量标准，以评价和衡量这些活动的质量是否达到预期的目标和标准，并引导后续的质量管理活动。这一系列质量目标和质量标准就构成了卓越工程师培养质量标准体系，是卓越工程师培养质量保障工作的行动指南。

（2）组织结构。

保障卓越工程师培养质量的组织结构是由参与高校及其合作企业参与卓越工程师培养工作的各级各类组织构成的,相互间既有明确的分工、责任和功能,又需要协调、配合和合作的组织体系。要求这些组织除了要负责所承担的卓越工程师培养工作的质量外,还要加强对所属部门工作质量的管理以及与相关部门工作的配合。

（3）保障主体。

按照全面质量管理理念的要求,参与高校及其合作企业参与卓越工程师培养工作的所有教师、管理人员、教辅人员及学生都是质量保障的主体。在此基础上,参与高校还应该聘请校内外具有丰富教育教学管理经验的专家开展卓越工程师培养质量的监督和评价,以保证质量评价结果的客观、公正和权威性。

（4）运行机制。

卓越工程师培养质量保障体系的高效有序运行需要建立制度化、标准化和规范化的机制。通过建立健全卓越工程师培养质量保障体系内部各组织机构的工作规范、各保障主体的行为准则、各项教育教学活动质量管理的程序步骤以及做好质量保障工作的奖惩制度,有效地协调各种组织以及各类人员间的关系、规范师生员工和校内外专家的行为、统一各项质量管理活动的相关流程以及激励质量保障参与人员的积极性,以确保质量保障体系有条不紊、高效规范地运行。

由以上要素为核心构成的卓越工程师培养质量保障体系应具有以下主要特点:

（1）以学生为中心。

卓越工程师培养质量保障体系是以学生为中心,即不论在质量标准制定、质量过程管理,还是在质量持续改进等方面均要满足学生的自我发展需要和经济社会对学生的要求,以面向工业界、面向世界、面向未来为卓越工程师培养的中心目标。

（2）树立系统观念。

卓越工程师培养质量保障体系内的任何组织和个人,均要树立系统观念,从系统和全局的角度,摆正组织和个人在整个质量保障体系的位置,处理好与其他组织和个人的关系,从整体的角度开展质量保障工作、解决好面临的各种质量问题。

（3）重视过程管理。

教育教学过程是实现质量标准的过程,质量管理过程是保证达到质量标准的过程,因此,过程管理是质量保障的关键。卓越工程师培养质量保障体系需要围绕着实施教育教学活动的全过程建立起来,既反映了教育教学活动过程对质量的影响,也反映了过程管理对保证教育教学质量的重要性。

虽然传统的教育也重视过程管理,但存在两方面问题:一是只关注"教学"过程而不是"教育"过程的管理,这就忽略了对大量课堂之外与人才培养质量密切相关的教育活动的质量管理;二是主要侧重在以教师为中心的课堂、实验、实习、作业和考核管理,而忽视了学生学习的主体性和主动性,以及学生在教育教学质量形成中的重要作用。因此,卓越工程师培养质量保障体系中的过程管理既要将包括各种有计划有组织的教育教学活动在内的课外学习,如创新创业训练、科技竞赛、社会实践、社团活动等纳入过程管理的对象,也要从学生的角度,即以学生为主体,教师为主导的定位去研究质量保障,开展过程管理,从而更加客观全面、更准确有效地保证和提高质量。

(4)强调持续改进。

持续改进的本质是基于"没有最好、只有更好"这样一个符合客观事物不断发展变化的规律。与卓越工程师培养相关的每一项工作都存在改进的可能,不论是学校层面、院系部处层面,还是个人层面的工作,都有进一步改进和完善的地方。因此,持续改进是质量保障的永恒目标,是卓越工程师培养质量保障体系必须始终强调的。

## 17.3.2　构建卓越工程师培养质量保障体系的主要原则

卓越工程师培养质量保障体系的构建需要遵循一定的原则,以确保其能够在卓越工程师培养上充分地发挥作用,其中参与性、可行性、可操作性、可持续性是最主要的几个原则。

(1)参与性原则。

参与性原则指的是整个质量保障体系的构思、设计和构建需要教职员工的参与,尤其是在教育教学和教学管理一线的教师和管理人员的积极参与。教职员工参与的重要性主要有四点。首先,提高教职员工对卓越工程师培养质量的重视程度,能够更好地认识到自身的本职工作与提高卓越工程师培养质量息息相关;其次,教职员工在自己长期的工作实践中,最清楚保障教育教学质量的重点、难点和主要问题,能够准确地提出质量保障体系设计中应该予以关注的关键环节;再次,教职员工的参与能够集思广益,从不同的角度提出各种在实际运行过程中切实可行的教育教学质量管理办法；最后，教职员工的参与使得他们理解和熟悉卓越工程师培养质量保障体系的作用和运行方式，有利于质量管理活动在教职员工队伍中的开展和质量保障体系的运行。由此可见，参与性原则是其他各项原则的基础。

（2）可行性原则。

可行性原则指的是质量保障体系的构建必须符合高校的实际情况，包括师生员工在思想认识上接受、现有教育教学条件许可、拟采用的质量管理方式和手段可行等。因此，在具体构建卓越工程师培养质量保障体系时，要着重做好三方面的工作。一是要充分提高广大师生员工对构建质量保障体系重要性的认识，使他们在主观上能够接受并支持这种教育教学质量管理方式；二是要认真分析高校现行的教育教学资源和条件，使构建的质量保障体系能够得到这些资源条件的有力支撑；三是充分考虑高校现行的管理模式和风格，尤其是广大师生员工接受和习惯的有效的教育教学管理方式和方法，使质量保障体系中的质量管理方法在学校中能够得到有效推行。由此可见，可行性原则是质量保障体系能否在高校发挥作用的前提。

（3）可操作性原则。

可操作性原则指的是在可行性原则基础上，质量保障体系能够在高校全员、全过程和全方位地实施和运行，并取得实质性的成效。具体而言，可操作性体现在三个方面。一是任务可分解，即质量保障体系的各个环节的目标任务能够首先分解到相关的部处院系，然后再落实到教职员工个人；二是工作可开展，即分解后的工作可以由部处院系组织实施完成或由教职员工个人单独完成；三是结果可检查，即部处院系和教职员工个人的工作结果可以按照其在教育教学质量保障方面担负的责任要求进行检查。以上三方面将能够保证质量保障体系的顺利运行，从而获得预期的运行效果。由此可见，可操作性原则是质量保障体系在卓越工程师培养上能否发挥效能的必需。

（4）可持续性原则。

可持续性原则指的是从长远的角度考虑，质量保障体系必须能够长期不断地持续运行下去，而不是短期运行之后就终止了。能够达到可持续性原则要求的质量保障体系要具备三方面的条件。一是教职员工能够积极主动地参与质量保障活动，而无须仅仅依靠行政手段推行；二是质量保障体系具有动态适应性，能够随着内外部因素的变化而进行相应的调整，以达到最佳的质量保障效果；三是质量保障体系的实施运行成本必须经济，不能因为过高的人力、物力和财力的投入而不得不中断。由此可见,可持续性原则是质量保障体系在卓越工程师培养上能否发挥根本作用的本质要求。

### 17.3.3　卓越工程师培养质量标准体系的制定

人才培养质量管理要有明确清晰的质量目标以及衡量其是否实现的质量标准,质量目标指明了质量保障体系中各项质量活动的努力方向,质量标准是衡量质量工作是否达标的依据,也就是说,质量保障体系中的质量活动都是围绕着实现质量目标和达到质量标准而进行的,因此,制定质量目标和质量标准是构建质量保障体系时首先必须完成的工作。

卓越工程师培养质量保障体系中有两组质量目标和质量标准是至关重要的,它们构成了卓越工程师培养质量标准体系。一组是"卓越计划"学校专业质量目标(或简称"参与专业质量目标")和学校专业质量标准(或简称"参与专业质量标准"),它们是衡量卓越工程师培养整体质量的尺度;另一组是卓越工程师培养各门课程与其他教学环节的质量目标和质量标准,它们是评价"卓越计划"专业培养方案中各个教育教学环节质量的依据。

"卓越计划"学校专业质量目标可以直接通过"卓越计划"学校专业培养目标转化而成,只是从质量管理的角度,要求前者比后者更易于进行比较、衡量和评价。"卓越计划"学校专业质量标准既可以直接通过"卓越计划"学校专业培养标准转化而成,也可以通过将"卓越计划"学校专业质量目标进行具体落实来获得,同样要求前者更易于进行质量比较、衡量和评价。

在确定各门课程与其他教学环节的质量目标前,先要确定卓越工程师培养整个课程体系中各个课程模块的质量目标。获得课程模块质量目标的途径如下:一是从"卓越计划"的知识能力大纲转化而成,也就是说,通过将"卓越计划"学校专业培养标准(简称"学校标准")分解细化出来的"卓越计划"知识能力大纲是由若干个能够与课程或教学环节相对应的具体的目标要求,而每一个目标要求可以从质量管理的要求将其转化为一个课程模块的质量目标;二是通过采用类似于将"卓越计划"学校标准细化为"卓越计划"知识能力大纲的方式从"卓越计划"学校专业质量标准细化而成。

各门课程与其他教学环节的质量目标是通过将所在课程模块的质量目标分解而成的。具体而言,就是将某个课程模块的质量目标与构成该模块的若干门课程或教学环节的教学内容进行分析比较,然后将模块质量目标分解到各门课程与其他教学环节,形成后者的质量目标。从质量管理的角度,课程与其他教学环节的质量目标也必须是易于比较、衡量和评价。

各门课程与其他教学环节质量标准的制定是卓越工程师培养质量标准体系中最需要予以高度重视的工作。这是因为,课程或教学环节的质量标准是整个卓越工程师培养质量保障体系中最基本、最常用的质量标准,关系到教师和教辅人员对日常教育教学工作的要求,关系到学生对每个教育教学环节效果的期待,影响着各级教育教学管理人员对每项教育教学活动的评价。

各门课程与其他教学环节质量标准源于各自质量目标的落实和具体化。在具体制定一门课程的质量标准时,要认真分析该门课程的质量目标和课程内容,找出通过课程内容的教学实现课程质量目标的必然关系,构筑起二者之间的桥梁,而这个桥梁可以在一定程度上理解为课程的质量标准,也就是说,只有学生对课程内容的学习和掌握达到课程质量方面的具体要求,才能实现课程的质量目标。需要专门指出的是,课程质量标准不仅要易于进行质量的比较、衡量和评价,还要能够有利于各种质量管理方法的采用。

图 17.1 说明了卓越工程师培养质量标准体系的产生过程。

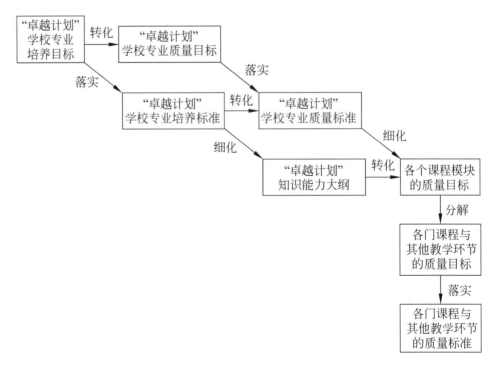

图 17.1  卓越工程师培养质量标准体系的产生过程

### 17.3.4　卓越工程师培养质量保障的组织结构

　　组织结构是保障人才培养质量的组织保证,卓越工程师培养质量保障的组织结构应该以参与高校原有的教学组织和管理系统为基础,结合卓越工程师培养的实际需要而建立起来。一般而言,参与高校卓越工程师培养质量保障的组织结构应该由图 17.2 所示的组织构成,即包括"卓越计划"领导小组、"卓越计划"办公室、学校相关职能部门、学校教学督导组、"卓越计划"参与院系、"卓越计划"合作企业、院系教学督导组、"卓越计划"参与专业等。组织结构中的每一个组织在保障卓越工程师质量上具有明确的责任和清晰的功能。

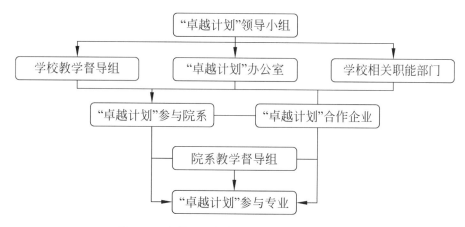

图 17.2　卓越工程师培养质量保障的组织结构

　　(1)"卓越计划"领导小组。

　　"卓越计划"领导小组是由高校分管人才培养的校长和企业负责人力资源管理的领导共同担任组长,教务处和研究生院等信息相关职能部门负责人和企业人力资源和继续教育部门负责人担任成员,对全校各专业卓越工程师培养质量负总责。主要负责"卓越计划"学校专业质量目标的确定、提供质量保障需要的资源、协调校内各部门以及学校与企业在质量保障上的关系、指导校内职能部门和院系的质量管理工作。

　　(2)"卓越计划"办公室。

　　"卓越计划"办公室是在教务处和研究生院设立的、在"卓越计划"领导小组领导下具体负责卓越工程师培养质量保障的职能部门。在教学管理上,与院系一道负责教学计划的制定和实施以及整个教学过程的管理和考核任务,同时协调与相关职能部门的关系;在质量管理上,与院系一道制定"卓越计划"学校专业质量标准,负责卓越工程师培养质量保障体系的日常运行和协调,通过教务处和研究生院内设机构对课程和其他教学环节的质量保障全面负责。

(3)学校相关职能部门。

主要包括除了教务处和研究生院之外的与卓越工程师培养工作密切相关的学校职能部门,包括学生工作处、研究生工作部、科研(院)处、校团委、实验室管理处、电化教育中心、学校办公室、图书馆等。这些部门应该以实现"卓越计划"学校专业质量目标和专业质量标准为共同目标,保质保量地做好本职工作。

(4)学校教学督导组。

学校教学督导组主要由校内教学效果好、教学管理经验丰富、责任心强的退休教授和管理干部组成。主要负责校院两级课程质量的评估、督查和指导。教学督导员的主要责任在于对教师教学过程的督教、对学生学习过程的督学和对管理者教学管理的督管。教学督导制度的建立对于提高教学效果、推进教学改革、加强教学管理、保证教学质量有着重要的作用。

(5)"卓越计划"参与院系。

"卓越计划"参与院系作为卓越工程师培养的基层单位,在学校职能部门的指导下,协调校企之间、学校上下、院系内外的关系,按照"卓越计划"学校专业质量标准的要求组织实施参与专业培养方案,组建本院系的教学督导组,推动卓越工程师培养质量保障体系的正常运行,保障卓越工程师培养全过程中主要教育教学环节的质量。

(6)"卓越计划"合作企业。

"卓越计划"合作企业从社会和用人单位的角度参与卓越工程师培养质量保障工作,重点在组织实施"卓越计划"企业培养方案,提供学生在企业学习阶段所需的教育教学资源,与合作院系密切配合、共同监控、评价和保障卓越工程师培养在企业学习阶段的质量。

(7)院系教学督导组。

院系教学督导组由"卓越计划"参与院系内教学经验丰富、工作认真负责的教授们组成。主要负责本院系参与专业各门课程与其他教学环节的质量评估、督查和指导。教学督导员应该深入教育教学活动现场一线,主动参与各项教育教学活动的全过程,从根本上认识保证和提高教育教学质量的关键,从源头上避免质量问题的出现。

（8）"卓越计划"参与专业。

"卓越计划"参与专业是由具体从事卓越工程师培养的教育教学任务的一线教师组成的教研室、教学团队或专业系，以及参与专业的学生班级组成的。主要负责保障卓越工程师培养各门课程与其他教学环节的质量。通过接受校院两级教学督导组的督查、对每门课程的实施过程进行实时跟踪，掌握各门课程的教学效果，帮助教师及时地改进教学质量，以达到相应的质量标准。

## 17.3.5　卓越工程师培养质量保障的多元主体

卓越工程师培养质量受到多方面因素的影响，不同主体对质量有着不同的认识和追求，对质量问题的全面分析需要从多角度进行，质量的改进可以采用多种方法和通过不同的渠道，质量的保障更是需要卓越工程师培养过程中相关人员的积极参与，因此，卓越工程师培养质量的保障需要主体的多元化，从而形成有机、互补、高效的质量保障体系。

卓越工程师培养质量保障的主体应该由校内、校外两部分，共七个方面的人员构成，即校内主体包括校院教学督导专家、校院两级教学管理人员、教师同行、参与专业学生和教师本人等；校外主体包括企业用人单位人员和校外专家。这样构成的多个质量保障主体具有多层面、客观性、社会性、主动性等几方面的特征。

多层面的特征是由质量保障主体分别源于学校的不同层面所决定的。以教师教学质量评价为例，参与教学质量评价的主体有：①学校层面的校教学督导专家和学校职能部门管理人员；②院系层面的院系教学督导组专家和院系教学管理人员，以及其他院系教师；③学生层面的参与专业的学生。他们是不同评价层面的主体，能够从不同层面的角度共同参与教学评价。

客观性的特征是由质量保障主体构成的多元性形成的。多个主体将使得对质量的把握更客观、更全面、更公正。如专家对质量的重视往往从整个专业的角度，关注专业性、科学性、系统性，强调按照质量标准衡量教学质量；而学生作为接受教育的对象和整个教学活动的参与者，往往更关注个人的感受，对教学组织形式、教学方法和教学效果更为敏感。这样多主体的结合将产生客观公正的质量结果。

社会性的特征是由质量保障的校外主体所产生的。企业用人单位人员不仅代表所在企业对卓越工程师培养质量提出要求，而且反映出所在行业乃至全社会用人单位对人才培养质量的期望。校外专家能够跳出邀请高校的圈子,从跨行业乃至全球的角度看待和评价卓越工程师培养质量。因此,社会性的特征有利于面向工业界、面向世界、面向未来培养卓越工程师目标的实现。

主动性的特征是由开展教育教学活动的教师本人的直接参与所带来的。传统的质量保障主要是基于他人或外力的作用进行,作为从事教育教学的教师是处于被动地接受评估的地位,使得产生人才培养质量的教师与人才培养质量的监督评价者出现相互分离甚至对立的状况。事实上,提高质量的关键在于教师本人,没有教师的积极主动和自觉行为,不可能从根本上实现质量保障。因此,主动性特征有利于实现质量的自我保障。

### 17.3.6 卓越工程师培养质量的保障机制

卓越工程师培养质量保障体系中的主要活动是按照由制定质量标准或目标、开展教育教学活动、监督评价教育教学质量、反馈质量信息和改进建议以及改进提高教育教学质量共 5 个环节构成的循环进行的,如图 17.3 所示。

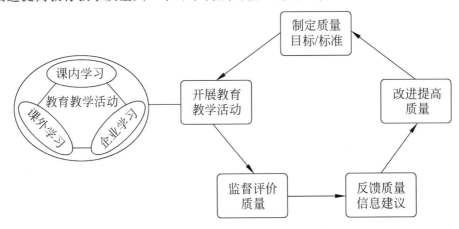

图 17.3 卓越工程师培养质量的保障机制

制定质量目标和标准是为教育教学质量监控评价和改进提高提供衡量和评价质量的标准和依据,应该包括所有纳入"卓越计划"专业培养方案的课程与其他教学环节的质量标准或目标。

开展教育教学活动是形成质量的整个过程,应该包括教育教学活动的全过程,大致由准备过程、实施过程和结束过程组成。教育教学活动包括在校内学习阶段的课内课程学习和课外教学环节以及企业学习阶段的各种教学环节。

监督评价教育教学质量是采用各种行之有效的方法或工具对教育教学活

动全过程各个环节的质量进行分析评价,然后将分析评价结果与该项教育教学活动相应的质量标准进行比较,发现是否存在偏差。

反馈质量信息和改进建议是将在监督评价教育教学环节所获得的各种质量信息以及经过分析研究获得的改进质量的建议,通过适当的渠道反馈传递给实施教育教学活动的主体,为其改进提高教育教学质量提供参考和意见。

改进提高教育教学质量是基于对正在开展的教育教学活动的评价所获得的质量信息,由教育教学活动的实施主体自主决定是否和如何对教育教学活动的质量进行改进和提高的环节。

卓越工程师培养质量保障体系的核心作用在于其质量保障机制。图 17.3 中的循环正是这种质量保障机制的体现,它是通过"制定质量标准→开展教育教学活动→评价教育教学质量→提高教育教学质量→实现质量标准"这样一个不断循环、周而复始的运行过程,实现卓越工程师培养质量的持续改进和水平的不断提高。

## 17.4 卓越工程师培养质量的过程监控

教育教学质量问题可以发生在整个人才培养过程中的任何一个时段、场合或环节,过程监控指的是在卓越工程师培养的全过程,尤其是对影响教育教学质量的关键过程和活动进行重点观察、检查、评价、分析和控制。过程监控是保障卓越工程师培养质量的核心,关系到质量标准的落实,通过质量问题的发现和纠正,防止出现达不到质量标准要求的教育教学成果,从而整体上实现卓越工程师培养既定的质量目标和质量保障。

### 17.4.1 卓越工程师培养质量过程监控的主要环节

卓越工程师培养质量的过程监控自身也是一个过程,即围绕着如何确保预期的教育教学质量目标和质量标准的实现而开展的一系列工作,一般包括以下五个环节,如图 17.4 所示。

(1) 选定质量监控点。为了实现卓越工程师培养目标和培养标准,参与高校在卓越工程师培养过程中需要做大量的工作和开展众多的教育教学活动,然而,从有效地进行质量监控的角度考虑,参与高校不可能对所有这些工作过程和教育教学活动都进行监控,只能选择那些关键过程和活动作为质量的监控

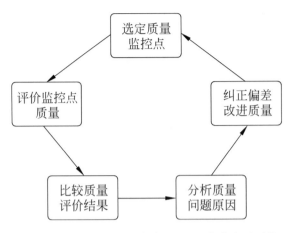

图 17.4 卓越工程师培养质量过程监控的主要环节

点。而对于那些没有作为质量监控点的教育教学活动的质量监控工作应该由负责该项活动的教师和相关人员实施。

　　质量监控点的选择应该基于三个方面的考虑。首先,选定的质量监控点在整个卓越工程师培养过程中是重要且不可或缺的教育教学活动,例如,专业培养方案中的核心课程或主干课程、重要的实践环节、本科生毕业设计等。其次,选定的质量监控点的质量直接影响到卓越工程师培养过程中其他教育教学活动的质量,例如,学生在工程基础能力训练的成效高低对其日后工程原理的掌握和工程能力的培养均具有直接的影响。最后,选定的质量监控点的质量情况具有代表性,能够在一定程度上反映出其他相关教育教学活动的质量问题,以利于从总体上了解和掌握同类型教育教学活动的质量状况。

　　(2)评价监控点质量。选定质量监控点后,当作为监控点的教育教学活动进入实施阶段时,就需要采取行之有效的方法和措施对该教育教学活动的质量进行监督和评价,以了解和掌握该活动的实际情况。在这个环节中,评价方法的选择是能否获得客观准确的质量信息的关键,为此,在方法选择上必须考虑几方面因素。一是针对性,即评价方法适于该监控点质量的评价,能够获得客观公正的质量信息,是行之有效的方法;二是可行性,即评价方法是容易操作、现实可行的,能够在监控点上推行实施;三是经济性,即评价方法不应耗费过多的人力、物力和财力,能够长期采用。

　　(3)比较质量评价结果。评价监控点质量后,就需要将评价结果与监控点既定的质量目标和质量标准进行对照和比较。对照和比较的结果无非是两种情况:一种是存在偏差,另一种是不存在偏差。对于不存在质量偏差的监控点,这一轮质量监控到此结束。对于存在质量偏差的监控点,如果偏差幅度是在可接受范围之内,则只需要给监控点活动的实施者以必要的信息反馈,提醒其注意,这一轮质量监控也可就此结束;如果偏差幅度超过可接受范围,则应该引起监控点活动实施者和质量管理者的充分重视。

(4) 分析质量问题原因。对于不可接受的质量偏差,在采取措施纠正之前需要进行认真的分析,找到产生偏差的原因。一般而言,产生质量偏差的原因无外乎三种。一是监控点活动实施者自身的原因,如可能在活动的准备、组织、实施和考核上存在不足,也可能是实施者的教育教学能力还有待进一步提高;二是客观条件的原因,包括学生的基础水平、学生的学习能力、教育教学设备、先导课程或其他教育教学活动以及教育教学环境等;三是管理方面的原因,如教学规章制度、教育教学活动安排、质量评价方法、质量监控点的选择等方面的原因。

(5) 纠正偏差、改进质量。根据分析出的形成质量偏差的原因,确定原因的主体,将质量问题的信息反馈给相应的主体,责成其纠正偏差、改进质量。具体而言,要根据质量问题的性质采取相应的措施。首先,对于能够及时纠正的问题,应该在发现问题后立即采取必要的措施,力求迅速地纠正偏差,使监控点活动的质量重新达标;其次,对于无法纠正的质量偏差,如在一项教育教学活动结束时才发现的质量问题,只有尽可能采取一些补救措施,力图减少质量偏差造成的不良后果。但不论是上述何种问题,均需要进一步分析和挖掘出问题的根源,从根本上消除产生质量偏差的原因,杜绝偏差再次出现。

对卓越工程师培养过程监控还要重视环境等外界因素对质量的影响。例如,校园文化、社会对人才质量要求的变化、各级政府对教育的投入以及社会对教育的支持等。

## 17.4.2　单项教育教学活动质量的过程监控

在卓越工程师培养过程中的任何一项教育教学活动,不论其是否纳入卓越工程师培养质量过程监控之中,都需要对其质量进行监控,以保障其质量。一项教育教学活动的进行可以划分为活动准备、活动实施和活动结束三个阶段,对应各个阶段的质量控制可以分别称为预先监控、过程监控和结果监控,如图 17.5 所示。在各个阶段所采用质量监控方法和手段取决于相应的教育教学活动的层次、性质和内容。

图 17.5　单项教育教学活动的过程监控

　　活动准备阶段的任务是为教育教学活动的顺利开展和实施对需要的教育教学资源进行充分的准备。教育教学资源包括人力资源、软件资源和硬件资源等,其中人力资源主要指教师、教辅人员和学生等;软件资源主要指教学文件、课程资源、图书资料、教学软件等;硬件资源主要指教育教学场地、教学仪器设备、多媒体设施等。这些资源是否得到充分的准备,对后续阶段的质量具有重要的保障作用。

　　针对活动准备阶段的预先监控的作用在于防止开展教育教学活动所需的资源无论是在数量还是在质量上出现偏差。预先监控所采用的方式方法因不同的教育教学活动而存在较大差异。例如,对于一门"卓越计划"的课程教学而言,预先监控要进行至少五方面的检查。第一,这门课程必须是经过根据专业培养标准及其实现矩阵对整个专业课程体系和教学内容进行改革的结果;第二,这门课程必须有源于相关专业"卓越计划"知识能力大纲的课程目标和课程标准;第三,这门课程的教学大纲应从知识点和能力培养等要求上体现对该门课程标准的实现;第四,这门课程的教案应该依据课程教学大纲编写,以授课单元为单位,有明确的教学目的,具体规定知识学习、能力培养以及素质养成方面的任务,合理组织教学内容,突出重点、难点,选用恰当的教学方法;第五,准备好这门课程教学所需要的基本课程资源,例如:多媒体课件、参考文献/资料目录、素材资源库、案例库、拓展资源等。

　　活动实施阶段的工作是对已经准备好的通过预先监控的教育教学活动进行具体的实施。由于教育教学活动的质量主要是在这个阶段逐渐形成的,因此活动实施阶段是教育教学活动质量全过程监控的重点。

　　针对活动实施阶段的过程监控的作用在于防止教育教学活动实施过程中的各个环节出现与该项教育教学活动质量标准不符的偏差。与活动准备阶段相比,活动实施阶段更为复杂,受更多因素影响,这就导致过程控制的复杂性。过程监控所采用的方式方法取决于教育教学活动的内容和质量标准的要求。

例如,就前述的课程教学活动而言,过程监控要对正在进行的课堂教学活动进行观察、检查并纠正偏差,使得课程所承担的知识学习和能力培养的要求能够落到实处。具体而言,从课程教学内容角度,过程监控的重点是要求在教学过程中所采用的教学组织形式和教学方法必须与课程教学内容相契合;从课堂学习氛围角度,过程监控要重视营造师生互动、同学合作、学生主动学习和乐于探究的活跃氛围;从"卓越计划"的角度,过程监控要强调教师在课堂教学中推行基于问题的探究式学习、基于案例的讨论式学习和基于项目的参与式学习等多种研究性学习方法;从学生能力培养的角度,过程监控要强调学生自主学习能力的提高、实践能力的提升、思维能力的训练和创新能力的培养。

活动结束阶段的任务是收获教育教学活动实施的成果,因此,该阶段不仅是检验和评价整个教育教学活动质量的时机,也是总结经验教训并为该项教育教学活动质量水平的改进和提高提供意见和建议的时候。

针对活动结束阶段的结果监控的作用在于经过对教育教学活动所产生结果的衡量与校正,来保证通过的结果达到预期的质量标准。虽然活动结束阶段没有活动实施阶段复杂,但结果监控所采用的方式方法却是至关重要的,它必须能够根据质量标准的要求准确地衡量出教育教学活动的质量,不仅体现出对成果评价的客观性和公平性,而且找出教育教学活动可能存在的质量问题及其原因。例如,对前面讨论的课程教学活动的结果监控,一方面要考核出符合课程目标和课程标准要求的学生,允许他们获得课程学分;另一方面对不能达标的学生要提供补救措施,允许其继续努力以达到课程标准的要求。对于这样的课程教学活动,就不可能采取传统的闭卷考试的方式去检查学生各种能力的提升情况,而应代之以综合性课程作业、对实际问题的分析处理或参与工程项目的研发设计等方式。需要注意的是,结果监控不能简单地作为淘汰不合格学生的一种手段,如课程重修、留级、延迟毕业等,而应该为教育教学活动质量问题的发现、质量差距的寻找、质量原因的分析和质量的改进提供参考和建议。

对教育教学活动进行全过程监控是建立在"防范于未然之时、控制在萌芽之中"这样一种质量管理理念上。通过尽可能早地找出影响质量的因素,尽可能早地发现潜在的质量问题,以及时地将这些因素和问题解决在萌芽之中,达到防止质量问题的产生,减少质量偏差,降低纠偏成本,提高教育教学活动的质量的目的。

一项教育教学活动全过程监控的第一责任人应该是担负该项活动任务的教师,因此,该教师必须有强烈的质量意识,在整个教育教学活动的准备、实施和结束过程中按照既定的该项活动的质量标准做好本职工作,严格把握好质量关。同时,要求该教师及其相关人员密切关注活动的推进,根据实施进展情况并结合以往的经验确定进行质量监督、检查和分析的时间点,以实施有效的质量控制。

### 17.4.3　卓越工程师培养质量内部监控

卓越工程师培养质量内部监控指的是高校内部开展的对卓越工程师培养的各项教育教学活动的质量监控行为。主要通过卓越工程师培养质量保障的组织结构中的"卓越计划"办公室、学校相关职能部门、学校教学督导组、"卓越计划"参与院系、院系教学督导组,以及"卓越计划"参与专业共6个组织在分工的基础上目标一致地实施。

（1）"卓越计划"办公室。

"卓越计划"办公室在"卓越计划"领导小组的领导下建立卓越工程师培养质量内部监控机制,包括制定卓越工程师培养质量保障的相关文件,建立教学督导制度、课堂教学质量监测制度、期中期末教学工作检查制度、学生评教和教师评教制度等。同时组织开展各种教育教学质量评价活动,协调学校相关职能部门在卓越工程师培养方面的工作,收集整理各方面获得的质量信息并反馈给相关部门和人员等。

（2）学校相关职能部门。

学校相关职能部门按照"卓越计划"学校专业质量目标和专业质量标准的总体要求,根据本部门在卓越工程师培养过程中承担的职责和质量要求,积极配合"卓越计划"办公室的工作,主动支持"卓越计划"参与院系的工作,定期对本部门的工作质量进行自查和交叉审查,对发现的工作质量问题,及时限时整改到位;对本部门不能解决、涉及多部门且影响面较大的工作质量问题,应通过"卓越计划"办公室提交学校层面研究解决。

（3）学校教学督导组。

学校教学督导组按照"卓越计划"办公室制定的相关文件和教学督导制度的规定,对照"卓越计划"学校专业质量目标和专业质量标准,对卓越工程师培养的主要教育教学活动及教学管理全过程进行质量监督和检查,重点检查校内培养方案和企业培养方案的落实情况。主要通过听课、召开研讨会、检查、座谈等方式收集、整理、分析与反馈课程实施的质量信息,及时发现问题、分析和研究问题,向主管校长、教务处或研究生院以及相关院系等提出质量改进的意见和建议。

(4)"卓越计划"参与院系。

"卓越计划"参与院系作为卓越工程师培养质量的主要责任单位,要通过以下工作使卓越工程师培养过程中主要教育教学环节的质量处于有效的监控之中。首先,为本院系开展的教育教学活动营造良好的条件和环境,为质量保障打下基础;其次,积极落实学校层面制定的卓越工程师培养质量保障的相关文件和各项制度;最后,制定并实施针对本院系具体实际的质量监控方法和措施,包括明确本单位教学督导组的目标任务。

(5)院系教学督导组。

院系教学督导组按照所在院系教学督导制度的规定,对照"卓越计划"课程与其他教学环节的质量目标和质量标准,重点对本院系参与专业各门课程与其他教学环节的质量进行监督、检查和指导。主要通过听课、检查、座谈等方式了解、分析和掌握各门课程的教学质量情况,及时发现问题、分析问题、向院系、相关教师和人员等提出质量改进的意见和建议。

(6)"卓越计划"参与专业。

"卓越计划"参与专业根据"卓越计划"课程与其他教学环节的质量目标和质量标准,重点在对教师教学全过程和学生学习全过程的质量监控。教师层面的质量监控主要通过教师之间,尤其是具有丰富教学经验、教学效果好的教师的听课和评教,及时地发现和帮助解决被听课教师在课程准备、教学组织、教学方法和课程考核等方面存在的问题,达到教学质量的监控作用。学生层面的质量监控主要通过学生评教,即对教师教学内容设计、教学能力水平、教学方法与手段、教学氛围营造、学生学习效果以及教学条件等的评价,及时掌握并改进正在进行的教育教学活动的质量,达到教学质量监控的效果。

## 17.4.4　卓越工程师培养质量外部监控

卓越工程师培养质量外部监控指的是校外组织机构和相关人士等对卓越工程师培养的各项教育教学活动的质量评价和监控行为。校外组织机构和相关人士能够从客观公正的角度、站在中立的立场、从社会的视野,看待、分析和评价卓越工程师培养质量问题并出谋献策,起到校内监控所起不到的作用。从当前的情况看,主要的校外评价和监控主体有:用人单位、高校合作企业、教育部相关司局、校外专家等。

（1）用人单位。

用人单位对本校毕业生的质量具有充分的发言权，它们能够从用户的角度客观深刻地对毕业生的质量问题进行评价并提出具体的意见和建议，它们对卓越工程师在知识、能力和素质上的要求和满意度应该成为衡量卓越工程师培养是否合格的质量标准，因此，应该充分发挥用人单位的作用。

从卓越工程师培养质量过程监控的角度，用人单位的作用要从以往的"事后"前移到"事前"和"事中"。从关注点和充分发挥特长和优势的角度考虑，用人单位在卓越工程师培养质量监控方面的重点应该在四个方面。一是知识的掌握、能力的培养和素质的养成；二是知识与能力的具体运用；三是理论与企业实践的结合；四是知识与现实社会的联系。因此，一方面可以邀请用人单位参与卓越工程师培养规格的设计、参与学校专业质量目标和质量标准的制定，另一方面可以邀请用人单位定期或不定期地到学校参与主干课程的教学或主要教学环节的实施活动，对卓越工程师培养过程的质量进行评价、提出意见和建议。

（2）合作企业。

校企全程合作是"卓越计划"成功的关键[10]，合作企业既是卓越工程师的共同培养者，也是用人单位，它们在卓越工程师培养质量的过程监控上的作用要大大超越单纯的用人单位，这是由它们全程参与卓越工程师培养所决定的。

合作企业应该以"卓越计划"学校专业质量目标为评价目标，以学校专业质量标准为评价标准，以卓越工程师培养的质量是否达到学校专业质量标准的要求为判断依据，全面审视和检查卓越工程师培养整个过程的各项工作，找出与学校专业质量标准要求存在差距的地方，明确需要改进和完善的环节[10]。

从微观层面，合作企业可以对每个教学环节的效果和质量进行评价，涉及到教师教学能力和水平、教学活动安排、理论与实践的结合等方面。从宏观层面，合作企业可以从整体上对学生的知识、能力和素质进行评价，涉及卓越工程师培养模式、教师队伍建设、专业培养方案、企业培养方案、校企合作方式、工程实践教育中心建设、教育教学经费的投入以及校企的支持政策等方面[10]。

（3）教育部高教司、学位管理与研究生教育司。

为促进"卓越计划"的实施，教育部高等教育司会同学位管理与研究生司制定了《卓越工程师教育培养计划阶段检查方案》（以下简称《方案》）。《方案》可以理解为是一个面向所有"卓越计划"参与专业的卓越工程师培养质量过程监控的方案,其基本原则是:遵循卓越计划的总体要求,坚持分类指导、形式多样的原则,不设统一的检查标准,由专家根据实际情况进行评判。鼓励学校结合本校的人才培养目标、定位、优势和特色,采用多种形式实现卓越计划人才培养目标[8]。

《方案》规定,本科层次卓越工程师培养过程要经过四个阶段的质量检查[8]。

第一阶段检查重点:课程整合情况。进入"卓越计划"一年左右,要求参与高校提交参与专业课程整合情况报告和专业主干课程的教学大纲,由专家组进行论证。主要论证是否依据培养标准对课程体系进行整体设计,是否对原有课程进行了整合,培养标准是否已落实到课程教学大纲。

第二阶段检查重点:教学方法改革情况。课程整合情况检查通过一年左右,参与高校提交参与专业与课程整合相对应的教学方法改革情况报告及相关的证明材料,由专家组进行论证。主要论证该专业教学方法改革总体方案的可行性,并对改革的效果进行评估。

第三阶段检查重点:企业培养方案落实情况。通过教学方法改革情况检查,在进入相对集中的企业学习阶段后,由专家组采用现场考察或问卷调查等方式检查参与专业企业培养方案的落实情况。

基于卓越工程师培养质量过程监控的需要,《方案》规定[8]:以上三个阶段的检查结果均分为通过和需整改。通过本阶段检查的专业可在一年后参加下一阶段的检查。需整改的专业需进一步完善本阶段的工作,在一年后再次参加同一阶段的检查,如检查结果仍为需整改,该专业要退出卓越计划,该专业在整改期间不能享受教育部有关支持政策。教育部每年公布一次阶段检查结果,并在教育部网站公开退出专业的名单。

第四阶段检查重点:专业认证。在参与专业第一届学生毕业后一年内,该专业主动申请接受专业认证。专业认证的程序参照现行工程教育专业认证的程序,认证标准按照卓越计划的标准执行。评价不合格的参与专业要退出卓越计划。

《方案》同时规定,硕士、博士层次卓越工程师培养过程要经过工作进展和专业认证两个阶段的质量检查[8]。工作进展检查是在进入"卓越计划"两年后,通过提交工作进展报告,报告学校在专业学位研究生教育的培养目标、培养模式、培养标准、课程设置、教学理念和师资队伍建设等方面改革的进展和成效。专业认证与本科层次要求相同。

从卓越工程师培养质量保障的角度,《方案》还规定[8]:专业认证结果分为通过和不通过。不通过的专业要退出卓越计划。教育部每年公布一次专业认证检查结果,并将在教育部网站公开退出专业的名单。

《方案》最后规定[8]:通过阶段检查的专业培养方案和课程教学大纲需按要求向社会公开,接受社会监督。

(4)校外专家。

校外专家对不同类型高校的人才培养质量情况以及高校间共性和个性的质量问题有着充分的了解和掌握,是人才培养质量保障的专家,他们能够从高校间横向比较、相互学习和借鉴的角度,对本校卓越工程师培养过程中的质量进行评价,提出充满价值且切实可行的意见和建议,在卓越工程师培养质量的过程监控上起到独一无二的作用。

与用人单位和合作企业这些监控主体不同的是,校外专家在卓越工程师培养质量监控方面的重点应该在5个方面:一是先进教育教学思想和理念的掌握和运用;二是卓越工程师培养目标和专业培养方案的落实;三是专业教学计划、课程教学大纲和课堂教学组织的科学性和可行性;四是教学进度安排、课程教材选用、教学内容组织和教学方法采用的适应性和合理性;五是学生自主学习能力、工程实践能力和创新能力的培养。因此,校外专家应着重从以上五个方面评价、检查、监督和控制卓越工程师培养过程的教育教学质量。

## 17.4.5 卓越工程师培养质量监控的方法和途径

参与高校在以往的人才培养过程中积累了丰富的经验,总结出一套行之有效的质量监控的方法和途径。大体上,这些方法和途径可以归纳为5种,即教学规范性检查、专家现场听课、阶段性检查、学生评教和座谈会。

(1)教学规范性检查。

各种教育教学规章制度和教育教学基本文件是开展教学工作和对教学工作进行监控的主要依据。教育教学规章制度规定了教育教学活动的基本程序、必要环节、具体要求以及时间性。教育教学基本文件主要指包含专业培养标准、课程体系和进度计划的专业培养方案,规定各门课程教学内容和教学方法的教学大纲以及作为教学内容主要依据的教科书等。

教学规范性检查就是检查教师的教育教学行为是否符合学校教育教学规章制度,检查卓越工程师培养是否按照专业培养方案进行,检查教师教学是否按照教学进度计划、是否符合教学大纲要求,检查学生是否获得预期的学习效果等。例如,各级教学督导员检查教案、实习任务书、设计指导书、学生作业、考试题等均属于教学规范性检查。通过这些检查及时发现教师在教学和学生在学习上所存在的质量问题,以迅速解决而保证质量,达到对教育教学质量过程监控的目的。

（2）专家现场听课。

听课制度是常用的一种教学质量监控方法,主要用于新教师上课、教师开新课、需要了解课堂实际教学情况、学生对课堂教学有意见等情形,目的在于通过现场听课,发现教学过程中存在的问题,与讲课教师一道分析问题,提出改进的意见,帮助讲课教师提高教学效果,起到对教育教学质量进行实时监控的作用。专家现场听课主要有以下三种方式:一是院、系、专业负责人和教学管理人员对课堂教学检查式的听课;二是同一教研室、教学团队或专业系内教师参加的研讨式听课;三是校、院、系教学督导组督导员参加的指导性或评价性的听课;四是聘请校外教育专家和业内人士参加的指导性或咨询式的听课。

除了以上四种旨在帮助讲课教师提升课堂教学质量的现场听课方式外,观摩教学(或称示范性听课)是一种普通教师向高水平教师学习和借鉴教学经验和教学方法的学习式的听课方式。这种听课方式要求听课教师在听课过程中,一方面要虚心向讲课教师学习,尽可能地吸收成功的教学经验和先进的教学方法;另一方面要密切结合自己的教学实际,找出自身在教学上存在的问题,努力改善自己的教学效果,达到对自身教育教学质量保障的目的。

（3）阶段性检查。

在教育教学过程的不同阶段开展对教师教育教学工作和教育教学效果的检查,其目的在于检查教师在不同阶段的教育教学工作是否到位、检验教师在不同阶段的教育教学效果是否达标,进而确定是否要在后续的教育教学过程中调整教育教学内容、改变教学组织形式、采用不同的教学方法,以保证教育教学质量。

对教师教育教学工作进行阶段性检查的阶段一般可以设在开学、平时、期中和期末几个时间点。开学时主要检查教师对新学期所承担的教育教学工作的准备情况,是否达到规定的要求;在平时、期中和期末可以根据需要检查教师正在承担的教育教学工作的实际状况,以促使其处于良好的状态。

对教师教育教学效果的检验可以在平时、期中和期末,主要通过考试或测验的方式检查学生的学习成绩,从而检验教师的教育教学效果。平时的测验和随堂考试是检验近期教师教育教学效果的有效方式,期中考试对于总结上半学期的教育教学经验以及更好地开展下半学期的工作起到承前启后的作用。从质量监控的角度,平时和期中的考试可视为诊断性考试,目的在于对之前的教育教学内容、形式和方法进行诊断,以确定是否存在问题和如何改进。期末考试主要用于检验在一门课程结束时学生的学习效果,可视为总结性考试,可以对教师的教育教学内容、形式、方法进行全面的分析和总结,并保证考试合格的学生达到课程或教学环节质量标准的要求。

从激励学生投入学习的角度,平时的考试可视为过程性考试。加大过程性考试成绩在课程总成绩中的比重能够引导学生重视学习过程的投入,而不是在期末考试时孤注一掷,这对提高学习效果和教学质量无疑是十分有益的。

（4）学生评教。

学生评教是一项广泛采用的评价教师教学质量的措施。学生既是主动接受教师教育的对象,也是教育教学活动全过程的直接参与者,因此他们对教师教学状况的优劣拥有充分的发言权。学生评教对于帮助教师发现教学问题、提高学生学习效果和改进教育教学质量具有重要的作用。

为了更有效地评价教师的教学质量,做好学生评教指标体系的设计是关键。以学生为中心的现代教育教学理念要求在教育教学过程中以学生为主体,因此,学生评教指标体系不仅应该能够客观真实地反映教师的教学质量,而且应该关注能否激发学生的学习兴趣、能否调动学生的学习积极性、是否鼓励学生的参与、能否拓展学生的潜能、能否提高学生的专业能力等。也就是说,学生评教指标体系在反映教师和学生双方的共同关注点的基础上,要重视学生的关注点。一项实证研究表明[9]：教师和学生双方均认为要在教学实施、教学态度、教学能力水平、教学方法与手段五大类上进行全方位的学生评教指标设计;教师重点关注教学效果,而学生还关注教学实施、教学方法与手段,即教师注重教学的结果,而学生还注重教学的过程。

目前最有效的学生评教方式是在网上评教。学生网上评教的优点如下,一是学生能够在没有外界干扰的情况下,对教师教学能力和水平进行客观真实的评价,从而提高评教质量;二是评教活动不受时间、地点和场合的限制,能够提高学生的参与度;三是评教结果能够在网上直接分析处理,使教师可以及时地查询评教结果和学生对教师教学的反馈意见。由此可见,网上学生评教对于及时发现和解决教学问题、改革教学方法和提高教学质量发挥重要的作用。

（5）座谈会。

座谈会在教育教学质量监控中的积极作用如下：一是能够有针对性地对某一教育教学专题进行深入细致的讨论分析，找出教育教学中存在问题的根源和解决方法；二是能够就大家共同关心的教育教学质量问题广泛地征求意见和建议，不仅可以统一认识，而且有利于问题的解决；三是能够对当前教育教学活动的现状进行满意度调查，以利于及时掌握实际情况，加强动态管理。

座谈会的类型可以根据参加的主体不同分为学生座谈会、教师座谈会、员工座谈会、用人单位座谈会和各类人员参加的综合座谈会等。开好座谈会并充分发挥其作用需要依次做好以下几方面的工作：第一，确定座谈会主题，即要根据对当前卓越工程师培养质量保障的需要和现实情况选择合适的主题；第二，选定参会人员，即要根据会议主题挑选最具有发言权的人员参加会议；第三，鼓励会上畅所欲言，即营造宽松的会议氛围，使参会人员思无不言、言无不尽、充分互动；第四，做好会议的记录，即要完整准确地记录参会人员提出的各种意见和建议，尤其是改进教育教学质量的具体方法和措施；第五，整理分析会议记录，即要对会议记录进行认真整理、仔细分析，归纳提炼出具有重要参考和借鉴价值的意见和建议；第六，反馈意见，即要向相关部门和教师反馈座谈会后整理出的意见和建议；第七，付诸行动，即要督促相关部门和教师行动起来，落实参会人员提出的意见和建议；第八，通报结果，即向参与人员反馈相关意见和建议的采纳和落实情况，以鼓励他们继续关心和参与卓越工程师培养质量的监控工作。

## 17.5 卓越工程师培养质量的持续改进

教育教学活动质量过程监控的目的在于保证通过一项教育教学活动学习的学生达到该项活动质量目标和标准的要求，但不能做到对存在的质量问题的不断改进和在现有质量标准基础上的继续提高。从达到"卓越计划"学校专业质量目标和标准的角度考虑，在卓越工程师培养过程中存在的质量差距需要通过后续的教育教学工作的改进和完善予以消除；从社会发展和教育竞争的需要考虑，既定的质量目标和标准必将不断地被更高的质量目标和质量标准所取代。因此，持续改进卓越工程师培养质量是"卓越计划"参与高校在每一届卓越工程师培养过程中必须始终坚持以及在历届卓越工程师培养工作中必须长期坚持的重要任务，也是卓越工程师培养始终和长期的质量保障。

### 17.5.1  卓越工程师培养质量持续改进的性质

（1）持续改进是一种重要的质量意识。

与产品质量和工作质量一样，人才培养质量是一个动态而不是静态的概念。这是因为从竞争和发展的需要，社会对质量的理解在不断深化，用人单位对质量的要求在不断提高，个体对质量的追求也没有止境，质量成为社会、组织和个人持续不断追逐的永恒的目标，"没有最好，只有更好"成为人们对质量的普遍认识。从这个意义上说，持续改进成为质量的代名词，也就是一种重要的质量意识。

（2）持续改进是一种经常性的质量改善活动。

从质量水平看，持续改进的对象有两类：一类是那些质量欠佳或不合格的工作、成果或产品，需要按照质量标准的要求提高它们的质量，使它们合格；另一类是那些当前合格甚至质量良好的东西，仍需寻找机会，使它们的质量水平继续提升。在卓越工程师培养过程中，各种教育教学活动都可以分为这两类，因此，卓越工程师培养质量的持续改进就是一种经常性的质量改善活动。

（3）持续改进可以发生在卓越工程师培养过程中的任何环节。

卓越工程师培养质量是在培养过程中逐渐积累而形成的，也就是说，培养过程中的任何一个环节都影响着质量的形成，质量改进是通过对某一环节的改进来实现的。一旦原有的资源和能力局限被改善，或某一环节中的条件和环境发生了变化，改变了原有质量形成的背景和平衡，就为质量的持续改进带来了机会和空间。因此，持续改进可以发生在卓越工程师培养过程中的任何环节。

（4）持续改进既注重效益又讲究效率。

持续改进的目的是不断提高卓越工程师培养质量，也就是在高校投入不变的情况下，人才培养效益不断提高；对于高校而言，持续改进还意味着提高高校的人才培养效率，即在确保卓越工程师培养质量的前提下，通过改进培养过程中的工作，节省了在卓越工程师培养过程中人力、财力和物力资源的投入。因此，既注重效益又讲究效率的人才培养质量持续改进应该成为高校可持续发展的战略思想。

（5）持续改进需要全校上下和全体员工的共同参与。

如果将高校简单分为学校、院系部处和师生员工三个层面，则每个层面均存在不同层次的教育教学质量问题，均对质量的持续改进负有责任。学校层面要将卓越工程师培养质量持续改进作为高校战略的内在组成部分,在政策措施、资源配置和内部管理等方面支持和激励全校性的质量持续改进行为。院系部处层面要落实学校层面的质量改进目标,建立实现质量改进目标的实施程序和规范,协调部门间关系,支持和指导教职员工的质量改进行为。在师生员工层面的教职员工要做好自己的本职工作,着重改善和提高教育教学过程和日常工作的质量和效率。在师生员工层面的学生要积极参与各种教育教学活动,加强与教师的交流沟通,主动参与到质量改进的过程中。因此,持续改进需要全体师生员工的共同参与。

## 17.5.2　卓越工程师培养质量持续改进的工作机理

高校内部每一个层面的卓越工程师培养质量改进大致由发现改进机会、寻找改进措施和实现质量改进这 3 个环节组成,从而形成各个层面的质量改进循环,如图 17.6 所示。其中图 17.6(a)表示个人或教育教学活动环节质量改进小循环,图 17.6(b)表示部门或阶段性质量改进中循环,图 17.6(c)表示学校质量改进大循环。图 17.6(a)、(b)和(c)之间的关系是:若代表部门质量改进的中循环图 17.6(b)是由所在院系部处内部员工的个人小循环图 17.6(a)构成,则代表学校质量改进的大循环图 17.6(c)是由全校各个院系部处的中循环图 17.6(b)构成;若代表某一阶段性质量改进的中循环图 17.6(b)是由相关的各项教育教学活动或环节的小循环图 17.6(a)构成,则代表学校质量改进的大

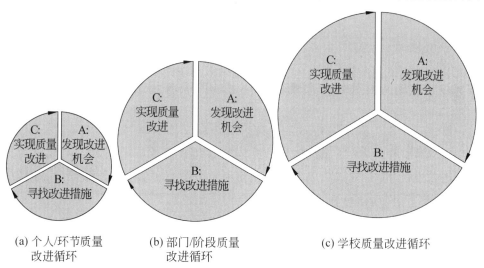

(a) 个人/环节质量　　　　(b) 部门/阶段质量　　　　(c) 学校质量改进循环
　　改进循环　　　　　　　　　改进循环

图 17.6　卓越工程师培养质量改进循环

循环图 17.6(c)是由每个阶段的中循环图 17.6(b)构成。由此可见,整个高校卓越工程师培养质量的持续改进是由大环套中环、中环套小环、环环相扣这样的一个体系构成的。

图 17.6 中各个循环都是在各自层面上周而复始地运转着,在上一个循环进行过程中的遗留问题、未解决的问题以及同一层面新出现的质量问题将转入下一个循环去解决。

就任何一个层面的质量改进循环而言,每经过一个循环,质量问题就得到或多或少的解决,卓越工程师培养的质量也将相应地提高了一些。后续循环是在前一循环的质量改进结果的基础上的继续改进,是在更高质量水平上的质量提升,如此持续下去,该层面的质量水平就会不断上升,如图 17.7 所示。就高校整体而言,在各个层面质量改进循环的相继滚动和质量的持续改进下,将使得卓越工程师培养质量不断迈上新的台阶。

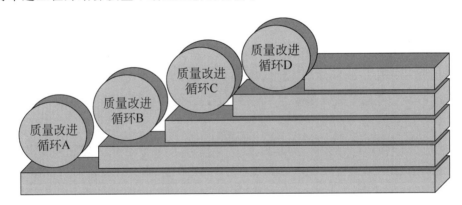

图 17.7　卓越工程师培养质量持续改进不断循环上升过程

## 17.5.3　卓越工程师培养质量改进信息的收集与反馈

要进行卓越工程师培养质量的持续改进就必须获得持续不断的质量改进信息,以确定下一步开展质量改进的具体内容和制定改进的实施方案。根据质量改进信息的不同来源,可以将这些信息大致分为五种类型:外部信息、过程信息、评审信息、网络信息和未来信息。

**外部信息**。外部信息主要指来自校外组织、机构和个人的针对卓越工程师培养质量的评价、意见和建议等信息,提供信息的主体包括以毕业生为主的校友、用人单位、行业企业、学生家长等。

**过程信息**。过程信息指的是在卓越工程师培养全过程的各个环节,包括课内与课外、校内与校外、理论学习与实习实践,以及在开展各种教育教学活动中积累、收集、整理和获取的与提高卓越工程师培养质量密切相关的各种信息。

**评审信息**。评审信息指的是在各种定期和不定期的教育教学检查、校内自评和校外评估活动中获得的关于卓越工程师培养工作改进和质量方面的信息。

**网络信息**。网络信息指的是通过互联网平台等网络渠道收集和获取的校内师生员工和校外人士对卓越工程师培养质量的各种评价、意见和建议等信息。

**未来信息**。未来信息指的是在对经济社会未来发展的分析、研究和预测的基础上,得出的未来社会对卓越工程师培养质量的新的认识和变化的要求等方面的信息。

在上述五类质量改进信息的收集过程中要注重信息提供的主体多元化和校内外结合。要从教师与学生、院系与机关、家长与企业、学校与社会、政府与高校、官方与民间等多种不同群体和组织的角度充分收集各种利益相关者的需求和期望、意见和建议,从不同的视野全方位、多角度审视和评价卓越工程师的培养质量,以保证质量改进信息的客观性和有效性。

“卓越计划”参与高校教务处与研究生院以及参与专业院系要分别从学校和院系的角度负责卓越工程师培养质量改进信息的收集。按照工作性质和卓越工程师培养责任的分工,教务处与研究生院应该重点在本科生与研究生培养中政策措施制定、教学教务管理、教学资源配置与规章制度建设等涉及全校性、跨专业、具有普遍性的质量管理问题上;专业院系的重点应该在参与专业建设、师资队伍建设、专业培养方案的实施、校企合作等方面的卓越工程师培养的质量问题上。此外,参与高校校内其他部门,如学生处、就业办、校友会、学校办公室等,也应该重视在工作中收集相关质量信息。

在信息收集上,不论是教务处和研究生院负责质量管理的科室、学校教学评估中心,还是专业院系,都要注重从以往的被动零散地收集向主动系统地收集的转变。一方面要主动地向各信息主体公布卓越工程师培养的相关文件,提供相关的信息,引起他们对卓越工程师培养的关注和深入了解,例如,可以在高校网站上公布本校“卓越计划”学校工作方案、卓越工程师培养目标和培养标准、专业培养方案、合作企业的情况、教学计划和教学大纲等;另一方面要通过各种方式主动地向各信息主体系统收集对卓越工程师培养质量方面的意见和建议,例如,可以在高校网站上开辟专门的窗口及时地获取社会和学生家长的意见和建议,还可以定期召开由多方人士和代表参加的卓越工程师培养工作研讨会,共同探讨在卓越工程师培养质量保障方面的问题、措施和途径。

"卓越计划"参与高校要建立卓越工程师培养质量信息反馈机制,及时地将质量改进信息传递给有关单位和人员。第一,对通过各种渠道和方式收集的质量改进信息进行归类汇总;第二,按照质量性质和类型,通过各种渠道、途径和方式,将质量信息递给学校、机关职能部门、专业院系等质量责任单位;第三,质量责任单位对质量信息进行认真的分析、研究和处理,并提出可能的改进意见和建议;第四,将经过分析处理的质量信息以及改进意见和建议及时地反馈给相关质量责任人,包括教师、教学管理者、职能部门职员、教辅人员等。

卓越工程师培养质量改进信息反馈后,质量责任单位要与质量责任人一道共同分析研究质量问题,制定详尽可行的质量改进计划,并将质量改进的内容列入卓越工程师培养质量的过程监控的范畴,以督促、检查和保证质量改进计划的有效实施。

从长远的角度考虑,"卓越计划"参与高校必须与用人单位和行业企业建立起互利共赢的战略性合作伙伴关系,这样不仅能够使他们从过去单纯性的用户成为培养卓越工程师的共同体,而且也使他们从质量改进信息的提供者成为卓越工程师培养质量的共同改进者。

## 17.5.4　卓越工程师培养质量持续改进的方法和措施

在质量持续改进的方法中,主要有戴明环、FADE、朱兰的突破历程和创造性解决问题(CPS)等[11],其中最著名的要数戴明环,即 PDSA 循环。戴明环将质量改进看成是由计划(Plan)、执行(Do)、研究(Study)和行动(Action)四个阶段组成。计划阶段主要是分析现状、找出质量问题及其产生的原因、制定措施、提出质量改进计划;执行阶段是在试验的基础上实施计划阶段提出的质量改进计划;研究阶段要评估质量改进计划的实施结果,研究执行过程中的经验与问题;行动阶段则是总结实施质量改进计划过程中的成功经验,将其转化为标准后贯彻到整个组织。戴明环每循环一次,质量便提升一步,不断的循环则使质量得到不断的提高。

虽然戴明环认为,PDSA 循环适用于各类组织的所有环节各个方面的工作。但事实上,并不是每一种方法都适用于所有组织,因此,可以在戴明环的基础上,结合卓越工程师培养的需要,提出由识别(Identify)、计划(Plan)、试验(Test)、研究(Study)和行动(Action)五个阶段组成的质量持续改进方法,简称

IPTSA 循环,如图 17.8 所示。

IPTSA循环

图 17.8 IPTSA 循环

在 IPTSA 循环中,识别阶段是根据各种质量改进信息以及资源、能力和环境的变化,识别出在整个卓越工程师培养过程中的某项教育教学活动或环节中存在的质量问题或可以进行质量改进的机会。

计划阶段是找出产生质量问题或改进机会的原因、制定详细的措施、提出具体的质量改进计划。

试验阶段是在相对小的局部范围内对计划阶段提出的质量改进计划进行试验,或选择个别有代表性的教育教学活动或环节进行试点。

研究阶段是要分析、研究和评估质量改进计划的试验结果,以判定质量改进计划是否适用和有效。通常情况下,初始的质量改进计划需要进一步修改,甚至被放弃。因此,如果当前的质量改进计划存在问题或不合适,则回到计划阶段对质量改进计划进行修改和完善。修改后的质量改进计划要重新回到试验阶段进行试验,直到能够有效地改进质量为止。

行动阶段是将通过试验证明能够有效提高质量的改进计划作为正式的质量改进计划在校内全面地付诸实施,从而完成对识别阶段发现的质量问题的改进。然后,开始下一轮新的 IPTSA 循环,即回到识别阶段,识别新的质量改进机会。

通过上述五个阶段构成的 IPTSA 循环每进行一次,卓越工程师培养质量就得到一次提高,连续不断的循环将使得卓越工程师培养质量得到持续的改进和提升。整个 IPTSA 循环过程可以用图 17.9 清晰地表示。

例如,通过用人单位对毕业生工作情况的反馈得知,需要加强对学生的合作意识和团队精神的培养,以迎合现代社会对人才素质的基本要求,这就是对质量改进机会的识别,属于识别阶段。为此,学校组织相关院系部处的师生员

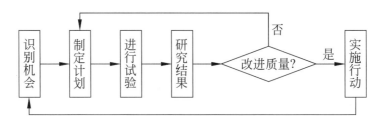

图 17.9　IPTSA 循环过程

工进行讨论分析,决定在学生课外参加的创新训练项目中强化合作意识和团队精神,就项目的参与、组织、运行和评价提出具体的旨在培养合作意识和团队精神的要求,并制定了详尽的质量改进计划,这就是计划阶段。接着,学校决定在某个院系的"卓越计划"参与专业试行该质量改进计划,以判定其是否合适和有效,这就是试验阶段。通过一轮试验,学校组织专家或采取其他方法对参加试验的学生的合作意识和团队精神进行测评,以检验和评估该质量改进计划是否发挥作用:如果效果不佳,则回到计划阶段对质量改进计划进行修改和完善,否则进入行动阶段,这就是研究阶段。通过试验后的质量改进计划由学校发文,正式作为一项质量改进任务在全校所有"卓越计划"参与专业中实施,以全面提高这些专业学生的合作意识和团队精神,这就是行动阶段。自此,一个完整的IPTSA 循环结束,接着开始识别新的卓越工程师培养的质量改进机会。

## 17.6　卓越工程师培养企业学习的质量保障

### 17.6.1　卓越工程师培养企业学习的性质特点

"卓越计划"对于各个层次卓越工程师培养提出均要有累计一年左右的时间在企业学习的规定是中国高等教育改革中的一项重要创新,为高层次应用型人才培养提出了前所未有的新模式,同时也使参与高校在工程人才培养上面临新的挑战,而保障学生在企业学习期间的教育教学质量是这一新的挑战的核心。为此,首先需要对卓越工程师培养在企业学习的性质和特点进行认真的分析。

与传统的在校内学习不同的是,企业学习的性质和特点主要表现在几个方面:

第一,在环境氛围上,企业的环境是针对其生产任务营造的,布局简单机械、单调乏味、充满压力、缺乏生活气息,这与学校校园安静、学术气氛浓厚、充满书香气息的环境存在显著差异。

第二,在管理风格上,企业有着严格的运行和管理制度,节奏感强,强调时间、效率和质量,这与学校提倡自由、强调包容、注重个性、宽容失败的风格有着较大的反差。

第三,在实施主体上,高校必须与企业共同负责企业培养方案的实施,企业主要负责企业兼职教师的指派、学习场地和岗位安排、实践课程教学、实习实训指导、职业素质教育、食宿后勤安排、安全教育防护等,高校主要负责学生日常管理、安全保密教育、配合企业教师完成教育教学任务[10]。

第四,在教师责任上,校内专职教师的角色从主角转为配角,企业兼职教师在企业学习期间的教育教学活动中起着主导作用,负责实践教学与学生指导等,校内专职教师则负责学生组织管理、配合兼职教师做好实践教学和对学生的指导。

第五,在方案实施上,较集中实施而言,分段实施企业培养方案对于理论与实践的交替循环和相互促进起到更好的作用,更符合知识学习、能力培养和素质养成的规律,因此,分段实施企业培养方案应该成为"卓越计划"参与高校采取的主要方式。

第六,在学习内容上,企业学习主要完成工程职业教育,以实践教育教学为主,辅以必要的理论专题,随着学习的深入,产品生产或项目施工、设计、研究和开发等企业日常运行和管理的主体工作将成为学生的主要内容。

第七,在教学组织上,企业学习采取的是前期相对集中、逐渐过渡到分散为主、后期则可能是在岗学习的教学组织形式,也就是说,企业学习内容越深入,学生学习就越分散,因此,一个班的同学可能最终分散在不同车间、不同岗位甚至不同企业学习。

第八,在学习方式上,企业学习是在真实的背景下开展教育教学活动,要求学生运用已学的知识有效地提高自己的工程能力和综合素质,因此,强调学生的参与式学习,要求学生在企业兼职教师的指导下直接动手操作、主动参与各种学习活动。

第九,在学习效果上,学生在企业学习取得的成效主要体现在工程素养的提升、专业知识的综合应用以及工程实践能力和创新能力的培养和提高等方面,这些学习效果的高低取决于企业培养方案的有效制定和具体实施。

企业学习与学生习惯的校内学习和高校擅长的校内教学组织与管理等存在着诸多方面的不同,是一项新生事物,需要得到高校与企业的高度重视。从卓越工程师培养企业学习质量保障的角度,高校需要针对企业学习的上述性质和特点,提出相应的行之有效的措施和办法,使企业学习阶段的教育教学质量通过过程监控达到学校专业质量标准的要求,使企业学习阶段的教育教学质量通过持续改进得到不断的提高,从而在整体上使企业学习在卓越工程师培养上发挥期望的作用。

## 17.6.2　企业学习阶段教育教学质量的过程监控

对于企业学习阶段教育教学质量的过程监控,除了需要考虑采取校内学习阶段卓越工程师培养质量过程监控的一些合适的方法和措施外,针对企业学习的不同性质和特点,还需要从以下几方面做好工作。

(1)企业学习在学习内容上的特点要求教师在学习过程中对学生实施切实有效的指导。校内学习主要完成工程基础教育,以理论教学为主,辅以基本的实验和实训,因此,教师可以采取以集中教学和集体辅导为主的方式使学生完成理论知识的学习及其基本应用。而企业学习是在工程实践现场,面对实际工程问题所展开的学习活动,每个学生在掌握了基本的工程理论之后,都可能对学习内容有着这样或那样的反应,都需要与教师有着更多更直接的互动,这也正是培养学生的工程实践能力和创新能力所必要的。因此,在企业学习过程中不仅需要教师对学生的普遍指导,而且更需要教师对每位学生的个性化帮助和互动,以及时地解决学生在学习过程中产生的各种困惑和提出的各式各样的问题,使学生在每个学习环节都取得预期的学习效果,从而推动学生学习进程的顺利进行和继续深入,最终达到企业培养方案设定的质量标准要求。

为了对学生实施切实有效的指导,高校对在企业学习期间承担教育教学任务的教师应该有明确的要求:一是落实责任,即每一位教师必须清楚自己在教育教学质量上所承担的责任;二是充分准备,即教师在开展自己负责的教育教学活动前必须做好充分的准备,甚至对学生可能需要的帮助和提出的问题做好预案和准备;三是现场指导,即要全身心投入对学生的现场指导,培养学生创新思维能力,解答学生提出的各种问题,鼓励学生探究深层次的工程问题;四是保持沟通,即要建立教师与学生之间畅通的沟通机制,使得学生不论是在企业学习期间,还是在回校后,均能够就需要请教的学习问题与相应的教师进行沟通,获得及时的帮助和指导。

(2)企业学习在教学组织上的特点要求重视对分散在不同岗位的学生学

习质量的控制。在教育部推出"卓越计划"前,由于高校的重视程度、企业的积极性和指导教师数量等方面的因素,高校学生到企业实习存在着流于形式和被"放羊"的现象,这种现象在学生自主联系到企业实习和学生分散在不同企业实习时尤其突出。在实施"卓越计划"的今天,在企业学习阶段的后期,仍然可能存在指导教师人数不足与学生学习场地过于分散的矛盾。

对分散在不同岗位学生学习质量的监控可以考虑以下几种方法。一是发挥岗位指导教师的作用,即高校与合作企业一道选定责任心强、业务水平高的企业工程师作为学生的岗位指导教师,根据学生的学习任务明确指导教师的责任和义务,由此加强指导教师对学生学习的指导、监督和管理,保证学生按照质量标准的要求完成岗位学习任务;二是建立学生在企业分散学习的巡查制度,不定期但经常性地对分散在不同岗位学生的学习状况、效果及问题等进行巡回检查,以督促学生取得符合质量标准要求的学习成效;三是建立学生与指导教师的汇报沟通制度,要求分散在不同岗位的学生定期向自己的校内导师和企业导师汇报沟通在企业学习过程中的进展情况、收获、问题以及需要的帮助,以得到指导教师及时的指导和帮助;四是增设学生企业学习的综合考评环节,在分散学习结束后,通过采取针对分散学习内容的面试、答辩、岗位指导教师评价等多种形式对分散在不同岗位学习学生的学习质量进行综合考评,以督促这些学生自觉地重视在没有过程监控情况下的岗位学习。

(3) 企业学习在学习方式上的特点要求鼓励学生积极主动地参与各种教育教学活动。对于学生而言,首先,要使学生在思想上认识到企业学习的性质。企业在繁重的生产任务和紧张的日常工作的情况下落实"卓越计划"企业培养方案、安排教育教学活动是一件复杂的工作,需要尽早列入企业工作计划、调配各种资源和协调各方面因素。因此,企业学习阶段的各种教育教学活动均是学生难得的学习机会,学生不仅要重视企业学习,更要珍惜企业学习的机会。其次,学生要为企业学习做好充分的准备。学生不仅要从心理上为适应企业学习环境做好准备,要从组织纪律、作息制度等方面约束自己,还要在学习内容上做好准备,即要尽可能多地熟悉企业的情况,了解企业学习的内容和目的,温习相关的专业理论知识。

对于担任企业教育教学任务的教师而言,第一,要做好教育教学活动的准备和设计,包括场地和硬件条件的准备、教学的组织形式、教学方式的采用和教学进度安排等;第二,要提高学生的学习兴趣,培养他们跃跃欲试的激情,一方面可以通过启发和问题的方式引发学生对学习内容的关注和兴趣,另一方面要注重学生的个性特点,激发他们对感兴趣的学习内容深入探究的欲望;第三,要给学生提供尽可能多的动手机会,让学生在生产现场在企业工程技术人员的指导下亲自操作工装设备,直接参与产品的生产、设计和研发等工作,使他们在浓厚的学习兴趣的驱使下,迅速培养工程实践能力;第四,要重视理论与实践的结合,要引导学生在充分的实践学习的基础上,一方面检验已学的理论知识的正确性和有效性,加深对理论知识的理解和掌握,另一方面对实践学习的内容进行总结和提升,使之上升到理论层面,并形成学生对学习更高深理论知识的渴望;第五,要鼓励学生深度探究,对掌握了基本的工程能力,具备参与处理更复杂、更专业的工程问题的学生,要提供各种机会和条件,鼓励和支持他们与企业工程技术人员一道,参与对企业面临的工程问题的深入研究,在提升工程实践能力的同时培养其工程创新能力。

(4)企业学习在学习效果上的特点要求采取灵活多样的方式方法评价每项教育教学活动的学习效果。显然,简单地采用书面考试等传统的考核方式不可能准确地衡量企业学习阶段各项教育教学活动的效果,而必须从每项教育教学活动的特点入手,设计出能够准确地衡量表现学习效果的各项质量指标水平的评价方法。针对每项教育教学活动学习效果的评价方法的设计应该遵循两条原则:一是过程性评价与终结性评价相结合,突出过程性评价;二是强调评价方法的多样性和评价主体的多元化。

过程性评价在企业学习中的主要作用如下。一是能够客观准确地掌握学生在某项教育教学活动的整个学习过程中学习效果的取得和提高的实际情况;二是能够引导学生更加重视整个教育教学活动过程的参与和投入,而不是将精力放在如何应对教育教学活动完成后的终结性评价上;三是教师能够根据过程评价的结果,及时调整和改进自身的工作,以更好地继续下一环节的教育教学活动。因此,将过程性评价与终结性评价结合,赋予过程性评价高于终结性评价的权重,不仅能够更准确地评价学习效果,而且能够促进在教育教学过程中提高学习质量。

评价方法的多样性和评价主体的多元化是企业学习的本质,即对知识的综合应用、对多种能力的影响和对各种素质的养成的复合作用,以及企业学习质量标准的多样性所要求的。对不同质量指标的评价往往需要不同的评价方法,才能获得准确的评价结果。因此,需要通过认真地设计或选择,确定能够客观准确地评价每一项质量指标的评价方法。与此同时,不同的评价主体由于其角度、视野和关注点的不同也可能对同一质量指标给出不同的评价结果。因此,为了获得更为准确的质量评价结果,往往选择多元评价主体从各自的角度对各项质量指标进行评价,然后将不同评价主体的各项评价结果根据其权重分别进行加权,最后形成的各项质量指标的评价结果从不同的方面反映出该项教育教学活动质量水平。

需要指出的是,由于学生的能力是最终表现教育教学质量的核心指标,因此,在对学生的学习效果和教育教学活动质量进行评价时,重点应该放在对学生各种能力的培养和提高方面的评价。

通过在企业学习阶段对学生实行切实有效的指导、对不同岗位学生学习质量的控制、鼓励学生积极主动参与各项教育教学活动以及采取灵活多样的方式方法评价每项教育教学活动的学习效果等工作,能够对企业学习阶段教育教学活动的质量实现有效的过程监控。

### 17.6.3 企业学习阶段教育教学质量的持续改进

对于企业学习阶段教育教学质量的持续改进,除了需要考虑采取校内学习阶段卓越工程师培养质量持续改进的一些合适的方法和措施外,针对企业学习的不同性质和特点,还需要从以下几方面做好工作。

(1)企业学习在环境氛围和管理风格上的特点要求为教育教学质量的持续改进做好两项基础性的工作。一是学校与企业一道做好学生的安全、保密、知识产权保护等教育,企业为学生提供充足的安全和劳动保护设备,以保护学生的人身安全和企业的商业利益,这是教育教学活动得以顺利进行的前提,也是教育教学质量得以获得的基础;二是在企业学习过程中学校专职教师和企业兼职教师要不断注重学生心理要素的调整、环境氛围的适应和行为举止的约束,以更好地融入企业的生产、学习和生活环境,融洽与企业工程技术人员的关系,保质保量地开展各项教育教学活动。

(2)企业学习在实施主体上的特点要求重视学校与合作企业之间的经常性沟通,以保证教育教学质量的持续改进。学校与企业之间的沟通主要在两方面。一方面对在企业培养方案实施过程中出现的各种影响教育教学质量的问题,要及时地交换信息、面对面地交流、提出解决方案和改进措施、并付诸实施;另一方面对受到普遍认可、实施效果明显的教育教学工作,要及时予以总结,并尽可能推广,为其他教育教学活动质量的改进提供经验和借鉴。

学校与企业的经常性沟通的前提是双方在卓越工程师培养企业学习中各

自有着明确的责任。学校的主要责任在于组织学生参加各种教育教学活动、协调与企业相关部门之间的各种关系、督促各项教育教学活动的实施、管理学生在企业的学习与生活;企业的主要责任是安排企业教学计划、提供满足需要的教育教学资源、指派承担教学和指导工作的企业工程技术人员、实施各项教育教学活动等。在明确校企各自责任的基础上,在企业学习过程中要加强双方的交流和沟通,在履行各自责任的同时,积极配合对方做好工作,才能使企业学习阶段的教育教学质量得到持续改进。

（3）企业学习在教师责任上的特点要求从保证教育教学质量持续改进的角度重视校内专职教师与企业兼职教师的合作。校内专职教师与企业兼职教师的合作重点主要在两方面。一是按照企业培养方案规定的教育教学活动选择学生的学习内容;二是校内专职教师帮助企业兼职教师开展教育教学活动。

在学生学习内容的选择上,校内专职教师清楚学生现阶段到企业需要学习什么,而企业兼职教师清楚企业在当前的情况下能够为学生学习提供些什么,因此,双方需要就一项教育教学活动应该包括哪些内容、内容深度、所需时长、学习场地等进行认真的实地考察、讨论研究和书面确定,才能为该项教育教学活动取得预期的学习效果并达到活动质量标准的要求打下基础。由于每项教育教学活动都需要选择学习内容,因此,这项工作需要在企业开展的各项教育教学活动上重复和循环,上一轮工作为下一轮工作提供经验,下一轮工作将在上一轮工作基础上改进和提高,从而起到了教育教学质量持续改进的作用。

企业兼职教师承担着学生在企业学习期间的主要教育教学工作,虽然他们工程能力强、工程实践经历丰富,但是他们在工程实践教育能力上的不足需要得到校内专职教师的帮助,包括实践教学内容的组织、教学形式的选择、教学方法的采用、理论与实践的结合以及学生的指导等方面。企业兼职教师的工程实践教育能力的高低直接影响到其教育教学质量的高低,因此,需要在校内专职教师不断的帮助和配合下,企业兼职教师的工程实践教育能力才能不断提升,他们的教育教学质量也才能得到持续改进和提升。同理,对于其他那些参与教育教学活动的企业工程技术人员的教育教学能力,也需要得到重视并在实践中予以不断提高。

（4）企业学习在分段实施上的特点要求重视企业培养方案阶段性评价和总结,努力改进和提高下一阶段的教育教学质量。在每个企业学习阶段结束时,学校、企业和学生三方必须对该阶段的各项教育教学活动质量和整个阶段教育教学质量进行认真的讨论、分析、评价和总结,为下一阶段企业培养方案的实施提供经验,使下一阶段企业学习的教育教学质量得到改进和提高。

对每项教育教学活动质量的评价内容主要包括活动组织安排、场地设备条件、教育教学方式、师生互动情况、理论与实践的结合、学生动手情况等方面。对存在质量问题的评价结果必须至少包含原因分析和改进建议两方面内容,即一方面要找出产生教育教学质量问题的根源,以利于从根本上解决质量问题;另一方面要为该项教育教学活动质量的改进提出具体的意见和建议,也为同类教育教学活动质量的改进提供借鉴和参考。每项教育教学活动的质量评价结果应该主要反馈给负责该项教育教学活动的教师,其中具有共性特点的质量改进建议还可提供给负责同类教育教学活动的教师。

对整个阶段教育教学质量的评价内容应该包括校企合作模式、企业培养方案的制定、企业培养方案的实施、专兼职教师建设、工程实践教育中心建设、教育教学管理等方面。这些评价内容涉及的层面更为宏观,应该着重在企业和学校层面的质量问题,以及具有普遍性的教育教学质量问题,评价结果对下一阶段的企业学习乃至整个企业培养方案的实施具有重要的意义。整个阶段教育教学的质量问题往往容易发生在以下几方面:教育教学资源的配置情况;学校与企业的协调和沟通;校内专职教师与企业兼职教师的合作;教育教学活动能否按计划实施等。整个学习阶段的评价结果应该分别反馈给企业和学校,再由双方讨论和研究,在对存在的质量问题提出改进措施和办法后付诸实施。

在学生完成企业培养方案规定的各项学习任务后应该对整个方案的教育教学质量进行评价,评价结果主要用于对现有企业培养方案的修改和完善上,目的是为了改进下一届卓越工程师培养企业学习阶段的教育教学质量。

## 17.7　大学质量文化的建设

大学文化是大学人[①]在长期的生活和工作中形成的思想意识、价值观念和行为方式。大学文化直接关系到高校人才培养、科学研究、社会服务以及文化传承与创新职能的履行和办学目标的实现。高校的办学质量是高校生存和发展的关键,大学质量文化是大学文化的最为核心和基本的组成部分,深受经济、社会、政治和文化的影响,是大学人在长期的教学、科研、管理和服务中在办学质量方面所形成的具有本校特色的办学理念、办学定位、质量意识、价值观念、

---

① 指广大师生员工。

基本承诺和由此形成的工作态度、规章制度、质量保障、行为规范、教风学风等以及相应的物化形式。因此,大学质量文化建设是"卓越计划"参与高校在开展卓越工程师培养质量保障时需要重视的另一个重要问题。

### 17.7.1 大学质量文化与卓越工程师培养的质量保障

大学质量文化是高校开展质量管理活动的精神动力,它能强化师生员工的质量意识,营造浓厚的质量氛围,使质量要求内化为大家的自觉追求,引导着全校师生员工的质量保障行为,因此,大学质量文化是人才培养质量保障的核心和根本。具体而言,大学质量文化对卓越工程师培养质量保障所起的潜移默化的作用主要表现在其所具有的以下四个功能上。

(1)导向功能。

大学质量文化能够增强师生员工的质量意识,将大家对质量的不同思想认识统一起来,进而提高到学校的质量目标和质量标准上,使他们将人才培养质量保障作为实现自身价值的需要,从而引导师生员工以认真负责的态度和精益求精的精神,自觉自愿地为实现学校的教育教学质量目标和标准而努力做好自己的本职工作。这种导向功能将学校内部不同院系、不同职能部门和不同辅助单位的师生员工的个人目标引导到学校目标上来,有利于卓越工程师培养质量保障相关政策、措施和办法的顺利实施。

(2)凝聚功能。

大学质量文化所具有的共同的质量意识、质量观念、质量态度和质量追求为师生员工营造一个实现共同的理想和目标的文化氛围,能够有效地将各自扮演不同角色、具有不同需求和志向的广大师生员工凝聚起来,团结在同一质量目标下,上下一致、密切合作、目标一致地为完成人才培养质量保障任务努力。这种凝聚功能能够减少不同单位之间的利益冲突和摩擦、化解不同个人之间的误会和隔阂,使大家摒弃前嫌,朝着实现卓越工程师培养质量目标和标准的目标而共同努力。

(3)激励功能。

大学质量文化集中体现了大学在质量方面的倡导、鼓励和追求,师生员工在大学质量文化的氛围中能够产生归属感、责任感和使命感,人人在教育教学质量保障上均负有同样的责任和神圣的使命,不论是在物质层面、制度层面,还是在精神层面,每个人在改进和提高教育教学质量上的努力和付出均会得到认同、肯定、鼓励、支持和奖励,进而产生多层面的对师生员工的激励作用,激励大家充分发挥自己的潜能,不断提高工作质量,毫无顾忌、集中精力地投入卓越工程师培养质量的保障工作中。

（4）约束功能。

大学质量文化在激励师生员工朝着实现卓越工程师培养质量目标和标准的方向努力的同时,也通过其具有的潜在意识和无形力量对影响和妨碍质量目标和标准实现的学校的办学行为和师生员工的思想、观念和行为进行约束和规范。这种约束功能从精神层面和道德层面对师生员工产生约束力,所产生的作用和效果要远比学校通过政策措施和规章制度所产生的约束力更全面和深刻,将有力地避免和减少在完成卓越工程师培养质量保障任务过程中可能出现的各种阻力和不利影响,有效地弥补各种规章制度的不足。

总之,大学质量文化是开展卓越工程师培养质量保障活动的核心和基础,是卓越工程师培养质量达到预期目标和标准的整体意识、文化氛围和精神力量,直接关系到卓越工程师培养质量的高低。因此,"卓越计划"参与高校应该加强本校质量文化建设,使广大师生员工切实提高质量意识、重视质量保障、将"质量就是生命"作为大家共同的价值取向,将持续不断的质量改进和提高作为每一位师生员工常抓不懈的工作和责任。

大学质量文化可以分为精神层面、制度层面、行为层面和物质层面,如图 17.10 所示。这四个层面相互关联、互相转换,相互影响,质量文化的内涵由精神层面通过制度层面和行为层面到物质层面由内向外逐层落实,质量文化的本质由物质层面通过行为层面和制度层面到精神层面逐层体现。精神层面是质量文化的核心,为其他层面提供思想基础;制度层面规范和约束了其他层面的建设;行为层面是精神层面和制度层面在大学人身上的表现;物质层面为其他层面提供物质基础,是大学质量文化的外在表现。

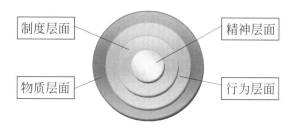

图 17.10　大学质量文化的构成

### 17.7.2  大学质量文化建设的原则

大学质量文化的建设应该坚持以人为本原则,强调特色原则,追求创新原则。

(1)以人为本原则。

高等教育质量完全是靠人来创造和实现的,以人为本是大学质量文化建设的核心与本质。以人为本的原则在大学质量文化建设中主要体现在两个方面。一是要牢固确立教师在高校办学中的主体地位和学生在教育教学活动中的主体地位;二是要将高校办学质量与大学人的发展相结合。

教师的学术水平、教学能力和敬业精神直接影响和制约着高等教育的质量,因此,在高校办学中,必须坚持以教师为本,突出教师的主体地位,要尊重教师及其劳动价值,赋予教师更多的参与教育教学管理的权利,充分发挥教职员工在高校质量保障上的积极性、主动性和创造性。学生是接受教育教学服务的主体,高校人才培养质量直接表现在学生的知识、能力和素质上,因此,在教育教学活动中,必须坚持以学生为本,突出学生在教师主导下的主体地位,要建立和谐的师生关系,鼓励学生更多地参与人才培养方案的制定和教育教学管理活动,充分调动学生在人才培养质量保障上的积极性和主动性。

人既是发展的主体,也是发展的目的,因此,要将师生员工发展的成就作为衡量高校办学质量高低的根本依据。将高校办学质量与大学人的发展相结合就是既要将教职员工的发展与高校办学质量结合起来,也要将高校的人才培养质量与学生的发展紧密联系在一起。一方面要使教职员工认识到:办学质量越高,高校才能获得更多的教育教学资源和更大的发展空间,每个人自身才能得到更好的发展;另一方面也要使高校领导层清楚:只有教职员工得到充分发展,他们的整体水平、能力和素质得到提高,高校的办学质量才能得到提升和保障。与此同时,高校和教职员工要认识到:高校人才培养质量的高低是以满足学生个体发展的需求为前提的,只有注重学生个性和兴趣的发展、潜能的挖掘,注重学生能力和素质的培养、健全人格的形成,才能培养造就高素质的毕业生。

以人为本原则在大学质量文化建设中的落实还需要激励机制的建设和环境条件的营造。高校需要通过各种激励方式增强教职员工的质量意识、提高他们的业务水平和工作质量,并为师生员工的发展创造良好的工作和生活的环境与条件,使教师和学生的主体地位得到充分体现,使师生员工的发展伴随着高校办学质量的提高。

（2）强调特色原则。

大学质量文化是共性与个性的统一体,要在共性的基础上强调个性。大学质量文化的建设既要遵循高等教育发展的一般规律和高校办学的普遍规律,积极地学习和借鉴国内外高校先进的大学质量文化成果,又要注意到每所高校的文化传统、历史积累、办学理念、发展定位和服务面向均不相同,在学校层次类型、学科专业设置、办学优势特色和教育资源条件等方面也存在较大差异,要注重培育、发展和强化与众不同、彰显本校优势的特色。

特色就是优势、就是质量、就是高校发展的核心竞争力。任何一所高校都不可能在所有领域均处于领先地位,同理,没有一所高校在各方面会均处于绝对劣势的地位,事实上,每一所高校,不论是其历史长短、规模大小、地域优劣、行业背景、资源贫富,均能够挖掘出可以培育出自身特色的潜在或相对优势,都能够在改进和提高办学质量上有所作为,都能够在高等教育的市场上赢得核心竞争力。

强调特色原则要求高校及其师生员工树立特色意识,在日常的工作、学习和生活中,尤其在改进、完善和提高教育教学质量的过程中,注意发现和挖掘可能形成办学特色和人才培养特色的要素,在教育教学资源和个人精力的投入上注重培育和形成特色,从而产生具有鲜明特色的大学质量文化。

（3）追求创新原则。

大学质量文化是在不断的发展、完善和提高的过程中逐渐形成的,继承和创新是大学质量文化得以永恒的根本,创新是以继承为基础,是大学质量文化发展的精髓。随着高等教育赖以生存的宏观环境的变化,以及经济社会对高等教育质量要求的变化和提高,高校必须在继承原有大学质量文化的基础上,不断地创新大学办学质量理念、更新高校办学质量目标和标准、提出新的质量管理途径和手段、丰富大学质量文化内涵、提升大学质量文化品位。

创新是提高高校办学质量的不竭动力,在大学质量文化建设中必须不断追求创新。一方面,由于人们对高等教育质量的要求是变化的,同时高校自身的发展也不可能将办学质量定格在不变的水平上,因此,高校不能满足于现有的办学质量水平,必须用发展和创新的眼光看待高校的办学质量;另一方面,现有的理念和方法对于不断出现的新的高等教育质量问题往往束手无策,需要通过创新的教育教学理念、创新的质量管理策略和创新的质量保障方法才能解决。

追求创新原则要求高校教师和管理人员牢固树立创新意识,更新高等教育质量观念,不断创新教育教学理念、人才培养模式、教育教学方法和手段,坚持改革不适应新的质量目标和标准要求的课程设置、教学内容、教学形式、教学管理和运行机制,努力建设满足不断变化的高等教育质量观的大学质量文化。

### 17.7.3　大学质量文化的精神层面建设

大学质量文化的精神层面是大学质量文化的灵魂和源泉,是大学质量文化制度层面、行为层面和物质层面建设的思想基础和抽象升华,需要通过长期的建设积淀而成的,在整个大学质量文化中处于核心地位。大学质量文化的精神层面受经济、社会、政治和文化的影响,主要包括办学理念、办学定位、质量意识和质量态度等。

办学理念。办学理念是对高校的理想、宗旨、本质、使命、责任等办学中的基本问题的理性认识、价值判断和理想追求,是大学精神的重要内容和体现,是从精神层面上对高校办学行为的引导、强调和追求。在办学理念中,要确立正确的高等教育质量观,将向社会提供高质量的高等教育服务作为高校的一项重要使命,要树立"质量第一"、"质量就是竞争力"的思想,要从战略的高度将"质量为本"作为高校发展的基本战略,要将不断提高办学质量作为高校永恒的追求,由此形成全校师生员工普遍认同和共同信守的核心质量理念。

办学定位。办学定位是高校在办学层次、学校类型、科类结构以及服务面向等方面做出的战略选择,它决定着高校的发展方向,关系到高校的资源配置、政策导向和运行管理。不同的办学定位有着不同的质量追求和质量标准,也就是说,办学定位对高校办学质量的影响主要表现在质量目标、质量评价指标、质量标准以及质量评价方式等方面,因此,高校在确定自身的办学定位时应该清楚地认识到其对本校办学质量的导向作用,要使大学质量文化建设目标与本校的办学定位和发展目标相一致。

质量意识。质量意识是广大师生员工对教育教学质量及其质量要求的认识和理解,是大学质量文化精神层面的重要内容。质量意识的形成要以大学精神为依托,着重从五个方面入手。一是在学校的各种工作中强调"质量至上",使全体师生员工均认识到质量保障工作的重要性;二是加强对师生员工的质量责任教育,使每个人均认识到自身在高等教育质量保障中应尽的职责;三是在教职员工中树立以学生为中心的质量观念和以满足社会需求为标准的质量思想,形成面向服务对象和社会需要的质量价值取向;四是从开放的全球化高等教育市场的角度,增强师生员工的质量竞争意识,把质量作为竞争优势,以高质量的教育教学服务和良好的声誉赢得市场竞争;五是强化师生员工对本校教育教学质量的忧患意识和危机意识,形成提高和保障质量的紧迫感和使命感,培养大家积极参与质量保障的意识。

质量态度。质量态度是高校在大学文化建设过程中学校的各个层面关注、重视和参与教育教学质量保障的态度。第一,高校必须将改进、提高和完善教育教学质量作为学校各项工作的重心;第二,高校领导要高度重视质量文化建设,将其作为大学文化建设的核心内容;第三,师生员工应有积极主动的态度投身于大学质量文化的建设中;第四,师生员工应该正确地对待教育教学质量和自身工作中存在的质量问题,将质量过程监控和持续改进作为自己必须做好的本职工作。总之,高校全校上下必须具有积极主动参与和做好本校教育教学质量保障工作的热情和自觉性。

## 17.7.4　大学质量文化的制度层面建设

制度建设在规范大学质量文化建设中起到重要作用。任何一项工作的质量和水平的获得,都需要规范和约束人们的行为,都离不开完善的制度和有效的机制,以使大家齐心协力,朝着共同的目标而努力。大学质量文化的建设必须依托一套完整的制度规范和有效的运行机制,为其提供秩序井然和稳定和谐的建设环境,以保证高校教育教学质量目标和标准的实现。

大学质量文化的制度层面是高校为了实现其教育教学质量目标和标准而提出的要求师生员工共同遵守的规范性和程序化的政策制度、质量标准和行为准则,它约束和规范了大学质量文化其他层面的建设,既是精神层面和行为层面规范性的表现,也对行为层面和物质层面起到约束的作用,还是良好的校风、教风、学风和工作作风建设的基础,因此,是大学质量文化建设的重要环节。大学质量文化的制度层面主要包括高校质量管理的领导体制、高校质量管理的组织机构和高校质量管理的制度规范三个方面。

高校质量管理的领导体制是由学校、机关相关职能部门和教学院系等构成的组织体系,是由学校领导、部处领导和院系领导等自上而下地进行决策、指挥和督促全校性教育教学质量管理工作制度化的表现形式,是以实现本校教育教学质量保障目标为主要职能的一系列制度安排。高校质量管理领导体制建设的核心在于学校、部处和院系领导之间在教育教学质量管理上领导权力的分工、领导关系的明确,以及是否承担和履行了领导权限范围内的教育教学质量管理的领导职责。

高校质量管理的组织机构是为了履行教育教学质量管理职能而设立的各种组织和部门,如教务处、学生处、研究生院、校院教学督导组、校院学位委员会等,是为了全方位、全过程和多层次地开展各种教育教学质量管理活动所做出的一系列制度设置。高校质量管理组织机构建设的核心在于组织机构的设置是否合理、健全和有效,组织机构之间权责是否分明、关系是否明确,以及组织机构的运行机制能否确保各自所具有的教育教学质量管理功能和保障目标的实现。

高校质量管理的制度规范是大学质量文化制度层面建设的重点。首先要建立和健全各种质量管理规章制度,包括教学管理制度、工作规范制度、岗位责任制度、质量评价制度和奖惩激励制度,使得大学质量文化精神层面的内涵得以落实、师生员工在教育教学质量保障上遵守共同的行为准则,使得提高教育教学质量成为高校全体师生员工的内在追求和自觉行为。其次要制定和完善各项教育教学工作的质量标准,包括教学岗位、教辅岗位和管理岗位,涵盖课堂教学、课外学习、理论教学和实践教育等,将师生员工个人的全面发展作为各项工作质量标准制定的出发点和落脚点,使得外在的质量标准能够内化为师生员工自身的目标要求。

做好规章制度和质量标准的制定需要注意以下三方面问题。一是要体现以人为本的现代管理理念,强化学术权力在教育教学质量管理中的作用,提倡柔性管理,弱化行政权力对教育教学规律的过度干预,减少刚性管理;二是要注重合理性、可行性、系统性和先进性,使规章制度和质量标准既符合高校实际,能够为师生员工所接受,又能够实施并发挥应有的作用,既涵盖了教育教学质量管理的方方面面,又着眼于人才培养的长远目标和教职员工的未来发展;三是要认识到制度建设的动态性和长期性,通过对实施情况的跟踪了解,及时地修订、调整和完善规章制度和质量标准,使其在大学质量文化建设中更好地发挥作用。

## 17.7.5 大学质量文化的行为层面建设

大学质量文化行为层面主要体现为高校师生员工在大学质量文化制度层面的规范和约束下,充分利用大学质量文化物质层面的各种要素,为实现高校教育教学质量目标和标准所进行的各种教育教学、学习生活、质量评价和监控、质量改进和提高等方面活动的行为方式和行为模式。大学质量文化的行为层面是以大学质量文化的精神层面为指导,以制度层面为准则,以物质层面为基础,在教育教学实际行动工作中表现出来的行为文化,是质量理念、质量意识和质量态度在实际工作中的具体体现。大学质量文化的行为层面直接关系到教职员工的教育教学工作质量和高校教育教学质量目标的具体实现,主要包括约定俗成的行为准则和师生员工的质量行为。

约定俗成的行为准则是指在长期的工作、学习和生活过程中,高校师生员工为了实现本校的教育教学质量目标而逐渐地形成并共同遵守的行为规范和行为方式。虽然这种行为准则是师生员工自发形成的,但仍需要高校在形成过程中的积极引导,鼓励积极的行为,摒弃消极的行为,使之成为大学质量文化制度层面中的规章制度和质量标准的重要补充,以满足本校教育教学质量管理的需要。

领导的质量行为主要表现在三个方面。一是高校领导的教育教学理念和办学思想应该与大学质量文化建设目标相适应;二是高校领导应该将教育教学质量管理作为本校的一项重要的任务,并落实到学校的各项工作中;三是高校领导应该积极主动地参与各项教育教学质量管理活动,并为活动的开展提供必要的资源和服务。

教师的质量行为主要表现在五个方面。一是高度重视和主动参与大学质量文化建设,并落实到自身教育教学工作的各个环节;二是将改进和提高教育教学质量作为不断追求的目标,并将其融入到自身的教育教学活动中;三是爱岗敬业、严谨求实,在教育教学活动中遵守学校各项质量管理规章制度和各项教育教学工作的质量标准;四是在教书育人过程中以学生为主体,注重因材施教、为人师表、建立起和谐的师生关系;五是能够虚心地听取学生、同仁、用人单位的意见,重视、倾听和采纳有利于改进和提高教育教学质量的各种建议。

学生的质量行为主要表现在三个方面。一是重视和积极参与大学质量文化建设,积极主动地参与校内外各种教育教学活动,注重自身特点和学习方法的选择,努力提高学习效果;二是能够根据自己的兴趣和特长,积极参与各种学术活动、科技活动和社会实践,努力提高自己的实践能力和创新能力;三是能够自觉地遵守学校的各项规章制度,积极参与良好学风的建设,参与社团活动和社会服务,努力提高自身的综合素质。

管理人员的质量行为主要表现在三个方面。一是树立服务教育教学、服务人才培养、服务教师与学生的思想,将保障教育教学质量作为自身的主要工作职责;二是高度重视和主动参与大学质量文化建设,并落实自身的日常服务于管理工作中;三是严格按照学校各项质量管理规章制度和规范要求,开展服务和管理工作并主动地为教师和学生提供各种教育教学资源和服务。

## 17.7.6　大学质量文化的物质层面建设

大学质量文化的物质层面是大学质量文化的外在表现和载体,是高校在长期的办学过程中形成的、具有鲜明本校特色的、有形的物质实体环境和硬件条件,它既是大学质量文化精神层面的外化表现,又为制度层面和行为层面的实施提供物质和行动保证,对教育教学质量管理和人才培养具有基础性的作用和潜移默化的影响,需要高校提供充足的经费预算,主要包括基础设施、教学设施、教育资源、实验条件和育人环境等方面。

基础设施主要指学校的教学楼宇、图书馆、实验楼、学生宿舍、运动场馆等满足教育教学和人才培养需要的建筑物和场地。教学设施主要指教学仪器设备、多媒体环境、校园网络设施等开展各种教学活动所必需的硬件条件。教育资源主要指图书馆藏书、各类期刊、文献资料、电子数据库等提供给教师教学和学生学习的各类纸质和电子资料。实验条件主要指各类基础、专业和综合实验室等用于培养学生实践能力、设计能力、创新能力和综合素质的实验场所。育人环境主要指体现大学特点的校园总体规划和布局、体现教育功能的建筑样式和结构设计、体现育人特色的花木草坪和校园绿化以及形式多样和内容丰富的学术、科技、文娱体育等活动。

大学质量文化物质层面的建设不仅要能够满足教育教学和人才培养的实用需要,即大学质量文化制度层面和行为层面的落实需要,还应该注意表现大学质量文化精神层面的内涵,包含质量哲学思想、核心质量理念、办学定位、质量价值追求等精神因素在内的文化底蕴,使得大学质量文化物质层面的建设与行为层面、制度层面和精神层面的建设相互协调、相互促进,共同发挥大学质量文化的功能和效用。

大学质量文化建设是一项长期而复杂的系统工程,在建设过程中需要注意4个方面的问题:一是大学质量文化建设需要有长期的规划和系统的实施,一方面要分阶段有步骤地进行,另一方面各个层面的建设应该同步展开;二是大学质量文化建设不是一项孤立的事项,需要融入整个高校的工作计划,与高校其他工作一道共同推进,在实现高校发展战略的同时实现大学质量文化的建设目标;三是大学质量文化建设需要全体师生员工的共同参与,要形成人人关心质量、人人重视质量、人人研究质量、人人提高质量和人人保障质量的大学质量文化建设氛围;四是要注重与质量保障行动的配合,一方面要在培养大学质量文化的同时,为高校教育教学质量保障活动的开展营造良好的氛围,另一方面要通过高校教育教学质量保障活动的开展,带动和促进大学质量文化的建设。

## 17.8　质量保障需要处理好的若干关系

### 17.8.1　质量保障的合格性与发展性

卓越工程师培养质量目标和标准是以"卓越计划"参与高校基于"卓越计划"通用标准和行业标准制定的学校培养标准为依据,因而得到国家和社会的认可,是参与高校对国家和社会做出的人才培养的质量承诺,也是参与高校自身在卓越工程师培养上的努力方向。卓越工程师培养质量保障的目标是使卓越工程师培养质量达到或超过预先确定的这些质量目标和标准,也就是说,达到质量目标和标准要求的卓越工程师培养的质量保障是合格的,因此,卓越工程师培养质量保障具有明显的合格性。

质量保障的合格性是目前各类高校普遍认同的,这也是高校通过建立人才培养质量保障体系,采取和运用各种质量评价、改进和提升的方法和手段,以保证本校人才培养质量达到和维持在既定的质量目标和标准上的动机所在。然而,社会和用人单位对人才的要求是在动态变化的,卓越工程师培养的质量目标和标准也将随着经济社会的发展不断地变化,"卓越计划"参与高校需要用发展的、动态变化的眼光来看待卓越工程师培养质量目标和标准,因此,卓越工程师培养质量保障还必须具有发展性。

卓越工程师培养质量保障的发展性是以卓越工程师的未来发展为保障对象,着眼于未来经济社会对卓越工程师要求,以有利于卓越工程师培养的后续发展为目标,根据不断变化的经济社会需求来调整卓越工程师培养的目标和标准,在质量保障过程中注意发现不利于卓越工程师未来发展的问题和缺陷,不断完善培养方案、课程体系、教学方法和手段等的发展机制,以保障卓越工程师培养质量的稳步发展。具体到质量保障内容上,批判性思维能力、创新精神和创新能力、环境适应能力、终身学习能力和沟通合作能力等各种有利于卓越工程师未来发展的能力和素质是质量保障的重点。

质量保障的合格性注重从既定的标准和当前的状况衡量和保证卓越工程师的培养质量,质量保障的发展性则是强调从未来的远景和长远的发展构建和把握卓越工程师的培养质量,二者反映了卓越工程师培养质量保障面向现实与面向未来的统一,这正是"卓越计划"面向工业界、面向世界、面向未来的目标所要求的。

## 17.8.2　质量保障的标准性与特色性

质量保障是以质量标准为尺度来衡量质量水平和质量保障目标是否达到,因此,标准性是人才培养质量保障必须具备的基本特点,也是开展质量保障的前提。卓越工程师培养特色直接关系到"卓越计划"主要目标能否实现[12],是卓越工程师培养质量的标志性内涵,需要通过质量保障行为来形成,因此,质量保障还必须具备特色性。这样,卓越工程师培养质量保障就需要处理好"特色"与"标准"这一对似乎是非此即彼的矛盾关系。

"卓越计划"学校专业质量标准是一个基础性标准。虽然"卓越计划"强调[1],参与高校本校专业培养标准的制定要在满足通用标准和行业标准的前提下,密切结合学校的办学定位、办学目标、服务面向和行业特点,符合本校的人才培养定位,凸显本校的人才培养特色,最大限度地发挥自身的办学优势,但是,由此形成的独具特色的本校专业培养标准是相对于其他高校而言,就本校而言,基于学校专业培养标准制定的学校专业质量标准应该只是一个基础性的质量标准,是对采用该标准的所有年级中的每个学生的统一要求。

"卓越计划"学校专业质量标准不否定人才培养特色。一方面,对于其他参与高校而言,学校专业培养标准中的特色标准的制定和实施中彰显了本校与众不同的人才培养特色[12];另一方面,对于本校参与专业的学生而言,相同的专业质量标准要求也能够包容不同学生的个性需求和特点,从而实现个性化培养;与此同时,相同的专业质量标准并不限制参与高校开展人才培养模式、课程体系与教学内容、校企合作方式、教学组织和教学方法等方面的改革,以形成本校的人才培养特色。

由以上分析看见,人才培养质量保障的标准性和特色性并不是非此即彼的关系,在开展卓越工程师培养质量保障过程中,要在注重质量保障标准性的基础上,强调质量保障特色性的充分发挥,使两者相互交融、相互统一。

### 17.8.3　质量保障的全面开展与突出重点

人才培养质量保障是一项全局性、系统性的工作,强调全员、全过程和全方位的质量管理,这种管理思想对于引导全校师生员工重视和参与人才培养质量保障工作十分重要。然而,这种全面开展的质量保障理念并不是提倡不分轻重缓急、事无巨细、毫无重点地开展质量保障工作,而是强调要在全面开展人才培养质量保障工作的基础上,将主要精力和资源重点投入影响卓越工程师培养质量的关键环节,实现全面开展和突出重点相结合,既避免因为细小失误而影响质量保障的整体工作成效,出现"千里之堤溃于蚁穴"的现象,又抓住了质量保障的重点,对整个质量保障工作起到纲举目张的作用,达到"牵一发而动全身"的效果。

卓越工程师培养质量保障的重点可以包括以下几方面。第一,课程体系和教学内容改革,重点检查是否与学校专业培养标准相吻合,使之成为实现专业培养标准的有效载体;第二,核心课程的课堂教学,主要关注课堂教学组织和教学方法,鼓励推行研究性学习方法;第三,企业学习方案的落实,重点关注校企合作模式,强调学生工程实践能力的提高以及发现、分析和解决工程问题的能力的培养;第四,卓越工程师培养质量过程监控和持续改进机制的建立,重点检查机制的敏捷性、教师的主动性和质量保障的有效性;第五,参与高校大学质量文化的建设,主要关注校领导的重视程度、规章制度的制定情况、学校经费预算与投入力度等。

### 17.8.4　内部质量保障与外部质量评估

发达国家人才培养质量保障模式大致可以归纳为三种类型。一种是以荷兰、法国、瑞典、德国等为代表的政府主导型;另一种是以美国为代表的市场主导型;第三种是以英国及英联邦国家为代表的大学自主型。但不论是何种模式,对于任何一所高校而言,都存在着内部与外部质量保障关系的处理问题。

从严格意义上说,我国目前并没有建立起完整的人才培养质量外部保障体系,政府在质量管理方面的作用只能称为外部质量评估,如教育部评估中心对新建普通本科院校采取的"普通高等学校本科教学工作合格评估"以及对其他普通本科院校采取的"普通高等学校本科教学工作审核式评估"。就"卓越计划"而言,教育部制定的《卓越工程师教育培养计划阶段检查方案》也只能是对卓越工程师培养质量的过程监控,不能称之为质量保障。因此,卓越工程师培养的质量保障的责任就落在"卓越计划"参与高校自身,也就是说,参与高校应该以自我开展的内部质量保障为主,辅以教育部的过程监控,或称外部质量评估。

从高等学校的现状看,我国目前各类高校多达 2358 所,这些高校的层次、类型和规模各异,所在区域经济发展水平存在较大差距,隶属关系和财政投入也各不相同。这样的高等教育规模、层次和结构使得建立以政府主导的高校外部人才培养质量保障体系成为一件十分艰巨和复杂的工作;同理,要等待通过市场培育出具有权威性和公信力的高等教育质量评价和监控的中介机构,建立起市场主导的高校外部人才培育质量保障体系还为时尚早。由此看来,在短期内建立起政府主导型或市场主导型的高校人才培养质量保障体系是不可能的。因此,"卓越计划"参与高校还是应该立足于建立和完善本校人才培养质量保障体系,以内部质量保障为主,辅以外部质量评估。

## 17.8.5　工程专业认证与卓越工程师培养质量保障

工程专业认证是促进工程教育发展的一项有效举措。工程专业认证是针对本科工程教育的一种合格认证,其基本工作模式是检查本科工程教育是否符合工程专业认证标准,找出还存在些什么问题。发达国家多年来一直推行工程专业认证制度;我国教育部于 2006 年牵头成立了全国工程教育专业认证专门机构,开始组织我国工程专业认证试点工作;作为教育部"十一五"推行的"质量工程"的延续,教育部"十二五"实施的"本科教学工程"继续在工程领域开展本科工程专业认证工作;目前已开展的工程专业认证已涉及十个专业领域,为我国申请加入《华盛顿协议》做好必要的准备,对建立具有国际实质等效性的工程教育质量监控和质量保障体系具有重要的作用。

作为一种人才培养质量评估方式,工程专业认证与卓越工程师培养质量保障存在着一定的联系。首先,为了有利于相关高校对"卓越计划"的理解,减少日后不必要的工程教育管理资源的重复建设,"卓越计划"通用标准的研制是将工程专业认证标准作为基本参照[13];其次,教育部对"卓越计划"参与专业的认证将采取与工程专业认证相同的程序步骤,即包括申请认证、学校自评、审阅《自评报告》、现场考查、审议和做出认证结论、认证状态保持六个步骤。

作为一种全新的教育改革模式,"卓越计划"必然在质量保障要求上与工程专业认证存在差异。首先,"卓越计划"通用标准的要求要较工程专业认证通用标准的高[13],前者是仅针对"卓越计划"参与专业提出的,换句话说,"卓越计划"通用标准只是对 194 所参与高校的要求,而这些高校仅占全国具有工科专业高校的近 20%;其次,"卓越计划"对卓越工程师培养质量制定了严格的阶段检查方案,始于申请加入"卓越计划"时的学校工作方案评审和专业培养方案的论证,止于学生毕业后进行的参与专业认证,共分五个阶段,每个阶段的检查重点与当时"卓越计划"实施的重点相吻合,而这些都是工程专业认证所不具备的;最后,工程专业认证只针对本科层次工程教育,而"卓越计划"是以本科层次为基础,还包括硕士和博士层次的工程教育,本科层次卓越工程师培养质量关系到硕士层次,硕士层次卓越工程师培养质量关系到博士层次。

　　基于以上的分析,笔者认为:"卓越计划"参与专业应该将通过工程专业认证作为卓越工程师培养质量保障的基本要求或前提条件,换句话说,是否通过工程专业认证应该作为"卓越计划"参与专业申请"卓越计划"专业认证的先决条件。这就要求"卓越计划"参与高校主动申请对参与专业的工程专业认证,为全面实现卓越工程师培养的质量保障打下基础。

## 17.8.6　应用研究与人才培养

　　重视科学研究而忽视人才培养往往是一些高校存在但又明知故犯的问题,然而,重视理论研究,尤其是源于国家和政府层面的纵向项目,而轻视应用研究,尤其是源于行业和企业的横向项目,始终是众多高校普遍存在的现象。事实上,科学研究与人才培养之间存在着相辅相成、相互促进的关系,而不是相互排斥、有你无我的关系;应用研究对工程人才,尤其是本科和硕士层次人才培养的作用要远高于理论研究。因此,正确处理好科学研究与人才培养的关系,充分发挥应用研究在人才培养上的积极作用,对保障卓越工程师培养质量至关重要。

　　(1)科研成果能够丰富教学内容并提高教学效果。

　　在一个学科专业领域,没有科研积累和研究成果的教师往往难以逃脱在教学上"照本宣科"的处境。而研究成果丰富的教师不仅能够将自己最新的成果充实到课堂教学并固化为教材内容,而且能够将自己研究过程的发现、经历和经验栩栩如生地介绍给学生,用于指导学生学习、进行毕业设计或完成学位论文,从而激发学生的兴趣,活跃他们的思维,提高其发现问题、分析问题和解决问题的能力,产生显著的教育教学效果。

(2)应用研究有助于提高学生的实践能力和创新能力。

参与企业横向项目的研究不仅为学生提供理论与实践相结合、真刀真枪解决实践问题的极好机会,而且也为本科生毕业设计和研究生学位论文提供丰富的题目来源。一方面,学生可以在教师的指导下,到专业实验室和企业生产现场开展工程实践活动,提高实践动手能力;另一方面,通过参与横向项目的研究,能够有效地培养和提高学生的工程素养、工程实践能力和工程创新能力。

(3)科学研究能够有效地促进学科专业建设。

"卓越计划"参与专业的建设离不开科学研究,尤其是应用研究,主要表现在三个方面。首先,科学研究能够提高参与专业整体的学术水平,使本学科的发展处于前沿领域;其次,科学研究能够促进教师队伍建设,形成结构合理、实力雄厚的学科专业团队;最后,科学研究可以使高校与行业企业建立更加紧密、互惠共赢的校企合作关系[5],为工程人才培养提供坚实的平台。

密切科学研究与人才培养的关系,充分发挥应用研究在卓越工程师培养上的作用,需要有科学的评价机制和有效的激励措施。一方面,要将教育教学工作作为考核教师的基本且必需的要求,提高人才培养工作在教师评价中的权重,鼓励和引导教师投身于卓越工程师培养工作;另一方面,要充分认识到高校与研究院所在科研方面的区别在于:高校的科研还要担负着为人才培养服务的重要功能,因此,在对教师的绩效评价中需要增加对教师的科研和科研成果服务于人才培养和教学的评价,并在相应的绩效薪酬中予以倾斜,以着实加强科研对人才培养的作用,提高卓越工程师培养的质量。

就人才培养工作自身而言,其既是一门科学,也是一门艺术。高校教师更多的是在经验层面上开展和讨论人才培养工作,而缺乏将人才培养,尤其是教学工作作为一门科学、学问和艺术予以研究。因此,引导、鼓励和激励教师结合人才培养实践,深入开展教育教学学术研究,研究其科学性和艺术性,仍然是包括"卓越计划"参与高校在内的所有高校为提高人才培养质量而必须重视的一项长期而艰巨的任务。

# 参 考 文 献

[1] 林健."卓越工程师教育培养计划"专业培养方案研究. 清华大学教育研究,2011 年第 2 期.

［2］　林健.“卓越工程师教育培养计划”专业培养方案再研究. 高等工程教育研究,2011 年第 4 期.

［3］　林健. 面向卓越工程师培养的课程体系和教学内容改革. 高等工程教育研究,2011 年第 5 期.

［4］　林健. 面向卓越工程师培养的研究性学习. 高等工程教育研究,2011 年第 6 期.

［5］　林健. 校企全程合作培养卓越工程师. 高等工程教育研究,2012 年第 3 期.

［6］　林健. 胜任卓越工程师培养的工科教师队伍建设. 高等工程教育研究,2012 年第 1 期.

［7］　林健. 高等学校人才培养全面质量管理探析. 高等教育研究,2001 年第 6 期.

［8］　教育部高等教育司、学位管理与研究生教育司《卓越工程师教育培养计划阶段检查方案》(征求意见稿). 2011.

［9］　朱军,范慧慧. 研究型大学学生评教指标体系构建中的若干关注点. 中国大学教学,2012 年第 8 期.

［10］　林健. 校企全程合作培养卓越工程师. 高等工程教育研究,2012 年第 3 期.

［11］　James R. Evans,William M. Lindsay. 质量管理与质量控制. 第七版. 北京：中国人民大学出版社,2010.

［12］　林健. 形成具备竞争优势的卓越工程师培养特色. 高等工程教育研究,2012 年第 6 期.

［13］　林健.“卓越工程师教育培养计划”通用标准研制. 高等工程教育研究,2010 年第 4 期.

# 附录 A

教高[2011]1 号

# 教育部关于实施卓越工程师教育培养计划的若干意见

　　卓越工程师教育培养计划(以下简称卓越计划)是为贯彻落实党的十七大提出的走中国特色新型工业化道路、建设创新型国家、建设人力资源强国等战略部署,贯彻落实《国家中长期教育改革和发展规划纲要(2010—2020 年)》实施的高等教育重大计划。卓越计划对高等教育面向社会需求培养人才,调整人才培养结构,提高人才培养质量,推动教育教学改革,增强毕业生就业能力具有十分重要的示范和引导作用。为实施好卓越计划,特提出以下意见。

## 一、卓越工程师教育培养计划的指导思想、主要目标、基本原则和实施领域

### 1. 指导思想

　　以邓小平理论和"三个代表"重要思想为指导,深入贯彻落实科学发展观,全面贯彻党的教育方针。全面落实党的十七大关于走中国特色新型工业化道路、建设创新型国家、建设人力资源强国等战略部署。全面落实加快转变经济发展方式,推动产业结构优化升级和优化教育结构,提高高等教育质量等战略举措。

　　贯彻落实《国家中长期教育改革和发展规划纲要(2010—2020 年)》的精神,树立全面发展和多样化的人才观念,树立主动服务国家战略要求、主动服务行业企业需求的观念。改革和创新工程教育人才培养模式,创立高校与行业企业联合培养人才的新机制,着力提高学生服务国家和人民的社会责任感、勇于探

索的创新精神和善于解决问题的实践能力。

2. 主要目标

面向工业界、面向世界、面向未来,培养造就一大批创新能力强、适应经济社会发展需要的高质量各类型工程技术人才,为建设创新型国家、实现工业化和现代化奠定坚实的人力资源优势,增强我国的核心竞争力和综合国力。

以实施卓越计划为突破口,促进工程教育改革和创新,全面提高我国工程教育人才培养质量,努力建设具有世界先进水平、中国特色的社会主义现代高等工程教育体系,促进我国从工程教育大国走向工程教育强国。

3. 基本原则

遵循"行业指导、校企合作、分类实施、形式多样"的原则。联合有关部门和单位制定相关的配套支持政策,提出行业领域人才培养需求,指导高校和企业在本行业领域实施卓越计划。支持不同类型的高校参与卓越计划,高校在工程型人才培养类型上各有侧重。参与卓越计划的高校和企业通过校企合作途径联合培养人才,要充分考虑行业的多样性和对工程型人才需求的多样性,采取多种方式培养工程师后备人才。

4. 实施领域

卓越计划实施的专业包括传统产业和战略性新兴产业的相关专业。要特别重视国家产业结构调整和发展战略性新兴产业的人才需求,适度超前培养人才。

卓越计划实施的层次包括工科的本科生、硕士研究生、博士研究生三个层次,培养现场工程师、设计开发工程师和研究型工程师等多种类型的工程师后备人才。

## 二、加强卓越工程师教育培养计划的组织管理

5. 我部联合有关部门成立卓越工程师教育培养计划委员会,主要负责卓越计划重要政策措施的协调、制定和决策,重要问题的协商解决,领导卓越计划的组织实施工作。委员会办公室设在我部高等教育司,承担委员会的日常工作,负责卓越计划工作方案的拟定,协调行业企业和相关专家组织参与卓越计划,具体组织卓越计划实施工作。

6. 我部联合中国工程院成立卓越工程师教育培养计划专家委员会,总体指导卓越计划的规划和实施工作,负责卓越计划方案的论证。

7. 我部成立教育部卓越工程师教育培养计划专家工作组,负责卓越计划实施工作的研究、规划、指导、评价,负责参与高校工作方案和专业培养方案的论证。

8. 我部联合行业部门成立行业卓越工程师教育培养计划工作组、专家组,负责行业内卓越计划实施工作的研究、规划、指导、评价,制定本行业内具体专业的行业专业标准,负责参与高校专业培养方案的论证。

9. 制定卓越计划培养标准。为满足工业界对工程人员职业资格要求,遵循工程型人才培养规律,制定"卓越计划"人才培养标准。培养标准分为通用标准和行业专业标准。其中,通用标准规定各类工程型人才培养都应达到的基本要求;行业专业标准依据通用标准的要求制定,规定行业领域内具体专业的工程型人才培养应达到的基本要求。培养标准要有利于促进学生的全面发展,促进创新精神和实践能力的培养,促进工程型人才人文素质的养成。

10. 建立工程实践教育中心。鼓励参与卓越计划的企业建立工程实践教育中心,承担学生到企业学习阶段的培养任务。我部联合有关部门和单位对参与企业建立的工程实践教育中心,择优认定为国家级工程实践教育中心,鼓励省级人民政府择优认定一批省级工程实践教育中心,给予企业一定的支持。

11. 开展卓越计划质量评价。卓越计划高校的培养标准和培养方案要主动向社会公开,面向社会提供信息服务并接受社会监督。我部联合行业部门或行业协(学)会,对卓越计划高校的培养方案和实施过程进行指导和检查。建立卓越计划质量评价体系,参照国际通行做法,按照国际标准对参与专业进行质量评价。评价不合格的专业要退出卓越计划。

## 三、高校卓越工程师教育培养计划的组织实施

12. 高校自愿提出加入卓越计划的申请。专家工作组对高校工作方案及专业培养方案进行论证,我部根据论证意见批准参与卓越计划的高校资格。卓越计划高校每年均可提出新参加卓越计划专业的申请,由行业专家组对专业培养方案进行论证,我部根据论证意见批准新增专业。我部每年公布一次卓越计划专业名单。

13. 高校制定卓越计划的本校标准体系。卓越计划高校结合本校的办学定位、人才培养目标、服务面向和办学优势与特色等,选择本校参加卓越计划的专业领域和人才培养层次,并按照通用标准和行业专业标准,建立本校的培养标

准体系。卓越计划高校应制定本校工程型人才培养学位授予实施细则。

14. 鼓励卓越计划学生来源的多样性。参与卓越计划的学生,可从校内各专业、各年级中遴选,举办普通专科起点升本科教育的参与高校也可少量招收基础扎实、实践能力强的高职学生。

15. 大力改革课程体系和教学形式。依据本校卓越计划培养标准,遵循工程的集成与创新特征,以强化工程实践能力、工程设计能力与工程创新能力为核心,重构课程体系和教学内容。加强跨专业、跨学科的复合型人才培养。着力推行基于问题的学习、基于项目的学习、基于案例的学习等多种研究性学习方法,加强学生创新能力训练,"真刀真枪"地做毕业设计。

16. 创立高校和企业联合培养机制。高校和企业联合培养人才机制的内涵是共同制定培养目标、共同建设课程体系和教学内容、共同实施培养过程、共同评价培养质量。本科及以上层次学生要有一年左右的时间在企业学习,学习企业的先进技术和先进企业文化,深入开展工程实践活动,参与企业技术创新和工程开发,培养学生的职业精神和职业道德。

17. 建设高水平工程教育师资队伍。卓越计划高校要建设一支具有一定工程经历的高水平专、兼职教师队伍。专职教师要具备工程实践经历,其中部分教师要具备一定年限的企业工作经历。卓越计划高校要有计划地选送教师到企业工程岗位工作 1～2 年,积累工程实践经验。要从企业聘请具有丰富工程实践经验的工程技术人员和管理人员担任兼职教师,承担专业课程教学任务;或担任本科生、研究生的联合导师,承担培养学生、指导毕业设计等任务。改革教师职务聘任、考核和培训制度,对工程类学科专业教师的职务聘任与考核从侧重评价理论研究和发表论文为主,转向评价工程项目设计、专利、产学合作和技术服务等方面为主。

18. 积极推进卓越计划学生的国际化培养。卓越计划高校要积极引进国外先进的工程教育资源和高水平的工程教师,要积极组织学生参与国际交流、到海外企业实习,拓展学生的国际视野,提升学生跨文化交流、合作能力和参与国际竞争能力。支持高水平的中外合作工程教育项目,鼓励有条件的参与高校使用多语种培养熟悉外国文化、法律和标准的国际化工程师。积极采取措施招收更多的外国留学生来华接受工程教育。

19. 高校要积极推动工程教育向基础教育阶段延伸。要为中学培养懂得工程技术的教师,帮助中学开设工程技术选修课程,利用通用技术、综合实践活动等课程,开展工程技术的教育,培养中学生的动手能力和实践能力,提升学生的技术素质和工程设计的意识。到中学选拔热爱工程技术的学生,参与高校组织的工程实践活动。

20．高校要为本校卓越计划提供专项资金。卓越计划高校要多渠道筹措经费,加大对参与专业的经费投入,资助教学改革、课程建设、教材建设、师资培训、校企联合培养、国际化培养、实训实习等费用。

## 四、企业卓越工程师教育培养计划的组织实施

21．建立工程实践教育中心。工程实践教育中心应由企业主要管理人员负责,其任务是与高校共同制定培养目标、共同建设课程体系和教学内容,共同实施培养过程,共同评价培养质量;承担学生在企业学习期间的各项管理工作。

22．参与卓越计划企业要配备经验丰富的工程师担任学生在企业学习阶段的指导教师,高级工程师应为学生开设专业课程。卓越计划企业应根据校企联合培养方案,落实学生在企业学习期间的各项教学安排,提供实训、实习的场所与设备,安排学生实际动手操作。在条件允许的情况下,接收学生参与企业技术创新和工程开发。

23．卓越计划企业要与高校共同安排好学生在企业学习期间的生活,提供充分的安全保护与劳动保护设备,并对学生进行专门的安全、保密、知识产权保护等教育。

## 五、卓越工程师教育培养计划教育部支持政策

24．我部对具有开展推免生工作资格的高校,在推荐生名额安排上重点支持专业学位的发展。各有关高等学校要向工程硕士专业倾斜,优先保证实施卓越计划所需的优秀生源。卓越计划高校可实行灵活的学籍管理,获得免试推荐研究生资格的学生可以保留入学资格1～2年,到企业实习或就业,再继续研究生阶段学习。

25．我部支持高校按照实施卓越计划的需求,改革工程类学科专业教师入职标准及职务聘任、考核和培训的相关办法。

26．卓越计划高校申请新设战略性新兴产业相关专业予以优先支持。

27．优先支持卓越计划高校参与专业的学生国际合作交流,包括公派出国留学、进修、实习、交换学生等;优先支持卓越计划高校参与专业青年骨干教师

出国到跨国公司研修;中国政府奖学金项目优先资助外国学生来华接受参与高校的工程教育;按照有关规定适度增加卓越计划高校自主招收中国政府奖学金生名额;对具备条件的参与高校申请中外合作工程教育项目予以优先支持。

28. 我部支持卓越计划企业的工程师继续教育。支持卓越计划企业开展在职工程师培训,提高在职工程师的理论水平,协助企业掌握新技术、新装备。支持设立国家级和省级工程实践教育中心的企业提升在职工程师学历层次,在职工程师参加硕士学位研究生考试或博士学位研究生考试,同等条件下优先录取;在职工程师参加在职攻读工程硕士专业学位研究生联考,在有关政策上给予倾斜支持。设立国家级和省级工程实践教育中心企业可委托具有博士招生资格的卓越计划高校在职培养博士层次的工程人才,我部对受托高校为企业培养研究生层次工程人才,在研究生招生计划安排上给予支持。

29. 参与企业依据高校、企业、学生三方签订的联合培养协议,可以享有优先聘用权。

卓越计划实施期限为2010—2020年,各参与高校和参与企业要积极努力实施卓越计划,并将实施过程中发现的重要问题和解决问题的政策建议及时报告我部。我部制定的工程教育相关政策对卓越计划高校予以优先支持。卓越计划高校可按照现行管理体制向我部有关司局提出获得相关政策支持的申请。各地应根据本地区的实际情况,研究制定相关政策,鼓励本地企业参与卓越计划,并对本地参与卓越计划的高校予以重点支持。

教　育　部<br>二○一○年十一月九日

# 附录 B
# "卓越工程师教育培养计划"通用标准

## 1. 总则

（1）"卓越工程师教育培养计划"旨在培养卓越工程师后备人才,高等学校实施"卓越工程师教育培养计划",将为培养学生成为卓越工程师打下坚实的基础和完成卓越工程师需要的基本训练。

（2）本标准适用于参与"卓越工程师教育培养计划"的普通高等学校工程专业的人才培养。

（3）本标准旨在提供各种类型卓越工程师培养的基本质量要求,是制定行业标准和学校标准的宏观指导性标准。

## 2. 卓越工程师培养层次

卓越工程师培养层次主要分为本科层次、硕士层次和博士层次三种。本科层次主要是培养学生将来在现场从事产品的生产、营销和服务或工程项目的施工、运行和维护。硕士层次主要培养学生将来从事产品或工程项目的设计与开发,或生产过程的设计、运行和维护,具备设计开发出拥有自主知识产权的新产品或新工程项目的能力。博士层次主要培养学生将来从事复杂产品或大型工程项目的研究、开发以及工程科学的研究,具备创造出具有国际竞争力的专利技术、专有技术、尖端产品或高技术含量的工程项目的能力。要特别注重培养学生终生学习和在工程实践中学习的能力,使在校低层次毕业的学生也成为工程科技创新和创业的拔尖人才。

## 3. 卓越工程师培养标准构成

卓越工程师培养标准构成如表 1 所示。

**表 1 卓越工程师培养标准体系**

|  | 通用标准 | 行业标准 | 学校标准 |
| --- | :---: | :---: | :---: |
| 博士层次人才培养标准 | √ | √ | √ |
| 硕士层次人才培养标准 | √ | √ | √ |
| 本科层次人才培养标准 | √ | √ | √ |

标准名称：通用标准的"通用"是指适用于所有行业各专业；行业标准的"行业"是指由教育部会同行业(协会)制定的。

通用标准和行业标准的关系：通用标准是由教育部和工程院发布，是宏观指导性标准；行业标准包含本行业内若干专业的专业标准，它不仅是对通用标准的具体化，还应体现专业特点和行业要求，因此行业标准要高于通用标准。

学校要在通用标准的指导下，以行业标准为基础，结合本校特色与人才培养定位制定出满足经济与社会需要、体现办学特色的校内各个工程专业的人才培养规格要求。

行业标准的具体名称应包括行业名称、专业名称和培养层次，如机械行业的机械工程及自动化专业本科层次的标准应称为"机械行业机械工程及自动化专业本科标准"。

## 4. 本科工程型人才培养的通用标准

本科层次工程师应达到如下知识、能力与素质的要求。

（1）【基本素质】具有良好的工程职业道德、追求卓越的态度、爱国敬业精神、较强的社会责任感和较好的人文素养；

（2）【现代工程意识】具有良好的质量、环境、职业健康、安全和服务意识；

（3）【基础知识】具有从事工程工作所需的相关数学、自然科学知识以及一定的经济管理等人文与社会科学知识；

（4）【专业知识】掌握扎实的工程基础知识和本专业的基本理论知识，了解

生产工艺、设备与制造系统,了解本专业的发展现状和趋势;

(5)【技术标准和政策法规】了解本专业领域技术标准,相关行业的政策、法律和法规;

(6)【学习能力】具有信息获取和职业发展学习能力;

(7)【分析解决问题能力】具有综合运用所学科学理论、分析和解决问题的方法和技术手段,分析和解决工程实际问题的能力,能够参与生产及运作系统的设计,并具有运行和维护能力;

(8)【创新意识和开发设计能力】具有较强的创新意识和进行产品开发和设计、技术改造与创新的初步能力;

(9)【管理与沟通合作能力】具有较好的组织管理能力、较强的交流沟通、环境适应和团队合作的能力;

(10)【危机处理能力】具有应对危机与突发事件的初步能力;

(11)【国际交流合作能力】具有一定的国际视野和跨文化环境下的交流、竞争与合作的初步能力。

## 5. 硕士工程型人才培养的通用标准

硕士层次工程师应达到如下知识、能力与素质的要求。

(1)【基本素质】具有良好的工程职业道德、追求卓越的态度、爱国敬业精神、强烈的社会责任感和丰富的人文素养;

(2)【现代工程意识】具有良好的市场、质量、职业健康和安全意识,注重环境保护、生态平衡和可持续发展;

(3)【基础知识】具有从事工程开发和设计所需的相关数学、自然科学知识以及经济管理等人文与社会科学知识;

(4)【专业知识】掌握扎实的工程原理、工程技术和本专业的理论知识,了解新材料、新工艺、新设备、先进生产方式以及本专业的前沿发展现状和趋势;

(5)【技术标准和政策法规】熟悉本专业领域技术标准、相关行业的政策、法律和法规;

(6)【学习能力】具有信息获取、知识更新和终身学习的能力;

(7)【思维能力】具有创新性思维和系统性思维的能力;

(8)【分析解决问题能力】具有综合运用所学科学理论、分析与解决问题的方法和技术手段,独立地分析和解决较复杂工程问题的能力;

（9）【创新意识和开发设计能力】具有开拓创新意识和进行产品开发和设计的能力，以及工程项目集成的基本能力；

（10）【创新开发与自然和谐能力】具有工程技术创新和开发的基本能力和处理工程与自然和社会和谐的基本能力；

（11）【管理与沟通合作能力】具有良好的组织管理能力、较强的交流沟通、环境适应和团队合作的能力；

（12）【危机处理能力与领导意识】具有应对危机与突发事件的基本能力和一定的领导意识；

（13）【国际交流合作能力】具有国际视野和跨文化环境下的交流、竞争与合作的基本能力。

## 6. 博士工程型人才培养的通用标准

博士层次工程师应达到如下知识、能力与素质的要求。

（1）【基本素质】具有良好的工程职业道德、坚定的追求卓越的态度、强烈的爱国敬业精神、社会责任感和丰富的人文素养；

（2）【现代工程意识】具有良好的市场、质量、职业健康和安全意识，注重环境保护、生态平衡、社会和谐和可持续发展；

（3）【基础知识】具有从事复杂产品或大型工程研究和开发、工程科学研究所需的相关数学、自然科学知识以及经济管理等人文与社会科学知识；

（4）【专业知识】系统深入地掌握工程原理、工程技术、工程科学和本专业的理论知识，熟悉新材料、新工艺、新设备和先进制造系统以及本专业的最新发展状况和趋势；

（5）【技术标准和政策法规】熟悉本专业领域技术标准、相关行业的政策、法律和法规；

（6）【学习能力】具有知识更新、知识创造和终身学习的能力；

（7）【思维能力】具有战略性思维、创新性思维和系统性思维的能力；

（8）【分析解决问题能力】具有综合运用所学科学理论、分析与解决问题的方法和技术手段，独立地分析和解决复杂工程问题的能力；

（9）【开发设计、项目集成与自然和谐能力】具有复杂产品开发和设计能力、复杂工程项目集成能力以及处理工程与自然和社会和谐的能力；

（10）【创新开发与科学研究能力】具有工程项目研究和开发能力、工程技术创新和开发的能力和工程科学研究能力；

（11）【沟通合作与组织管理能力】具有较强的交流沟通、环境适应和团队合作的能力以及大型工程系统的组织管理能力；

（12）【危机处理与领导能力】具有应对危机与突发事件的能力和一定的领导能力；

（13）【国际交流合作能力】具有宽阔的国际视野和跨文化环境下的交流、竞争与合作能力。

起草单位：清华大学工程教育研究中心　　　　　　执笔人：林健

# 后　记

　　自 2009 年 9 月着手起草"卓越工程师教育培养计划"通用标准至今的 3 年有余的日子里，"卓越计划"几乎成为我工作和生活的重心。除了完成博士生课程"高等教育管理专题研究"、"大学战略管理"和硕博研究生课程"领导科学与艺术"的教学，以及指导博士生和硕士生外，我的所思所想、所行所为基本上是在密切配合教育部高教司工作的前提下，围绕着"卓越计划"的研究、设计、实施、调研、交流、总结等进行。这些日子可以说是既没有周末，也没有寒暑假，时常为一项可行的改革措施或清晰的研究思路而兴奋地凌晨伏案，甚至在大年初一夜，都急不可待地琢磨着初二应该继续除夕年夜饭前停下的"正事"了。正是有着对清华大学工程教育研究中心应担负的责任、使命以及对"卓越计划"重大意义的充分认识、自身的执著追求和不懈努力、家人的理解和支持，以及在校内外多方面的支持和鼓励下，才得以在 2013 年春节假期完成了本书的撰写和统稿的全部工作。即便如此，向出版社交稿时间也逾期近半年。

　　"卓越计划"各个专题的研究不是单纯的教育问题研究，而是复杂的涉及教育、管理、政策和社会等多方面问题的研究。回顾本书各专题的研究过程，从自身的角度分析，本书的完成得益于自身多学科的教育教学与研究背景，长期的高校管理的实践和理论研究。作为 77 级本科生所受的土木工程专业教育以及逾 35 年在以工科为主的高校的学习和工作，为我熟悉和掌握工程人才培养规律、从事工程教育研究打下良好的基础；硕士(系统工程与管理专业)和博士(管理科学专业)的学习和研究以及长期从事的人才培养、跨学科研究以及校企合作，不仅训练了自己用系统、战略和国际的视角认识、分析和解决问题，而且为我了解企业的状况、运行机制、行业企业对人才的基本需求等提供了条件；国内外不同类型大学的学习和工作经历，尤其是在英国 5 年的博士学习和博士后研究，以及长期的国际交流与合作，使自己能够更加明晰中外不同类型高校的差异，各自所担负的使命、办学定位、人才培养目标和服务面向等；担任地方大学校长 9 年的经历，尤其是所推行的各项校内管理体制改革，包括人才培养模式改革和产学合作教育等，不仅使自己熟悉和掌握高校的运行和管理规律、积累了行之有效的高校管理措施和办法，而且对人才培养存在的问题和高校教育教学的规律有了更深层次的把握。因此，本书的完成应该衷心感谢 30 余年来对我的学习、工作和生活予以关心、支持和帮助的领导、同仁、朋友和家人。

非主观因素对本书的完成也是至关重要的。教育部高教司、清华大学工程教育研究中心、清华大学教育研究院、《高等工程教育研究》杂志社等对本书的完成给予了积极的支持。"卓越计划"参与高校的领导和教师，尤其是参与我针对"卓越计划"所开展的调研和交流活动的校内外高校的领导和教师，对本书主要专题的研究给予了充分的鼓励和支持。清华大学出版社为本书的编辑出版提供了大量的帮助。在此，对所有关心和支持本书完成的上述单位和个人表达诚挚的谢意。

林　健